3·1운동 100년

5 사상과 문화

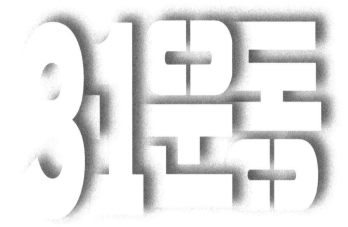

3·1운동
100주년
총서

5 사상과 문화

한국역사연구회 3·1운동100주년기획위원회 엮음

Humanist

■ **일러두기**

1. 논문과 기사 제목은 〈 〉로, 신문과 잡지, 단행본 제목은 《 》로 표기했다.
2. 외래어 표기는 국립국어원 외래어 표기법에 따랐다. 단, 외국 도서명과 잡지명, 출판사명 일부는 뜻을 명료히 하기 위해 한자 독음대로 표기했다.
3. 옛 문헌을 인용하는 경우, 맞춤법은 원문에 따랐다.
4. 역사 용어는 통일하지 않고, 각 필자의 의견에 따랐다.

3·1운동 100주년,
새로운 역사학의 모색

3·1운동 100주년을 맞는 소회가 남다르다. 3·1운동은 거리의 저항 축제였다. 전국 방방곡곡 공원과 장터를 메운 사람들은 독립만세를 외쳤고 태극기를 손에 쥔 채 대로와 골목을 누비며 행진했다. 그로부터 100년의 세월이 흐른 2019년, 우리는 추운 겨울 거리에서 촛불을 밝혀 민주주의의 진전을 이뤄냈고 한반도 평화의 길로 성큼 들어섰다. 100년 전과 마찬가지로 역사적 전환기를 맞아 새로운 역사를 써내려가고 있다.

새로운 시대로의 진입, 그 길목에서 역사학계도 전에 없이 활발히 움직이고 있다. 특히 소장학자들이 새롭고 다양한 시각으로 자신들의 목소리를 내고 있다. 한국근대사도 새로운 역사학을 모색하는 흐름의 한가운데 있다. 오래도록 근대사의 주체는 민족이었고 때론 민중이었다. 프레임 역시 민족 대 반민족이었다. 20세기에서 21세기로 진입하면서 양자 사이에 광범위한 회색지대가 존재했다는 선언이 이뤄졌고 이분법적 구도는 서서히 무너져 내렸다. 그리고 2019년, 근대사는 민족이나 민중을 단일한 집합주체로 보지 않고 다양한 스펙트럼과 경계를 넘나드는 그들의 운동성에 주목하는 한편, 장애인과 성소수자 등 역사 속에서 배제된 주체를 찾아 그들의 삶을 복원하려 한다. 수탈 대 저항이라는 전통적인 이분법을 해체하고 일제 시기를 재해석하려는 움직임이 주된 흐름으로 자리를 잡아가고 있다.

한국역사연구회가 3·1운동 100주년을 맞아 내놓는 다섯 권의 총서는 새로운 역사학을 모색하고자 하는 근대사의 고민을 담고 있다. 지금까지 10년을 주기로 역사적 사건을 기념하는 책들은 으레 배경, 발단, 전개, 결과와 영향, 역사적 의의로 차림표를 내놓는 경우가 많았다. 이번 3·1운동 100주년 총서는 이와 달리 구성되었다. 3·1운동을 주재료로 삼아 100년간의 3·1운동에 대한 기억과 상식을 메타역사적 시각에서 접근했고, 그동안 미진했던 3·1운동 자체에 대한 실증적 분석을 시도했으며, 3·1운동을 전후한 시기의 정치·경제·사회·문화적 변화와 식민지-동아시아-세계라는 공간의 변동을 살폈다.

먼저, 비평적 역사 읽기를 시도했다. 지난 100년 동안 3·1운동의 기억과 상식이 빚어져온 과정을 메타역사적 관점에서 접근했다. 3·1운동은 한국사는 물론이고 세계사적으로도 주목받는 대사건이었다. 그만큼 3·1운동에 대한 기억과 상식은 일찍부터 형성되어 고정관념으로 굳어지는 길을 걸어왔다. 총서에서는 그간 당연시되어온 3·1운동에 대한 기억과 상식이 남과 북, 한국과 일본이라는 공간에 따라 달리 해석되고 정치 변동에 따라 위상과 해석이 달라지는 역사적 주제임에 주목했다.

둘째, 역사학이 100년간 밝히지 못했던 3·1운동의 사건사를 규명하고자 했다. 이제껏 2·8독립선언, 3월 1일 7개 도시에서 일어난 만세시위, 3월 5일 서울에서 일어난 학생시위, 3·1운동에서의 학살 문제 등을 정면으로 다룬 논문은 없었다. 두 달 넘게 진행된 3·1운동의 끝자락에 어떤 만세시위가 자리하고 있는지에 대해서는 논의조차 없었다. 총서에서는 3·1운동을 이해하는 데 반드시 규명되어야 함에도 제대로 조명받지 못했던 주요 사건들을 실증적으로 짚었다.

셋째, 다양한 주체와 시선으로 3·1운동을 재현하고자 했다. 지금까지 3·1운동에 대한 연구는 주로 참여자에게 주목하고 그들과 관련한 판결문을 분석해왔다. 반면, 총서에서는 다양한 목격자가 등장한다. 일본 유학생 청년 양주흡과 청년 유학자 김황, 서울 한복판에서 3·1운동을 비판했던 윤치호, 탄압과 학살의 주역 조선군사령관 우쓰노미야 다로, 그리고 한국인도 일본인도 아닌 제3자인 외국인 선교사의 시선을 통해 3·1운동을 다각적으로 해석했다. 또한 세대론적 시각과 다원적 연대라는 관점에서 3·1운동을 재현했다.

넷째, 권력과 정치를 화두로 3·1운동을 일본의 식민지인 조선, 즉 조선총독부의 지배 권역에서 일어난 사건으로 조망하고자 했다. 일제 시기 연구는 늘 식민통치 대 저항운동이라는 이분법을 전제하고 있었다. 권력보다는 통치의 시선으로, 정치보다는 운동의 시선으로 역사를 해석해왔다. 총서에서는 3·1운동을 둘러싼 사법, 경찰, 군부 등 권력의 대응과 조선총독부, 한국인, 일본인 등을 포함한 정치세력의 동향에 주목했다. 3·1운동이 권력과 정치에 미친 파장은 '비식민화(decolonization)'라는 관점에서 다뤘다.

다섯째, 공간적이고 인적인 차원에서 경계 넘기를 시도했다. 이제껏 3·1운동과 일제 시기 연구는 주로 식민지 조선이라는 공간에 국한되었고 한국인의 동향을 살폈다. 총서에서는 식민지 조선, 식민 본국인 일본은 물론 세계로 공간을 넓혀 경제와 법, 사회현상을 다뤘다. 3·1운동을 경험한 한국인이 바라본 아일랜드 독립운동도 조망했다. 또한 한국인뿐 아니라 일본과 식민지 조선에 살고 있던 일본인의 동향도 살폈다. 무엇보다 총서에는 4명의 일본 학자가 필자로 참여했다. 대표적인 항일운동으로 꼽히는 3·1운동의 100주년을 맞아 발간하는 총서에 한국과 일본 학자가 함께 이름을 올린다는 것은 국경을 넘는 역사 교류의 반영이라 할 수 있다.

여섯째, 사회를 일원적 시각이 아니라 다층적 시각에서 살폈다. 그동안은 일제의 식민지배를 받았던 조선 사회를 단일한 사회로 인식하는 풍토가 있어왔다. 하지만 조선 사회는 일원적이지도 단일적이지도 않았다. 총서는 3·1운동 전후의 조선 사회를 도시 시위, 길거리 정치, 보통학교, 혁명의 여진이라는 사회적 화두로 재구성했다.

일곱째, 3·1운동 전후의 조선 사회를 문화사적 시각에서 접근했다. 지금까지 일제 시기 연구는 식민정책과 독립운동을 중심으로 이루어졌던 만큼 문화사 연구는 상대적으로 빈약했다. 문화사의 일환인 사상사에서는 3·1운동 전후 시기에 대한 연구가 소략했다. 총서에서는 그동안 3·1운동과 관련해 본격적으로 다룬 바가 없는 반폭력사상, 평화사상, 인종 담론뿐만 아니라 단군문화, 역사문화, 민족 정체성, 여성 정체성, 민족 서사 등에도 주목했다. 미술과 영화 같은 문화현상도 살폈다.

1919년으로부터 100년, 역사적 전환기에 발맞추어 역사학 또한 전환의 시대를 맞고 있다. 오늘날 역사학의 변화를 담고 있는 다섯 권의 총서가 앞으로 역사학이 나아갈 길을 모색하는 데 미력하나마 디딤돌이 되기를 기대한다. 대중 역사가들이 이끄는 대중 역사에는 아직도 민족주의적 기풍이 강하다. 하지만 새로운 역사학에는 단일한 대오도, 단일한 깃발도 없다. 근대사 연구에서는 이분법적 구도가 무너져 내리고 광범한 회색지대가 드러난 이래 기존 역사상에 대한 비판과 성찰이 이뤄지고 있으며 다양한 역사상이 새롭게 주조되고 있다.

1989년 한국역사연구회는 역사문제연구소, 한겨레신문과 함께 3·1운동 70주년 기념논문집인 《3·1민족해방운동연구》를 펴냈다. 27년이 지난 2016년, 그 논문집의 기획자와 집필자, 그 책을 밑줄 치고 읽은 대학원생, 1989년에는 그 존재조차 몰랐던 중학생과 유치원생이었던 이들이 모였다. '3·1운동100주년기획위원회'는 그렇게 3년 전인 2016년에 탄생했다. 10명의 중진, 소장학자가 함께 꾸린 기획위원회는 100년의 3·1운동 연구를 메타역사의 시각에서 분석하며 문제의식을 공유하고 총서의 틀을 짰다. 그간 대화가 소홀했던 중진학자와 소장학자 간의 활발한 토론은 새로운 역사학을 전망하며 총서를 구성하는 데 큰 힘을 발휘했다. 무엇보다 명망성보다는 문제의식의 참신성에 주목하면서 많은 소장학자가 필진으로 참여하는 성과를 거두었다.

　　총서를 발간하기까지 기획위원회의 팀워크가 크게 기여했다. 게다가 집필자들의 헌신성이 있었기에 가능한 일이었다. 특히 비정규직 연구자로서 바쁜 삶을 살고 있는 소장학자들은 한 사람도 낙오 없이 옥고를 제출했다. 이 자리를 빌려 39명의 필자분께 깊은 감사의 말씀을 전한다.

　　역사학자로서 3·1운동 100주년을 기획하고 총서를 발간하는 소임에 참여한 것은 무한한 영광이다. 그 역사적 소임을 제대로 마무리했는지 두렵지만, 3·1운동 100년의 기억과 기념에 머무르지 않고 역사학의 미래를 가늠할 수 있는 기회를 갖게 된 점에 자부심을 느끼며 3·1운동 100주년 총서를 세상에 내놓는다. 39명에 달하는 필진의 49편의 논문을 갈무리해 다섯 권의 총서로 묶어낸 휴머니스트의 노고에 깊이 감사드린다.

김정인(한국역사연구회 3·1운동100주년기획위원회 위원장)

머리말
사상과 문화

　총서 제5권은 3·1운동 전후 '사상'과 '문화'를 다루었다. 한국근현대사 연구에서 사상사는 전통적인 연구 분야임에도 불구하고, 이 시기에 대한 연구는 매우 소략한 편이다. 이에 비해 문화사는 새로운 연구 분야로 근래 적지 않은 성과가 산출되고 있지만, 3·1운동 시기에 대한 연구는 역시 많지 않은 편이다. 두 분야 모두 10년 주기로 양산되는 3·1운동 연구에서 소외된 분야라는 공통점이 있지만, '사상'과 '문화'라는 조합은 이질적이라 하겠다.

　그럼에도 불구하고 우리가 '사상'과 '문화'를 한 책으로 묶은 것은 연구 주제의 '새로움'과 '다양성'이라 하겠다. 이 책의 제1부를 구성하고 있는 사상사 논문들은 혁명적 민중폭력 사상, 평화사상, 일조동원론 등 종래 학계에서 거의 천착하지 않았던 새로운 주제로 구성되어 있다. 제2부의 문화사 논문들도 조선 미술, 활동사진(영화)대회, 민족정체성, 죽음과 희생 등 다소 생경하고 도발적인 주제를 다루고 있다.

　제1부 '사상지형의 전환'은 4편의 글로 구성되었다. 원래 기획했던

'민주주의'와 '반자본주의'에 관한 글이 빠져 다소 단출한 감이 없지
않다. 김영범은 〈3·1운동과 혁명적 민중폭력의 사상〉에서 3·1운동에
서 폭력의 문제를 재검토하고, 이후 민족운동에서 폭력이 갖는 사상
사적 의미를 검토했다. 그는 민중의 거대한 함성과 폭력항쟁으로 커
다란 변화를 상징하는 3·1운동이 일제의 통치정책뿐 아니라 임시정
부의 독립운동 노선을 외교론 일변도에서 독립전쟁 준비와 무장투쟁
으로 전환시켰다고 보았다. 특히 일반적인 폭력의 발생 경로와 성질
에 반하는 것으로 현실 속의 제도화된 보법폭력에 맞서는 것이기도
한 의열단의 '반(反)폭력'으로의 길을 연 것에 주목했다. 반폭력이 될
혁명적 민중폭력의 사상은 이후 재중 한인 사회와 민족운동 진영에
전파되어 조선의용대나 한국광복군 같은 '혁명무력'으로 구체화되었
다는 것이다.

　이지원은 〈3·1운동 시기의 '평화'사상〉에서 1919년의 세계사적 맥
락과 동아시아적 맥락의 '평화' 담론을 설명하고, 이 시기 각각 국내
외에서 활동했던 조소앙과 한용운이 '평화'를 어떻게 표상하고 지향
했는가를 검토했다. 그에 따르면 이들이 지향한 평화는 강대국의 평
화회의체제에 포함되지 않았지만 제국주의의 폭력적 식민지배를 반
대한 '적극적 평화' 사상이었다. 1919년 시점에서 평화의 주체가 되
고자 했던 한국인의 평화에 대한 상상과 지향을 담고 있었다는 것이
다. 이때 평화는 민권과 평등이 실현될 때만 가능한 것이며, 방법론적
인 평화뿐 아니라 원리적 가치로서의 평화이기도 했다. 이를 통해 세
계인 모두가 평화의 주체로서 평등하다는 것과 평화는 민주, 민권과
함께 이루어진다는 것을 제시했다는 것이다.

　'반폭력에 의한 평화'의 가능성을 혁명적 민중폭력 사상을 통해 논
한 김영범의 글과 모두가 평화의 주체로 평등함을 논한 이지원의 글

은 폭력사상과 평화사상이라는 일견 반대되는 주제를 다뤘음에도 불구하고, '평화'에 대한 우리의 시야를 확장시켜준다.

허수는 〈1920년대 전반 한국 언론에 나타난 '문화'의 의미〉에서 일상적이고 반복적인 언어 사용에 내재된 의미구조를 규명함으로써 근대성의 특성과 위기를 해명하는 개념사 연구의 '언어 연결망 분석'을 통해, 1920년대 전반 식민지 조선에 등장한 '문화'의 의미를 검토했다. 이를 통해 3·1운동 직후 출현한 신조어인 '문화'가 이전의 '문명'을 불가역적으로 대체했음을 밝혔다. 1900년대 '문명'의 의미는 1920년대의 '문화'로 전이되어갔으며, 넓은 시야에서 보면 이는 용어 면에서 후자가 전자를 대체했다는 해석이다.

미쓰이 다카시는 〈'동포'와 이민족 사이: '일조동원론'과 인종 담론의 모순〉에서 일본과 조선 사이의 역사적·언어적·인종적 동일성 혹은 근접성을 강조하는 '일조동원론'이 일본의 조선 통치에 어떻게 기능했는가를 고찰했다. 그는 조선 통치 관계자와 일본 지식인이 한일강제병합 이전부터 식민지 시기에 계속 주장했던 '일조동원론'이 인종론을 견지하고 있었던 것 자체가 이미 포섭의 논리로 기능할 수 없었다고 주장한다. 그럼에도 불구하고 인종론을 견지하지 않을 수 없었던 것 자체가 일본의 조선 통치의 약점이었고, 그 약점을 드러내는 중요한 계기가 바로 3·1운동이라는 것이다. 일본은 인종이라는 틀을 유지하면서도 조선인을 민족으로 '동화'시키는 전망을 가지지 못한 채 '문화정치'로 돌입했고, 민족 차별의 온존은 조선인의 민족의식을 확대시켰다는 것이다.

제2부 '문화 주체의 다양화'는 모두 6편의 글로 구성되었다. 소현숙은 〈3·1운동과 정치 주체로서의 '여성'〉에서 3·1운동 당시 여성들의 정치적 행위가 당대 여성들에게 부과되었던 젠더 규범과 어떻게

충돌하고 있었는지를 드러내고, 그 과정에서 여성에 대한 규범과 표상이 어떻게 변화해갔는지를 살펴보았다. 이를 통해 3·1운동에서 여성운동 주체의 교체와 함께 그들의 지향점도 변화했으며, 여성 네트워크의 확산을 통해 '거리'와 '감옥'이라는 새로운 '정치적 공간'에서 정치적 주체로서의 모습을 대중에게 각인시켰음을 밝혔다.

류시현은 〈3·1운동 직후 식민지 조선 지식인의 조선 미술 재발견〉에서 일본인이 주도한 조선 역사와 문화 연구에 대한 학술적 대응으로 전개된 1920년대 전반 식민지 조선 지식인의 조선 미술사 연구를 검토했다. 그는 최남선이 주도한《동명》을 분석하여 1920년대 전반 조선 문화에 대한 연구가 미술사, 특히 조선시대와 그 시기의 도자기에 집중되었음을 밝혔다. 이러한 조선 미술과 그 독자성을 찾으려는 시도는 1920년대 전반기 '조선 문화 연구'의 일환인 '조선학'의 형성 과정과 밀접하게 연관된다고 주장했다.

이하나는 〈3·1운동 이후 '활동사진대회'를 통해 본 식민지 대중의 문화 체험과 감성공동체〉에서 일제 시기 대표적 문화 이벤트였던 '활동사진(영화)대회'를 통해 1920년대 식민지 대중의 문화 체험 방식과 집합적 감수성의 형성이 갖는 의미를 살펴보았다. 이를 통해 활동사진(영화)대회가 3·1운동 이후 조선인의 숨통을 다소나마 트이게 했던 '문화정치'가 제공하는 1920년대적 활력을 상징함과 동시에 조선인이 만든 영화로 인해 조선인의 민족적 자의식과 정체성 형성에 새로운 깨달음을 제공했음을 밝혔다. 대회가 내건 '위안'와 '동정'이라는 감성적 슬로건은 우리가 하나의 감성공동체라는 믿음을 인식시킴과 동시에 공동체 내부의 다양한 갈등을 무화했다는 것이다.

이지원은 〈3·1운동, 민족정체성, 역사문화〉에서 대중의 민족적 정체성과 문화적 감수성이 표출된 3·1운동 이후, 다양한 주체들이 문화

기획을 통해 민족정체성 만들기의 역사문화가 다양하게 등장했음을 검토했다. 그를 통해 일제는 '문화정치'란 호명으로, 식민지 지식인들은 '문화운동'과 '문화주의'라는 이름과 민중적 주체와 독립국가 지향으로 문화 정체성을 만들기 위한 문화기획을 추진했음을 밝혔다. 그러나 이 모두는 조선의 '옛것'을 호명하여 조선의 정체성을 문화적으로 설명하고 활용했다. '옛것'을 호명하는 정치적 기획에 따라 담론 구성이 다른 역사문화가 등장했고, 기획의 주체와 문화 헤게모니의 주도자에 따라 맥락이 다른 정체성의 문화가 생산·유통되었다. 이는 조선 민족의 정체성을 독립된 근대 국민국가의 주체인 '민족'뿐 아니라 제국주의체제에 종속된 '민족'으로 표상하기도 했다는 것이다.

주제의 상이함에도 불구하고 류시현, 이하나, 이지원의 글은 '조선미술', '감성공동체', '민족정체성'라는 키워드가 일제와의 길항관계 속에서 만들어지고 있음을 보여준다는 점에서 묶어 일독할 필요가 있는 글이다.

이숙화는 〈3·1운동과 단군문화〉에서 단군민족주의의 관점으로 한말의 단군 담론과 대종교의 배달민족론, 그리고 3·1운동 이후의 단군문화운동을 검토했다. 그는 단군 담론이 심화되는 과정에서 신채호의 〈독사신론〉과 역사 서술이 중요한 변곡점으로 작용한 것과 대종교의 단군문화 부흥에 기반한 배달민족론이 국내외 3·1운동의 정신적 배경으로 작용했다고 주장했다. 또한 3·1운동 이후 단군민족주의가 국외에서는 임시정부 수립의 역사적 당위성과 무장투쟁의 정신적 동력으로 기능했고, 국내에서는 종교신앙과 문화운동을 두 축으로 하는 단군문화운동으로 전개되었음을 밝혔다.

김정인은 〈3·1운동, 죽음과 희생의 민족서사〉에서 3·1운동에서의 죽음과 희생의 서사를 상징하는 사건과 인물인 제암리 학살사건과 유관순이 어떻게 민족적 서사로 형성되어왔는가를 검토했다. 이를 통해 사실과 진상 규명보다는 민족적 죽음과 희생으로부터 반일정서를 확인하고자 했던 문화로 인해, 기념에 앞선 절차라고 할 수 있는 기억의 문제가 소홀히 다루어졌음을 밝혔다. 그는 이러한 현실을 환기하면서 집합주체가 아닌 한 개인의 삶과 죽음과 희생이라는 시선으로 3·1운동의 희생자들을 바라볼 때, 외형적인 기억과 기념을 넘어 심리적 동일시에 근거한 현재적·내면적 기억과 기념의 재구성이 가능할 것이라고 주장했다.

미흡하나마 총서 제5권의 간행이 '새로움'과 '다양성'을 추구한 시도로서, 침체된 이 시기 사상사와 문화사 연구 상황을 돌파하기 위한 노력의 시발점이 되기를 기대한다.

박종린(한국역사연구회 3·1운동100주년기획위원회 위원)

차례

2부 문화 주체의 다양화

1 부

사상지형의 전환

1장

3·1운동과 혁명적 민중폭력의 사상

김영범

문제 설정과 그 맥락

이제 100주년을 맞음과 더불어 3·1운동의 역사적 의미를 우리는
여러 각도에서 되묻게 될 것이다. 그중 하나는 모름지기 '인권과 평
화'라는 시대정신과 관련지어서이리라. 안 그래도 그런 방향의 사고
는 진작부터 있어왔으니, 3·1운동의 '비폭력'성을 부동의 사실로 여
기고 그에 대한 상찬을 밑돌로 삼고서였다. '민족 대표'들이 '비폭력'
원칙을 표방해서 '세계사 최초의 비폭력혁명'이자 '무혈혁명'이 되었
다는 의미 부여 또는 주장이 동반되기도 했다. 비폭력이 3·1운동의
'실패' 원인 중 하나였고 그래서 잘못된 선택이었다는 한때의 비판조
차도 입장은 상반되나 사실 인식은 같이하고 있었다.

그런 터에 '3·1운동에서의 폭력' 문제를 새삼 거론하는 것은 시대
착오적 언술이거나 그 이상으로 '반(反)시대적 고찰'을 감행하는 것

일지도 모른다.[1] 그럼에도 다음과 같은 물음이 아직도 가능하며 유효하다는 소견에서 이 글을 쓰게 된다. 3·1운동이 진정 비폭력적이기만 했는가? 그 전체상을 '비폭력적 운동'으로(만) 확고히 규정지을 수 있을까? 이런 성격 규정과 주장은 3·1운동의 실제와 얼마만큼 부합하고 근거가 있을까? 만약 폭력적인 부분이 있었다면, 어느 정도였고 왜 그랬던가? 그것은 어떤 의미를 띠었던 것일까? 우리는 그러한 폭력을 어떻게 이해하고 받아들여야 할까? 등등. 3·1운동의 연구사와 인식론에서 폭력과 비폭력 문제는 다루기가 쉽지 않았고 그만큼 미묘한 것이었으며[2] 논의 축이 수차 바뀌고 옮겨져왔음도 감안하고서이다.

3·1운동을 중심에 두는 독립운동사 편술 작업이 일찍이 시도되어 첫 결과물이 1920년에 출간되었고,[3] 그럼으로써 민족사적 관점에서의 3·1운동상이 일차적으로 정립되었다. 이로부터 '순연한 비폭력운동' 설이 기원하여 20여 년간 임시정부 계열의 인식의 추였다가 8·15 후

---

1) 폭력 문제에 대한 근간의 인식 지형이 다음과 같다는 토로가 있었다. "우리는 폭력보다는 비폭력을, 갈등과 대립보다는 상호적 인정과 관용의 덕목을 더욱 바람직한 것으로 선호한다. 지나친 비약일 수도 있겠지만, 폭력에 찍힌 부정적 낙인은 폭력 자체에 대한 이론적 논의의 금지로, 혹은 폭력에 대한 원천적인 '사유 금지(Denkerbot)'로까지 확장되어 있는 것처럼 보인다"(김현, 〈폭력 그리고 진리의 정치〉, 《민주주의와 인권》 제14권 2호, 전남대 5·18연구소, 2014, 7쪽).

2) 이 문제를 정식으로 쟁점화해 다룬 논의로 신용하, 〈3·1독립운동의 비폭력 방법의 사회적 배경과 사회적 조건〉(《3·1운동과 독립운동의 사회사》, 서울대학교출판부, 2001)과 신용하, 〈3·1독립운동의 쟁점〉(《한국 항일독립운동사연구》, 경인문화사, 2006)이 있다. 한국 독립운동에서의 폭력노선과 비폭력노선 문제를 무장투쟁노선과 비무장노선의 분립 및 각축으로 치환해 다룬 글도 나왔는데(강만길, 〈독립운동의 폭력노선과 비폭력노선〉, 《외국문학》 제11호, 1986), 3·1운동에 대해서는 당시의 통설을 따르면서 간략히 언급되었다.

3) 박은식의 《한국독립운동지혈사(韓國獨立運動之血史)》(〔상하이(上海): 유신사, 1920; 김도형 옮김, 《한국독립운동지혈사》, 소명출판, 2008)를 말한다. 독립운동가의 입장에서 국제 선전을 의도하고 일제의 비인도적 탄압 만행을 고발하는 데 역점을 둔 이 책에서는 한국인들이 맨손으로 평화적 만세시위를 벌였을 뿐 여하한 폭력행동 없이 막대한 희생을 치렀음을 다각도로 서사하고 강조했다.

미군정 시기에 우익진영의 3·1운동 담론의 기본 축으로 부상했다.[4]

1940년 전후의 재중국 독립운동 진영에서도 3·1운동 때 폭력이 적극적으로 행동화되지 못했다거나[5] "우리에게 무력이 없어서 적수공권으로 강적을 대항케 되엿든 것"이라는[6] 언설이 나왔었다. 혁명은 유혈적이며 무장봉기(혹은 '전민 무장적 총궐기')를 필요로 하는데, 3·1운동은 폭력이 아니고 평화운동에만 의존해 그 조건을 결여했다는[7] 비판조의 논평도 있었다. 해방 직후의 조선공산당 계열의 사회주의자들도 무장봉기 전술 배제가 3·1운동의 실패 요인의 하나였음을 논급했다.[8] 사상적 입각점과 함의는 서로 달랐을지 모르지만, 크게 보면 둘 다 비폭력운동설과 궤를 같이하는 것이었다.

하지만 그와는 상당히 다른 인식에서 나오는 언술도 있었다. 조선의용대·조선민족전선연맹 계열의 독립운동자들이 "대규모 시위운동

4) 1946년 3월 1일 서울 종로 보신각 앞에서 우익진영만의 행사로 열린 '제27회 독립선언기념 축하식'에서 대한국민대표민주의원 의장 자격으로 개식사를 한 이승만은 3·1운동을 **"세계의 처음 되는 비폭력혁명"**으로 호명하고, "우리 광복에의 기초를 세운 **비폭력인 시위운동**"으로 자리매김했다(〈민족 신생의 국경일인 3·1절〉,《동아일보》, 1946년 3월 1일자; 〈비폭력혁명의 결실, 광복한 한족은 국혼을 차것다〉,《동아일보》, 1946년 3월 2일자). 전날의 기자회견에서도 그는 3·1운동이 '**비군력**(非軍力)혁명'을 세계 역사상 처음으로 시작한 것이었다고 자기 식의 의미 부여를 했고, "세계에서 **비폭력주의의 원조**를 인도의 깐디 씨로 말하나 사실 그 날짜를 상고해보면 우리 만세운동이(만세운동에서-인용자) 처음으로 먼저 시작된 것입니다"라고 주장했다(〈우리의 기미운동은 세계 무저항의 시초: 이승만 박사 담(談)〉,《동아일보》, 1946년 3월 1일자). 이런 인식과 주장은 《주미외교위원부 통신》제24호(1943. 2. 22)에 실린 무기명 칼럼 〈3·1정신〉(국사편찬위원회,《대한민국임시정부자료집》19, 2007, 287~289쪽)에 피력된 주장을 복제한 것이면서 확장판이기도 했다. (강조-인용자)

5) 원(遠), 〈3·1운동의 주동력〉,《한청(韓靑)》제2권 3기, 한국국민당 청년단(1937. 6), 56쪽.

6) 한국광복군 총사령부, 〈3·1절 제22주 기념선언〉,《광복(光復)》제1권 제2기(1941. 3. 20), 4쪽.

7) 이정호, 〈현 단계 조선 사회와 조선혁명운동(現階段朝鮮社會和朝鮮革命運動)〉(4),《조선의용대(朝鮮義勇隊)》제22기(1939. 8. 21), 5쪽; 이정호, 〈3·1 대혁명운동 간사(簡史)〉,《조선의용대》제41기(1942. 3. 1), 7쪽.

8) 이에 대해서는 박종린, 〈해방 직후 사회주의자들의 3·1운동 인식〉,《서울과 역사》제99호, 서울역사편찬원, 2018;《3·1운동 100년 1. 메타역사》, 휴머니스트, 2019에 수록)이 상세하다.

은 즉각 격렬한 폭력적 직접행동으로 성격이 변화"했다거나[9] "무저항·비폭력 시위운동은 금세 대규모 폭동으로 비화되어 전국 각지에서 유혈충돌이 발생"했다고 회고하고, 3·1운동의 주된 성격은 '전 민족적 유혈폭동·유혈투쟁'이었다고 규정한[10] 것이 그렇다.

후자와 비슷한 관점의 입론은 1949년 이후의 북한 역사서에도 등장했다. '무력항쟁 결여'설은 계승·견지하면서도 3·1운동 때 민중이 들고일어나 가열찬 폭력행동으로 일제에 맞서고 타격도 했다는 '인민봉기'론과 '폭력투쟁'설을 제시한 것이다.[11] 흔히 '폭력' 개념에 포섭해 같은 범주로 간주하는 '무력'을 전자로부터 분리해내고, 후자는 없었지만 전자는 있었음을 논증하려 했으니, '비폭력운동'설에 분명한 이의를 달고 배척한 셈이다. 남과 북의 3·1운동 인식에 명확한 분기점이 생기면서 쟁점화의 가능성도 열린 것이었다.

---

9) 이달(李達), 〈조선민족해방운동 30년사(상)〉, 《구망일보(救亡日報)》, 1939년 6월 21일자(《중국신문 한국독립운동기사집》(I), 독립기념관 한국독립운동사연구소, 2008(이하 《중국신문 기사집 I》), 74쪽). 그는 11세 때 국내 향리에서 3·1운동을 겪었다고 한다(이달, 〈3·1운동과 나〉, 《구망일보》, 1939년 3월 1일자; 《중국신문 기사집 I》, 59쪽).

10) 1939년 중국 쿠이린(桂林)의 '조선혁명자들'은 3·1운동이 "장장 8개월에 걸친 시위와 폭동"을 내재시킨 **민족적 유혈투쟁**이었다고 말했고(〈3·1운동 제20주년 기념일을 맞이하여 삼가 중국 동포에게 고함〉, 《구망일보》, 1939년 3월 1일자; 《중국신문 기사집 I》, 57쪽), 1940년 충칭(重慶)의 '모 조선혁명단체 책임자'는 1919년 3월 1일을 "조선 인민이 영용한 **반일유혈투쟁**을 일으킨 날"로(〈쓰촨성(四川省)에 머무르고 있으면서 활동 중인 조선 각 혁명단체의 3·1운동 21주년 기념식〉, 《구망일보》, 1940년 2월 29일자; 《중국신문 기사집 I》, 92쪽), 이달은 "전 민족적 반일시위와 **유혈폭동**을 일으킨 날"로(이달, 〈조선혁명사상 3·1운동의 의의〉, 《구망일보》, 1940년 3월 1일자; 《중국신문 기사집 I》, 93쪽) 표상했다(강조-인용자). 앞서 조선민족전선연맹 이사이며 조선의용대 총대부(總隊部) 정치조장인 김성숙도 "맨손의 군중이 도처에서 적 헌병과 유혈투쟁을 벌이고 폭동을 일으켰으니, 3·1대혁명의 서막은 그렇게 열린 것"이라고 회고했다(성숙, 〈3·1운동 소사(小史)〉, 《조선의용대통신》 제5기, 1939. 3, 1·5쪽).

11) 1949년 백남운 등 8인의 공동저작으로 나온 《조선민족해방투쟁사》(3·1운동 부분은 김승화가 집필)와 1961년 사회과학원역사연구소에서 펴낸 《조선근대혁명운동사》(3·1운동 부분은 전석담이 집필)가 대표적이다. 자료의 구체적 서술로 예증하고 그것을 분석하는 것은 지면 사정으로 생략한다. 대신, 홍종욱의 상세한 분석(〈북한 역사학의 3·1운동 인식-주요 통사류의 관련 서술 분석〉, 《서울과 역사》 제99호, 2018; 《3·1운동 100년 1. 메타역사》, 휴머니스트, 2019에 수록)을 참고할 수 있다.

그 후 1960년대 말 국내 사학계에서 '민중운동으로서의 3·1운동'
에는 폭력행동이 적지 않은 비중을 차지했음을 자료에 입각해 보여
주는 논의가 나왔다.[12] 암암리의 금기가 그때 처음 깨진 것이다. 그
논점을 잇고 되살리는 본격적 연구는 한참 뒤인 1980년대 말에 이루
어졌다. '민중사학' 입장의 몇몇 소장 연구자가 오래도록 일제 자료
들 속에 묻혀 방치되어온 기록과 사례 들을 끄집어내 채택·활용한
것이다.[13] 그들은 3·1운동 때 적어도 평안도·경기도·경남 지역에서
민중의 폭력행동이 빈발했음을 부각시켜 논급했다.

그 무렵 주로 신진 연구자들에 의해 수행된 3·1운동 지방 사례 탐
색과 현지답사 기반형의 연구에서도 시위운동의 '공세성' 증대와 그
에 수반된 폭력화 추세가 발견되어갔다. 평화적 만세시위가 무자비
한 탄압을 받아 대응하다 보니 '어쩔 수 없이' 폭력성을 '약간' 띠게
된 정도가[14] 아니라 계획적으로 감행된 공세적 폭력시위 사례가 상당
수 있었음이 실증된 것이다.[15]

12) 박성수, 〈3·1운동에 있어서의 폭력과 비폭력〉, 동아일보사 편,《3·1운동 50주년 기념논집》, 동
     아일보사, 1969; 천관우, 〈민중운동으로 본 3·1운동〉, 같은 책.

13) 1989년 한겨레신문사 주최의 3·1운동 70주년 기념 학술심포지엄에서 이윤상·이지원·정연태가
     각각 발표한 논문 3편과 공동논문 1편을 말한다. 한국역사연구회·역사문제연구소 엮음,《3·1
     민족해방운동 연구》(청년사, 1989)에 수록되었다.

14) 1968년 국사편찬위원회가 펴낸《한국독립운동사 2》에는 "시위를 전개하는 군중은 **몇 곳의 특
     례를 제외하고는 무저항의 평화적인 시위를 벌렸을 따름**이지 총검을 가진 일군에게 **처음부
     터 저항한 것은 아니었다.** 그러나 그들이 이에 대하여 무차별의 사격을 가하여 사상자가 속
     출하므로 이에 격앙된 군중이 **간혹** 겸(鎌)[=낫], 곤봉 혹은 돌을 들고 경찰관서나 헌병관서
     에 몰려가 **항의시위**하는 것이 일반적인 경향이었다. 이런 사실을 갖고 일제는 군중이 폭동을
     일으켰기 때문에 부득이 군대를 출동시켜 발포 해산시켰다고 발표한 것이다"(정음문화사 판,
     213쪽)라고, 쐐기를 박아 교시하듯 서술되어 있었다. (강조-인용자)

15) 명시적으로 이런 결론에 이른 연구로는 이정은의 〈안성군 원곡·양성의 3·1운동〉(《한국독립
     운동사연구》 제1집, 독립기념관 한국독립운동사연구소, 1987)이 처음으로 나왔다. 다른 몇몇
     사례에 대한 그의 후속 연구 결과는 이정은,《3·1독립운동의 지방 시위에 관한 연구》(국학자
     료원, 2009)에 들어 있다.

이와 같은 인식 전환의 계기와 그 바퀴살 붙이기는 학계 주류의 일부 저항감과 강력한 반발에 부딪히기도 했지만, 더 많은 지방 사례의 실증적 연구 결과들과 잇대지면서 인식의 좌표가 서서히 이동하는 결과를 낳았다. 그리하여 2000년대 중반부터 '비폭력에서 폭력으로의 전화'가 새로운 논의 축이 되기에 이르렀고, 지금은 3·1운동에서의 폭력·비폭력 문제가 말끔히 정리된 것처럼 보이기도 한다. 2017년도에 검인정본으로 간행된 한 고등학교 교과서의 다음과 같은 서술이 그 예증일 수 있다.

> 3월 중순을 넘어서자 시위는 농촌 지역으로 확산되었다. 3월 하순부터 4월 상순까지는 시위가 절정에 달하였다. 농촌 지역에서는 시위대가 면사무소나 주재소를 습격하기도 하였다. 3·1운동은 비폭력·무저항주의로 출발하였지만, 시위가 확산되면서 점차 폭력적인 양상을 띠었다.[16]

그런데 자세히 들여다보면, 매끄럽게 읽히는 바로 그 지점에 미완결의 어떤 문제가 여전히 잠복해 있다. 3·1운동의 전체상 조형에 핵심이 될 수도 있을 중요 사실을 적시하지 않고 그냥 넘어가버린 데다 시점 특정에도 오류가 범해졌다는 것과, 사실과 맞지 않는 규정어가 여전히 사용된 대목 등이 그러하다. 당시의 전국적 상황을 두루 살펴보면, 중앙 지도부와 서울 중심의 비폭력 원칙을 기각하거나 무효화하듯 폭력행동으로 나선 경우가 3월 초부터 북부 지방의 농산촌 지역과 일부 도시에서 상당수 있었으니 말이다.

어쩌면 3·1운동의 총체적 형상은 아직도 분단체제의 그늘로 인해

---

16) 최준채 외, 《고등학교 한국사》, 리베르스쿨, 2017(초판은 2014), 284쪽. 다른 교과서들이나 근래 나온 대학 교재 수준의 근대사 개설서들의 서술도 대체로 이와 같다.

일부 가려진 채 제시되고 있는지도 모른다. 폭력 문제에 관해서는 모종의 체제이념 및 세계사적 연상이 작용하니 더욱 그런 것 같다. 그래서일까? 고정관념처럼 굳어 있던 통설을 새로운 연구 결과들이 점차 압도해오고는 있었지만, 모양새 좋을 절충적 봉합으로 그치고 더 이상은 나아가지 않으려 한 것처럼도 보인다.

그런 견지에서 이 글은 3·1운동에서의 폭력 문제를 재검토해 정확한 사실 인식을 기하도록 하면서 그것이 갖는 인식론적 의미도 도출하는 것을 1차 목표로 삼는다. 그리고 3·1운동에서의 폭력이 후속 독립운동에 어떤 효과를 낳았으며,[17] 그 후 약 20여 년간의 사상사와 정신사에서 어떤 의미를 갖게 되었는지도 살펴보겠다.

1. 폭력시위의 출현과 빈발

1) 폭력화의 계기와 경로

1919년 3월 1일 지방에서도 만세시위가 벌어진 곳은 평남·평북·함남의 6개 (준)도시였고, 기독교인·천도교인·교사·학생 등이 중심이었다. 그중 평양·진남포·안주·선천에서 시위대와 경찰 간 충돌이 발생했다.

헌병경찰당국과 지방장관들이 올린 일일 보고문에는 3월 1일 첫날

---

17)   이 점에 관해 일찍이 소렐(G. Sorel)은 다음과 같이 갈파한 바 있다. "폭력의 효과는 그것이 가져올 수 있는 눈앞의 결과들에 의해서가 아니라, 그 장기적 영향에 의해서 평가되어야 한다. 폭력이 현재의 노동자들에게 능숙한 외교술보다 더 많은 직접적 혜택을 줄 수 있는가 아닌가를 물어서는 안 되며, 프롤레타리아트가 사회와 맺는 관계 속에 폭력이 도입된 결과가 무엇인가를 물어야 한다. …… 우리는 현재의 폭력이 장래의 사회혁명과 어떤 관계를 맺고 있는가를 묻고자 한다"(조르주 소렐 지음, 이용재 옮김, 《폭력에 대한 성찰》, 나남, 2008, 82쪽).

부터 연일 조선인들이 경찰관서를 습격해 창유리를 파괴했다고 적혀
있었다. 일본 신문들도 그대로 받아썼다. '투석', '관서 건물 또는 기
물 파괴', '소방수나 경관 폭행' 등의 내용이 담긴 보고 및 보도도 3월
1일 이후 며칠 동안 수차 있었다. 3월 3일에는 조선총독과 헌병대사
령관이 각기 본국의 육군성으로 보내는 전보문에 '폭도'라는 용어를,
경무총감부에서 따로 만든 극비보고에는 '폭민'이라는 용어를 쓰기
시작했고,[18] 언론이 곧 따라 썼다.[19]

이 같은 용어들은 피지배민의 강력한 저항에 직면한 지배자가 정
보의 진위와 사실의 경중에 관계없이 강경대처하려는 의도를 가지고
쓰는 프레임의 반영물인 때가 많음을 우리는 안다. 일제가 한국 의병
을 '폭도'로 지칭하며 '대토벌작전'을 벌였던 것도 그런 예다. 하지만
의병들의 항전활동에 객관적 의미의 폭력이 포함되고 있었음도 사실
이긴 하다.

그러면 3·1운동의 시위대에 '폭(暴)' 자가 따라붙게 된 까닭은 무엇
이고 어떤 의미였는가?

---

18) 국회도서관 편,《한국민족운동사료(3·1운동 편 기1)》, 1977(이하《국도 1》), 5~7쪽; 姜德相
    編,《現代史資料(26): 朝鮮(二) 三·一運動(二)》, みすず書房, 1967, 90쪽; 金正明 編,《朝鮮獨立
    運動 I: 民族主義運動 篇》, 原書房, 1967, 315쪽 참조. 용례로 봤을 때 일제 식민당국의 폭도
    개념은 "흉기를 소지하고 폭행을 감행하는 자"였다(국회도서관 편,《한국민족운동사료(3·1운
    동 편 기3)》, 1979(이하《국도 3》), 171쪽).

19) 시위운동에 관한 3월 3일자 첫 보도에서부터《오사카아사히신문(大阪朝日新聞)》은 기사
    제목과 소제목에 '폭동'이라는 용어를 수차 썼고, 3월 7일자의 여러 기사에서도 '폭동'·'폭
    민'·'폭도'라는 표현으로 상황을 묘사했다(윤소영 편역,《일본신문 한국독립운동기사집》(I),
    독립기념관 한국독립운동사연구소, 2009(이하《일본신문 기사집 I》), 80쪽 및 105~112쪽
    참조).《오사카마이니치신문(大阪每日新聞)》도 3월 3일자에 처음으로 낸 기사 본문에서 시위
    군중을 '폭도'로 표현했고, 3월 7일자의 여러 기사에서 '폭민'·'폭도'라는 단어를 노출시켰다
    〔윤소영 편역,《일본신문 한국독립운동기사집》(II), 2009, 114쪽 및 142~144쪽 참조〕. 도쿄에
    서 미국인이 발간하는 영자 신문《저팬 애드버타이저(The Japan Advertiser)》는 3월 7일자 기사
    에부터 'riot', 'rioters'라는 단어를 썼는데, 번역본 자료집에 각각 '폭동'·'폭도'로 옮겨져 있다
    (류시현 역,《재팬 애드버타이저 3·1운동 기사집》, 독립기념관 한국독립운동사연구소, 2015,
    107·113·454·459쪽 참조).

여기 시사점을 주는 사례가 하나 있다. 3월 2일 평남 남동부 산간지대 어구의 중화군 상원면에서 벌어진 시위이다. 관헌당국의 일일보고에 '폭도'란 용어가 처음 등장하고, 시위대가 경찰관주재소를 습격·파괴했다고 되어 있었으며,[20] 순시 중이던 중화경찰서장과 순사부장을 납치하고 주재소를 방화 소훼도 한 것으로 보도되었다.[21] 이에 대한 독립운동사의 서술은 이날 아침에 시위대가 주재소로 몰려가 퇴거를 요구하자 경찰이 해산시키려 했고 이에 시위대가 역습을 감행해 총기와 탄약을 탈취했으며, 순시 중이던 경찰서장을 포박 납치하고 주재소를 포위해 대치했다고 되어 있다. 그러다 평양 경무부에서 급파된 군경 응원대에 총기와 탄약을 도로 뺏기고 39명이 피검되었다 한다.[22]

이튿날 3일 새벽 구금자를 탈환하기 위해 기독교인들과 주민들이, 오후에는 천도교인 주도의 시위대가 주재소를 습격하자 군대가 격퇴하고 '폭민' 10여 명에게 부상을 입힌 것으로 기관에 보고되었다.[23] 이에 대해 《독립운동사》(384쪽)에는, 오후 3시경 기독교인들이 중심이 되어 시가행진을 벌이고 주재소를 습격해 피검자 탈환을 시도하니 백병전이 벌어져 시위대 측에 일부 사상자가 발생하고 서장은 풀려났으며, 오후 4시경 천도교인이 앞장선 시위대가 일본군과 충돌해 10여 명의 사상자가 나온 것으로 서술되어 있다.

3월 3일 경기도 개성에서 있었다고 보고된 시위대의 폭력행동도

20) 《국도 1》, 5쪽; 《국도 3》, 8쪽.

21) 〈각 지방의 불온 상황〉, 《오사카아사히신문》, 1919년 3월 7일자(《일본신문 기사집 1》, 109쪽).

22) 독립운동사편찬위원회, 《독립운동사 제2권: 삼일운동사(상)》, 1971, 384쪽. 이후 본문에서 이 책을 전거로 삼을 경우 '《독립운동사》'로 표기하고 쪽수만 밝혀 병기할 것이다.

23) 《국도 1》, 6·7쪽.

눈길을 끈다. 1,000여 명의 군중이 일몰 후에 경관파출소를 습격해 투석하니 유리창이 부서지고 순사 1명이 부상당하자 철도원호대가 출동해 시위대를 진정시켰다는 것이다.[24] 시위대는 일장기를 불태웠으며, 4일 밤에도 시가행진과 투석전을 벌이며 경찰 저지선을 돌파했다고 한다.[25]

3월 4일부터 북부 지방의 상황은 험악해져갔다. 평남 동부 산간지대인 성천군에서 약 2,000명의 주민이 몽둥이와 도끼를 들고 헌병분대를 습격해 분대장 중위를 중상 치사케 했고 '폭민' 사상자도 여럿 발생한 것으로 보고되었다.[26] 《독립운동사》에 따르면 4일의 성천 시위에는 천도교인 4,000여 명이 참가했는데, 가두시위 후 헌병대로 진격해 당도하니 헌병과 헌병보조원이 돌연 발포해 28명이 사망하고 70여 명이 부상을 입었다고 한다(390·391쪽). '헌병분대장의 중상 치사'는 이 발포에 맞서 군중이 도끼와 괭이를 들고 헌병대를 습격해 주재소장을 난타했기 때문이라고도 한다.[27]

같은 날, 연해지대인 평남 강서군 증산면에서도 '폭도'가 사천헌병대를 습격해 주재소원 4명을 살해하고 헌병보조원 주택에 방화한 것으로 보고되었다.[28] 《독립운동사》(407쪽)에 기술된 사건 내용도 이와

---

24) 《국도 1》, 7·8·29쪽; 《국도 3》, 11쪽; 〈조선 다시 소요가 벌어지다〉, 《오사카아사히신문》, 1919년 3월 7일자(《일본신문 기사집 1》, 108쪽) 참조.

25) 김정인·이정은, 《국내 3·1운동-중부·북부》, 독립기념관 한국독립운동사연구소, 2009, 20쪽.

26) 《국도 1》, 7·8·30쪽; 〈각 지방의 불온 상황〉, 《오사카아사히신문》, 1919년 3월 7일자(《일본신문 기사집 1》, 109쪽)에는 군중 200여 명이 헌병분대를 습격해 유리창 등을 파괴하고 분대원 전부를 격살하자고 절규하니, 헌병대가 발포해 '폭도' 중 사상자 20여 명이 발생했고, 헌병분대장 마사이케 가쿠조(政池覺造) 중위가 오른쪽 무릎 밑에 중상을 입고 5일 사망한 것으로 보도되었다. 이때 폭민 사망자가 무려 110명, 부상자는 170명에 달했다는 후속 보도도 있었다(〈헌병분대의 고전〉, 《오사카아사히신문》, 1919년 3월 11일자; 《일본신문 기사집 1》, 132쪽).

27) 김정인·이정은, 《국내 3·1운동-중부·북부》, 231쪽. 이에 대해 《독립운동사》(390·391쪽)에는 시위대가 난동했다는 것은 허위이고 촌철도 없이 맨손 시위를 벌였으며, 마사이케 중위의 중상 후 사망도 일본도를 빼들고 사격을 지휘하다 자기편의 오발탄에 맞은 것이라고 변설했다.

같다. 전날 강서 읍내에서 4,000여 명이 시위를 벌이다 헌병대의 실탄 사격으로 9명이 사망하고 4명이 부상당했으며, 이날은 증산면에서 기독교인 중심의 군중 500여 명이 시위하다 헌병들이 제지하자 투석으로 밀어붙여 주재소를 파괴하고 소장 상등병 1명과 보조원 3명을 추격해 살해했고 헌병보조원 집에 불도 질렀다는 것이다.

3월 5일에 조선헌병사령관이 육군대신에게 "각지의 정황은 이미 경찰만으로는 진압이 곤란함을 인정하고 군대의 협력 방법을 목하 협의 중"이라고[29] 보고한 것은 이처럼 상호간 충돌과 폭력 사태가 급속도로 악화하고 있었다는 것을 잘 말해준다. 이날 이후 3월 10일까지의 상황으로는, 헌병분견소를 폭민이 강습(3월 5일 평남 양덕); 경찰관서 습격, 투석해 창유리 파손, 경관 부상(3월 6일 평남 용강군 온정리, 3월 6일 개성); 우편국에 투석(3월 7일 평북 철산); 헌병분대(분견소) 습격/침입/돌입, 폭행(3월 7일 평남 성천, 3월 9일 평남 영원, 3월 10일 평남 맹산, 3월 10일 함남 단천, 3월 10일 함남 신흥)이 연일 보고되었다.[30] 3월 11일 이후의 일주일 동안에도 황해도 안악군 온정동과 송화군, 함남 정평군 신상리, 충남 공주, 함남 장진군 고토리, 함북 명천군 화대동, 경기 가평군 목동리, 경기 양주군 마석우리 등지의 헌병주재소나 경찰서·주재소 습격/돌입, 폭행/격투 사례가 연이어 보고되었다.[31]

시위가 폭력적이게 된 사례들을 종합하여 일종의 이념형적 경과를 그려보면 다음과 같다. 사례에 따라서는 어떤 요소가 결락되거나 순서

---

28) 《국도 1》, 9·10·30쪽.

29) 《국도 1》, 9쪽.

30) 이상의 사례들은 《국도 1》, 9·12~17·20·23·30·51쪽에서 뽑은 것이다. 번잡함을 피해 전거 주를 건별로 달지 않는다.

31) 《국도 1》, 24·35·41~43·49·52~54·57쪽 참조.

가 바뀌기도 했지만, 일반적인 정형을 그려낸 것이라고 보면 되겠다.

① 집회→② 독립선언서 낭독과 만세 고창→③ 도보행진→④ 경찰서·주재소·분견소 앞 쇄도→⑤ (시위대가 관서를 포위하고 퇴거를 요구하는 형세로) 쌍방 대치→⑥ 해산 종용과 거부→⑦ 강제해산 시도→⑧ 투석 대응→⑨ 위협용 공포탄 발포, 또는 실탄 사격(으로 사상자 발생)→⑩ 경찰의 강습 난타와 주동자 검거(시도)→⑪ 시위대 철수, 해산→⑫ (구금자 석방을 요구하고 발포에 항의하는) 시위 재발→⑬ 난투극 또는 관서로 돌입→⑭ 즉각 발포→⑮ 관서 함락 후 파괴·방화, 드물게 관원 폭행이나 납치, 살해

《독립운동사》에서 시위대와 경찰 간의 충돌 또는 시위 폭력화의 첫 계기랄까 요인으로 본 것은 ⑦이었다. 3월 1일에도 여러 시위 현장에서 충돌이 있었다고 한 것은 대략 ⑦에서 ⑩까지의 실황을 말한다. 그러나 일제 측은 ④와 ⑤를 '습격'으로 칭하며 폭력화의 첫걸음으로 보는 경우가 많았다. 중립적 견지에서 보면 실제의 폭력행위는 올려 잡아도 ⑧부터이고, 본격적 폭행은 ⑬이나 ⑮에 이르러서이다. 그런데 이 후자와 같은 의미, 같은 양상의 폭력화 기미가 평남 중화군 상원에서는 3월 2일부터, 그리고 4일경부터는 평남·북 여러 곳에서 완연했던 것이다.

좀 번잡해진 논의였지만, 중요한 대목이 여기서 포착된다. 시위의 폭력화는 그 원인이 어떻든 간에 3·1운동의 맨 첫 국면, 즉 3월 초부터 시작되었다는 것이다. 그리고 시위대는 탄압에 즉시 폭력행동으로 대응한 경우가 많고, 반격 폭력의 강도 또한 결코 약하지 않았다. 이때부터 시위군중은 기세를 올려 공세적으로 대응하게 되었으며,

이 점은 종교인도 예외가 아니었다. 폭력시위가 여러 곳으로 번지고 자주 벌어지기도 한 것은 이런 흐름을 통해서였다.

2) 시위의 폭력성 정도와 추이

일제 식민당국은 조선인들이 폭력을 행하니 부득이 강력진압을 할 수밖에 없다는 논리를 처음부터 끝까지 고수했다. 그 논리가 군경 보고문들에 잠복해 있었고, 통계표와 신문 기사 들에도 스며들곤 했다. 그런 때문에도 3·1운동의 양상 및 결과에 관한 각종 기록과 통계가 시위의 폭력성만 부각시키거나 과장하고 자의적 분류에 의한 과다 집계로 체계적 왜곡을 범했을 개연성은 넉넉히 인정될 바다. 일제 자료를 이용하거나 해석할 때 엄정한 사료 비판이[32] 선행되어야 하는 이유이기도 하다.

하지만 그렇더라도 일제 자료 속의 기록들이 터무니없거나 전혀 무용한 것은 아니다. 기록상의 수치들은 시위운동의 양상이 어떻게 변해갔고 그 폭력성은 어느 정도였는지를 추리해보는 데 도움이 된다.

조선헌병대사령부와 조선총독부 경무총감부가 각 지방의 보고 내용을 종합해 4월 30일에 작성한 〈조선 소요사건 총계 일람표〉를[33] 보면, 그때까지의 전국 '소요 개소'는 618개소, '소요 횟수'는 848회였다. 그중 '폭행 소요'가 332회(39.15%), '무폭행 소요'가 516회(60.85%)였다. 폭행과 무폭행의 구분 기준이 밝혀져 있지 않지만, 그 비율은 4

---

32) 일제 관헌 기록을 한국 쪽의 것 및 선교사들의 당시 기록과 꼼꼼히 대조하는 작업을 통해 전자의 허위성·기만성을 드러내려 한 하라구치 유키오(原口由夫)의 〈3·1운동 탄압 사례 연구－경무국 일일보고의 비판적 검토를 중심으로(三·一運動彈壓事例の研究－警務局日次報告の批判的檢討を中心にして)〉(《조선사연구회논문집(朝鮮史研究會論文集)》 제23집, 1986)가 그 점에서 인상적이다. 그러나 "3·1운동의 기본적으로는 비폭력적 성격을 명확히 하려는" 역편향이 있어서였는지, 일부 무리한 추단도 보인다.

33) 《국도 1》, 359·360쪽 참조.

대 6 정도이다.

다른 자료인 〈조선 소요사건 경과 개람표〉에는[34] '폭력운동'이 290회, '비폭력운동'은 486회로 집계되었다. 비율로는 37% 대 63%여서, 〈조선 소요사건 총계 일람표〉와 비슷하다. 하지만 인원 통계에서는 총 5만 9,402명 중 전자에 29만 9,751명(59%), 후자에는 20만 9,751명(41%) 참가로 집계되어, 반대의 수치를 보여준다. 이것은 '폭력운동'의 밀도가 높고 응집력이 강했다는 뜻도 된다.

관헌 측의 1차 자료를 가공해 만든 다른 통계로는[35] 시간대별 추이를 엿볼 수 있다. 이미 3월 상순에 총 183회 중 41회(22.4%)가 폭력시위였는데, 중순에 193회 중 53회(26.7%), 하순에 359회 중 129회(35.9%)로 횟수와 비율이 점점 더 증가했고, 4월 상순에는 372회 중 173회(46.5%)로 절반에 육박했다. 그러다 4월 중순에 시위 횟수 자체가 60회로 급감했고, 그중 11건(18.3%)만 폭력시위였다. 일본 육군성이 1919년 9월에 작성한 보고서 〈조선 소요 경과 개요〉[36] 따르면, 피살된 관헌이 8명(평남과 경기에서만이고 헌병 6, 경찰 2)에, 부상자는 158명이었다(헌병 91, 경찰 61, 군인 4, 관공리 2; 평북 18, 황해 30, 경기 22, 충북 20, 경북 13, 경남 18). 파괴(소훼 포함)된 관공서는 278개소였는데, 내역은[37] 경찰관서 87, 헌병주재소 72, 군청·면사무소 77, 우편소 15, 기타(금융조합, 일본인 가옥) 27개소였다. 전국 13개 도 어디서나 파괴 사례가 있었고, 그중 경기 80, 경남 38, 황해 27개소 등의 순으로 많았다.

34) 이 자료를 갖고서 작성된 박성수, 〈3·1운동에서의 폭력과 비폭력〉, 윤병석·신용하·안병직 편, 《한국근대사론Ⅱ》, 지식산업사, 1977, 132쪽의 〈표 5〉 참조.

35) 이윤상·이지원·정연태, 〈3·1운동의 전개 양상과 참가 계층〉, 한국역사연구회·역사문제연구소 엮음, 《3·1민족해방운동 연구》, 246쪽의 〈표 2〉 참조.

36) 《국도 1》, 259쪽 참조.

37) 김진봉, 《3·1운동사 연구》, 국학자료원, 2000, 85쪽 참조.

3) 폭력화의 제2계열로서 계획적-공세적 시위

평화적인 만세시위가 일제에 의해 저지되고 탄압받으니 완강한 저항 끝에 폭력시위로 바뀌어간 사례들이 한 계열을 이루었다면, 처음부터 폭력시위를 계획해 실행에 옮긴 경우도 적지 않았다. 이 제2계열의 폭력화는 지방 시위운동의 규모가 무척 커지고 공격성을 뚜렷이 드러냄과 궤를 같이했다. 예컨대, 3월 18일과 19일 이틀간 경찰관서뿐 아니라 군청·재판소·면사무소를 습격·파괴하고 나중에는 일본인 소학교와 공립보통학교까지 파괴하는 격렬 시위가 경북 안동·영덕·의성군 관내의 여러 면에서 벌어졌다.

공세적 시위의 불길은 3월 19일 경남 합천·함안·진주와 충북 괴산, 20일에는 경남 마산과 함남 이원에서 거세게 타올랐다. 21일 이후로는 경남 산청, 전북 임실, 경기 연천군 마전면 및 김포군 양곡, 경북 영양군 청기동 등 거의 전국으로 번져갔다.[38] 19일과 20일 이틀 동안 함안군 읍내와 군북면에서는 경찰서와 주재소, 우편국, 학교, 등기소 등의 관공서를 죄다 습격해 파괴하고 비치된 각종 수탈용 장부와 비품·집기류를 꺼내다 불 질러 없애며 군수·순사·군인에게 폭행을 가하고 살해도 하는, 최고 강도의 폭력시위가 벌어졌다. 합천군 관내 여러 곳의 시위 양상도 그와 유사했다. 전통적 유림세력을 포함한 지역 명망가와 유지 자산가, 대성(大姓) 문중의 유력자가 주도했거나 배후에서 지원한 시위들이 대개 격렬한 양상을 띠며 폭력투쟁으로 나아간 점이 특이했다. 그 기세는 4월 3일 창원군 진전·진동·진북면을 넘나들며 매우 공세적으로 전개된 '3진 시위'로 옮겨갔다.

대체로 이 경우들에서는 장년층이 나서서 마을 주민들의 참가를

---

38) 《국도 1》, 60·61·63~66·72쪽 참조. 이하 다수의 사실관계 서술에 일일이 전거를 달지 않지만 여러 선행 연구의 성과를 참고한 종합적 서술임을 밝혀둔다.

강제하는 식의 조직적인 동원으로 세를 확보한 후 돌멩이·몽둥이는 물론이고 가래·삽·괭이·도끼·낫 같은 농기구와 벌목도구를 이용해 전선 절단과 전주 도괴로 통신선을 끊어놓고는 읍내 관공서들에 대한 공격-진입-점거 행동을 개시했다. 그런 맥락에서 4월 초에는 경기도 수원군(지금의 화성군)과 안성군에서도 주민들이 들고일어나 정면 격돌을 마다 않는 선제공격을 일제 통치기구와 그 요원들에게 가했다. 안성군 원곡면의 주민 시위대 1,000여 명은 인접 양성면으로 진출해 경찰관주재소를 습격·방화해 잿더미로 만들었으며, 면사무소·우편소와 일본인 사채업자의 집을 파괴했다. "우리 지역만이라도 독립하자"를 목표로 내건 주민 봉기이고 폭력항쟁이었다. 이에 경찰과 하급관리 들이 도망쳐버려서 양성면은 이틀간 '해방구' 상태가 되었다.

호서 지방의 만세운동도 마찬가지로 폭력화 경향을 띠었다. 강원도와 충북의 여러 곳에서는 화전민이 되었거나 타지로 가서 숨어 지내던 의병 경력자들이 나타나 파괴적 행동을 종용 또는 주도했다. 도시와 광산지대의 노동자들도 전차발전소에 투석하거나 전화선을 절단하고 채광도구를 파괴하는 등 폭력적인 방법을 동원해 산발적으로 저항했다. 그러므로 폭력항쟁의 출현 원인을 평화적 시위에 대한 일제의 강경진압 조치에서만 찾으려드는 것은 의도와는 무관하게 진실을 반쯤 가리는 것과도 같다.

게다가 당시 한국 민중 중에서도 특히 농산촌 지역 주민들의 뇌리와 마음속에는 과거 60년래, 짧게는 30년 전 이래의 수차례 민중운동(1862년 농민항쟁, 동학농민운동, 남학·영학당·활빈당 운동, 의병투쟁 등)의 전설과 기억이 박혀 남아 있었다. 그런 상태에서 궐기한 민중집단에게 질서 있는 평화적 시위란 외려 낯설고 어색한 것일 만했다.[39]

이렇듯 3월 하순 이래 근 20일 동안 지방에서, 특히 경북 동부 및 경남 중·서부의 내륙 지역과 일부 연해 지역, 그리고 경기 남부의 농촌 지역을 중심으로 벌어진 수많은 시위와 집합행동의 모습은 "육탄혈전으로 독립을 완성하자"던 지린발(吉林發) 〈대한독립선언서〉의 호소와 독려에 그대로 조응하는 것이면서 독립전쟁의 임박을 예고하는 것과도 같았다.

그만큼 3·1운동은 단순 만세시위로 그친 것이 아니고, 초기부터 서북 지방의 여러 중소도시와 농산촌 지역에서 그랬듯이, 서울을 제외하고 거의 모든 지방에서 '전민항쟁'처럼 되어간 것이다.

2. 3·1운동 직후 폭력항쟁노선의 재발견과 정립

3·1운동 종식 후 얼마 되지 않아서부터 독립운동 진영에 큰 변화가 나타났다. 폭력노선과 그 방략에 의탁하는 정도가 눈에 띌 만큼 커진 것이다. 우선 상하이의 대한민국임시정부(이하 '임시정부')가 그러했다. 수립 초기부터 외교론 방책과 평화적 노선에 의탁해 독립 성취를 위한 온갖 노력을 기울였음에도 성과가 안 나오자 정부 요인들은 기대와 환상을 버리고 현실로 돌아와 독립운동의 새 방략을 모색했다. 그러고는 러시아령 한인사회당 세력을 영입해 통합정부로 되고부터는

---

39) 천관우, 〈민중운동으로 본 3·1운동〉, 윤병석·신용하·안병직 편, 《한국근대사론 II》, 121쪽 및 조경달 지음, 허영란 옮김, 《민중과 유토피아―한국근대민중운동사》, 역사비평사, 2009, 240·242쪽 참조. 3월 4일에 폭력시위가 발생한 평남 성천은 1915년 7월 헌병과의 격투 끝에 붙잡힌 후 '의적(義賊)'처럼 당당한 태도로 재판에 임해 큰 감명을 준 '마지막 의병장' 채응언이 태어난 곳이자 체포된 곳이었다(홍영기, 〈채응언 의병장의 생애와 활동〉, 《한국독립운동사연구》 제26집, 2006). 의병전쟁과 3·1운동의 인적 연결 및 사상·방략의 연관성은 조동걸, 〈말기 의병전쟁과 3·1운동의 관계〉(《대한제국의 의병전쟁》, 역사공간, 2010)에서 다루어진 바 있다.

전투적 운동노선을 확정 짓고 실행에 역점을 두었다. 1920년 벽두에 임시정부가 '독립전쟁의 제1년'을 선포한 것은[40] 그런 연유에서였다.

1920년 4월경에 확정 지은 14개항의 〈시정 방침〉에서 임시정부는 국내 국민을 향해 일상적 수준에서의 대일 불복종·항거 방법들을 제시함과 아울러, 독립전쟁 준비의 일환으로 감사대(敢死隊) 편성에 의한 작탄투쟁(炸彈鬪爭)을 벌이겠다고 공언했다. 이미 1월에 정부 직속의 대한민국의용단을 창설해 그 예하의 탐정대 및 모험대가 작탄투쟁을 담당토록 했었다. 또한 《독립신문》 2월 7일자에 '7가살'론을 실어, 독립 성취를 방해하는 존재들은 가차 없이 제거해야 함을 역설하고 응징과 정화의 폭력에 정당성을 부여했다.

이 같은 임시정부의 방침에 호응하고 보조를 같이하는 움직임이 재중·재만 독립운동단체들과 국내 민간사회에서 일어났다. 이미 1919년 가을 무렵부터였는데, 그 후로 서간도 방면의 대한독립단·서로군정서·신흥학우단·대한광복군총영 등 여러 단체와 별동 조직들이 앞서거니 뒤서거니 편의대(便衣隊)를 국내로 잠입시켜 주로 농촌 지역에서 게릴라적 활동을 벌이고 조직 거점도 확보해놓게끔 했다. 편의대는 주로 서북 지방의 면사무소와 경찰관주재소를 타격하고 군수·면장 등의 관공리와 순사·밀정·친일부호 같은 표 나는 부일배를 처단한 후 만주 본영으로 귀환했다. 3·1운동 때의 계획적 폭력시위에서 전형화한 행동양식을 빼닮은 것이었다. 국내 거점조직을 구축해 놓고 비밀리에 활동한 사례 중에는 1920년 4월경부터 평남 맹산·덕천·영원 3개 군에 각각 조직된 대한독립단 지단들의 활동이 유명한데, 1921년 5월의 '호굴독립단' 사건으로 그 전모가 드러났다.[41]

---

40) 국사편찬위원회 편, 《대한민국임시정부자료집 8: 정부수반》, 국사편찬위원회, 2006, 161쪽.

앞서 1919년 9월에 총독 암살을 기도한 강우규의 투탄 거사가 서울역 앞에서 감행되었고, 그 후로 항일비밀결사들이 국내에서 속속 만들어졌다. 주로 서북 지방 일대에서 주민들의 주도와 참여로 결성된 조직들은 단출한 무장으로나마 군자금 징모 등의 활동을 하면서 때를 보아 악질 순사·친일부호 응징, 면사무소·경찰관주재소 습격·파괴 등의 행동에도 나섰다. 예를 들면, 한민회(1919. 10. 평양), 숭의단(1919. 11. 평남 성천), 천마산대(1919. 12. 평북 의주), 대조선청년결사대(1920. 3. 의주), 대조선독립보합단(1920. 5. 의주), 대한민족자결국민회(1920. 5. 평북 구성), 국민회(1920. 5. 평남 진남포), 암살단(1920. 5. 서울), 독립청년단(1920. 6. 황해 사리원), 권총단(1920년 여름. 황해 재령), 농민당(1920. 8. 평남 강동), 무장계획단(1920. 11. 서울) 등이었다.[42]

3·1운동 때 다 분출된 것처럼도 보였던 대중적 분노는 내연(內燃) 상태로 남아 있었다. 그러다 어떤 계기가 오면 기다렸다는 듯이 또다시 분출했으니, 그 징표의 하나가 지역사회에서 돌발하는 주민 집단행동이었다. 1920년 9월 경남 밀양에서 발생한 경찰서 습격사건도 하나의 예가 된다. 일본인 순사부장이 사소한 이유로 한인 순사를 구타했음을 알게 된 주민 수백 명이 경찰서로 쳐들어가 사무실 집기와 유리창을 닥치는 대로 부수며 거세게 항의한 것이다. 1년 반 전의 밀양 읍내 만세시위 현장에서 진압 헌병에게 주민들이 구타당하며 수십 명의 피검자를 냈던 때와는 판이한 양상이고, 어쩌면 벼르고 벼르던 보복일 수도 있었다. 당황한 서장이 현장 진압을 시도하자 이번에는 한인 순사와 일본인 순사 간에 격투가 벌어졌고, 결국은 서장 휴직과

---

41) 이에 관한 상세 내용은 김영범, 《의열투쟁 I-1920년대》, 독립기념관 한국독립운동사연구소, 2009, 46~49쪽을 볼 것.

42) 이 비밀결사들의 조직과 활동에 대해서는 위의 책, 73~90쪽을 볼 것.

순사 10명 해임으로 귀착되었다.[43] 그리고 두 달 후 신입 의열단원 최수봉의 밀양경찰서 진입 투탄 의거가 감행되었다.

의열단은 황상규·김원봉 등 밀양 출신 청년지사들의 기획과 주도적 참여로 1919년 11월 중국 지린에서 창립되었다. "천하의 정의의 사(事)를 맹렬히 실행"하는 데 신명을 바치겠다는 단원들의 공약과 기백은 '혈전으로 독립 완성'을 서원하던 저 3·1정신에 기맥을 대고 있었다. 그런데 이제 '맹렬히'는 더 이상 맨손·맨몸의 '육탄'으로가 아니었다. 턱없이 부족했지만 그래도 폭탄과 권총으로 '무장'해서였다. 이렇게 그들은 의열적 폭력투쟁의 중심 권역으로 진입해갔다.

의열단은 그 폭력을 '조선의 독립'뿐 아니라 '세계의 평등'을 위해서도 쓰겠노라 했다. 약육강식의 기득권 유지가 여전히 당연시되며 고수되고 있는 국제질서를 겨냥한 것이었다. '강대국'이 저질러온 갖가지 죄악이 미사여구로 치장되는 그 질서를 타파해 국가 간, 민족 간의 평등이 이루어지게끔 해야 한다는 결의가 그 공약을 낳은 것이었다.

의열단은 일제의 조선 지배가 이웃 나라와의 신의를 짓밟고 무도하게 자행된 침략-강점의 결과로서 '강도 정치'일 뿐이라고 규정지었다. 그로부터 '천하의 정의로운 일'의 의미는 자명해지니, '강도 일본'을 응징하고 조선에서 완전히 쫓아내는 것이었다. 그렇게 정의를 거역하고 짓밟은 일제와 그 주구들을 향한 폭력, 궁극적으로는 세계 평화와 인류평등을 기성(期成)하는 폭력! 이것이 의열단을 결성한 취지였고 '암살파괴운동'으로 구체화한 것이었다.

---

43) 〈수백의 군중, 밀양경찰서를 습격〉,《매일신보》, 1920년 9월 17일자; 경상남도 경찰부,《고등경찰 관계 적록》, 1936, 28·29쪽.

3. 혁명적 폭력을 향하여

1) 신채호의 '혁명적 폭력' 사상

의열단의 폭력노선이 지지만 받은 것은 아니었다. 1922년 다나카 기이치(田中義一) 육군 대장 암살 기도 거사 때 빚어진 불상사로 인해 비판도 나왔다. 이것을 받아치고 잠재울 요량인 듯, 의열단은 1923년 1월 신채호가 집필해준 〈조선혁명선언〉(이하 '〈선언〉')을 발표했다.

〈선언〉에 따르면, 제반 사실과 지나온 일들에 비추어 일본은 '제국'이라는 이름을 침략주의의 간판으로 삼는 '강도 국가'에 불과하다. 일본의 강도 정치가 조선 민족을 노예 이하의 영원한 우마로, 떠돌아다니는 귀신으로, 평생 불구의 폐질자로 만들었다. 강도 일본은 "공포와 전율로 우리 민족을 압박해 산송장을 만들려" 하니, 요즘말로는 국가 테러리즘의 본산이었다. 이 모든 의미에서 강도 일본은 '조선 민족 생존의 적'이므로, 민족 생존을 유지하려면 기필코 쫓아내야 한다. 공존을 바라며 타협하고 한갓되이 참정권이나 자치를 구걸할 상대가 아닌 것이다.

쫓아낼 방법은 무엇인가? 혁명뿐이다. 어떤 식의 혁명인가? 신채호는 그것이 '민중 직접혁명'이면서 폭력혁명이어야 한다고 명쾌히 답했다. 민중과 폭력이 결합해야만 하고, 그래서 거대한 민중폭동이 불붙을 때 조선혁명은 성공하게 된다는 것이다. 〈선언〉에서 신채호가 3·1운동의 주역은 민중이었다면서 그 의기를 상찬하지만 '폭력적 중심'은 갖지 못했다고 비판한 것도 이 대목의 논리 구성을 위해서였다고 하겠다.

민중의 폭력혁명은 "일어나라!" 하면 그냥 일어나는 것이 아니다. 촉발제가 있어야 한다. 선구자적 폭력 같은 것이다. 의열단이 줄곧 벌여온 암살·파괴 활동이 바로 그것이다. 이렇듯 신채호는 정곡을 찌르는 말과 더불어 심중한 의미 부여도 했다. 하지만 파괴가 혁명적이려면 그 대상을 일제 기관이나 시설물로 국한할 것이 아니라 식민제도 자체로, 체제 전반으로 넓혀 잡고 그 심장을 노려야 할 것임도 그는 주문했다.

앞서 1921년 초에 신채호는 잡지 《천고(天鼓)》에 실은 글에서 "우리는 평화행복을 기구하는 바이지만, 강적 제거와 동양의 평안 도모는 '유혈' 두 글자를 떠나서는 이뤄낼 수가 없다. …… 적과 혈전을 벌일 것을 마음에 깊이 새기어 잊어서는 안 될 것이다"라고 하여,[44] 혈전을 통해서만 일제 타도와 동양평화의 길트기가 가능하다고 역설한 바 있다. 이때는 신채호가 '군사통일' 사업에 매진 중이었으니 '혈전'은 독립군 무장투쟁을 의미했을 테다. 그러나 신채호가 그것에 걸었던 희망과 혁명러시아의 지원에 대한 기대는 얼마 후 1921년 6월의 흑하사변(黑河事變)으로 인해 무참히 깨지고 거둬들여졌다.

이제 남은 건 무엇이겠는가? 오직 조선 민족 자기와 그 자신의 힘뿐이다. 민족의 큰 숙원을 이뤄내려면 자기 스스로, 자력으로가 아니면 안 될 것이었다. 그런데 그 '자력'은 어디서 나오는가? 폭력 말고는 더 없다고 신채호는 보았으며, 오래 준비하면서 기다릴 나위도 없었다. 외교론과 준비론을 2,000만 민중의 의기를 없애는 데나 기여하는 잠꼬대요 미몽일 뿐이라고 배척한 것이나, "양병(養兵) 십만이 폭탄을 한 번 던지는 것만 못하며 억·천 장 신문·잡지가 한 번의 폭동만 못할지니라"라고 단언한 것은 그래서였다. 일제를 구축코자 총봉

<hr />

44) 진공(震公), 〈한한양족지의가친결(韓漢兩族之宜加親結, 한국과 중국 두 민족은 더욱 친해지고 뭉쳐야 함)〉, 《천고(天鼓)》 제2권 제2호(1921. 2. 7); 단재신채호전집편찬위원회 편, 《단재신채호전집 제5권(신문·잡지)》, 독립기념관 한국독립운동사연구소, 2008, 116쪽.

기하는 민중의 폭동을 중심적 의미항으로 삼는 '혁명적 폭력'의 사상이 이렇게 벼리어져 창도되었다.

그러나 신채호의 혁명론은 여기서 끝나는 것이 아니었다. '이상적 조선'의 건설이 '조선혁명'의 최종 목표였다. 그의 혁명론의 진수는 실상 이것이었으니, 이민족 전제통치, 총독 이하의 특권계급, 강도의 살을 찌우는 경제약탈제도, 강약과 천귀로 민중을 갈라놓는 사회적 불평등, 노예적 문화사상 등을 파괴하고, 고유적 조선, 자유적 조선 민중, 민중적 경제, 민중적 사회, 민중적 문화의 '신조선'을 건설하자는 것이었다.

이처럼 신채호가 구상한 조선혁명의 의미는 다층적이었다. 그러면서 민족혁명을 넘어서고 계급 철폐만으로 멈추지 않을 세계혁명의 첫걸음도 될 것이었다. 동서양 인류의 개개인 모두가 노예 상태에서 해방되어 스스로 주인이 되는 주체 해방, 인간혁명이 신채호가 꿈꾸는 최종적 이상이자 새로운 '꿈하늘'이었다.[45] 오직 하늘만이 내릴 수 있는 불벼락 같은 파괴와 창신을 상상했기에 '꿈하늘'이라는 표현을 쓴 것일 터이다. 그런 의미에서 신채호의 혁명적 폭력은 그 무렵 1921년 독일에서 벤야민(W. Benjamin)이 만들어 보이고 있던 '신적 폭력' 개념과[46] 흡사해 보인다.

그리하여 일생일대의 개벽개천이 온다면, 그로써 이상적 조선이 건설될 수 있다면, 그 힘은 민중의 것이면서 제어 불가한 폭력이라고 신채호는 본 것이다. 그 폭력은 서양 '문명' 세계가 조형해낸 근대체

---

45) 이 관점을 김영범, 〈신채호의 '조선혁명'의 길〉《한국근현대사연구》 제18집, 한국근현대사연구회, 2001〉에서 제시한 바 있다. 〈꿈하늘〉은 1916년 신채호가 망명지 베이징에서 지은 환상(fantasy)소설로, 그때는 사회진화론적(Social Darwinist) 욕망에 입각해 영광의 고대사를 되새기며 한국이 다시 일어나 강국이 되는 꿈을 담아낸 것이었다.

46) 이에 대해서는 각주 55)에서 한꺼번에 말하겠다.

제의 구조적 폭력과 '제국' 일본이 그것을 본떠 이웃 나라를 늑탈하고 심어놓은 식민주의 체제폭력에 맞서 결국은 다 쓸어버릴 유일한 힘이었다.

2) 신채호 사상의 여운과 영향

〈조선혁명선언〉에 담긴 신채호의 웅대한 사상과 단호한 언설은 그 후에도 환상소설《용과 용의 대격전》과 〈(무정부주의동방연맹) 선언〉으로 이어지며 깊이와 적용의 폭을 더해갔다. 독립운동 진영에서도 3·1운동을 기념할 때면 종종 신채호 사상의 요점에 기대는 언설이 나오곤 했다.

예컨대, 1925년 3월 1일 중국 광저우(廣州)에서 '여월(旅粵) 한인 전체' 명의로 발표된 〈대한민국독립선언 제6주 기념사〉는 "폭동, 암살, 파괴가 우리의 유일한 전투무기이고, 전 민족의 공동혈전이 되도록 분진(奮進)하리니, 최후의 1인 1각까지 벌일 싸움은 위대하고 신성한 자유를 되찾아야만 그칠 것이다!"라고 선언했다.[47] 1926년에 반(半)공개적 혁명정당으로 조직체제를 개조한 의열단이 1929년 상하이에서 발표한 〈3·1 제10주 선언〉도 "혁명은 전쟁이요, 폭동은 예술이다. 조선 민족의 완전한 해방은 오직 조선 민족의 피와 땀과 폭발탄과 육혈포와 칼과 창―부절(不絶)의 폭력적 운동―으로써만, 그리고 최후로의 대중적 총폭동으로만 획득할 수 있다"고 했다.[48] 끊임없는 폭력적 혁명운동의 열매일 '대중적 총폭동'을 무장투쟁 이상 가는 최후의 민족해방 방법으로 다시금 내세운 것이다.

---

47)   독립기념관 소장본에 의함. '월(粵)'은 광둥(廣東) 지방에 대한 중국식 별칭.

48)   김영범, 《한국 근대민족운동과 의열단》, 창작과비평사, 1997, 239쪽 참조.

그로부터 10년 후인 1939년 3월, 조선의용대 지도위원인 김성숙은 중국 항전에 직접 참가함과 아울러 전 조선 민족의 '반일혁명폭동'을 발동시키는 것이 의용대의 임무임을 천명했다.[49] 한국광복군도 1941년의 3·1절 기념 선언과 기관지 논설에서 '제2차 3·1운동', '제2차 대혁명', '제2차 전민혁명'의 발동을 역설하며 국내 진공의 대일전쟁과 민중항쟁의 결합을 민족혁명의 최후 방략으로 제시했다.[50] 그와 동일 시점에 충칭(重慶)의 한인들이 발표한 〈한국 3·1절 제22주 기념대회 경고(敬告) 중국동포서〉(중문)[51] 역시 "조직과 계획을 가진 전 민족적·혁명적 폭력이 있어야만 일본제국주의 통치를 뒤엎을 수 있다는 것을 조선 민족은 깨달았다"고 하여, 폭력으로 뒷받침되는 '전민혁명'을 갈구했다.

신채호가 창도한 '혁명적 폭력' 사상의 여운은 그렇게 오래가며 지속적인 영향을 미쳤고, 그 유효성은 갈수록 더 실감되었던 것이다.

폭력과 평화, 그리고 반폭력

이제 글을 마무리할 지점에 이르렀으니, 지금까지의 논의를 요약·정리하고, 이론적 쟁점이 될 수도 있을 부분에 대한 약간의 첨언으로 끝맺도록 하겠다.

49) 성숙, 〈쾌향적인적후방매진(快向敵人的後方邁進, 적의 후방으로 상쾌히 진격하자)〉,《조선의용대통신》제7기(1939. 3. 21), 4쪽.

50) 각주 6)의 〈3·1절 제22주 기념선언〉; 〈제2차대전시응유지인식여노력(第二次大戰時應有之認識與努力, 제2차 대전에 즈음하여 있어야 할 인식과 노력)〉,《광복》제1권 제4기(1941. 6. 20), 7쪽.

51) 독립기념관 소장.

종교계 인사 중심의 민족 대표들에 의해 비폭력 원칙의 준행이 신신당부되었음에도 3·1운동 초기 국면부터 일제의 지방통치기구를 향한 조선 민중의 폭력이 어떤 이유로든 터져 나와 급속도로 전국적 현상이 되어갔다. 처음에는 발포까지 수반되는 시위 진압에 맞서는 저항적 폭력이 대종을 이루었으나, 3월 중순을 넘어서면서 지역 내 통치기관들을 습격해 파괴하고 관공리 살해도 불사하는 계획적 폭력투쟁이 중·남부 지방에서 빈발했다. 실정법에서는 이를 일컬어 질서 교란의 난폭한 행동이라는 의미로 '폭동'이라 하지만, 꼭 그런 의미가 아니라 잠재해 있던 순정폭력이 현재화한 움직임이라는 뜻에서의 폭동이라고 보아도 된다. 여건이 안 되어 군사적 무장은 못했지만 농기구 등의 원시적 장비를 동원해 갖추고서였고,[52] 저항적 폭력은 3월 초부터 그랬었다.

이렇듯 3·1운동에는 비폭력시위와 폭력시위가 처음부터 섞여 있었다. 통계에 따르면 대략 6 대 4의 비율이었다. 따라서 3·1운동이 비폭력운동이었다거나 그 기조가 비폭력주의였다는 주장은 반은 맞고 반은 틀리다. 국내 독립선언서는 정의와 인도라는 보편적 가치를 일깨우며 자유와 평화를 위한 조선독립을 점잖게 요구했지만, 농촌 봉기에서는 몸으로 실감되는 억압질서의 전복과 즉각적 해방에 대한 열망이 폭력적 직접행동으로 표출되곤 했다. 그러므로 '무저항주의'나 '무혈혁명'은 그 의미를 오해 또는 변조하지 않는 한 3·1운동에 그대로 적용될 수가 없는 용어다. '폭력화'도 개별 시위의 양상 전화인지 전국적 시위 상황의 주조 변화인지 그 뜻을 엄격히 구별해 써야 한다. 후자의 의미로 '비폭력에서 폭력으로'라는 추세를 강조하는 진화론적

---

52) 이것을 초보적 수준의 '무장'이었다고 볼 것인지는 관점에 따라 다르겠으나 표준적 의미의 무장항쟁·무력투쟁이었다고 보기는 어렵다.

도식도 확인된 사실들에 비추어보면 부분적으로만 들어맞는다.

3·1운동은 두 달 만에 사실상 종식되었지만, 민중의 거대한 함성과 폭력항쟁은 커다란 변화를 낳았다. 일제의 통치정책이 '문화정치'로 바뀐 것이 그렇거니와, 임시정부의 독립운동 노선도 외교론 일변도에서 독립전쟁 준비와 무장투쟁으로 전환되었다. 이러한 노선 변화에 국내 민중이 호응해, 지역 수준의 비밀결사를 조직하고 어렵게 무기를 장만해 관공서 습격 및 폭파 거사를 벌이며 친일 협력자를 응징하는 등의 폭력적 항일활동을 펴나갔다. 3·1운동 때 일구어진 새로운 행동양식의 발현이었고, 그때의 방어적·반격적 대항폭력의 경험이 낳은 자신감[53] 덕분이기도 했다.

1920년부터 독자적 기획과 준비로 무장적 암살파괴운동을 맹렬히 전개한 의열단의 폭력은 '문화정치'하에서도 멈추지 않는 일제의 강권주의 폭력통치가 종결되도록 그 장치들을 파괴하고 조종자를 제거하기 위해 발해진 것이었다. 유의할 점은 그것이 테러적 충동이 낳는 무차별적·맹목적 폭력이 아니라 상당히 절제된 폭력이었다는 사실이다. 자기희생을 담보해서라도 무고한 타인의 희생―군사 용어인데 일상 관용어처럼 되어버린 '부수적 피해(collateral damage)'―은 없어야 한다는 신조와 원칙이 암살·파괴 거사의 최대 효과를 매번 노려야만 하는 입장과 상충해 딜레마를 낳으면서도 시종 지켜졌다.[54] 이렇듯

---

53) 파농(F. Fanon)에 따르면, 식민지 원주민에게 폭력은 열등감과 좌절, 무기력을 없애주고 용기와 자존심을 되찾게끔 해준다(프란츠 파농 지음, 남경태 옮김, 《대지의 저주받은 사람들》, 그린비, 2010, 105쪽). 그런데 파농이 논급한 반식민적 폭력은 보복과 응징의 의미를 띤 파훼와 살해의 직접적·원시적 폭력이고 자기해방적 폭력이지, 체제 자체를 부수고 바꿔놓거나 새로 만들어내려는 혁명적 폭력은 아니었다.

54) 이 점을 1897년부터 1915년까지 독립운동으로서의 반영투쟁을 격렬하게 벌였던 인도 '폭력파'나 1970~1980년대의 아일랜드공화국군(IRA)과 비교해볼 수 있을 것이다. 인도 폭력파에 대해서는 조길태, 《인도 민족주의운동사》, 신서원, 1993, 제5장 참조.

의열적 폭력은 일반적인 폭력의 발생 경로와 성질에 반하는 것임과 동시에 현실 속의 제도화된 보법폭력에[55] 맞서는 것이기도 하니, '반폭력(anti-violence)'[56]으로의 길을 여는 폭력이었다고 할 수 있다.

의열적 폭력은 단체활동일 때 조직적인 면모를 보여주었지만, '제국'의 강고한 성채를 함락시켜야 하는 독립운동전선 전체의 지평에서 보면 역시나 개별적이고 분산적이었다. 따라서 '의거'들의 효과도 일시적·부분적일 수밖에 없는 것이었다. 이런 실정에서 신채호가 한국 민족의 응축된 분노와 소망의 에너지를 다 담아낸 것 같은 거대폭력의 '신화'적[57] 상상을 '폭동'이라는 당시 상용어에 담아내 제시했다. 3·1운동처럼 민중이 직접 나서면서 그 규모와 에너지가 엄청나게 커지는 총봉기를 대망한 것인데, 이것을 신채호는 '꿈하늘'로 표상되는 '이상적 조선'을 창조해낼 혁명의 비전과 결합시켰다.

3·1운동의 묻혀 있던 함의는 그렇게 포착되고 발견되어 새로운 각

---

55) 벤야민의 폭력론(발터 벤야민 지음, 최성만 옮김, 〈폭력비판을 위하여〉, 《역사의 개념에 대하여(외)》, 길, 2008)을 간략히 정리해본다면, 그는 법을 정립해놓고 그 선포된 대상에 상시 개입해 통제하는 '(그리스) 신화적 폭력'과 그 법을 보존하며 전자에 봉사하는 관리형 폭력이 실재함을 논하고, 부정의를 격멸하는 섭리의 성스러운 집행이 될 미래의 '(유대) 신적 폭력'을 그것들에 대위시켰다.
데리다(J. Derrida; 자크 데리다 지음, 진태원 옮김, 《법의 힘》, 문학과지성사, 2004)를 따라 국내 논자들이 '법 정립적 폭력'과 '법 보존적 폭력' 둘 다를 신화적 폭력에 포함시키는데, 잘못된 도식이고 이해이다(필자는 전자를 '창법폭력', 후자는 '보법폭력'으로 엮어 좀 달리해 쓴다). 여기서의 '법'이란 지배질서와 그것을 지탱하는 각종 장치의 환유라고 볼 수 있다. 1920년대 당시로는 일제의 조선 강점, '한일병합조약'을 내세우는 그것의 합법화, '동조동근'론에 의한 정당화는 창법폭력이었고, 총독부 설치 이래의 무단통치와 기만적 문화정치의 장치들, 둘 다가 보법폭력이었다고 할 수 있다.
56) 이 용어와 그 개념에 대해서는 각주 58)에서 후술하겠다.
57) 소렐은 거대한 사회운동에 가담한 사람들이 임박한 행동을 자신들의 대의가 어김없이 승리할 전투의 이미지로 마음속에 그려볼 때의 그 구성물을 '신화'로 명명하고 생디칼리스트들의 총파업, 마르크스 이론 속의 프롤레타리아혁명을 예로 들었다(조르주 소렐 지음, 이용재 옮김, 《폭력에 대한 성찰》, 55쪽). 그에게 중요한 것은 총파업의 성공 가능성 여부가 아니라 신화적 역능 그 자체였다.

성을 낳았다. 민중의 힘과 그 원초적 폭력성의 재발견이요, 민중이 자기만을 믿고 그 자신의 힘으로 조선혁명을 이루어내자는 각성이다. 그리하여 3·1운동의 민중적 대항폭력은 그 잔여 에너지를 수합·응집시킨 의열적 대항폭력을 디딤돌로 삼아, 일제 식민주의의 기둥이 되는 체제적·제도적 폭력을 섬멸하고야 말 혁명적 폭력으로 나아갈 것이었다. 그것은 3·1운동의 정신과 기억이 새로운 혁명적 폭력의 모태이자 발원지가 된다는 의미와 같았다.

신채호의 혁명적 폭력이란 현실 속 폭력적 지배의 매트릭스를 완전히 걷어내 없애버리려는 '신적' 의지가 민중적 폭력을 몸체로 하여 구현되는 것이었다. 그것은 표출되는 직접적 폭력만을 문제 삼는 것이 아니라 그것의 구조 자체를 해체함에 목표를 두는 폭력, 영구평화를 그저 염원하거나 되뇌기만 하는 것이 아니라 반드시 지상에 구현해내려는 결의의 폭력, 그러면서 스스로도 은하계로 사라져가듯 영원 소멸할 운명의 폭력이었다. 이러한 두 가지 의미에서 그 폭력은 '구주대전(歐洲大戰)'의 참화 이후로 개조와 평화가 그렇게 고창되는 중에도 여전히 강권식민주의가 고수되는 시대에 꿈꾸어진 반폭력이었다.[58]

신채호는 환상소설 《용과 용의 대격전》에서 상제(上帝)의 경호대장 겸 동양총독인 '미리'의 대극에, 그와 친형제이면서도 민중 수탈·박삭(剝削)과 억압·기만을 일삼는 천궁세력을 '0으로 소멸'시켜버릴 반역괴수 '드래곤'을 위치시켜, 양자는 '같이 태어났으나 성질이 다른(同生異性)' 존재라 했다.[59] 그때 벌써 폭력(즉, 미리)과 반폭력(즉, 드래곤)의 관계가 통찰되었음을 보여주는 비상한 은유였다. 그렇다면 1920년대 중엽에 신채호가 급속도로 빠져든 '무정부주의'도 그에게는 무강권주의이면서 결국은 영구평화의 꿈하늘로 가닿을 무폭력주의로 이해되고 있었다고 볼 수 있겠다.

그와 같이 반폭력이 될 혁명적 폭력의 사상과 그 필요성 및 효능에 대한 감각은 그 후로 재중국 한인 사회와 독립운동 진영에 전파·흡수되어 일제 멸망의 날까지 유지되었다. 그렇지만 국내에서 그 사상이 구현되는 정치적 지평은 끝내 열리지 못했다. 광주학생항일운동의 열풍이 전국을 휩감고 있던 1929년 12월 서울에서 시도된 민중대회 개최 계획으로, 혹은 1930년대 초의 혁명적 농민조합운동에서 가능성이 비치긴 했으나 엄혹한 탄압으로 사라져 없어지고 말았다. 그러다 1930년대 말에 민족혁명군대 창설이 중국 관내에서 성사되었고, 그로부터 혁명적 폭력의 실체는 조선의용대나 한국광복군 같은 '혁명무력'으로 치환되었다.

그 무장력의 설립을 고대했거나 어떤 식으로든 관계했던 세력은

---

58) '반폭력'은 철학자 발리바르(É. Balibar)가 대항폭력을 포함한 모든 폭력을 거부하고 반대하는 것이 '(인권의) 정치'를 가능케 해줄 시민다움/문명성(civilité)의 태도 혹은 전략이 된다는 뜻에서 자신의 새 문제 틀 안으로 도입해 쓰기 시작한 말이다(에티엔 발리바르 지음, 윤소영 옮김, 〈반폭력과 '인권의 정치'〉, 《마르크스의 철학, 마르크스의 정치》, 문화과학사, 1995). 나중에 그는 대항폭력이 무장봉기나 테러리즘, 자살폭탄 공격 같은 극단적 폭력으로 귀착되기 쉬워서, 능동적 주체성과 집합적 연대를 형성시키는 공간이 된다는 적극적 의미의 '저항의 정치'의 가능성을 소멸시키는 경향이 있다고 비판하고, 대항폭력도 비폭력도 아닌 제3의 길('레닌과 간디의 만남')을 주창했다(에티엔 발리바르 지음, 진태원 옮김, 《폭력과 시민다움: 반폭력의 정치를 위하여》, 난장, 2012; 진태원, 〈극단적 폭력과 시민다움〉, 《철학연구》 118집, 철학연구회, 2017; 서관모, 〈반폭력의 문제 설정에 대하여〉, 《마르크스주의 연구》 15권 1호, 경상대사회과학연구소, 2018).
그러나 필자는 현대 서구가 아닌 식민지 조선에서 헌정적 시민권(citoyenneté)에 기반하는 발리바르식 '정치'의 가능성과 그 현실화 공간이 (만만치 않게 컸다고 보는 논자들이 근래 등장하고 있음은 알지만) 과연 얼마나 되었을지 회의적이다. 그래서 '반폭력'의 의미를 발리바르와는 다른 의미로 쓰고 싶다. 즉, 대항폭력이 복수와 응징에 머무르지 않고 폭력적 정치·경제·사회·문화 구조 및 그 작동체계의 파괴와 궁극적인 소멸을 꾀하면서 무폭력(aviolence)의 시간대로 항진하는 중의 어떤 형상이라는 것이다. 무폭력의 평화로 이르려는 길에 비폭력(nonviolent) 방식도 있(어왔)지만, — 요한 갈퉁(J. Galtung)의 '평화적 수단에 의한 평화' 제안이 그 모두를 포괄한다—그것만이 유일하며 절대의 것이라고 신봉할 수는 없다.
59) 단재신채호전집편찬위원회 편, 《단재신채호전집 제7권(문학)》, 독립기념관 한국독립운동사연구소, 2008, 609쪽 참조.

이 글의 서두에서 보았듯이 3·1운동의 무장봉기·무력투쟁 결여를 굳이 꼬집어 말했다. 반면에 그 무장력과 전혀 관계 맺지 못하고 거의 방관적이기도 했던 세력은 3·1운동의 현재적 의미를 전유코자 '순연한 비폭력·비군력 운동'으로 규정지었다. 양쪽 다 저마다의 입장에서 특정의 3·1운동상을 조형한 셈인데, 실은 편의적 이용이거나 부분적인 상이었을 뿐이다.

자, 이렇게 보면 3·1운동은 '실패'한 것이 아니었다. 독립선언과 평화적 만세시위만으로 독립이 곧 성취될 것을 기대한 민족 대표의 턱없는 낙관과 막연한 희망이 큰 오산이고 실패라면 실패였을 뿐이다. 조선 민중이 보여준 폭력적 직접행동의 격한 기세에 일제가 사실상 굴복해 통치정책을 바꾼 것이 3·1운동의 직접적 성과였다. 그러나 '문화정치' 역시 기만술책이었다면, 더 큰 성과는 따로 있었다. 독립운동 진영의 인식과 사고와 태세를 크게 바꿔놓으면서 크나큰 자신감을 갖게 하고 정대한 노선으로 나아가게 한 것, 그 이상으로 조선 민중 속의 수많은 3·1아(兒/我)들이 새로운 자각과 결기를 통해 의열투쟁의 주체로, 폭력의 담지자로 기꺼이 나서게끔 한 것, 그것이 3·1운동의 실질적 성과이자 숨겨진 성공이었다. 민중적 폭력의 가능성과 조선혁명의 장대한 비전도 그로부터 나왔으니 말이다. 3·1운동이 민족해방운동의 큰 진전이고 혁명운동의 새 출발점이었다면 바로 이런 의미에서가 아니었을까?

'혁명적 폭력' 사상은 체제폭력이 있는 한 대항폭력은 반드시 나타나고 후자는 테러로 전락할 수도 있지만 반폭력으로 승화하는 길도 있음을 알게끔 해주었다. 단순 보복 또는 응징의 행위로 그치지 않고 폭력체제의 완전한 소멸과 진정한 평화의 세상이 열리기를 갈망하며 대항폭력의 전면화를 도모할 수가 있는 것이다. 그때 그 폭력은 원폭력=절대폭력을 멸절하(려)는 힘으로서 반폭력이 된다. 이것은 갈퉁의 평화연구에서 강조되어온 바와는 다른 길인 '반폭력에 의한 평화'도 상상하고 그 필요와 가능성을 사유해볼 수 있음을 말해준다.

폭력의 대칭점에 비폭력을 가져다놓는 것만이 능사는 아니다. 좋은 의도라 할지라도 결과적으로는 누추한 상징적 폭력이 되어버릴 수 있다. "폭력은 절대 안 돼!"라는 금지의 계율이 가시적·불가시적 거대폭력의 현실적 및 잠재적 희생자를 저항전선에 한번 서보지도 못하게끔 무력화하는 위선적 논리가 되고, 결국은 그 폭력을 용인하고 계속 연명시키는 셈이 될 수 있다. 그러므로 그 어떤 폭력 담론에서든 도덕률만 내세우기에 앞서 "누구의, 무엇을 위한, 어떤 조건에서의, 어떤 성질의 폭력인가?"라는 물음을 던져보아야 하는 것이다.

2장

3·1운동 시기의 '평화'사상

이지원

주목받지 못한 '평화'연구

　'평화'라는 말은 당연히 추구할 가치로서 포괄적으로 사용되고 있
다. 2018년 한반도는 세계의 주목을 받으며 '평화'의 상징처가 되었
다. 남북정상회담과 북미정상회담으로 전쟁 위협과 불안이 해소되고
평화가 올 것이라는 기대가 높아졌기 때문이다. 역사적 전환을 기대
하며 '평화'는 더 나은 삶을 위한 가치로 대두했다. 이에 3·1운동 100
주년을 맞이하여 3·1운동도 '평화'의 가치로 기억하고 기념하는 분위
기가 고조되었다.[1]

　그러나 그동안 3·1운동에 대한 연구와 기억에서 '평화'는 '민족'이
나 '독립'보다 주목받지 못했다. 3·1운동에 대한 기억과 기념은 민족

---

1)　2018년 대한민국 정부의 3·1절 기념식 키워드는 '평화'였다. 또한 2018년 7월 4일 출범한 대
　　통령 직속 '3·1운동 및 대한민국임시정부 수립 100주년 기념사업추진위원회' 출범식의 표제
　　어도 "평화로 완성되는 100년의 소원"이었다.

사·국가사(national history) 차원에서 '독립'을 지향하는 민족운동이나 독립운동으로서 부각되었고, 대한민국 정부는 해마다 3·1절 기념식에서 국가가 주도하는 정치적 이념과 의도에 따라 3·1운동을 표상하고 기념해왔다.[2] 사상사적으로는 민족사·국가사 차원에서 민족주의 사상이나 근대정치사상의 발전을 강조해왔다.[3] '세계평화', '동양평화'라는 상투적인 표현은 사용되었지만 3·1운동 시기의 평화사상을 다룬 연구는 미진했다.[4]

3·1운동 시기에 운동을 실천한 주체들이 '평화'를 어떻게 표상하고 지향했는지 살펴보는 것은 한국 근대사상사에서 평화사상의 흐름과 평화사로서 3·1운동의 면모를 구명하는 데 의의가 있으리라 본다. 여기서는 1919년 3·1운동 시기 국내외에서 활동했던 두 인물, 조소앙과 한용운이 '평화'를 어떻게 표상하고 지향했는지를 살펴보고자 한

---

2) 이지원, 〈역대 한국 정부의 3·1절 기념사를 통해 본 3·1운동의 표상과 전유―정신적 측면을 중심으로〉, 《서울과 역사》 99, 2018(《3·1운동 100년 1. 메타역사》, 휴머니스트, 2019에 수록) 참조.

3) 홍이섭, 〈3·1운동의 사상사적 위치〉(1969), 《홍이섭전집》 6, 연세대학교출판부, 1994; 강재언, 〈사상사에서 본 3·1운동〉, 《근대한국사상연구》, 한울, 1983; 박찬승, 〈3·1운동의 사상적 기반〉, 한국역사연구회·역사문제연구소 편, 《3·1민족해방운동연구》, 청년사, 1989; 조동걸, 〈3·1운동의 이념과 사상〉, 동아일보사 편, 《3·1운동과 민족통일》, 동아일보사, 1989; 김용직, 〈3·1운동의 정치사상〉, 《동양정치사상사》 4-1, 2005.

4) 3·1운동과 관련해 '평화'를 주목한 연구로는 장인성, 전상숙, 허수 등의 연구가 있다. 장인성은 3·1운동의 정치사상을 재해석하는 단서로서 '정의'와 '평화'라는 말을 주목하고, 민족·지역·세계라는 토포스(topos, 장소)의 속성과 상호관계 속에서 설명했다(장인성, 〈3·1운동의 정치사상에 나타난 정의와 평화〉, 《대동문화연구》 67, 2009). 전상숙은 '민족 대표'의 심문조서를 통해 민족 대표의 평화론을 설명했는데, 민족 대표의 평화론은 평화 달성의 실천 방안이 부재한 '소극적 평화론'으로, 운동을 진압한 일제 당국은 '적극적 평화론'으로 대비해 설명했다. 그러나 폭력적 탄압을 했던 일제 식민당국의 행위에 '적극적 평화'라는 개념을 적용해 3·1운동 주체의 평화사상을 이해하는 데에는 거리가 있다(전상숙, 〈'평화'의 적극적 의미와 소극적 의미: 3·1운동 심문조서에 드러난 '민족 대표'의 딜레마〉, 《개념과 소통》 4, 2009). 허수는 한국근대사에서 평화론 전개의 큰 계기가 되었던 러일전쟁과 제1차 세계대전을 주목하고 자강론과 개조론의 입장 차이에 따른 평화론을 추적했고, 국제회의에 대한 실망이 커지던 1922년을 전후해 평화론의 재편 양상을 중점적으로 탐구했다(허수, 〈20세기 초 한국의 평화론〉, 《역사비평》 106, 2014).

다. 3·1운동 시기에 한국인들이 표상하고 지향했던 '평화'는 세계사에서 '평화'에 대한 논의가 진지하게 논의되기 시작한 제1차 세계대전 이후의 시대 배경, 동아시아 평화의 이중 질곡, 동아시아의 전통적인 지적·사상적 기반 들이 어우러지면서 나타났다. 그것은 강대국의 평화회의체제에 포함되지 않았지만 세계 속의 평화의 주체가 되고자 했던 한국인의 평화에 대한 상상과 지향을 담고 있었다. 그 당시 한국인들의 평화인식에 대한 탐구는 3·1운동을 통해 한국 근대사상사에서 평화사상이 진전되는 것을 구명하는 것인 동시에, 20세기 세계 평화사에서 동아시아 평화사상에 대한 사례 연구가 될 것이다.

1. 1919년의 '평화', 그 맥락과 상상

1) '전쟁이 없는 상태'와 '전쟁이 없는 상태'를 넘어서

3·1운동이 일어난 1919년은 세계사적으로 '평화'에 대한 논의가 진지하게 시작한 때로 평가된다.[5] 그것은 1914~1918년의 제1차 세계대전이 계기가 되었다. 1919년 전후 처리를 위한 강화회의는 '파리 평화회의(Peace Conference at Paris)'로 명명되었고, 윌슨은 새로운 평화질서를 제시하고 제1차 세계대전을 종식시킨 공으로 1919년 노벨평화상을 수상하기도 했다. 제1차 세계대전은 '총력전'으로 치러져 그 피해 규모가 이전의 전쟁과 달랐고, 19세기 말~20세기 초 유럽 국가들이 국제조약, 문명적 가치에 기반한 '제도로서의 평화(systematic peace)' 만들기[6]가 실패했음을 보여준 사건이었다. 유럽에서는 16세기 이래

---

5) Peter N. Stearns, *Peace in World History*, Routledge, NewYork&London, 2014; 이리에 아키라 지음, 이종국·조진구 옮김, 《20세기의 전쟁과 평화》, 연암서가, 2016, 107~113쪽.

주권국가들의 대두로 국가 간 갈등과 전쟁이 빈번해지고 이로 인한 피해가 커지자 문명사회의 가치로서 '평화의 발명'이 규범화되기 시작했다.[7] 루소(Jean Jacques Rousseau)나 칸트(Immanuel Kant) 같은 계몽사상가들은 전쟁에 대한 규범적 비판과 문명사회의 가치로서 "평화의 발명"에 뛰어들었다.[8] 이후 유럽에서 '평화'의 개념은 '전쟁이 없는 상태(the absence of war)'라 규정되었고, '국가 간의 영속적 평화'로서 '영구평화(Pax perpétuell)'[9]를 이상으로 삼았다. 그러나 제2차 세계대전 이후 평화의 개념이 확장·심화되었다. 1946년 유네스코 제1차 총회에서 '평화는 인류의 지적 및 도덕적 연대 위에 구축되어야 한다'는 인식과 세계평화의 기초로서 인권을 상정한 '인권선언'을 채택함으로써 평화는 인권의 문제로 확장되었다. 그리고 제3차 세계대전을 방지하기 위한 학문, 즉 '인류 생존의 과학'으로서 평화연구(Peace Research) 또는 평화학(Peace Studies) 분야가 진전되면서, '평화'는 '전쟁이 없는 상태'를 넘어 인간의 기본 욕구가 충족되는 사회적 조건 또는 차별과 억압이 없는 이상적 상태라는 인식으로 확장되었다. 그것은 사회의 구조적 폭력(Structural Violence)이 없는 상태를 지칭하는 '적극적 평화(Positive Peace)'의 개념으로 평화 개념을 확장한 것이다.[10] 갈퉁(Johan

---

6) 1899년과 1907년의 '국제분쟁의 평화적 해결을 위한 헤이그협약(Hague Convention for the Pacific Settlement of International Disputes)' 등이 그것이다. 따지야나 심바르체바, 〈1907년 헤이그평화회의 개최 과정과 그 성격〉,《한국독립운동사연구》29, 2007.

7) 마이클 하워드 지음, 안두환 옮김,《평화의 발명-전쟁과 국제질서에 대한 성찰》, 전통과현대, 2000; 이동기, 〈평화사란 무엇인가〉,《역사비평》106, 2014.

8) 마이클 하워드, 위의 책. 민주주의, 인민주권, 공화제 등에 기초한 국가연합을 통해 전쟁을 미연에 방지하고 이성적 평화질서를 탄생시킬 수 있을 것이라 주장했다. '평화'는 더 이상 군주나 황제, 주교 들의 '성스럽고 위엄을 갖춘 일'이 아니라 '시민의 권리나 이익'으로 여겨지면서 비로소 근대적 의미의 규범적 성격을 갖게 되었다.

9) 빌헬름 얀센 지음, 한상희 옮김,《코젤렉의 개념사 사전 5: 평화》, 푸른역사, 2010. 그것은 기독교 신학에서 말하는 '신 안에서 인간 영혼의 초시간적 평화'로서 '영원평화(pax aeterna)' 개념이 세속화해 정치적·사회적 개념으로 전도되었다.

Galtung)은 전쟁을 피한다는 의미의 '소극적 평화(Negative Peace)'에서 나아가 식민통치의 억압, 공업선진국에서의 인간 소외 등 전쟁이 없는 상태에서도 볼 수 있는 구조적 폭력 문제를 제기하고 구조적 폭력을 해소하는 '적극적 평화' 개념을 도입했다. 오늘날 평화연구는 '평화'가 강대국의 국제법적인 조약, 안보에 의한 평화가 아니라, 세계시민주의에 의한 식민지·약소민족의 자결권과 해방의 문제를 다루는 역사가 포함되었고 평화를 만들기 위한 문화와 사상, 인권으로서 '평화권'에 대한 것까지 확장되었다.[11]

　100년 전인 1919년 3·1운동 시기 한국인들의 '평화'사상을 '전쟁이 없는 상태의 평화' 개념을 넘어서 인간에 대한 차별과 억압이 없는 '적극적 평화', 인권으로서의 '평화권' 개념을 적용해 살펴볼 수 있다. 1919년 한국은 제1차 세계대전의 교전국이 아닌 상황에서, 자유, 정의 등 보편적 가치 차원에서 '평화'를 거론하고 있었다. 국제정치에서 주권국가 간의 조약과 동맹을 통해 평화의 주권을 행사하는 것만 인정한다면, 19세기 이후 제국주의와 식민지 간의 갈등과 억압을 해결하고자 한 식민지 민중의 평화권은 세계평화사에서 시민권을 얻기 어렵다. 그 시기 서구 국가들이 언급했던 평화는 식민지를 지배하던 강자들만의 평화였기 때문이다. 3·1운동 시기에 한국의 지식인

---

10)　평화를 '적극적 평화(Positive Peace)'와 '소극적 평화(Negative Peace)'로 구분한 갈퉁에 따르면 적극적 평화는 구조적 폭력이 없는 상태를 뜻한다. 구조적 폭력은 한 사회의 구조나 체계가 갖는 폭력성으로 빈곤, 공포, 억압, 폭력, 인간이 만든 재해 및 전쟁 등을 포함한다. 진정한 평화는 이러한 구조적 폭력에서 벗어나 자유롭고 평등한 삶을 사는 것을 의미한다. 요한 칼퉁 지음, 강종일 외 옮김, 《평화적 수단에 의한 평화》, 들녘, 2000.

11)　이문영, 〈평화의 문화, 문화의 평화〉, 《사이間SAI》 14, 2013; 1978년 유엔 총회에서 〈평화적 생존(Life in Peace)을 위한 사회적 준비에 관한 선언〉(UN Doc. A/RES/33/73) 이후 1984년 11월 유엔 총회에서 〈평화에 대한 인류의 권리 선언(Declaration on the Right of Peoples to Peace)〉(UN Doc. A/RES/39/11)이 제정되면서 '평화권'이 공식화되었다(임재성, 〈평화권, 아래로부터의 만들어지는 인권〉, 《경제와 사회》 91, 2011, 180~184쪽).

들은 한국이 파리강화회의에서 거론하는 민족자결의 대상이 아니라는 것을 모르지 않았다. 당시 일본이 국제사회에 영미 중심의 세계평화체제의 수정을 주창하고 있던 상황에서[12] 한국의 지식인, 독립운동가 들은 세계 개조의 시대적 분위기, '평화회의', '국제연맹'이라는 평화제도를 매개로 '민족자결'의 주체, 평화의 주체가 되고자 했다.[13] 베르사유체제를 한편으로 의지하면서도, 식민지민으로서 독립과 평화를 국제사회에 선언한 것이다. 만일 '평화'를 당시 강대국들의 협상에 의한 평화체제에 국한해 적용했다면, 한국인들의 '평화'는 세상 물정에 어두운 이들의 어리석음일 뿐이었다. 민족자결주의의 적용 대상이 안 되는 것을 알면서도, 강대국의 조약에 의한 세력균형이 아닌 정신적·도덕적 국제협조를 제기하며 국제사회에 주권을 알리기 위해 임시정부를 구성하고, 주권자로서 능력을 갖추기 위한 민주적 결집과 저항을 조직하는 '공화제'의 정치체제를 구상했다. 이것은 제국주의 시대의 세계사에서 '적극적 평화'와 '평화권'을 제시한 선구적인 역사이며, 제국주의의 식민지에 대한 억압적·폭력적 지배를 반대한 지구촌 약자의 평화운동이었다. 아울러 거기에는 제국주의 시대 서구 중심의 평화체제가 확산되는 상황에서 동아시아의 사상적·역사적 특수성을 반영하는 동아시아 평화 구상을 담고 있었다.

---

12) 고노에 후미마로(近衛文麿)가 제1차 세계대전의 전후 처리가 '영미 본위의 평화주의'라 비판하며 동아시아에서 국제관계를 주도하는 일본을 세계평화의 한 축으로 재편할 것을 주장했다. 이리에 아키라, 앞의 책, 101~107쪽.

13) 민족 대표 33인은 신문조서에서 대부분 베르사유체제의 민족자결에 조선이 해당하지 않더라도 국제적인 평화 정세와 새로운 개조의 사조에 기대어 민족자결을 선언하고 독립을 희망한다고 했다. 국사편찬위원회 편, 《한민족독립운동사자료집》, 1990에 수록된 〈손병희 신문조서〉, 〈최린 신문조서〉, 〈오세창 신문조서〉, 〈권동진 신문조서〉 등 참조. 이보연, 〈3·1운동에 있어서 민족자결주의의 도입과 이해〉, 동아일보사 편, 《3·1운동 50주년 기념논집》, 동아일보사, 1969; 전상숙, 〈파리강화회의와 약소민족의 독립 문제〉, 《한국근현대사연구》 50, 2009.

2) '평화'의 동아시아적 맥락과 '동양평화'

전통적으로 동아시아 문화권인 한국 사회에서 '국가 간의 평화', '전쟁이 없는 상태'를 의미하는 '평화'라는 단어는 사용되지 않았다. 전통적으로 동아시아에서 평화 개념은 사물의 성질이 온순함, 신체의 무탈, 마음의 평온, 조정의 안정, 갈등 없는 태평세월 등 유학의 '화평', '대동'의 의미로 사용되었고, 국제관계에서도 사대교린 질서 인식이 중심이었다.[14] 또한 불교적 의미로는 존재 상호 간의 정당한 관계 수립을 의미하는 '다르마(dharma)'라는 가치 기준에 입각해 생명의 동질성과 그것의 바람직한 실현을 추구하는 것이었다.[15] 19세기 이전 동아시아 사상에서 평화 개념은 모순된 관계가 화합적 차원으로 가는 실천의 도덕, 정신의 가치를 의미했다.

근대 유럽에서 사용된 국가 간 영속적 평화, 국가 간 전쟁이 없는 상태로서의 평화 개념은 19세기 유럽의 국제질서가 전 세계적으로 확산되는 가운데 한국, 중국, 일본 등 동아시아에 유입되었다.[16] 한국은 1876년 강화도조약을 비롯해 서구 각국과 개항 및 통상조약 체결 이후 만국공법을 국제관계의 새로운 기본 원리로 받아들이면서 국제질서의 패러다임 인식의 전환과 더불어 국가 간의 영속적 평화 개념

---

14) 윤사순, 〈한국의 평화사상〉, 이호재 편, 《한반도 평화론》, 법문사, 1989; 김석근, 〈한국 전통사상에서의 평화관념: '사대'와 '중화'를 중심으로〉, 하영선 편, 《21세기 평화학》, 풀빛, 2002, 77쪽; 이예안, 〈'영원평화'의 기대지평과 근대 한국-일본제국주의 기획과 칸트의 세계시민주의 이상〉, 《개념과 소통》 17, 2016, 42쪽.

15) 정병조, 〈한국인의 평화이념—불교를 중심으로〉, 이호재 편, 《한반도 평화론》, 법문사, 1989.

16) 유럽의 근대적 'peace=평화' 개념이 동아시아에 도입되어 '평화'라고 번역해 본격적으로 쓰이기 시작한 것은 일본 메이지 시기 영국평화회(British Peace Society)에 자극받아 기타무라 도고쿠(北村透谷)가 1889년 일본평화회를 창설하고, 1892년 기관지 《평화》를 창간한 이후부터이다. 당시에는 주로 기독교 평화사상의 시각에서 사용했다. 家永三郎, 《日本平和論大系 1》, 日本圖書センタ, 東京, 1993; 하영선, 〈근대 한국의 평화개념 도입사〉, 하영선 외, 《근대 한국의 사회과학개념 형성사》, 창비, 2009.

도 수용하게 되었다.[17] 개항 이후 외국과 통상조약을 맺을 때 서구의 국제조약에 의거한 영원평화는 '만국공법통례(international law)'에 따른 '영원화평(perpetual peace and friendship, 우호友好·우방友邦·우목友睦)'이라는 식으로 표현되었다.[18] 《한성순보》나 《독립신문》 등에서는 세력균형을 통한 국제질서와 국제질서에 부응하는 '독립'과 '문명개화'를 연계시켜 자강균세의 평화론을 설명했다.[19] 그것은 사회진화론에 기반을 둔 평화인식인데, 특히 청일전쟁 이후 청의 종주권이 실질적으로 소멸하게 되면서 개신유학자나 문명개화론자 모두 사회진화론에 기반을 둔 전쟁과 평화관을 공유하기 시작했다.[20]

그러나 1894년 이토 히로부미가 청일전쟁을 '동양평화'를 위한 것이라고 표상한 이래 일본의 동양평화론·영원평화론은 동아시아 평화에 이중의 질곡을 만들었다. 일본이 기획한 동양평화는 불평등조약을 통한 이권 독점과 그 영속화를 의미했고, 급기야 "호상 행복을 증진하고 동양평화를 영구히 확보"한다는 구실로 '한일병합조약'을 체결했기 때문이다. 주권의 완전하고 영구한 양도, 한국의 독립 가능성 포기를 '동양의 영원평화'라고 한 일본의 침략적 동양평화 기획에 따라 한국을 일본의 식민지로 만들었던 것이다. 이후 일본의 동양평화론은 아시아 전역에 대한 침략과 지배를 가속화했다. 이에 동아시아의 평화는 일본의 침략적 평화론, 전쟁적 평화론과 대항할 수밖에

---

17) 장인성, 〈근대 한국의 평화관념: '동양평화'의 이상과 현실〉, 와타나베 히로시·박충석 편, 《한국·일본·'서양'》, 아연출판부, 2008; 하영선, 〈근대 한국의 평화개념 도입사〉, 하영선 외, 앞의 책, 2009; 허수, 앞의 글; 이예안, 앞의 글.

18) 조미수호통상조약, 조영수호통상조약의 조선 측 한문본과 영문본에서 사용된 표현들이다. 이예안, 위의 글, 46~48쪽; 근대한국외교문서 편찬위원회, 《근대한국외교문서》 4·5, 동북아역사재단, 2012.

19) 하영선, 앞의 글; 장인성, 〈근대 한국의 세력균형 개념〉, 하영선 외, 앞의 책, 2009.

20) 하영선, 위의 글, 238~240쪽.

없었다. 따라서 동아시아의 평화는 만국공법체제의 주체가 되어 서양이 주도하는 국제사회에 편입되는 것과 일본의 침략적 동양평화론에 저항해서 독립을 실현하는 동아시아 '글로컬(glocal: global+local)' 평화라는 이중의 과제를 안게 된 것이다. 안중근의 '동양평화론'은 이토 히로부미의 '동양평화'를 비판하며 세계평화와 지역평화에 대한 대항평화론을 제기한 것으로서 동아시아 글로컬 평화론의 의미를 담고 있었다.

1919년, 일본의 동양평화론과 한국 지배라는 침략이 지속되고 있는 한, 안중근이 제기한 동아시아 글로컬 평화의 과제는 여전히 유효했다. 글로벌 평화 속에서의 동아시아 평화는 역내 국가 간의 평등과 독립이 유지되는 글로컬 평화여야 했다. 조선독립-동양평화-세계평화라는 상관구도 속에 동아시아의 평화, 조선의 평화가 놓여 있었다. 이러한 맥락에서 1919년 '조선평화', '동양평화'의 가능성을 부추긴 계기는 제1차 세계대전 이후 제기된 '평화'에 대한 새로운 정의였다. 미국 대통령 윌슨은 1918년 1월 8일 전쟁 종식과 민주주의, 영구평화 계획을 담은 〈14개조(Fourteen Points)〉 성명을 발표했다.[21] 그것은 전쟁에서 평화로, 전제주의에서 민주주의로 패러다임이 개조되는 가능성과 지향을 제시했다. 독일에 대한 혹독한 징벌에 기초한 '징벌적인 평화'였고, '영미 본위의 평화주의' 속성을 갖고 있었으나,[22] 종래 서구 국가들의 비밀외교와 세계 분할을 도덕적으로 부정하고 새로운 개조의 시대로의 전환을 예고했다. 특히 과거의 전쟁처럼 승자가 패자의 식민지나 영토를 분배하지 말고, 국제기구의 관할하에 두는 것

---

21) 유럽의 구체적인 영토 문제, 비밀외교 포기, 항해의 자유, 경제적인 기회의 균등, 군비 축소, 민족자결, 국제연맹 설치 등이 포함되었다.

22) 이리에 아키라, 앞의 책, 108쪽.

과 민족자결의 원칙 등이 제시됨으로써 새로운 평화와 개조의 시대
를 희망하게 되었다.

그러나 민족자결과 평화에 대한 윌슨적 해석에서 동아시아의 식민
지에 대한 고려는 전혀 없었다. 윌슨의 민족자결은 레닌의 민족자결
선언에 대응한 측면이 있었고, 승전국의 이권을 보호하기 위해 패전
국의 영토에서만 시행되는 현실적·실리적인 국제정치의 실상을 드
러내고 있었다.[23] 이런 상황에서 한국의 지식인, 독립운동가 들은 '평
화회의'나 '국제연맹' 등 새로운 국제정치의 변화에 주목하며 평화를
희망했다. 그들은 일본 또한 연합국의 일원으로 윌슨의 〈14개조〉를
받아들였기 때문에 '정의의 원칙'을 유린한 한일강제병합을 무효화
하고, 강대국의 조약에 의한 세력균형이 아닌 정신적·도덕적 국제협
조를 제기할 수 있다고 생각했다.[24]

그것은 평화에 대한 상상, 평화의 주체가 되는 상상이 있었기에
가능한 일이었다. '세계 개조'의 분위기에 기대어 국제정치의 역학관
계를 조정하는 '평화'의 주체가 되겠다는 것은 낭만적 상상일 수 있
다. 그러나 그 상상은 당시 서구 중심의 평화체제, 일본 중심의 동양
평화라는 정치적 평화에 대응해 평화의 주체가 되겠다는 동아시아
식민지민으로서 각성과 자존의 표현이기도 했다. 이것은 청일전쟁
이래 한국의 근대 지성들이 지녔던 사회진화론적인 전쟁과 평화관
을 극복하려는 인식에서 나온 것이었다. 즉, 국제질서와 강대국의 세

---

23) 제1차 세계대전 이후 국제정치에서 이상주의 사조(utopianism, idealism)가 등장하는 가운데
   한편으로는 힘에 바탕을 둔 국제관계를 주장하는 전통적인 현실주의 사조(realism)가 공존하
   고 있었다. 이 시기 이상주의와 현실주의 국제관계에 대해서는 E. H. Carr, *Twenty Years' Crisis,
   1919-1939*, NewYork: Harper and Bow, 1964; 구대열, 《한국국제관계사연구 1》, 역사비평사,
   1995, 222~233쪽; 신용호, 〈민족자결권의 주체로서 민족의 개념〉, 《자치행정연구》 2, 1997.
24) 김규식, 〈파리강화회의에 제출된 별첨 메모란덤〉, 국가보훈처 편, 《해외의 한국독립운동사료
   (1): 국제연맹 편》, 국가보훈처, 1991.

력균형이 제공하는 강요된 평화가 아니라 평등한 국제관계와 인간관계를 실현하는 평화의 주체가 되겠다는 인식의 전환이었다. 이것은 유럽이 주도하는 서구 중심의 '세계평화'도, 일본이 주도하는 '동양평화'도 아닌, 평등한 지구촌 구성원으로서의 독립과 자존의 평화, 세계-동아시아-식민지의 평등·협력구도에서의 평화였다.

3·1운동 당시 한국의 지성들은 서구적 근대 평화체제가 국제관계의 기본 시스템으로 작동되는 상황에서, 주체로서의 역할과 실천에 제약받았던 동아시아 식민지민의 '평화'에 대한 상상과 열망을 표현했다. 이하 새로운 시대에 평화의 주체로서의 상상과 인식을 3·1운동 시기 국내외에서 활동했던 근대 지성들의 글을 통해 확인해보자.

2. 조소앙의 '평화' 표상과 지향

1) 〈대한독립선언서〉와 '평화'

1919년의 국제 정세에 민감했던 해외 독립운동가들이 〈대한독립선언서〉[25]를 발표하여 한국의 독립을 선언했다. 1910년대 내내 해외에서 독립운동을 해왔고, 1919년 4월 대한민국 임시헌장을 기초하며 임시정부 수립에 참여했을 뿐 아니라 파리강화회의에 임시정부 대표단으로 파견되었던[26] 조소앙이 작성한 〈대한독립선언서〉는 3·1운동

---

25) 〈대한독립선언서〉, 독립기념관 소장 문서번호 1-014726-000; 姜德相 編, 《現代史資料(26): 朝鮮(二) 三·一運動(二)》, みすず書房, 1967, 47~49쪽.

26) 이때 그는 스위스 제네바에서 열린 국제사회당대회에도 참여해 한국 독립에 대한 지원을 요청하고, 암스테르담에서 개최된 국제사회당 집행위원회에서 한국 독립 문제를 국제연맹에 제출케 한다는 승인을 얻기도 했다. 한시준, 〈해제〉, 《한국독립운동사자료집-조소앙 편(1)》, 한국정신문화연구원, 1995, 8·9쪽.

시기 해외 독립운동의 중심에 있었던 근대 지성의 평화 표상과 인식을 보여주는 자료이다.

조소앙은 대한민국임시정부의 지도이념인 '삼균주의'를 창안한 인물로 잘 알려져 있다.[27] 그는 1904년 성균관 경학과를 졸업한 뒤 황실 유학생으로 선발되어 일본에서 1912년까지 유학했다. 1913년 중국으로 망명해 상하이에서 신규식·박은식·신채호·정인보 등과 함께 동제사와 박달학원 사업에 참여했고, 1919년 2~3월 중국 지린(吉林) 지역에서 해외 독립운동가 39인의 명의로 발표된 〈대한독립선언서〉를 작성했다.[28]

지린에서는 대한독립의군부가, 미주 하와이 지역에서는 'Korean National Independence League(대조선독립단)'가 주체가 되어 〈대한독립선언서〉를 발표했다.[29] 〈대한독립선언서〉 서명자 중 한 사람인 박용만에 의해 1919년 4월 영문으로 번역되어 미주 하와이에 소개되었다.[30] 이 선언서는 지린 지역 독립운동가들이 규합해 조직한 대한독립의군부의 활동과 관련이 있다. 정원택이 쓴 《지산외유일지(志山外遊日誌)》에 따르면 1919년 2월 27일 대한독립의군부의 조직, 2월 28일 〈대한독립선언서〉 발표 합의, 3월 2일 〈대한독립선언서〉 초고 작성, 3

---

27) 김기승, 《조소앙이 꿈꾼 세상》, 지영사, 2004; 홍선희, 《조소앙의 삼균주의 연구》, 부코, 2014.

28) 조소앙, 〈3·1운동과 나〉(1946. 2)(삼균학회 편, 《소앙선생문집》 하, 횃불사, 1979, 67·68쪽)에 따르면 조소앙은 3·1운동 당시 지린에 있었고, 대한독립의군부를 조직하고 〈대한독립선언서〉 발표에 몰두하고 있었다고 한다.

29) 박용만은 대조선독립단(Korean National Independence League) 하와이지부를 1919년 3월 3일 결성했는데, 본부가 '원동'에 있다고 했다. 또한 선언서가 똑같은 점에 비추어 지린 대한독립의 군부와 관련 있다고 하겠다. 국가보훈처, 《미주한인 민족운동자료》, 1998, 609~620쪽.

30) 박용만의 비서 이원순이 《퍼시픽 커머셜 애드버타이저(The Pacific Commercial Advertiser)》에 게재되었던 3·1운동 관련 문서를 편집해 《True Facts of Korean Uprising and the Text of Declaration of Independence》라는 책자를 1919년 4월 25일 발행했는데, 이 책자의 제5장에 박용만이 번역한 〈대한독립선언서〉가 영문으로 소개되어 있다. 독립유공자공훈록편찬위원회, 《독립유공자공훈록》 제1권, 1994, 331~423쪽.

월 3일 대조선독립단 하와이지부 결성, 3월 11일 4,000여 장의 선언서 인쇄 및 우편 발송이 이루어졌다고 한다.[31] 즉, 〈대한독립선언서〉는 3·1운동 전후 시기 대한독립의군부의 결성 및 활동과 관련 있고, 중국 및 미주 지역에서 유포되었던 것이다. 대한독립의군부는 조직 과정에서 1918년 여운형 등 동제사의 젊은 활동가들을 중심으로 결성된 신한청년당[32]과 일정한 관계를 맺고 있었다.

〈대한독립선언서〉에서 '평화'는 다음 4군데에서 언급되고 있다.

(1) 시간(試看)하라. 민서(民庶)의 마적(魔賊)이든 전제와 강권은 여염(餘焰)이 이진(已盡)하고 인류에 부여한 **평등과 평화**는 백일(白日)이 당공(當空)하야 공의의 심판과 자유의 보편은 실로 광겁(曠劫)의 액(厄)을 일세(一洗)코져 하는 천의(天意)의 실현함이오, 약국잔족(弱國殘族)을 구제하는 대지의 복음이라.

(2) 대(大)하도다 시(時)의 의(義)여. 차시(此時)를 조우(遭遇)한 오인(吾人)이 무도(無道)한 강권속박(强權束縛)을 해탈하고 광명한 **평화독립**을 회복함은 천의(天意)를 대양(對揚)하며 인심을 순응코져 함이며 지구에 입족한 권리로서 세계를 개조하야 대동단결을 협찬하는 소이일세. 자에 이천만 대중이 적충(赤忠)을 대표하야 감히 황황일심께 조고하오며 세계만방에 탄고(誕誥)하오니 우리 독립은 천인합응(天人合應)의 순

31) 정원택,《지산외유일지(志山外遊日誌)》, 탐구당, 1983. 〈대한독립선언서〉의 발표 경위에 대한 가장 자세한 기록으로 김기승은《지산외유일지》를 꼽고 있다. 김기승, 〈대한독립선언서의 사상적 구조〉,《한국민족운동사연구》 22, 1999.

32) 신용하, 〈3·1독립운동 발발의 경위-초기 조직화 단계의 기본 과정〉, 윤병석·신용하·안병직 편,《한국근대사론》 2, 지식산업사, 1977; 김희곤, 〈신한청년당의 결성과 활동〉,《한국민족운동사연구》 1, 1986.

수한 동기로 민족자보(民族自保)의 정당한 권리를 행사함이오. 결코 안전(眼前) 이해에 우연한 충동이 아니며 은원(恩怨)에 고(固)한 감정으로 비문명인 보복수단에 자족함이 아니라 실로 항구일관한 국민의 지성 격발하야 피(彼) 이류(異流)로 감오자신(感悟自新)케 함이며 우리 결실은 야비(野鄙)한 정궤(政軌)를 초월하야 진정한 정의를 실현함이라.

(3) 자(咨)흡다 아(我) 대중아. 공의로 독립한 자는 공의로 진행할지라. 일체 방편으로 군국전제를 산제(剗除)하야 민족평등을 전구(全球)에 보시(普施)할지니, 차(此)는 아 독립의 제일의(第一義)오, 무력겸병(武力兼倂)을 근절하야 평균천하의 공리로 행진할지니, 차는 아 독립의 본령이오. 밀맹사전(密盟私戰)을 엄금하고 **대동평화(大同平和)**를 선전할지니, 차는 아 복국(復國)의 사명이오. 동권동부(同權同富)로 일체(一切) 동포에 시(施)하야 남녀빈부(男女貧富)를 제(齊)하며 등현등수(等賢等壽)로 지우노유(智愚老幼)에 균(均)하야 사해인류(四海人類)를 도(度)할지니, 차는 아 독립의 기치오. 진(進)하야 국제불의(國際不義)를 감독하고 우주의 진선미를 체현할지니, 차는 아 한민족(韓民族)이 응시부활(應時復活)의 구경의(究竟義)니라.

(4) 이천만 형제자매아. 국민(國民) 본령(本領)을 자각한 독립인 줄을 기억할지며, **동양평화(東洋平和)**를 보장하고 인류평등을 실시키 위한 자립인 줄을 명심할지며, 황천(皇天)의 명령을 지봉하야 일절(一切) 사망(邪網)에서 해탈하는 건국인 줄을 확신하야 육탄혈전으로 독립을 완성할지어다.

여기에서 '평화'는 평등→평화독립→대동평화→동양평화의 연계구도로 설명되고 있다. (1)에서 '평등'은 전제와 강권의 시대가 가고 서민을 살리는 새로운 시대의 '공의의 심판'과 '자유의 보편'이 실현되는 것이라고 했다. 그것은 인간이 하늘의 뜻(天意)에 따르는 것이며, 약한 나라 힘없는 민족을 구제하는 대지의 복음이라고도 했다. 즉, 평등은 강한 자만 전유하던 자유를 약한 자에게도 부여하는 것으로, 평등한 평화는 강자 중심이 아니라 억압받는 약자 중심, 약자의 고통을 구제하는 것으로 보았다.

(2)에서는 공의에 의한 약자 중심의 평화, 평등에 입각한 평화를 강권의 속박을 벗어나는 '평화독립'과 연계해 설명하고 있다. 즉, 평화독립은 하늘의 뜻을 따르는 지구에 사는 자의 권리로서 세계 개조와 대동단결에 도움이 된다는 것이다. '독립'은 민족이 스스로를 보호하는 정당한 권리 행사이며 비문명적인 보복수단에 만족하기 위한 것이 아닐 뿐만 아니라, '국민'의 진정성에 의해 타자를 감화시키고 변화시키는 것, '진정한 정의'를 실현하는 것이라고 했다. 한국의 평화독립은 강자들의 정치적 협상을 통한 세력균형의 평화가 아닌 '정의'의 실현이라는 도덕적 가치로 표상되었다.

(3)에서 공의에 의한 평화독립은 군국전제→민족평등으로, 무력겸병→평균천하로, 밀맹사전→대동평화로, 남녀빈부·지우노유→동권동부·등현등수하게 하는 것이라 하여 독립의 지향점을 설명하고 있다. 조소앙은 서양이 주도하는 강대국들의 밀맹과 전쟁을 반대하고, 전 세계 민족이 평등해지고 천하가 균등해지는 세상을 지향했다. 이를 통해 국제적 불의를 감독하고 우주의 진선미를 체현하는 한민족의 부활과 대동평화의 주체로서 한민족을 부각시켰다.

이러한 구도의 연장선에서 (4)에서는 '국민' 본령의 자각, 동양평화와 인류평등의 실현, '건국'에 대한 확신을 가지고 독립을 완성할 것을 제시하고 있다. 〈대한독립선언서〉의 앞부분에서 조소앙은 '일본주의 동양평화는 동양의 적이며, 한일병합은 사기강박(詐欺强迫), 불법무도, 무력폭행을 동원해 국제법규를 어긴 것이며, 합방 결과로 경제·군사·종족·종교·교육을 압박·제한해 세계 문화를 저해했으니 인류의 적'이라고 적었고, 천의·인도·정의·법리에 따라 한일병합 무효 선포를 명시했다. 그는 일본의 침략적 동양평화를 대동평화의 원리를 내세워 비판하며 국민으로서의 자각을 토대로 독립을 위한 투쟁에 헌신할 것을 강조했다.

2) 평화에 대한 동서양 통합 사유와 대동평화

조소앙은 대한독립의 의미를 여러 각도에서 설명하는 가운데 '평화'를 부각시켰다. 그에게 평화의 주체는 평등한 근대적 국민[民庶], 독립된 민족으로 표상되었다. 그리고 동아시아의 대동사상과 동서양 종교·사상에 대한 통합적 사유가 나타나고 있었다. 이것은 그의 동서양 사상에 대한 섭렵이 반영된 결과이다. 그는 일본 유학 이후 폭넓은 독서를 통해 동서양 종교와 사상을 섭렵했다. 그 결과 자기 나름의 교리를 만들어 1914년 1월 '육성교'를 창시했다.[33] 육성교는 단군, 석가모니, 공자, 소크라테스, 예수, 마호메트 6성자(聖子)의 가르침을 믿고 따르는 종교이다.[34] 그 교리는 〈일신교령(一神敎令)〉[35]이라는 경문에 체계적으로 정리되어 있는데, 동서양의 여러 종교·사상을 탐색하고 그것들을 통합해 공동의 원리를 찾고자 했던 것이다. 〈대한독립

---

33) 조소앙, 〈동유략초〉, 삼균학회 편, 앞의 책, 240~245; 김기승, 〈조소앙의 사상적 변천 과정-청년기 수학 과정을 중심으로〉, 《한국사학보》 3·4, 1998; 서굉일, 〈조소앙의 육성교와 21세기 문명〉, 《삼균주의 연구논집》 19, 1999; 삿사 미츠아키, 〈조소앙의 대동사상과 아나키즘〉, 《한국종교》 40, 2016, 225~231쪽.

선언서〉 서명에 참여한 인물들 가운데 단군교도가 많고 '단군대황조'
라는 표현 등에서 대종교와의 관련성을 들 수 있으나, '복음'·'부활'·
'죄악'·'천의' 등의 기독교, '해탈'·'사망(邪網)' 등의 불교 용어와, '살
신성인'·'천명'·'대동' 등 유학 용어가 사용되고 있는 점에서 육성교
적 사고가 반영되었다고 본다.

19세기 말 이래 근대적 종교는 중세적 가치관과 세계관이 붕괴되
고 서양 문물의 수용과 관련해 근대적 가치와 정체성을 확립하는 문
제와 연결되었다. 동학은 서학에 대응해 사람을 곧 하늘로 여기는 민
중 구제의 종교로서, 기독교는 새로운 서구적 근대 문명개화의 길과
연관되어서, 유학은 대동교와 같이 개혁과 구신(救新)을 통해 시대에
걸맞은 변화를 모색했다. 또한 단군을 근대 민족·국민의 정점으로 삼
는 대종교가 등장했고, 불교는 갑오개혁 이후 도성 출입이 가능해지
면서 전통의 근대적 계승과 개혁을 모색했다. 한국근대사에서 다양
한 종교·사상의 각개약진은 종교 및 사상의 자유가 확장되는 근대문
화의 한 단면이었다.[36] 그러나 근대 국민국가, 근대사회를 만드는 철
학과 패러다임이 하나로 통합되지는 못했다. 다만 다양한 사상과 종
교 활동을 통해 근대를 만드는 철학과 사상의 모색 및 실천에 어느
정도 기여했음을 부정할 수는 없을 것이다. 조소앙이 창시한 육성교
는 신자를 확보한 종교는 아니었다. 그러나 근대적인 시대정신 모색
의 일환으로 당시 근대 지성들의 종교·사상 활동과 같은 맥락에서

---

34) "우리 영부(靈父) 하나님의 성권(聖權)의 본체는 하나이자 …… 그 작용은 여섯 …… 독립자
강은 단군, 자비제죄(慈悲濟罪)는 석가모니, 충서일관(忠恕一貫)은 공자, 지덕합치(知德合致)
는 소크라테스, 애인여기(愛人如己)는 예수, 신행필용(信行必勇)은 마호메트……." 조소앙,
〈학지광에 기(奇)함〉,《학지광》, 1915. 2(삼균학회 편, 앞의 책, 244쪽).

35) 삼균학회 편,《소앙선생문집》상, 횃불사, 1979, 342~345쪽.

36) 서울대학교 종교문화연구소 편,《종교와 역사》, 서울대학교출판부, 2006; 윤이흠, 〈세계 문화
사의 맥락에 비친 한국의 종교와 문화〉,《종교와 문화》1, 1995.

이해될 수 있다. 〈대한독립선언서〉에는 종교적 교리만이 아니라 근대적 가치와 국민주권의 사상도 나타나 있다. 즉, 전통적인 동서양 사상과 종교를 결합해 통합종교로서의 원리를 찾았던 육성교적 사고와 근대적 시대의식이 반영되었던 것이다. '국민', '민서', '민족', '자유', '평등', '평화', '사해인류' 등의 용어는 근대적인 언어들이었다.

이러한 동서양 사상의 통합 속에서 제시한 평화가 앞의 자료 (3)의 '대동평화'였다. '대동평화'나 (2)의 '대동단결'은 모두 유학에서 사용하는 용어였다.《예기(禮記)》〈예운편(禮運篇)〉에 나오는 '대동'은 중국 사상가들 사이에서 고대의 이상사회로 인용되었다. 특히 청나라 말기 캉유웨이(康有爲)는 공양학의 역사관을 토대로 '대동사상'을 제창했고, 이것은 동아시아 각지의 사상가들에게 큰 영향을 끼쳤다. 또한 무정부주의·사회주의·공산주의 등 서양의 급진적 정치사상을 수용할 때에도 '대동사상'이라는 용어를 사용했다. 조소앙은 1917년 〈대동단결선언〉을 작성한 바 있었기에, 1919년 당시 그의 사상과 언어에서 '대동'이라는 표현은 익숙한 것이었다. '대동평화'는 대동세계의 평화를 의미했다고 할 수 있다. 대동평화는 남녀빈부 모두 균등하게 동등한 권리와 번영(富)을 이루게 하여 사해인류를 구제하는 것을 지향했다.

이와 같이 그의 '평화'에 대한 표상은 종교적·근대적 언어들을 사용하여 유럽 중심의 평화체제, 민족자결의 논의와 결을 달리하는, 동아시아 식민지민이 주체가 되는 평화를 설명했다. 국망으로 국제정치에서 평화의 주권을 행사할 수 없는 동아시아의 식민지민으로서 세계-동아시아-식민지의 평등적 세계관에 의한 평화의 구상이었다. 종교를 통한 범세계적 통합, '사해인류'의 구원이라는 사해동포사상, 대동세계를 지향하는 대동평화 등은 정치적 평화주권이 없는 상황에서 평화의 주체가 되는 것을 꿈꿨던 것이라 할 수 있다. 현실에서 평화의 주체가 되는 길은 독립이었다. 그것은 식민지민이 제국주의 강권에 맞서 대등한 주권을 주장함으로써 실현되는 것이었다. 따라서 동아시아 식민지에서 독립과 평화는 서양 중심, 강대국 중심의 평화보다 평등을 더 지향할 수밖에 없었다. 〈대한독립선언서〉에서 평화는 평등, 독립, 대동평화, 동양평화와 상관관계를 갖고 표상되었다. 근대적 평등을 전제로 한 평화, 국제사회에서 평등한 관계를 전제로 한 대동평화였고, 한국의 독립은 그러한 상태에서 인류평등과 동양평화의 국제관계를 달성하는 것을 의미했다. 따라서 조소앙의 〈대한독립선언서〉에 표현된 평화사상은 강대국 중심의 평화에서 누락된 평등적 평화사상, 약자의 평화사상, 동아시아의 글로컬 평화사상을 의미하며, 1919년 당시 식민지 평화사상의 특징과 자존성을 드러냈다고 하겠다.

3. 한용운의 '평화' 표상과 지향

1) 〈조선독립의 서〉와 '평화'

한용운은 승려이자 시인이자 독립운동가로서, 3·1운동 시기에 불교계를 대표해 독립선언서에 서명한 33인 가운데 한 사람이다. 그는 끝까지 타협하지 않고 독립운동을 할 것을 강조했고, 옥중에서 독립운동의 정당성을 설명하는 〈조선독립의 서〉를 집필했다. 그는 〈조선독립의 서〉 첫 문장에 '평화'라는 단어를 사용했다.

자유는 만유의 생명이요, 평화는 인생의 행복이라. 고로 자유가 무(無)한 인(人)은 사해(死骸)와 동(同)하고 평화가 무한 자(者)는 최고통(最苦痛)의 자라. 압박을 피(被)하는 자의 주위(周圍)의 공기는 분묘(墳墓)로 화(化)하고 쟁탈을 사(事)하는 자의 경애(境涯)는 지옥이 되느니 우주의 이상적 최행복의 실재는 자유와 평화라. 고로 자유를 득하기 위하여는 생명을 홍모시(鴻毛視)하고 평화를 보(保)하기 위하여는 희생을 감이상(甘飴嘗)하느니 차(此)는 인생의 권리인 동시에 의무일지로다.

그러나 자유의 공례(公例)는 인의 자유를 침(侵)치 아니하므로 계한(界限)을 삼느니 침략적 자유는 몰평화의 야만자유가 되며, 평화의 정신은 평등에 재(在)하니 평등은 자유의 상적(相敵)을 위함이라. 고로 위압적(威壓的) 평화는 굴욕이 될 뿐이니 진자유(眞自由)는 반드시 평화를 보하고 진평화(眞平和)는 반드시 자유를 반(伴)할지라.[37]

한용운의 평화인식은 생명존중의 철학적·종교적 사유에서 시작되고 있다. 즉, 자유와 평화는 생명과 행복이며, 평화가 없는 삶은 가장 큰 고통이라는 것이다. 그는 어린 시절 세상에 뜻을 품고 고향을 떠나 서울로 가던 길에 '인생이란 무엇인가' 그것부터 알고 일하자는 생각으로 강원도 오대산의 백담사에 들어가 승려가 되었다.[38] 불교적 사유는 분명 그의 사상적 토대가 되었다. 그러나 한용운은 승방(僧房)에서 은사인 연곡 스님이 유학승들로부터 구해준《영환지략(瀛環志略)》,《음빙실문집(飮氷室文集)》 등을 읽으며 당시 격동하는 세계에 자극을 받아 시베리아, 도쿄 등을 방랑·주유하기도 했다. 그 과정

---

37)   한용운,《한용운전집》(이하 '《전집》') 1, 신구문화사, 1973, 354쪽.
38)   〈시베리아 거쳐 서울로〉,《삼천리》, 1933. 9(《전집》1, 254·255쪽).

에서 그는 칸트와 루소, 데카르트 등 서양 철학자들의 사상과 아놀드 (Matthew Arnold) 같은 영국 문학비평가의 글들을 접하며 서양 철학과 문예사상을 섭렵했다.[39] 그러한 견문을 통해 그는 승려이면서도 시대를 인식해 종교를 역사화·시대화하려는 인식을 발전시켜갔다. 특히 한국 근대불교는 1895년 일련종 승려 사노 젠레(佐野前勵)가 승려의 도성 출입을 건의해 조선왕조의 억불정책에서 해방되었으나, 1911년 6월 조선총독부의 사찰령에 의해 전국 사찰이 30본산제로 재편되어 사찰의 자치권과 운영권이 총독부에 귀속되었다. 이러한 상황에서 한국 불교의 근대적 혁신과 더불어 일제에 예속·친일화되어가는 문제를 해결해야 했다. 그는 1910년대에 양산 통도사에서 화엄교리를 설파하는 한편, 안중근과 황현을 추모하는 글을 지었으며,[40] 1913년 백담사에서 불교의 근대화·대중화를 위한《조선불교유신론》을 발표해 불교계의 개혁을 주장하기도 했다. 그는 불교를 동양과 서양의 주요 종교·철학사상과 비교해 논했고,[41] 불교가 깊은 산중이 아닌 대중 속에서 함께 호흡해야 한다고 주장했다. 그리고 시대에 뒤처진 구습이나 인습을 타파하려면 먼저 파괴가 선행되어야 한다는 과감한 주장을 펼치기도 했다.[42] 1918년 4월 그는 서울로 와서 계동 43번지에

---

39) 위의 글; 〈심우장만필(尋牛莊漫筆)〉,《전집》1, 194·195쪽; 〈북대륙(北大陸)의 하룻밤〉,《전집》 1, 246쪽.

40) 안중근의 거사를 칭송한 시 〈안해주(安海州)〉와 황현의 충절을 위로한 시 〈황매천(黃梅泉)〉 등을 지었다.《전집》1, 163쪽.

41) 칸트의 인식론과 베이컨의 자유론을 수용해 자유의지에 의한 자아와 량치차오(梁啓超)가 부처와 칸트의 차이점으로 설명한 진아(眞我)와 진여(眞如)를 적용해 불교의 성질을 설명하기도 했다(《전집》2, 35~43쪽).

42) 그의 불교개혁론은 승려의 교육 필요성, 승려의 생산 활동, 불교 의식의 간소화 등 불교의 적폐를 청산하고 혁신을 주장하는 것도 있었으나 염불당 폐지, 승려의 결혼 선택 자유 등 불교계에서 오늘날까지도 논란이 되는 과격한 내용들도 있었다. 그는 이후 조선불교청년회 총재에 취임해 일제하에서의 불교 혁신을 위해 교리의 민중화, 경전의 민중화, 제도의 민중화, 재산의 민중화 등을 제시했다(《불교》87호, 1931).

유심사를 세우고, 그해 9월 잡지 《유심(唯心)》을 창간했다. 불교의 수행에서 강조하는 마음[心]을 화두로 하여 깨달음을 통한, 사회에서의 불교 역할을 실천하고자 했다.[43]

이러한 사상적 편력과 실천 과정에서 한용운은 인간에 대한 종교적 성찰에 바탕을 두고 인간 생명의 존립 조건으로서 '평화'를 표상했다. 즉, 인간다운 행복한 삶은 평화가 있어야만 가능하다고 했던 것이다. 따라서 인간다운 삶을 살기 위해서는 평화를 지켜야 하며, 평화를 지키기 위해서는 희생도 감수하겠다는 실천의지가 무엇보다 필요하다고 피력했다. 자유와 평화를 지키는 것은 생명 있는 인간의 권리인 동시에 의무라고 보았기 때문이다.

2) 평등의 역사성과 인민 주체의 평화

한용운 평화사상의 핵심은 인간다운 행복의 조건인 평등을 전제로 했다. 평등은 자유의 짝[伴]이 되는 것이라 했다. 평등하지 않은 위압적인 평화는 굴욕이 될 뿐이고, 진정한 평화는 평등과 자유를 전제로 해야 한다는 것이다. 그는 《조선불교유신론》에서도 '평등주의와 구세주의가 불교의 근본 사상'이라 하고 불교적 평등사상이 근세 서양의 자유주의, 세계주의와도 통한다고 강조했다. 정치의 민주화나 과학문명의 발달을 가능하게 한 서양의 자유주의는 깨달음의 불성을 가진 인간 모두 평등하게 부처가 될 수 있다는 불교식 평등주의와 통한다는 것이다.[44] 그리하여 근대 서양에서 자유주의가 인간의 기본권으로

---

43) 《유심(唯心)》을 간행하던 시기 그의 활동 공간은 〈3·1독립선언서〉가 작성되고 3·1운동을 준비하던 곳이었다. 《유심》의 필자는 최린, 최남선, 오세창, 권동진 등 3·1운동 준비 인사들이 많았다. 3·1운동 심문조서에 따르면, 한용운은 《유심》을 간행하던 시기에 도쿄에서 알게 된 천도교의 최린 등과 저녁마다 모여 시국을 이야기하면서 〈3·1독립선언서〉 작성에 참여하게 되었다고 한다.

서 자유를 평등하게 인식했듯이, 인간에 대한 평등주의, 사회에 대한 평등주의에 바탕을 둔 평화를 설정했다. 평등을 전제로 한 평화 표상은 조소앙의 평화인식과 유사하다고 할 수 있다.

그런데 한용운의 '평화' 표상에는 불교식 평등주의만이 아니라 평등의 근대성·역사성이 강조되고 있다.

> 자유여 평화여 전 인류의 요구일지로다. 그러나 인류의 지식은 점진적이므로 초매(草昧)로부터 문명에, 쟁탈로부터 평화에 지(至)함은 역사적 사실에 증명하기 족(足)하도다. …… 18세기 이후의 국가주의는 실로 전 세계를 풍미하여 등분(騰奔)의 절정에 제국주의와 그 실행의 수단, 즉 군국주의를 산출함에 지하여 소위 우승열패, 약육강식의 학설은 최진불변(最眞不變)의 금과옥조로 인식되어 살벌강탈(殺伐强奪) 국가 혹 민족적 전쟁은 자못 지식(止息)될 일(日)이 무(無)하여 혹 기천 년의 역사국(歷史國)을 구허(丘墟)하며 기십백만(幾十百萬)의 생명을 희생하는 사(事)가 지구(地球)를 환(環)하여 무(無)한 처(處)가 무하니, 전 세계를 대표할 만한 군국주의는 서양에 독일이 유(有)하고 동양에 일본이 유하였도다.[45]

즉, 평등을 전제로 한 평화는 전 인류가 원하는 바인데, 문명의 발전과 함께 그 필요성이 더 커졌음을 강조하고 있다. 특히 18세기 이래 국가주의와 그 절정인 제국주의의 등장으로 군국주의가 발흥해 우승열패·약육강식을 금과옥조로 여기며 강대국의 침략을 '평화'로

---

44) 《전집》2, 43~46쪽.
45) 《전집》1, 354·355쪽.

합리화하고 있어 근대 이후 평화가 더욱 필요해졌다고 보았다. 근대 국민국가 시대 이후 국가 간 평등을 전제로 하지 않은 침략적 평화를 비판한 것이다. 그리고 그 연장선에서 일본의 동양평화론의 허구성을 비판했다. 일본이 폭력으로 조선을 병합하고 이천만 민족을 노예로 대하면서도 '동양평화와 조선 민족의 행복'을 운운하는 것도 그러한 침략적 평화의 예라고 했다.

그리고 그 연장선에서 전쟁을 반대했다. 그는 '칼(刀)'을 만능의 '힘(力)'으로 삼아 '정의'와 '인도'를 저버리는 것은 평화가 아니며, 침략은 반드시 전쟁을 유발하는 것이니 평화를 위한 전쟁이라는 것은 존재하지 않는다고 주장했다.

> 소위 강자, 즉 침략국은 군함과 철포만 다(多)하면 자국의 야심(野心)욕을 충하기 위하여 불인도(不人道) 멸정의(蔑正義)의 쟁탈을 행하면서도 그 이유를 설명함에는 세계 혹은 국부의 평화를 위한다든지 쟁탈의 목적물, 즉 피침략자의 행복을 위한다든지 하는 등 자기기인의 망어를 농하여 엄연히 정의의 천사국(天使國)으로 자거(自居)하느니…….[46]

이러한 점에서 그는 제1차 세계대전에서 독일의 군국주의를 타파한 연합국 또한 준군국주의라고 비판했다. 전쟁으로 얻은 평화는 진정한 평화가 아니라는 것이다. 평화를 만드는 힘은 군함이나 총포를 동원해 싸우는 전쟁이 아니라 평등을 전제로 한 정의, 인도, 인민이라고 했다.

> 전쟁의 종극(終極)을 고함은 하고(何故)뇨? 정의 인도의 승리요 군국

---

46) 《전집》1, 354·355쪽.

주의의 실패니라. 연(然)하면 정의 인도, 즉 평화의 신은 연합국의 수(手)를 차(借)하여 독일의 군국주의를 타파함인가. 왈(曰) 부(否)라. 정의 인도, 즉 평화의 신은 독일 인민의 수를 가(假)하여 세계 군국주의를 타파함이니, 곧 전쟁 중의 독일혁명(獨逸革命)이 시(是)라.[47]

그는 정의와 인도를 '평화의 신'이라 은유적으로 표현하고, 인민이 중심이 되는 정의와 인도가 평화를 만드는 힘이 된다고 했다. 즉, 제1차 세계대전을 종식시킨 것은 연합국의 힘이 아니라 평화의 신인 정의와 인도가 독일 인민의 힘을 빌려 군국주의를 타파한 결과라는 것이다. 이때 독일 인민의 힘은 전쟁 중에 일어난 독일혁명이라고 했다. 그는 독일혁명은 사회당에 의해 이루어지고 러시아혁명의 자극을 받은 바 없지 않지만, 전쟁의 피해를 절감한 인민이 스스로 군국주의를 거부함으로써 공화혁명을 성공시키고 '평화를 개척'한 것이라고 평가했다. 연합국은 이 틈을 타 어부지리로 전쟁에 이겼을 뿐이니, 전쟁의 승리자는 연합국만이 아니라 독일 인민이라는 논리를 폈다.[48]

이러한 인민 주체의 힘이 커지면서 '20세기 이후 정의·인도적 평화주의의 개막'이 시작되었고, 이러한 변화의 흐름에서 윌슨의 평화 회담의 조건이 만들어진 것이라고 주장했다. 결국 강대국 군국주의의 시대적 종말 속에 '침략자의 압박하에 신음하던 민족이 독립·자결을 위해 분투하게 되었으니, 폴란드·체코의 독립, 아일랜드의 독립선언, 조선의 독립선언이 그것'이라고 했다. 이러한 점에서 제1차 세계대전 이후 '각 민족의 독립·자결은 자존의 본능이요, 세계의 대세'

47) 《전집》1, 355쪽.
48) 《전집》1, 348쪽.

라고 표현했다. '독립·자결=자존의 본능'이라는 명제는 앞에서 언급한 생명존중사상과 맞닿아 있는 것으로, 평화의 도덕성을 강조한 것이다.[49]

따라서 독립 및 자결은 자존의 본능과 평등한 인간관계를 전제로 평화의 본능을 실현하는 것이고, 인민이 주체가 되는 '공화'의 역사를 만드는 것이라고 했다. 그의 '평화'사상은 생명존중, 평등, 정의, 인도, 자존의 민족자결, 공화 등의 언어로 표상되었는데, 이때 평화의 주체로서 '인민'과 인민이 중심이 되는 독립의 당위성이 강조되고 있었다.[50]

4. 평화의 보편적 가치와 독립·세계시민의식의 지향

조소앙과 한용운이 표상한 평화는 유럽 강대국들 간의 전후 처리 조약을 통한 '전쟁이 없는 상태'가 아니라, 국가 간 폭력과 억압, 차별과 편견 없는 평등, 생명, 민주의 관점에서 평화의 보편적 가치를 지향했다.

그것은 당시까지 제국주의 세계사에서는 없었던 동아시아 식민지 약소민족의 평화에 대한 주체인식과 서구 중심의 사회진화론적 문명화론에 대응한 평등한 세계시민의식의 성장을 보여주었다. 당시 국제정치에서 한국이 독립된 주권국가로 인정받지 못하는 처지였지만,

---

49) 그는 침략주의 시대에는 타국을 침략하는 것이 실리를 위한 길이었지만, 평화 즉 도덕주의 시대에는 민족자결을 찬동하고 약한 나라를 원조하는 것이 국위를 선양하는 명예가 되는 것이라고 했다.《전집》1, 354쪽.

50) 《전집》1, 354쪽.

식민지민도 세계시민으로서 세계평화와 행복의 주체가 될 수 있다는 국제사회의 지향점을 제시한 것이다. 제1차 세계대전 이후 서구 열강이 평화체제를 거론하면서 동아시아 식민지민을 중심에 놓고 고려한 것은 아니었지만, '민족자결'이라는 표현은 강자독식이 아니라 약자의 주체인식과 다원적인 문명인식의 전환을 촉진했다고 본다. 제국주의의 식민지배를 합리화한 문명론적 일원주의가 물질적 실력이 없으면 독립과 평화의 주체가 될 수 없다는 사회진화론적인 평화인식을 낳았다면, 다원적 문명인식은 독립과 평화 주체에 대한 독자성과 다양성 인식을 가능하게 했다. '선 실력양성 후 독립'이 아니라, 자존 및 독립의 절대성에 대한 인식의 전환이었다. 존재의 절대적 가치는 생명 있는 사람 모두가 갖는 평등한 가치였다. 민족자결=자존이었고, 생명=평등이었다. 물질적 실력 없이도 평화와 독립을 이룩할 수 있다는 인식의 진전이었다. 자존과 생명의 주체로서의 사상이었으며, 일원적인 가치에서 다원적인 가치로의 전환이었다. 조소앙과 한용운은 1919년 시점에 동아시아의 맥락과 언어로 '평화'에 대한 표상과 지향을 설명했던 것이다. 평화 주체로서 자존을 인식할 때, 독립의 주체로서 조선의 권리도 정당한 것이었다. 한용운은 〈조선독립의 서〉에서 문명 발전의 일원적 기준을 비판하며 독립 주체의 자존을 강조했다.

> 국가는 반드시 물질상의 문명이 일일이 완비한 후에 비로소 독립함이 아니라 독립할 만한 자존의 기운과 정신상의 준비만 유(有)하면 족하니, 문명의 형식을 물질상에 발휘함은 인(刃)을 영(迎)하여 죽(竹)은 파(破)함과 여(如)할지니 하(何)의 난사(難事)가 유하리요.[51]

---

51) 《전집》1, 356쪽.

물질적 문명이 완비된 국가의 국민만이 평화를 누리는 것이 아니라, 세계 모든 민족·생명이 자존의 독립을 누리는 것이 곧 평화의 보편적 가치를 향유하는 것이었다. 즉, 약자 자존의 생명력과 세계시민의 평등성이 실현되는 지점이었다. 이러한 점에서 조소앙은 〈대한독립선언서〉에서 평등을 전제로 세계 우방의 동포들에게 자주독립과 민주 자립에 함께할 것을 촉구했다.

> 아(我) 대한(大韓) 동족남매(同族男妹)와 기아편구(暨我遍球) 우방동포(友邦同胞)아. 아 대한은 완전한 자주독립과 신성한 평등복리로 아 자손여민에 세세상전(世世相傳)키 위하여 자에 이족전제의 학압(虐壓)을 해탈하고 대한민주(大韓民主)의 자립을 선포하노라. …… 아 민족은 능히 자국(自國)을 옹호하며 만방(萬邦)을 화협(和協)하여 세계에 공진(共進)할 천민(天民)이라.

평등은 외적으로 국가 간 평등과 내적으로 민주평등을 의미했고, 세계 동포들과 함께하는 보편적인 것임을 강조했다. '평화독립'은 하늘의 뜻[天意]에 따른 천부적인 권리를 이행하는 책임이며, 이는 곧 세계를 개조해 '대동평화'를 건설하는 세계시민으로서의 권리이자 의무였다.

생명과 민주평등의 보편가치와 세계시민을 지향하는 구도에서 베르사유 평화체제를 넘어서는 글로컬 평화로서 동양평화를 위한 저항과 독립운동이 설정되었다. 조소앙은 〈대한독립선언서〉에서 일본이 동양평화를 거론하며 한국을 병합한 것은 평등의 평화가 아니라 "범일본주의(凡日本主義)를 아주(亞洲)에 사행(肆行)함이니, 이는 동양의 적"이고, 일본의 한국합병 결과 군경의 야만적 통치와 경제 압박으로

"세계 문화를 저해했으니 인류의 적"이라 했고, 민권에 기초하지 않고 주권이 한민족에서 이민족으로 양도된 것은 근본적으로 무효라고 주장했다. 조소앙은 일찍이 1917년 〈대동단결선언〉에서도 경술국치를 "융희황제의 주권 포기"라고 했는데, "제권(帝權) 소멸의 시(時)가 즉 민권(民權) 발생의 시"라고 하여 1910년 이후 국민주권의 시대가 시작된 것이라고 보았다.[52] 민권이 중심이 된 조선의 독립은 왕권의 주권 포기와는 다른 동양평화·세계평화의 중요한 기반이었다. 민권에 의한 국민주권은 동양이나 서양을 제한하지 않는 보편적인 근대사상이며 평등사상이었다. 동양평화·세계평화는 내적으로 국민주권의 평등과 국민주권 국가 간의 평등을 통해 가능한데, 그것은 앞에서 살펴보았듯이 '밀맹사전'의 평화조약이 아니라 "국민 본령(本領)을 자각한 독립"이며 "동양평화를 보장하고 인류평등을 실시"하기 위한 평화라고 했다.

요컨대 3·1운동 시기 사상과 실천에서 시대와 함께하던 한국 지성들의 '평화'는 베르사유조약 같은 정치적 협상으로 얻어지는 평화가 아니라, 평등과 민주, 민권의 평화라는, 오늘날에도 적용될 수 있는 보편적 가치로서의 평화를 지향하고 있었다. 그것은 식민지민의 세계시민의식을 담은 평화사상이자 적극적 평화, 생명과 평등의 평화를 지향한 평화사상이었다. 식민지민의 독립을 위한 저항운동은 그러한 보편적 가치를 실현하는 실천이었다.

---

52) 이러한 인식에서 그는 1917년 〈대동단결선언〉에서 국내 동포들이 일본의 압제하에서 주권을 행사하지 못하니 재외 동포들의 국민주권을 상속받아 주권을 실질적으로 행사할 수 있는 '무상입법' 기구로서 임시정부 수립을 촉구했다. 조동걸, 〈임시정부 수립을 위한 1917년의 '대동단결선언'〉, 《한국민족주의의 성립과 독립운동사연구》, 지식산업사, 1989 참조.

21세기에도 유효한 100년 전의 평화사상

　3·1운동 시기 한국 지성들이 표상하고 지향했던 '평화'는 제1차 세계대전 이후 평화론, 동아시아 역내의 동양평화에 대한 이중 질곡, 동아시아의 전통적인 지적·사상적 기반들이 어우러지며 나타나고 있었다. 이들의 '평화'사상은 서구 국가에 처음 등장한 '평화의 발명'이나 '전쟁이 없는 상태의 평화' 개념을 넘어서 인간에 대한 차별과 억압이 없는 '적극적 평화', 인권으로서의 '평화권' 개념을 적용해 살펴볼 수 있다. 그것은 제국주의 시대의 세계사에서 '적극적 평화'와 '평화권'을 제시한 선구적인 역사이며, 제국주의의 억압적·폭력적인 식민지 지배를 반대한 평화사상이었다. 아울러 제국주의 시대 서구 중심의 평화체제가 확산되는 상황에서 글로벌 평화와 함께 동아시아 역내 국가 간의 평등과 독립이 유지되는 글로컬 평화라는 이중 과제의 해결을 지향했다.

　이때 평화는 민권과 평등이 실현될 때 가능한 것이었다. 내적으로 국민주권과 외적으로 국민주권 국가 간의 평등을 전제로 했고, 민주·민권이 중심이 된 조선의 독립을 동양평화·세계평화를 실현하는 중요한 요소라고 보았다. 조소앙과 한용운은 평화를 근대적 국민임을 자각하고 동양평화와 인류평등을 실시하기 위한 것으로 표상하고 지향했다. 그것은 평화시위와 같은 방법론적인 평화만이 아니라 사람들의 생각과 시대의 품격을 보여주는 원리적 가치로서의 평화였다. 원리적 가치로서 평화사상은 동아시아의 사상적·종교적 통합의 면모도 보이고 있었다. 조소앙은 육성교를 제창할 정도로 종교를 통한 범세계적 통합, '사해인류'의 구원이라는 사해동포사상, 대동세계를 주장했는데, 그가 주장한 대동세계의 대동평화는 정치적 평화주권이 없는 상황에서 보편적 평화의 주체가 되고자 하는 평화사상의 지향점으로 제시되었다. 한용운은 불교의 근대적 전환이라는 실천 과정에서 인간에 대한 종교적 성찰에 바탕을 두고, 인간 생명의 존립 조건으로서 '평화'를 표상하고 있었다. 생명존중의 종교적 사유와 함께 평화는 생명·행복·자유와 짝하는 것으로 표현되었고, 저항의 의지를 불태우는 순간에도 폭력이나 증오가 아닌 평화를 이야기했다.

3·1운동 시기 조소앙과 한용운 등 한국의 지성들이 보여준 '평화' 사상은 두 가지 점에서 오늘날에도 의의가 있다고 하겠다. 하나는 강대국 주도의 정치적 평화조약 체제에서 강대국들이 주목하지 않은, 국제정치에서 가장 열악한 지위의 동아시아 식민지가 평화의 주체가 될 수 있음을 보여준 것이다. 이는 세계인 모두가 평화의 주체로서 평등하다는 것을 제시한 것이다. 다른 하나는 평화는 민주, 민권과 함께 이루어진다는 것을 제시한 것이다. 평화는 지배 권력자들의 정치적 협상으로 얻어지는 것이 아니라 민권과 민주에 바탕을 둔 생명과 자유를 존중하는 가운데 이루어진다는 것이다. 민주와 민권을 기초로 세계평등의 평화를 지향한다면 평화의 역사는 계속될 것이다. 100년 전 3·1운동 시기 한국의 근대 지성들이 제시한 평화사상은 21세기 지구촌에서 벌어지고 있는 전쟁과 갈등·폭력에 대응하는 세계시민의 평화, 인권에 기초한 평화의 가치로서 많은 시사점을 준다.

3장

1920년대 전반 한국 언론에 나타난 '문화'의 의미

허 수

근대 비판과 개념사

이 글의 목표는 1920년대 전반 식민지 조선에 등장한 '문화'의 의미를 탐구하는 데 있다.[1] 한국근대사 연구에서는 1990년대 중반부터 수탈론과 식민지 근대화론 사이의 논점과 거리를 두면서 근대성을 비판적으로 바라보는 식민지 근대성론이 대두했다. 이런 경향에서는 언어·담론 연구를 비롯한 문화사적 접근이 두드러졌는데, 분석 대상을 단어에 고정하되 그 의미 탐구에서 단어의 반복적 발화(發話)와 시공간적 맥락을 중시하는 개념사 연구도 그러한 흐름의 하나였다.

이처럼 일상적이고 반복적인 언어 사용에 내재된 의미구조를 규명함으로써 근대성의 특성과 위기를 해명하는 개념사 연구는 이 글의 문제의식과 상통하는 바 크다.[2] 이 글에서는 3·1운동 직후 '문화'가

---

1)　이하에서 '1920년대'라고 하면 특별한 경우를 제외하고는 '1920년대 전반'을 가리킨다.

신조어로 출현해서 '문명'을 불가역적으로 대체해간 사실에 유의하면서, 1920년대 '문화'의 대중적 의미를 20세기의 전체적인 흐름 속에서 살펴보고자 한다.

그동안 내재적 발전론에 바탕을 둔 민족운동사 연구나 식민지 근대성론의 사상·문화 연구, 그 어느 쪽에서도 이러한 접근을 하지 못했다. 전자의 경우 '문화'를 '문화정치'나 '문화운동' 차원에서 접근했을 뿐 그 의미를 본격적으로 탐구하지 않았다. '문화운동'의 주도이념과 관련해 '문화'의 어원과 출처를 밝힌 연구도 있으나,[3] 대다수는 '문화'의 의미를 무단이나 무력 혹은 정치와 대비되는 정도로 소박하게 이해하는 데 그쳤다.

후자는 서구 근대문물의 전파와 수용 및 한국 근대성의 형성이라는 관점에서 '문화'를 바라보았다. 그 결과 1920년대 '문화'를 개항기 이래의 '문명'과 연관하여 바라보는 등 그 시야가 넓어졌으나,[4] 분석의 중심은 당대 지식인·엘리트의 문화론에 그쳤다.[5] 기존 엘리트적 문화론을 넘어서서 '문명'과 '문화' 개념의 의미를 탐구한 성과도 있으나,[6] 장기적인 의미 변화를 고려한 것이 아니었고 1920년대 '문화'의 변별적 특징을 도출하지 못했다.

이 글에서는 연구의 목표를 20세기 한국사에서 1920년대 '문화'의

---

2) 특히 '역사의미론으로서의 개념사'를 체계화한 독일 역사학자 라인하르트 코젤렉(Reinhart Koselleck)은 근대를 '끝없는 위기가 진보낙관주의에 의해 정당화되고 강제되는 시기'로 봄으로써 근대 비판의 입지를 명확히 했다(나인호,《개념사란 무엇인가》, 역사비평사, 2011, 12~23·161쪽).

3) 박찬승,《한국 근대정치사상사 연구》, 역사비평사, 1992, 181~183쪽.

4) 홍선영, 〈1920년대 일본 문화주의의 조선 수용과 그 파장〉,《일어일문학연구》55-2, 한국일어일문학회, 2005.

5) 김현주,《이광수와 문화의 기획》, 태학사, 2005; 허수,《이돈화 연구》, 역사비평사, 2011.

6) 노대환,《한국개념사총서 6: 문명》, 소화, 2010; 김현주, 〈계몽기 문화 개념의 운동성과 사회이론〉,《개념과 소통》15, 한림과학원, 2015.

특징적 의미를 포착하는 데 두고, 그러한 의미를 포착하기 위한 방법을 모색하는 데 주안점을 두었다. 이를 위해 다음과 같은 차별화된 접근과 분석을 시도했다. 첫째, 특정 인물의 단행본이나 언론매체의 필자별 논설 대신 일정 기간의 언론매체 기사를 전체적으로 주목했다.[7] 이 기사들은 대부분 '문화'라는 용어를 특별히 정의하지 않고 사용하는데, 그 용례들은 당시 사회에서 통용되던 '대중적' 의미를 부지불식간에 반영한다고 간주했다.

둘째, 분석의 효율성과 전산 입력 여부, 자료적 대표성 등을 고려해 20세기 전체를 살펴보는 장기적 검토에서는 주요 시기별 자료를 주로《동아일보》와《황성신문》의 사설에 한정했다. 또한 20세기 초에 한정해 '문화'를 '문명'과 비교하는 단기적 검토에서는 이상의 장기적 검토 자료에 11종의 학회지와《개벽》등 잡지 전문(全文)을 덧붙여 활용했다.

셋째, 이런 자료의 무의식적·관행적 용례에서 '문화'의 대중적 의미를 추출하기 위해 '언어 연결망 분석'을 사용했다.[8] 이 분석은 많은 사례를 집적할수록 좋은 결과를 기대할 수 있고, 단어의 의미를 사전(辭典)의 정의나 권위 있는 텍스트의 설명에 기대는 대신 그 단어가 자리 잡은 문맥을 중요시한다. 이런 점에서 언어 연결망 분석은 다량의 언론 기사로부터 '문화'의 대중적 의미를 분석하는 이번 연구에 적합하다고 생각했다.

---

7) '문화'의 용례를 담은 기사를 특정 인물이나 집단에 치우치지 않도록 하기 위해 나름의 기준에 따라 시기별로 망라하고자 했다. 자세한 과정은 본문에서 언급하기로 한다.
8) '언어 연결망 분석'은 '언어 네트워크 연구', '의미 네트워크 분석' 등으로 부르기도 한다.

1. 장기적 흐름에서 본 1920년대 '문화'

1) '문화 의미 코퍼스'와 연결망 지도

이 절에서는 20세기 한국사 차원에서 드러나는 1920년대 '문화'의 변별적 의미를 살펴볼 것이다. 이러한 장기적 검토를 효율적으로 수행하기 위해 〈표 1〉처럼 실제 분석 시기는 6개년씩 다섯 시기를 설정했고, 주요 일간지의 '사설'을 1차 사료로 삼았다.[9]

여기서 선택한 다섯 시기는, 정치·사회적 변화가 두드러지면서도 언론 활동이 활발해서 '문화'의 용례가 잘 드러난다고 본 기간이다. 여러 언론매체 중에서 신문을 중심으로 한 것은, 잡지 자료에 비해 발행 주체가 단일하고 장기간 지속적으로 발행되어 '문화' 의미의 장기적 양상을 살펴보는 데 적절하다고 보았기 때문이다. 신문 중에서는 자료의 전산화 상태와 확보의 용이함 여부 등을 고려해서 《동아일보》 사설을 골랐으며, 《동아일보》 창간 이전인 제1기에는 《황성신문》 사설을 선택했다.[10]

한편, 이런 신문 사설 자료의 전산 입력물을 구해서 언어 연결망 분석에 활용할 기초 자료를 만들었다. 편의상 이 기초 자료를 '문화 의미 코퍼스'라 부를 것이다. 문화 의미 코퍼스는 다음과 같은 과정을 밟아서 만들었다.

---

9) 3·1운동 직후인 1920~1925년의 제2기부터 1985~1990년의 제5기까지는 《동아일보》 사설을 활용했으며, 1905~1910년의 제1기는 《동아일보》가 창간되기 이전 시기이므로 《황성신문》 논설 및 사설을 사용했다.

10) 《황성신문》의 '사설'은 주로 제2면 최상단에 게재되었는데, '사설'이라는 이름은 소수이고 대부분은 '논설'이라고 되어 있다. 필자는 '사설'과 '논설'을 모두 넓은 의미의 '사설'로 간주해서 이 글의 분석 대상에 포함시켰다. 이후 《황성신문》에서 '사설'이라고 할 때에는 '논설'까지 포함한 것으로 간주한다.

시기	기간	자료명	기초 정보		코퍼스 정보		
			기사 수	기사 크기	문맥	1/10	공기어
제1기	1905~1910	《황성신문》 사설	1,192	1,170,835	153	15	155
제2기	1920~1925	《동아일보》 사설	1,897	2,870,210	1,499	150	1,387
제3기	1945~1950	《동아일보》 사설	910	1,263,496	465	46	426
제4기	1960~1965	《동아일보》 사설	2,835	4,161,813	533	54	436
제5기	1985~1990	《동아일보》 사설	3,707	4,367,852	1,660	163	1,445
합계			10,541	13,834,206	4,310	428	3,849

(단위: 개)

※ 《황성신문》 사설'에는 '논설'도 포함시켰다.
※ '기초 정보' 중 '기사 크기'는 공백을 제외한 글자 수이다.
※ '코퍼스 정보'의 '문맥'은 총 기사 중에서 '문화'가 들어 있는 문맥 수를 가리킨다.
　'1/10'은 '문맥' 수를 1/10로 줄인 결과를 가리킨다.

표 1. 시기별 자료의 기초 정보와 '문화' 관련 코퍼스 정보

① 전산 입력물 획득[11]→② '문화'의 문맥 추출[12]→③ 문맥 수를
1/10로 축소[13]→④ 형태 분석[14]→⑤ 공기어 선별

④의 형태 분석 과정은 크게 두 단계로 나눌 수 있는데, 첫째 단계에

11) 출처를 밝히면, 《황성신문》은 한국언론진흥재단에서 운영하는 웹사이트 빅카인즈(Bigkinds) 의 '고신문' 메뉴이며, 《동아일보》는 네이버의 '뉴스라이브러리'이다. 참고로 2017년 11월부 터 빅카인즈의 고신문 서비스는 국립중앙도서관 '대한민국 신문 아카이브'로 이관되었으며, 일부 고신문은 '한국역사정보통합시스템'에서만 검색할 수 있다.

12) 키워드 검색과 문맥 추출에는 프로그래밍 언어 '파이썬(Python) 3.0'을 활용했다. 키워드 '문 화'가 위치하는 곳의 앞뒤 각각 20글자까지를 해당 키워드의 문맥으로 설정하고, 키워드를 포 함한 문맥을 추출했다. 앞뒤 20글자라는 기준은 공백을 제외한 글자 수만을 가리킨다. 동일한 문맥 내에서 앞 문장이 종결되고 뒤 문장이 시작되더라도 텍스트 내에서 논지의 전개는 이어 진다고 보아 별 문제로 여기지 않았다.

서는 본 분석에 필요한 단어를 선별했다. 주로 명사를 중심으로 했고, 고유명사는 국가명, 외국 지명 등 '문화'의 의미 특성과 관계가 깊은 부분 이외에는 가급적 제외했다. '발전하다'처럼 '명사+하다'의 형태를 띤 경우 '명사' 부분만 남겼다. 복합어의 경우에는 가급적 세부 단위로 쪼개는 것을 원칙으로 했다. 둘째 단계에서는 이렇게 세분한 단어 중에서 기표가 다르더라도 사실상 같은 단어로 볼 수 있는 것은 하나의 단어로 통합했다.[15]

이러한 과정을 거쳐 1만 541개 신문 기사, 1,380여만 자 분량의 자료로부터 428개의 '문화' 용례와 3,849개의 공기어(共起語, co-occurrence word)를 가진 '문화 의미 코퍼스'를 획득했다.

이 '문화 의미 코퍼스'를 활용해서 '문화'의 연결망 지도(map)를 작성했다. 연결망 지도란 '문화'의 공기어들이 맺고 있는 관계를 시각적으로 표현한 것으로, 그 관계는 통상 '유사도(類似度)'에 해당하는 숫자 값이다.[16] 연결망 지도에서 공기어는 '점(node)'으로, 공기어 간

---

13) 추출한 문맥 수는 〈표 1〉의 '코퍼스 정보'에서 볼 수 있듯이 모두 4,310개인데, 통상 1개 문맥에서 공기어가 8~10개 나오므로 이 문맥을 그대로 활용할 경우 공기어가 4만 개 수준으로 증가한다. 그래서 문맥을 10개마다 1개씩 무작위로 선별해서 검토 대상을 10분의 1로 축소하는 조처를 취했다. 이렇게 축소된 428개 문맥의 단어들을 '형태 분석'해서 3,849개의 공기어를 얻었다.

14) 해당 자료는 국한문 혼용 기사도 많고, 띄어쓰기가 되어 있지 않은 경우도 많아서 필자가 직접 문맥을 보면서 수작업으로 형태 분석을 진행했다.

15) 한자 표기와 동음의 한글 표기는 한자나 한글 어느 한쪽으로 통일했다. 국가명은 서로 다른 표현을 하나로 단일화했다. 오래된 한문 투의 표현이라서 그와 비슷한 현대식 표현과 동일한 의미라고 판단한 경우에는 양자를 하나의 표현으로 합쳤다. 거의 유사한 의미를 가진 단어가 기표의 차이로 각각 서로 다른 단어로 인식될 경우, 공기어를 통해 '문화'의 의미를 파악하려는 이 글의 분석에 걸림돌이 되므로, 그러한 단어들은 하나의 기표로 통일했다. 기표 통일의 사례를 들면, '國', '국가', '나라', '一國'은 '국가'로 통일했다. '겨레'와 '동포'는 '민족'으로 표기했다. '변동', '변천', '변화', '추이'는 '변천'으로 통일했다. 또한 문맥을 검토해서 '家', '民', '사람', '生', '員', '人', '인간', '者'는 '사람'으로 통일했다.

16) 이 유사도는 공기어와 공기어가 서로 얼마나 비슷한가를 나타내는 지표로, 이 글의 분석에서 그것은 '문화'가 사용된 문맥에서 두 공기어가 얼마나 자주 함께 등장했는가이다.

시기	키워드	문맥 (MN)	공기어 (SN)	2항 연결 (NT)	공기어 절삭 기준	생존 공기어	1항 연결	1항 연결 절삭 기준	생존 1항 연결	최종 공기어
제1기	문화	15	122	135	2	10	11	—	11	10
제2기	문화	150	585	1,148	5	41	294	0.22	39	32
제3기	문화	46	252	355	2	43	186	0.437	47	31
제4기	문화	54	263	361	2	51	162	0.5	53	32
제5기	문화	163	675	1,221	5	40	246	0.2	44	33
합계		428	1,897	3,220	—	185	899	—	194	138

(단위: 개)

※ 'MN'은 Main Node, 'SN'은 Sub Node, 'NT'는 Network의 약자이다.
※ '생존 공기어', '최종 공기어' 등의 표현은 이해를 돕기 위해 필자가 임의로 정했다.
※ 제1기에서 '1항 연결 절삭 기준' 값이 없는 것은, 이미 '생존 공기어' 수가 10개에 불과하고 연결관계 수도 적어서 '선'을 절삭할 필요가 없었기 때문이다.

표 2. 연결망 지도의 산출 기준

의 유사도는 '선(link)'으로 나타나는데, 이 지도는 해당 시기의 '문화'가 가진 의미 맥락을 구조화한 것이라 할 수 있다.

〈표 2〉의 기준에 따라 연결망 지도를 다음 순서로 작성했다. 편의상 제2기의 사례를 중심으로 설명한다.

① '문맥-공기어'로 이루어진 2항(2-mode) 연결 자료 입력[17]→② 공기어 절삭 기준 설정[18]→③ 41개의 공기어 획득→④ 294개의 1항(1-mode) 연결관계 획득[19]→⑤ 유사도 값 0.22 이상에 해당하는 39개의 연결관계 남김[20]→⑥ 최종 공기어 32개로 이루어진 연결망 지도 산출[21]

---

17) 연결망 시각화 및 분석 소프트웨어로는 '넷마이너(NetMiner) 4.3'을 사용했다. 제2기의 '공기어' 수는 〈표 2〉가 585개로, 〈표 1〉의 1,387개와 크게 차이가 나는 이유는 전자가 동일한 단어의 중복을 제외한 결과이기 때문이다.

〈그림 1〉에 제시한 나머지 네 시기의 연결망 지도도 동일한 절차를 거쳐 산출했다.[22]

〈그림 1〉의 연결망 지도에서 공기어를 나타내는 '점'은 해당 공기어가 다른 공기어와 '선'으로 많이 연결될수록 크게 나타난다. 그러므로 큰 '점'은 해당 단어가 '문화'의 문맥에서 '문화'의 다른 공기어들과 함께 출현한 경우가 많다는 사실을 가리킨다. 한편, 두 공기어의 유사도를 나타낸 '선'은, '선'으로 이어진 두 단어가 동일한 '문화'의 문맥에서 자주 등장할수록 굵게 나타난다.

연결망 지도는 다음과 같은 특성을 가진다. 첫째, 이 지도에서 '점'의 크기가 굵고 연결선이 많으며 중앙에 위치할수록 중요하다고 할 수 있다. 지도에서 연결 거리가 1의 관계에 있는 경우, 즉 두 공기어가 직접 연결되어 있는 경우는[23] 동일한 '문화'의 문맥에서 두 공기

---

18) 여러 가지 방법을 통해 연결망 지도를 그리고 비교해본 결과, 상이한 입력 값을 가진 두 개 이상의 집단을 비교할 때 최종 공기어의 개수를 동일하게 하는 것이 가장 효과적인 '정규화' 조처라고 판단했다. 이 글에서는 그 값을 빈도수 기준 상위 30개 수준으로 설정했다. 한편, 공기어 절삭 기준이 '5'인 것은 최소한 5개 문맥 이상에서 출현한 공기어만 남기도록 설정했다는 뜻이다.

19) '문맥-공기어'의 2항 연결관계를 '공기어-공기어'의 연쇄로 이루어진 1항(1-mode) 연결 자료로 전환한 결과, 41개 공기어 사이에 두 공기어의 유사도를 나타내는 '선'이 294개가 형성되었다. 여기서 유사도는 코사인 유사도를 사용했다. 이 지표의 적용 과정에 관한 상세한 설명은 다음을 참조. 허수, 〈네트워크 분석을 통해 본 1980년대 '민중'-《동아일보》의 용례를 중심으로〉, 《개념과 소통》 18, 한림과학원, 2016, 66~70쪽.

20) 두 공기어의 유사도를 나타낸 '선'의 숫자가 너무 많아서 공기어 간의 연결관계가 드러나지 않으므로 일정한 값 이상만 남긴다. 절삭 값은 전술했듯이 최종 공기어 수가 30개에 근접하도록 설정했다. 여기서는 절삭 기준을 유사도 값 0.22로 설정해서 그 값 이상을 연결관계로 가진 39개의 선을 산출했다.

21) 41개의 공기어와 39개의 연결관계를 가진 연결망 지도에서 최종 공기어 수가 30개 안팎이 되도록, 작은 규모의 연결망 덩어리는 제거하여 〈그림 1〉의 제2기에서 보듯이 32개의 최종 공기어를 가진 연결망 지도를 얻었다.

22) 연결망 지도의 자세한 모양은 〈부표 1〉 참조.

23) 이하에서는 편의상 '거리 1'의 관계를 '1촌'으로 표현한다.

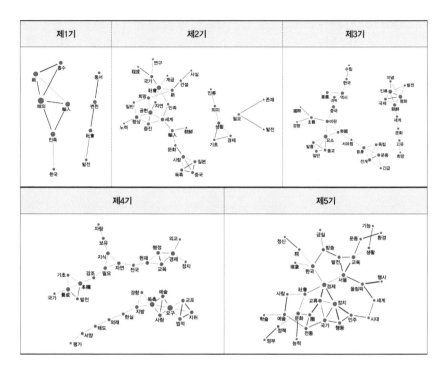

그림 1. 제1기 – 제5기의 연결망 지도(개략, 〈부표 1〉 참고)

어가 실제로 함께 사용되고 있는지 여부를 직접 확인할 수 있다. 그러나 '국가-社會-민족'으로 된 연결관계 중 '국가'와 '민족'의 관계처럼, 서로 2촌 관계에 있는 공기어는 실제 텍스트의 동일 문맥에서 함께 사용되지 않아 그 유사한 정도를 직접 확인하기 힘들다. 이처럼 연결망 지도는 경험적 관찰로 파악하기 힘든 매개적인 연결관계까지 포함하여 우리에게 '문화'의 의미를 시각적으로 드러내는 이점이 있다.

둘째, 연결망 지도에서 아무리 변방에 위치한 공기어라도 '문화'의 의미를 구성하는 중요한 요소가 된다는 사실이다. 그 이유는 전술했듯이 입력 값 자체가 실제 문맥의 10%에 해당하는 표본이므로 이 공기어가 5번 출현했다면 실제 문맥에서는 50번 출현했을 가능성이 높기 때문이다. 또한 연결망 지도의 공기어는 여러 번의 절삭을 거치면서도 살아남은 '최종 공기어'이므로 '문화'의 의미를 구성하는 대표성을 가진다고 간주할 수 있다.

2) 20세기 '문화': '인식'·'활동'에서 '제도'로

연결망 지도가 가진 의의에도 불구하고 상이한 시간대의 의미를 나타내는 연결망 지도끼리 비교해서 '문화'의 의미상 특징을 파악하려면 '기표' 차원의 개별적 검토로는 한계가 있다. 이에 공기어들을 분석 목적에 부합하는 특정 기준으로 묶어서 비교할 필요가 있다. 다섯 개의 연결망 지도에 살아남은 138개의 공기어를 20세기 한국사에서 '문화'의 의미를 구성하는 중요 요소라 간주하고 공기어들을 상호 비교하기 위해 '의미 스펙트럼'이라는 분석 틀을 고안했다.[24]

이 분석 틀의 기본 아이디어는 공기어를 몇 개의 범주로 분류한 뒤 각 분류의 유무와 소속 공기어의 개수를 지표로 삼아 다섯 개 시기 간의 의미 유사성을 판별하는 것이다. 나아가 이를 통해 1920년대 '문화'의 의미가 가진 변별적 특징도 파악할 수 있다고 보았다. 상세한 설명을 위해 분석 틀을 먼저 제시하면 〈표 3〉과 같다.

〈표 3〉에서 알 수 있듯이 이 분석 틀에는 14개의 소분류와 3개의 대분류가 있다. 이 분류에서 제외된 공기어는 '9. 기타'에 넣었다. 이런 분석 틀이 필요한 이유를 예를 들어 상술하면 다음과 같다. '문화'

---

24) 필자가 사용하는 '의미 스펙트럼'은 '스펙트럼(spectrum)' 용어가 가진 두 가지 측면, 즉 '분해'와 '판별'이라는 함의를 담고 있다. 즉, 20세기 '문화'의 의미를 여러 개의 '영역'으로 나눈다는 측면과, 이렇게 나눈 의미 영역들을 비교·검토하여 '문화' 의미의 시기별 특징을 변별하려는 의도를 가졌다.

대분류	소분류	제1기	제2기	제3기	제4기	제5기
1. 인식	1) 진보의식	발전	발전, 증진, 향상	발전, 발흥	발전	발전
	1) 긍정판단	新	공헌, 新, 희망	意義, 희망	자랑, 평가	—
	1) 보편가치	—	—	평화	—	민주
	1) 정체성	—	—	고유, 國粹, 독립, 역사	—	전통
2. 활동	2) 집합주체	—	계급, 사람	—	사람	사람
	2) 운동사상	—	—	비판, 운동, 이념, 主義	—	운동, 행동
	2) 국가명	한국	일본, 朝鮮, 중국	서유럽, 朝鮮, 중국, 한국	서양	한국
	2) 정치체	동서, 민족, 社會	국가, 민족, 社會, 세계, 인류	세계, 인류, 제국	국가	국가, 社會, 세계
	2) 대외교류	輸入, 해외, 흡수	輸入	—	외래	교류
3. 제도	3) 정치외교	—	—	국제	외교, 정치	정치
	3) 법률행정	—	—	—	법적, 전국, 지방, 행정	서울, 정부, 정책
	3) 사회경제	—	경제, 생활	경제	경제	경제, 방송, 생활
	3) 교육학술	—	연구	—	교육, 지식	교육, 학술
	3) 예술종교	—	—	종교	예술	예술
9. 기타		변천	건설, 기초, 노력, 독특, 문화, 사실, 의미, 일반, 자연, 程度, 존재, 필요	경향, 긴급, 문화, 수립, 요소, 일반, 自身, 전개	강조, 경향, 교포, 기초, 독촉, 보유, 本棚 養成, 요구, 자연, 지위, 태도, 필요, 현실, 현재	圈, 금일, 기능, 능력, 문화, 시대, 올림픽, 院, 정신, 행사, 現象, 환경

표 3. 의미 스펙트럼의 시기별 현황

의 공기어로 '발전'과 '향상'이라는 단어가 등장했는데, 이 둘은 표기 형태가 달라서 연결망 지도나 빈도수 계산에서는 당연히 양자를 별개로 간주했다. 그러나 '문화'의 의미를 파악하는 입장에서 볼 때 두 공기어는 '진보'의 시간 인식을 가졌다는 점에서 동일하다고 볼 수 있다. 그래서 이런 공기어는 함께 '1) 진보의식'에 분류했다. 또한 제1기의 '한국'과 제2기의 '조선(朝鮮)'도 표기는 서로 다르지만 당시 한국 사람이 상정하는 국가공동체의 이름이었다는 점에서는 동일하다. 이 경우는 범위를 좀 더 넓혀 '2) 국가명'이라는 범주를 만들었는데, '문화'를 국가공동체 이름과 연관하여 언급하는 경우도 '문화'의 의미를 판별하는 데 중요하다고 생각해 이 범주를 설정했다.

대분류는 14개의 '소분류'를 다시 성격에 따라 더 포괄적인 범주로 구분한 것이다. '진보의식'부터 '정체성'까지의 네 분류는 인식이나 판단에 관련한 공기어들이라 생각해서 '1. 인식'으로 묶었다. '집합주체'부터 '대외교류'까지의 다섯 분류에 해당하는 공기어는 개인이나 정치공동체의 행위주체나 그들의 실천과 관계가 깊다고 생각해서 '2. 활동'으로 포괄했다. '정치외교'부터 '예술종교'까지의 다섯 분류는 사회가 분화하여 부문별로 제도화된 영역과 밀접하다고 판단해 '3. 제도'라 명명했다. 이런 대분류는 '문화'의 의미가 큰 틀에서 어떤 성격을 가졌는가를 포착하는 데 유용할 것으로 생각한다.

이러한 분석 틀로 20세기 '문화'의 의미를 개관해보자. 〈그림 2〉의 왼쪽 윗부분에 위치한 표는 〈표 3〉에서 제시한 대분류의 시기별 공기어 수를 집계한 것이다. (a)와 (b)는 동일한 표의 값을 서로 다른 종류의 그래프로 표현한 것이다. (a)의 꺾은선 그래프는 대분류 의미 스펙트럼의 시기별 변화를 표시한 것으로, 이 경우 '문화'의 의미는 제1기-제3기와 제4기-제5기가 서로 대조적이라는 사실을 보여준

	제1기	제2기	제3기	제4기	제5기
1. 인식	2	6	9	3	3
2. 활동	7	11	11	4	8
3. 제도	0	3	3	10	10

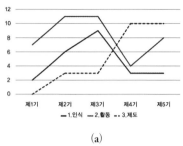

(a)

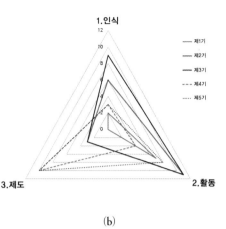

(b)

그림 2. '대분류' 의미 스펙트럼의 시기별 양상

다. 즉, 앞 시기에는 '인식'과 '활동'이 '제도'를 상회했다면, 뒤 시기에는 그 경향이 역전되어 '제도'가 가장 높은 빈도를 보였다. '문화'의 의미를 구성하는 스펙트럼 간의 비중이 시기별로 변했다는 것은, 각 스펙트럼에 속한 공기어의 사용 빈도 및 중요성이 시기별로 달라진 사실을 뜻한다. 즉, 1950년까지 '문화'가 주로 '인식'과 '활동'에 관한 의미를 중심으로 했다면, 1960년대부터는 '제도'와 관련된 의미가 더 우선했다는 점이다. 이런 차이의 역사적 원인이나 현실적 배경 등을 규명하는 일은 이 글의 범위를 넘어설 뿐만 아니라 본격적인 별도의 논증이 필요하다. 그러나 대체적인 추정은 가능한데, 〈표 3〉을 보면 제4기와 제5기에는 그 이전에 비해 '정치외교'와 '법률행정', '사회경제' 등의 소분류에 해당하는 공기어가 늘어난 것을 볼 수 있는바, 이런 부문은 민족국가의 토대 위에서 활성화될 수 있는 부분이라 생각된다. 1940년대 후반에 해당하는 제3기는 일제로부터 해방이 되었으나 아직 국가의 틀이 불안정했던 시기였던 데 반해, 1960년대 전반에는 박정희 정권이 국가 주도의 문화정책을 본격적으로 추진하기 시작한 결과가 반영된 것으로 보인다. 그리고 이런 추세는 제5기까지 이어졌다고 할 수 있다.

〈그림 2〉의 방사형 그래프 (b)는 다섯 시기가 각각 '문화'의 의미 스펙트럼을 어느 정도 갖추었는가를 대분류를 기준으로 표현한 것으로, 특정한 두 시기가 의미 스펙트럼의 측면에서 얼마나 유사한지를 직관적으로 잘 보여준다. 다섯 개의 삼각형은 각 시기별 스펙트럼을 종합적으로 나타낸 것인데, 삼각형의 꼭짓점이 바깥으로 뻗을수록 그 방면의 대분류 스펙트럼에 해당하는 공기어 수가 많다는 뜻이다. (b)는 대분류 의미 스펙트럼의 종류와 크기를 시기별로 잘 표현하고 있으므로, 삼각형끼리 합동에 가깝게 겹치는 부분이 클수록 두 시기의 의미 스펙트럼은 유사도가 높고 따라서 두 시기 사이에 '문화'의 의미는 그만큼 비슷하다고 할 수 있다. 따라서 (b)를 보면 우리는 먼저 실선으로 된 제1기-제3기의 세 삼각형과, 점선으로 된 제4기-제5기의 두 삼각형이 각각 서로 닮은꼴임을 알 수 있고 이로써 (a)에서 확인한 결과를 재확인할 수 있다. 나아가 전자에서는 특히 제2기와 제3기 사이의 유사도가 가장 높으며, 후자에서는 제4기와 제5기가 제2기와 제3기 사이의 관계만큼은 아니지만 의미의 측면에서 유사하다는 사실을 알 수 있다.

이런 유사성의 정도는 각 시기별로 의미 스펙트럼에 속하는 공기어 수를 비교해서 간단히 수량화할 수 있다. 두 시기를 비교할 때 비교 항목에 해당하는 숫자의 최소값이 의미 스펙트럼 차원에서 겹치는 크기, 즉 의미의 유사도라 할 수 있으므로 그러한 스펙트럼별 최소값의 합계가 두 시기의 의미 유사도를 판별하는 지표가 된다. 예컨대 〈표 4〉에서 제2기와 제3기 사이의 유사도는 20으로 가장 높으며,

대분류	제1기	제2기	제3기	제4기	제5기	1:2	1:3	1:4	1:5	2:3	2:4	2:5	3:4	3:5	4:5
1. 인식	2	6	9	3	3	2	2	2	2	6	3	3	3	3	3
2. 활동	7	11	11	4	8	7	7	4	7	11	4	8	4	8	4
3. 제도	0	3	3	10	10	0	0	0	0	3	3	3	3	3	10
소계						9	9	6	9	20	10	14	10	14	17

소분류	제1기	제2기	제3기	제4기	제5기	1:2	1:3	1:4	1:5	2:3	2:4	2:5	3:4	3:5	4:5
1) 진보의식	1	3	2	1	1	1	1	1	1	**2**	1	1	1	1	1
1) 긍정판단	1	3	2	2	0	1	1	1	0	**2**	**2**	0	**2**	0	0
1) 보편가치	0	0	1	0	1	0	0	0	0	0	0	0	0	1	0
1) 정체성	0	0	4	0	1	0	0	0	0	0	0	0	0	1	0
2) 집합주체	0	2	0	1	0	0	0	0	0	0	0	1	1	0	0
2) 운동사상	0	0	4	0	2	0	0	0	0	0	0	0	0	**2**	0
2) 국가명	1	3	4	1	1	1	1	1	1	**3**	1	1	1	1	1
2) 정치체	3	5	3	3	1	**3**	**3**	1	**3**	**3**	1	**3**	1	**3**	1
2) 대외교류	3	1	0	1	0	1	0	1	0	1	1	0	1	1	0
3) 정치외교	0	0	1	2	1	0	0	0	0	0	0	0	1	1	1
3) 법률행정	0	0	0	4	3	0	0	0	0	0	0	0	0	0	**3**
3) 사회경제	0	2	1	0	3	0	0	0	0	1	1	**2**	1	1	1
3) 교육학술	0	1	0	2	2	0	0	0	0	0	1	1	0	0	**2**
3) 예술종교	0	0	0	1	1	0	0	0	0	0	0	0	1	1	1
소계						7	6	5	6	11	9	10	8	12	13

※ '1：2'는 제1기와 제2기의 숫자를 비교한다는 뜻으로 두 숫자 중 최소값을 표시했다.
※ 소분류에서 이러한 시기별 비교 값이 2 이상인 경우 음영 표시를 했다.

표 4. 의미 스펙트럼의 시기별 현황(공기어 수) 및 유사도 비교

그다음은 제4기와 제5기 사이로 그 값은 17이다.

동일한 방식으로 이런 시기별 비교를 '소분류'에 대해서도 진행해 볼 수 있다. 그 결과가 〈표 4〉의 아랫부분에 나와 있다. 그런데 소분류 차원의 비교에서는 시기별 유사도가 '제4기：제5기'(13개), '제3기：제5기'(12개), '제2기：제3기'(11개) 순이 되어 대분류의 결과와 차이가 있다. 그 이유는 제3기와 제5기 사이의 스펙트럼별 유사도가 여러 군데로 분산된 데 비해 제2기와 제3기 사이의 그것은 상대적으로 '1. 인식'과 '2. 활동'에 해당하는 스펙트럼에 집중되어 있기 때문이다. 특히 유사도가 2이상인 곳만 추려보면 제2기와 제3기 사이는 네 군데로 합계가 10인데, 제3기와 제5기 사이는 두 군데로 합계가 5에 불과하다.[25] 이런 점에서 비록 소분류의 유사도 합계만 보면 제3기는 제5기에 더 가깝다고 볼 수 있으나, 소분류 의미 스펙트럼별 유사도의 집중도나 '대분류' 차원의 유사도 등을 종합적으로 고려하면 오히려 제3기는 제2기와 의미적 유사도가 더 높다고 말할 수 있다.

3) 진보와 낙관의 보편주의

여기서는 지금까지 사용한 분석 방법을 심화시켜 제2기, 즉 1920년대 '문화'의 의미가 어떤 변별적 특징을 가졌는가를 규명하는 데 집중하고자 한다. 심화된 분석 방법의 핵심은 의미 스펙트럼 간의 연결 관계를 살펴보는 것이다. 앞에서는 의미 스펙트럼을 활용해서 '문화'의 의미 동향을 파악하는 데 일정한 성과를 거두었으나, 의미 스펙트럼의 요소별 통계에 의존했을 뿐 스펙트럼 간의 관계를 알 수 없어서 미진한 감이 있었다. 기표 차원을 넘어서는 의미 스펙트럼별 비교라는 문제의식을 살리면서도 연결망 지도에서 나타난 공기어 간의 연결관계의 이점을 덧붙인다면 '문화'의 의미 파악이 좀 더 진전될 것이다.

이를 위해 〈그림 1〉의 시기별 연결망 지도에 나타난 공기어에 〈표

---

25) 유사한 정도를 높은 순서에서 낮은 순서로 언급하면, 제2기와 제3기의 경우 '2. 정치체'와 '2. 국가명'(각각 3개), 그리고 '1. 진보의식'과 '1. 긍정판단'(각각 2개) 순이다. 제3기와 제5기의 경우에는 '2. 정치체'(3개), '2. 운동사상'(2개) 순이다.

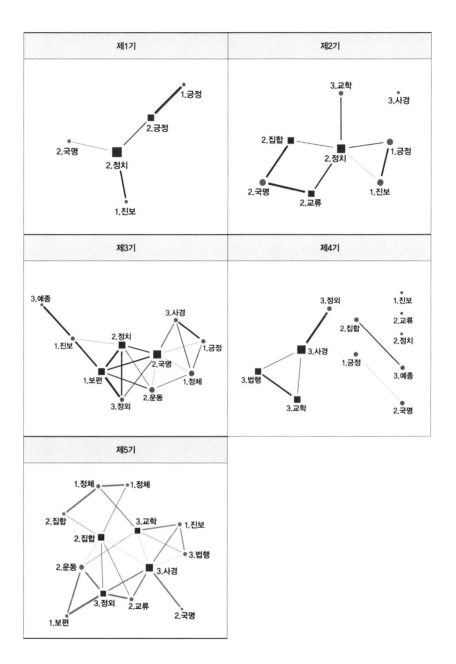

그림 3. 의미 스펙트럼의 연결망 지도

3)의 의미 스펙트럼 분류를 적용해서 의미 스펙트럼 간의 연결망을 표현한 것이 〈그림 3〉이다.[26]

〈그림 3〉의 연결망 지도는 〈표 3〉에서 '9. 기타'를 제외하고 14개 소분류에 해당하는 의미 스펙트럼을 공기어에 적용해서 그들 간의 관계를 산출한 것이다.[27] 연결망 지도에서 중심적 위치에 있는 점은 중심성 정도가 높은 순서부터 2~4개 정도를 네모로 표시해서 지도를 이해하는 데 편의를 기했다.[28] 이 의미 스펙트럼에 둘 이상의 공기어가 포함되는 경우가 많고, 또 '9. 기타'에 해당하는 공기어가 제외되었으므로 〈그림 1〉의 복잡한 연결망 지도는 매우 간단하게 표현되었다. 또한 '9. 기타'로 구분된 공기어가 빠지면서 여기에 해당하는 공기어로 둘러싸였거나 그것과 매개된 의미 스펙트럼은 고립된 점으로 표시되기도 했다.

네모난 점을 기준으로 보면, 제1기-제3기는 모두 대분류의 '1. 인식'과 '2. 활동'에 해당하는 것이 중심이 되어 연결된 데 반해 제4기-제5기는 대부분 '3. 제도'에 속하는 스펙트럼이 중심을 차지하고 있음을 재확인할 수 있다. 소분류 차원에서 봐도 제1기-제3기에 일반

---

26) 의미 스펙트럼 연결망 지도를 산출하는 데에는 넷마이너 프로그램의 '블럭모델링(block-modeling)' 기능을 응용했다. 블럭모델링이란 '점'의 속성 값을 토대로 새로운 연결망을 만들어내는 것이 핵심으로, 통상 복잡한 연결망 지도를 간략하게 표현하는 이점이 있다. 이 글에서는 연결망 지도의 '점'으로 표현한 공기어에 의미 네트워크의 '소분류'를 속성 값으로 부여한 뒤, 이 속성 값을 기준으로 블럭모델링 기법을 적용해서 간략한 연결망 지도를 얻었다.

27) '점'의 이름은 14개 소분류의 이름을 줄여서 사용했으나 줄임말이 어느 것을 가리키는지는 알 것으로 판단하여 따로 설명하지 않겠다.

28) 연결망 지도에서 중심성을 나타내는 지표에는 여러 가지가 있는데, 여기서는 '근접 중심성(closeness centrality)'을 따랐다. 이 지표는 특정 '점'이 연결망 내의 다른 모든 '점'과 얼마나 가깝게 연결되어 있는가를 보여주는 것으로, 연결망 내에서 가장 일반적인 영향력을 가진 '점'이 무엇인지를 알아내는 데 쓰인다(이수상,《네트워크 분석 방법론》, 논형, 2012, 259쪽). 중심성 지표의 종류와 이를 실제 분석에 적용한 사례를 보려면 다음 글을 참조. 허수, 〈언어 네트워크 연구를 통해 본 고교 한국사 교과서의 역사인식〉,《인문논총》75-1, 서울대학교 인문학연구원, 2018, 145~150쪽.

적인 '2) 국가명(국명)-2) 정치체(정치)-1) 진보의식(진보)'의 연결망
이 제4기-제5기가 되면 해체되고, '3) 정치외교(정외)-3) 사회경제(사
경)-3) 교육학술(교학)' 등이 부각되었다.

한편 이 글의 초점이 되는 제2기, 즉 1920년대의 특징을 살펴볼 경
우, 대분류의 '1. 인식'이나 '2. 활동'에 해당하는 소분류들이 중심을
이룬다는 사실만으로는 이 시기의 특징을 구체적으로 파악하기가 어
렵다. 왜냐하면 이런 특징은 제1기-제3기에 공통적이기 때문이다. 먼
저 제2기를 제3기와 비교해보면, 제2기에는 제3기에 비해 '1) 진보의
식(진보)'과 '1) 긍정판단(긍정)'이 중요한 위치에 있다. 〈표 4〉에 관한
설명에서 이미 언급했듯이 이 양자는 해당 공기어가 모두 3개로 높은
수준일 뿐 아니라, 〈그림 3〉의 연결망에서 볼 수 있듯이 연결망에서
가장 중심에 놓인 '2) 정치체(정치)'를 포함해 삼자 간에 1촌 관계를
형성하고 있다. 이에 비해 제3기에서 양자는 연결망의 좌와 우로 분
산되어 있고, 그 대신 중심부에 위치한 '2) 국가명(국명)'과는 '2) 운
동사상(운동)'과 '1) 정체성(정체)' 등이 긴밀하게 연결되어 있다. 또한
제3기에는 대분류 '3. 제도'에 해당하는 소분류들도 상대적으로 많이
연결되어 있어서 '1) 진보의식(진보)'과 '1) 긍정판단(긍정)'의 비중은
더 낮아 보인다. 제2기의 이러한 특징은 제1기와 비교해도 동일하게
드러난다. 제3기에 비해 제1기에서는 '3. 제도' 차원의 소분류가 없어
서 '1) 진보의식(진보)'과 '1) 긍정판단(긍정)'의 중요성은 상대적으로
높다고 할 수 있지만, 양자가 서로 분리되어 변방에 위치하는 점에서
제2기와 차이가 있다.

이렇게 의미 스펙트럼 연결망을 통해 파악한 결과를 〈그림 1〉의
공기어 연결망 지도에 투영해보면 〈그림 4〉처럼 제2기 연결망 지도
의 가장 특징적인 부분을 어렵지 않게 파악할 수 있다. 〈그림 4〉를 보

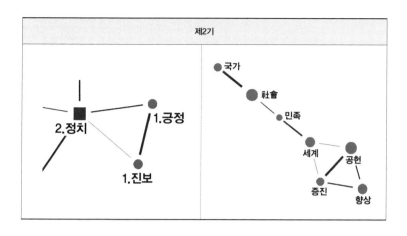

제2기

그림 4. 의미 스펙트럼 연결망(왼쪽)과 공기어 연결망(오른쪽) 비교

면 '1) 진보의식'에 해당하는 '증진'은, 한편으로는 같은 범주에 속하는 '향상'과 함께 '1) 긍정판단'의 하나인 '공헌'과 1촌 관계를 맺고, 다른 한편으로는 '공헌'과 함께 '2) 정치체'에 해당하는 '세계'와 1촌 관계를 맺고 있다. '세계' 뒤에 순차적으로 연결된 '민족', '사회', '국가' 등도 모두 '2) 정치체'에 속하지만, '증진', '공헌'과 직접 1촌 관계에 있는 것은 '세계'라는 점도 중요하다. 즉, '1) 진보의식'과 '1) 긍정판단'에 해당하는 공기어가 '2) 정치체', 그중에서도 '세계'와 긴밀하게 연결되어 있는 것이다. '2) 정치체'는 제4기를 제외한 네 시기에서 공통적으로 높은 빈도를 보였으므로 그중에서도 기표 차원의 구별도 '문화' 의미의 특성 파악에 중요한데, '세계'는 '인류'와 함께 '국가', '민족' 등의 공기어보다 더 일반적이고 보편적 문맥에서 사용되는 경우가 많다고 볼 수 있다.

이런 점을 종합할 때 다른 시기에 비해 제2기에 두드러진 '문화'의 의미적 특성은 '진보와 낙관의 보편주의'라 규정할 수 있다. 이러한 제2

기 '문화'의 특징적 의미를 잘 드러내는 문맥을 예시하면 다음과 같다.

현재 각국의 용어가 불일(不一)하고 …… 이제 차(此) 불편과 차 화근을 제거하려는 일대운동이 페르시아(波斯)의 한 지역(一隅)에서 기(起)하였으니 그는 곧 바하이교(敎)의 언어 국제화 운동이며 세계적 공통어로 에스페란토의 채용을 주장하는 것이라. …… 차 국제적 용어가 비록 인공적이나 일반 사회의 용어가 되고 또한 편리하면 결국 자연 **발달**하여 **세계 〈문화〉 증진**에 다대(多大)한 **공헌**이 유(有)할 것은 물론이라. 오인(吾人)은 조선인이 차 운동에 참가하기를 희망하노라.[29] (밑줄 및 강조-인용자, 이하 같음)

이 인용문에서 밑줄 친 곳은 키워드 '문화'가 출현한 문맥으로 설정한 부분인데, '문화'의 공기어로 '발달', '증진', '공헌', '세계'가 들어 있는 사례이다. 기사 전체의 내용적 맥락을 보면 외국의 신흥종교가 추진하는 언어 국제화 운동을 독자들에게 소개한 것이다. 당시 신흥종교에 관한 기사나 에스페란토 소개 글이 많이 나왔고, '문화'와 '발달', '증진', '세계' 등의 단어도 당시 사람들이 많이 사용했으므로 이 기사를 평범하게 보고 넘길 수도 있다. 그러나 '문화'의 의미를 탐구하는 이 글의 분석 결과를 염두에 둘 때, 위 기사의 밑줄 친 부분은 20세기 전체 차원에서 1920년대 '문화'의 변별적 특징을 집약한 핵심적인 문맥에 해당한다. 이 기사의 작성자는 세계 문화 증진이라는 보편적 이상을 위해 한국인 독자들이 에스페란토라는 세계적 공통어

---

29) 〈언어의 국제화 운동-바하이교의 에스페란토〉,《동아일보》, 1921년 9월 5일자. 원문에는 가령 이표(〈 〉) 없이 '문화'라고 되어 있는데, 이 단어가 키워드임을 표시하기 위해 필자가 〈문화〉로 바꾸었다. 다음 인용문에서도 이 방식을 동일하게 적용했다.

사용 운동에 동참할 것을 호소하고 있는 것이다.

한편, '문화'에 담긴 진보와 낙관의 의미는 식민지 조선의 청년 학생을 향한 글에도 담겨 있다.

입학하는 형제와 자매여 무엇을 위하여 입학하는가. …… 고등보통학교 이상에 입학하는 이들에게는 그만한 자각이 있어야 할 것이다. 또 졸업하는 이들이여, …… 졸업한 후에는 무엇을 하려는가. …… 이에 대하여서는 더욱 절실한 자각이 있어야 할 것이다. …… 여러분이 입학하는 대로 하나씩 둘씩 졸업하는 대로 조선 민족의 문화적 수준이 조금씩〔一分式 一寸式〕 올라가는〔승등(昇騰)하는〕 것이니 이 의미로 보아 여러분은 다만 입학하고 졸업하는 것만으로도 무의식적으로 전 **조선**의 〈**문화**〉 **향상**에 **공헌**하는 것이다.

3. 이상에 열거한 것이 다 좋은 일이다. 그러나 …… 더욱 중대한 목적이 있음을 자각하여야 한다. 그것이 무엇인가. 그것은 위대한 의력(意力)이다. 의력이라 함은 …… 고원(高遠)한 이상(理想)과 웅장한 기우(氣宇)와 백절불굴하는 도덕적 용기와 의(義)를 위해서는 생명과 재산을 초개(草芥)같이 보는 강렬한 정의감을 종합한 것을 가리킴이다. 이러한 의력의 유무야말로 개인의 인격적 가치의 표준이 될뿐더러 신흥민족의 기상(氣象)의 핵심이 되는 것이다.[30]

여기서는 밑줄 친 '문화'의 문맥에 '조선'이라는 '2) 국가명'이 있는 점이 다를 뿐, '1) 진보주의'에 속하는 '향상'과 '1) 긍정판단'의 '공헌'이 들어 있는 점에서 이 글에서 파악한 제2기 '문화'의 변별적

---

30) 〈청년 형제자매에게 고(告)하노라―입학과 졸업기를 제(際)하야〉, 《동아일보》, 1924년 3월 17일자.

의미에 속한다고 할 수 있다. 이 기사의 진체직인 논지는 입학과 졸업 시기를 맞이해서 당시 중등교육기관에 해당하는 고등보통학교 학생들에게 그 무엇보다도 정의감을 기르는 데 힘쓸 것을 강조하는 것이었다. 우리가 주목하는 '문화'의 문맥은 그러한 논지 전개의 중간 단계로, 청년 학생들은 고등보통학교에 다니는 것만으로도 조선의 문화 향상에 기여한다는 주장이다. 청년들의 진학과 학업이 조선의 문화를 향상시키는 의의가 있다는 말, 그것은 그들이 양성한 정의감이 '개인의 인격적 가치의 표준'이 되며 나아가 '신흥민족의 기상의 핵심'이 된다는 주장으로 연결되었다.

이처럼 조선의 학생·청년들을 민족의 중심으로 호명하는 언설은 단지 '문화'의 문맥이나《동아일보》사설에 국한되지 않았다. "우리 조선은 소년의 조선인 까닭이며, 소년조선은 청년의 원기(元氣)에 의하여 건설될 것"이라는《개벽》의 기사도 이와 마찬가지로 청년을 주체화하는 언설이었다.[31] 다만 차이가 있다면 당시 '문화'는 '진보'와 '긍정' 그리고 '세계'라는 보편적 의미를 담아 주체화에 일조했다는 점이다. 나아가 그중에서도 특히 '발전'으로 대표되는 '진보주의'는 20세기 말까지 지속되어 '문화'의 의미를 구성했다는 사실이다.

2. '문명'과 '문화'의 상호관계

1) 신문·잡지 속의 '문명'과 '문화'

여기서는 1920년대 '문화'의 의미를 좀 더 자세히 살펴보기 위해

---

31) 이돈화, 〈생활의 조건을 본위(本位)로 한 조선의 개조사업, 이 글을 특히 민족의 성쇠를 쌍견(雙肩)에 부(負)한 청년 제군에 부침〉,《개벽》15, 1921, 5쪽.

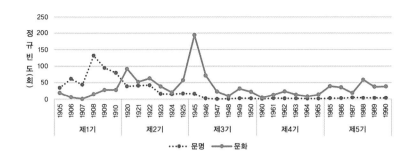

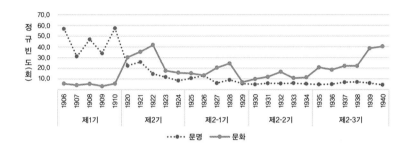

※ 이 표에서 신문 그래프(위)는 이 글의 제1절에서 다룬 '문화'의 빈도를 새롭게 추가한 '문명'의
빈도와 함께 표시한 것이다. 잡지 그래프(아래)에서는 특히 제2기부터는 《개벽》(1920~1926),
《동광》(1926~1927, 1931~1933), 《별건곤》(1926~1934), 《삼천리》(1930~1940)의 전문(全文)에서
집계한 '문명'과 '문화'의 빈도를 표시한 것이다. 제1기 잡지에 관한 사항은 후술하고자 한다.

그림 5. '문명'·'문화'의 연도별 정규빈도 동향(위-신문, 아래-잡지)

그것을 '문명'의 의미와 비교하고자 한다. 두 키워드의 연도별 동향
을 살펴보면 〈그림 5〉와 같다.

〈그림 5〉의 그래프에 표시된 연도별 값은 각 연도의 실제 빈도가
아닌 '정규빈도'로서, 연도별 비교를 위해 각 연도별 모집단 크기를
10만 자로 통일하고 그에 비례하도록 실제 빈도를 환산한 값이다.
'신문' 그래프(위)에서 '문명'의 빈도는 제3기부터 사실상 제로에 가
까운 데 반해, '문화'는 주기적 변동을 거치면서도 일정한 수준을 유

시기	기간	신문		잡지		계	
		기사 수	기사 크기	기사 수	기사 크기	기사 수	기사 크기
제1기	1905~1910	1,192	1,170,835	3,958	4,736,589	5,150	5,907,424
제2기	1920~1925	1,897	2,870,210	1,612	6,360,780	3,509	9,230,990
합계		3,089	4,041,045	5,570	11,097,369	8,659	15,138,414

(단위: 개)

※ 신문의 기사 수와 기사 크기는 〈표 1〉의 숫자와 동일하다.

※ 잡지는 제1기의 기간이 1906~1910년, 제2기는 1920~1924년이다. 또한 제1기는 학회지 11
종, 제2기는《개벽》을 분석 대상으로 삼았다.

※ '기사 크기'는 공백을 제외한 글자 수이다.

표 5. 제1기와 제2기의 신문·잡지 자료에 관한 기초 정보

지했고 20세기 말에는 소폭 증가했다.[32] '잡지' 그래프(아래)는 '신문'
그래프에 나타나지 않은 1920년대 후반부터 1940년까지의 동향을 담
고 있다. 여기서는 '문화'의 빈도가 주기적으로 변하면서도 1930년대
후반이 되면 1920년대의 최고 수준까지 상승했다.

이러한 차이는 있지만 두 그래프를 보고 '문명'과 '문화'의 상호관
계라는 측면에서 공통적으로 파악할 수 있는 사실은 다음과 같다. 즉,
제1기에는 '문명'이 압도적 우위를 보였으나, 제2기가 되면 '문화'의
급증과 '문명'의 급감으로 양자의 관계는 역전되며, 제2기 이후에는
'문명'이 사실상 거의 나타나지 않은 채 '문화'가 주기적으로 부침한
다는 점이다. 따라서 '문명'과 '문화'의 상호관계를 살펴보려면 제1기

---

32) 1945년에 '문화'가 급증해서 정점을 이룬 원인은 충분히 살펴보지 못했다. 해방 직후 고양된
운동적 상황이 '문화'의 빈발을 초래한 것으로 보이지만,《동아일보》가 1945년 12월 1일 복간
되었으므로 이해의 총 기사 수가 다른 해에 비해 매우 적은 점도 '문화'의 상대적 급증과 관계
가 있을 것으로 생각된다.

시기	키워드	신문			잡지			계		
		문맥	1/10	공기어	문맥	1/10	공기어	문맥	1/10	공기어
제1기	문명	864	87	870	1,958	195	1,877	2,822	282	2,747
	문화	153	15	155	217	22	205	370	37	360
	소계	1,017	102	1,025	2,175	217	2,082	3,192	319	3,107
제2기	문명	818	82	714	1,021	101	786	1,839	183	1,500
	문화	1,499	150	1,387	1,782	177	1,429	3,281	327	2,816
	소계	2,317	232	2,101	2,803	278	2,215	5,120	510	4,316
합계		3,334	334	3,126	4,978	495	4,297	8,312	829	7,423

(단위: 개)

※ '문맥'과 '1/10'에 관한 설명은 〈표 1〉과 동일하다.

표 6. 제1기와 제2기의 '문명'과 '문화' 관련 코퍼스 정보

와 제2기에 분석을 집중할 필요가 있다. 특히 제2기에 '문명'은 제1기에 비해 빈도가 크게 낮아지면서도 여전히 일정 수준을 유지한 반면, 제1기에 저조하던 '문화'는 제2기가 되면서 급증했으므로, 의미 차원에서 양자 간에는 어떤 관련성이 있지 않을까라고 추정해본다.

이상에 따라서 이 절에서는 제1기와 제2기를 중점적으로 살펴보는 단기적 검토를 진행하되, 이 시기의 주요 잡지 자료도 분석 대상에 추가했다.[33] 〈표 5〉에서 볼 수 있듯이 해당 시기 주요 잡지로서 본문 전체가 전산화된 것을 골랐으며, 제1기에는 11종의 학회지,[34] 제2기에는 《개벽》이 여기에 해당한다.[35] 잡지의 기간이 신문에 비해 각각 1년이 짧은 것은 여기서 선택한 학회지의 발간 연도가 1906년부터라

---

33) 잡지 자료는 신문 사설에 비해 발행 및 발행 주체의 지속성, 형식과 내용 면에서의 일관성 등이 떨어지지만 풍부한 용례 확보를 위해 포함시켰다.

서 《개벽》도 여기에 맞춘 결과이다.[36]

〈표 5〉의 자료에서 키워드 '문명'과 '문화'를 입력해 얻은 문맥 수와 공기어 수 등에 관한 정보는 〈표 6〉과 같다. 이후의 단기적 검토에는 8,659개 기사, 1,500여만 자의 자료로부터 획득한 829개의 용례와 7,423개의 공기어를 활용했다.

2) '문명'에서 '문화'로의 의미 전이

'문명'과 '문화' 사이에 의미 차원의 연관성이 발생했는지 여부를 살펴보기 위해 우선 제1절에서와 동일한 방식으로 연결망 지도를 작성하고 의미 스펙트럼을 살펴볼 필요가 있다. 두 시기에 나타난 '문명'과 '문화'의 의미 연결망 지도가 필요하며, 또 이것을 신문과 잡지별로 그려야 하므로 모두 8개의 지도가 필요하다. 연결망 지도를 작성하는 데 적용한 기준과 8개의 연결망 지도는 이 글 맨 뒤에 〈부표 2〉, 〈부표 3〉으로 제시했다. 〈부표 2〉에서도 드러나듯이 제1기에는 '문화'의 빈도 자체가 너무 낮아서 연결망 지도의 최종 공기어도 당초 설정 수준인 30개에 크게 못 미치는 수준, 즉 신문은 10개, 잡지는 18개를 확보하는 데 그쳤다. 이런 자료를 토대로 먼저 신문에서 제1기와 제2기의 '문명'과 '문화'가 가진 의미 스펙트럼을 서로 비교하면

---

34) 학회지 이름과 발행 기간은 다음과 같다. 《기호흥학회월보》(1908~1909), 《대동학보》(1908~1909), 《대한유학생회학보》(1907), 《대한자강회월보》(1906~1907), 《대한학회월보》(1908), 《대한협회회보》(1908~1909), 《대한흥학보》(1909~1910), 《서북학회월보》(1908~1910), 《서우》(1906~1908), 《태극학보》(1906), 《호남학보》(1908~1909).

35) 학회지와 《개벽》의 전산화된 원문은 국사편찬위원회에서 제공받았다.

36) 신문과 잡지의 용례를 비교할 때 기간의 차이로 인한 결과의 오차를 예상할 수는 있으나 그보다는 잡지와 잡지의 비교를 동일 조건으로 맞추는 일에 더 중점을 두었다. 이에 따라 《개벽》은 1920년 6월에 창간해 1926년 8월까지 간행되었으나 이 글에서는 1924년 12월까지만 포함시켰다.

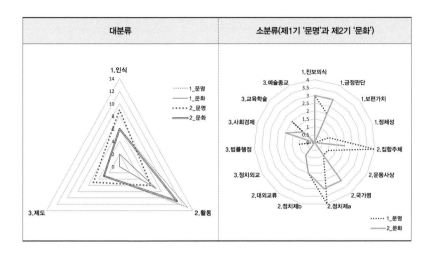

대분류	소분류(제1기 '문명'과 제2기 '문화')

그림 6. '문명'·'문화'의 의미 스펙트럼(신문)

〈그림 6〉과 같다.[37]

　〈그림 6〉의 왼쪽 그래프는 '문명'을 점선으로, '문화'를 실선으로 표현했고 제1기는 가는 선으로, 제2기는 굵은 선으로 표시했는데, 대분류 차원에서 제1기의 '문명'과 제2기의 '문화'가 가장 유사하다는 사실을 알 수 있다. 이 점은 다시 15개 항목으로 된 소분류 차원의 비교에서도 확인할 수 있는데, 네 개의 단위를 두 개씩 비교한 6개의 경우를 검토한 결과 역시 오른쪽 그래프처럼 제1기의 '문명'과 제2기의 '문화'가 항목별로 서로 겹치는 부분이 가장 컸다.[38] 이 그래프에서 드러나듯이 두 시기의 '문명'과 '문화'는 '1) 진보의식'과 '1) 긍정판단', 그리고 '2) 집합주체'와 '2) 정치체a', '2) 정치체b'의 다섯 부

---

37)　의미 스펙트럼 표는 〈부표 4〉로 제시했다.

38)　제1절의 〈표 4〉와 동일한 방식으로 〈부표 4〉에서 소분류별 공기어 수('단어'가 아니라)의 겹침을 세어보면, 제1기의 '문명'과 제2기의 '문화' 사이가 15로 가장 크다는 사실을 알 수 있다.

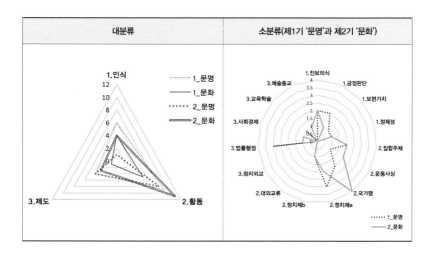

그림 7. '문명'·'문화'의 의미 스펙트럼(잡지)

문에서 각각 공기어 수를 2개 이상씩 가졌는데, 특히 '1) 진보의식'과 '2) 정치체a'가 3개씩 가져 유사성이 가장 높은 부문으로 주목할 수 있다.[39]

동일한 작업을 같은 시기 잡지 자료를 가지고 실행해보면 그 결과는 〈그림 7〉과 같다. 이에 관한 의미 스펙트럼 표는 〈부표 5〉에 제시했다.

신문의 의미 스펙트럼을 표시한 〈그림 6〉과 비교할 때 〈그림 7〉의 대분류에서는 네 개의 삼각형 모양이 신문의 경우와 차이가 있지만, 여기서도 제1기의 '문명'과 제2기의 '문화'가 모양과 크기 면에서 가장 비슷하고 많이 겹친다는 사실을 알 수 있다. 오른쪽의 소분류 그래프를 통해 양자의 세부 항목을 보면, 제1기의 '문명'과 제2기의 '문

---

39) 〈부표 4〉 하단의 설명에서도 언급했듯이 '2. 정치체'의 경우에는 공기어 수가 많아서 비교의 편의를 위해 a와 b로 세분했다.

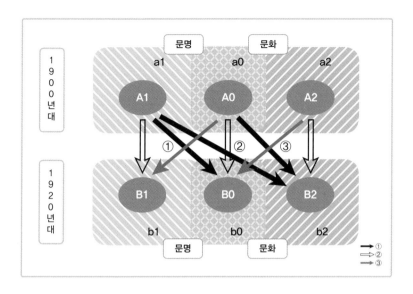

그림 8. 공기어의 시기별 연관성에 관한 벤다이어그램(신문·잡지)

화'는 '1) 진보의식', '2) 집합주체', '2) 국가명', '2) 정치체a'에서 공기어 수가 각각 2개씩 겹친다.

결국 신문 사설과 잡지의 경우 모두, 의미 스펙트럼의 측면에서 제1기의 '문명'과 제2기의 '문화' 사이에 유사성이 가장 높았으며, 이런 유사성은 '1) 진보의식'과 '2) 정치체a'의 두 영역에서 특히 두드러졌다. 이 두 개의 영역은 이 글 제1절에서 살펴본 바와 같이 20세기의 장기적 맥락에서 제2기 '문화'의 변별적 특징으로 파악한 결과와 일치한다. 이런 검토로부터 우리는, 제2기 '문화'의 의미가 제1기 '문명'의 의미를 넘겨받은 것은 아닐까라고 추정해볼 수 있다.

다음은 이 점을 실제 문맥에서 구체적으로 확인하기 위해 우선 단어 차원에서 공기어의 의미 연관성을 살펴보자. 〈부표 3〉에 제시한 8개의 연결망 지도에서 공기어별 비교를 통해 〈그림 8〉과 같은 벤다이어그래을 두출했으며, 이에 대힌 내용은 〈표 7〉을 참고할 수 있다.

〈그림 8〉은 단어 차원에서 공기어의 연속성을 크게 ①, ②, ③의 세 종류로 구분했는데, 그중에서 검은색 화살표로 된 ①이 '문명'에서 '문화'로 의미가 전이되는 양상을 파악하는 데 중요하다. 왜냐하면 이 경우는 제1기에 '문명'의 단독 공기어였거나 '문화'와의 공통 공기어로 있던 단어들이 제2기에 오면 '문화'와의 공통 공기어가 되거나 '문화'의 단독 공기어가 되어, 전체적으로 그 연관성이 '문명'에서 '문화'로 이동했기 때문이다. 이에 비해 ②는 제1기에서 '문명'과 '문화'의 공통 공기어였거나 두 키워드 각각의 단독 공기어였던 단어가 제2기에서도 동일한 장소에 출현한 경우로, 이 경우에는 사실상 이전 시기의 공기어 위치를 단순 반복한 데 불과하다. ③은 ①과 반대의 경우로, 키워드와의 연관성이 제1기의 '문화'에서 제2기의 '문명'으로 이동한 경우이다.[40]

〈표 7〉을 보면 신문과 잡지를 합하여 이 세 종류의 연관성 중에서 제1기 '문명'에서 제2기 '문화'로 연결되는 ①이 17개로 가장 많고, 그 비중은 전체 연관성의 51.7%로 절반이 넘는다. 그 반대 방향인 ③은 2개에 불과하다.

한편, ①에 해당하는 공기어가 들어 있는 구체적 문맥을 연결망 지도의 해당 부분과 함께 살펴보면 〈표 8〉과 같다.

①에서 '노력(분발)'하자는 논조는 그 대상이 '문명사업'에서 '문화건설'로 변했음에도 불구하고 이어졌고, ②도 '문명시대'에서 '문화운동'으로 그 표현과 방식을 달리하지만, 양자 모두 진보·촉진을 이룬 장소, 혹은 이루어야 할 장소로 '사회'를 가리키고 있었다. ③의 경

---

40) 연결망 지도에서는 제1기 '문명'의 단독 공기어였다가 제2기 '문화'의 단독 공기어가 된 단어는 없어서 이에 해당하는 화살표 표시는 생략했다.

기호	제1기_제2기	신문(n)	잡지(j)	소계(n+j)	평균
①	A1_B0	국가, 세계	사람, 社會, 新	5	2.5
	A1_B2	노력, 사람, 程度, 증진	思想, 일반, 지역	7	3.5
	A0_B2	민족, 발전, 한국·朝鮮	발전, 한국·朝鮮	5	2.5
	소계(m)	9	8	17	8.5
②	A1_B1	문명, 인민, 진보, 현재	국민, 문명, 물질, 인류, 정신	9	4.5
	A0_B0	社會, 新	민족	3	1.5
	A2_B2	輸入	중국	2	1
	소계(n)	7	7	14	7
③	A0_B1	—	국가	1	0.5
	A2_B0	—	금일	1	0.5
	소계(o)	0	2	2	1
	합계(p)	16	17	33	16.5
	총 단어 수(q)	102	108	210	105
	단어 지속(p/q,%)	15.7	15.7	31.4	15.7
	① 비율(m/p,%)	56.3	47.1	103.4	51.7

※ '한국·朝鮮'은 실제 '한국'과 '朝鮮'의 두 단어이지만 동일한 대상의 다른 표기라고 봐서 하나의 단어로 계산했다.

표 7. 〈그림 8〉에 나타난 '공기어의 시기별 연관성'에 관한 세부 내용

우도 각각 '문명의 증진'과 '문화주의'라는 상이한 시대적 유행어를 사용하면서도 두 글은 모두 향상과 발전의 진보주의를 내포했다. 중요한 점은 일견 평범해 보이는 이러한 단어들의 조합이 제1기에는 '문명'과 긴밀하게 결합해 있다가 제2기가 되면 상대적으로 '문화'와 더 긴밀하게 결합했다는 사실이다. 물론 제2기에도 여전히 '노력'과

번호	단어	비교	해당 연결망	원문의 문맥 — [실제 단어→대표 단어]
①	노력	문명 (제1기)	사업　洗滌 노력 전국　경향	무릇 〈문명〉사업에 일심**분발**(一心奮發)하고 힘을 합쳐 실행(合力做去)하면 오인(吾人)의 생존[41) — [분발→노력]
		문화 (제2기)	향상 노력	문화의 건설에 대하여 일대 **노력**을 경주(傾注)할 것이 아닌가. 〈문화〉 향상에 대한 차(此)의 미로 관찰할지라도 오인(吾人)은 보통[42)
②	社會	문명 (제1기)	발전 시대　社會	인간**사회**가 영구(永久)한 세월을 경(經)하여 야만시대로 〈문명〉시대에 진보 발달함과 같이 식물계도 역시 점차[43)
		문화 (제2기)	동양　운동 사람 社會 朝鮮 現象	이와 같이 우리 **사회**의 큰 현상이 되었으며, 다시 《〈문화〉운동 촉진》이라는 큰 사명을 띠었던 동시에[44)
③	발전	문명 (제1기)	발전 社會	민지(民智)가 개명(開明)하면 **사회**가 **발달**하고 사회가 발달하면 〈문명〉이 **증진**하는지라.[45) — [발달·증진→발전]
		문화 (제2기)	향상 일반 발전	향상에 향상을 가하는 **발전**이었다. 따라서 차(此) 〈문화〉로써 생활의 중심으로 하는 사상에 즉 문화주의라.[46)

※ 문맥 중 키워드인 '문명'·'문화'는 '〈 〉' 안에 표시했다.

표 8. 제1기 '문명'과 제2기 '문화' 간 공통 공기어의 해당 문맥

'사회', '발달' 등이 '문명'과 결합한 사례도 더러 나올 것이다. 그러나 여기서 주목하는 것은 〈표 8〉에서 확인한 사례가 당시의 문맥에서 우세하고 지배적인 경향이라는 사실이다. 즉, 이런 공기어들이 제1기에는 '문명'과 결합한 경우가 다수였으나 제2기로 오면 '문명'의 사례에서는 결합관계가 잘 나타나지 않고 '문화'의 주변에서 자주 출현했다고 볼 수 있는 것이다.

제2절에 들어와서 지금까지 분석한 사실, 즉 '문명'과 '문화'의 연도별 빈도 동향, 연결망 지도에 토대를 둔 의미 스펙트럼 분석, 단어 차원의 연관성에 주목한 벤다이어그램 검토 등을 종합할 때, 필자는 1900년대 '문명'이 가지고 있던 '정치체'와 '진보의식'의 의미, 예컨대 '사회의 발달·향상'과 같은 중요한 의미들이 1920년대 '문화'로 흘러갔다고 본다. '문명'이 1920년대 이후 거의 자취를 감춘 점을 고려한다면, 1920년대는 의미나 용어 면에서 '문화'가 '문명'을 대체해가던 시기였다고 말할 수 있다.

언어의 규율성을 해명하는 과제

20세기의 주요 개념들은 근대 한국인의 형성에 어떤 영향을 끼쳤

41) 〈축하해조신문(祝賀海朝新聞)〉,《황성신문》, 1908년 3월 4일자.

42) 〈교육 용어에 대하야 재론하노라〉,《동아일보》, 1921년 2월 25일자.

43) (미상), 〈식물학대요(植物學大要)〉,《서북학회월보》 10, 1909년 3월, 28쪽.

44) 김기전, 〈청천백일하(青天白日下)에서 이 적은 말을 감(敢)히 여러 형제에게 들임〉,《개벽》 14, 1921년 8월, 14쪽.

45) (미상), 〈서북학회취지서(西北學會趣旨書)〉,《서우》 15, 1908년 2월, 1쪽.

46) 백두산인(白頭山人, 이돈화), 〈문화주의와 인격상(人格上) 평등〉,《개벽》 6, 1920년 12월, 12쪽.

을까? 그리고 그것의 부정적 결과는 오늘날 우리에게 어떤 과제를 부여하고 있는가? 이 질문에 답하기 위해 필자는 근대 비판의 역사의식을 가지고 개념사 연구의 착목점과 방법론에 주목했다.

이 글의 목표는 1920년대 '문화'의 특징적 의미를 밝히는 데 있었다. 방방곡곡에 켜켜이 쌓인 당시의 발화(發話)와 사연에 주목하기보다 '문화'의 의미를 파악하는 방법과 절차에 특히 유의했으며, 다른 시기와의 비교에서 두드러지는 변별적 의미를 도출하는 데 치중했다. 전술한 문제의식을 추구하려면 언어의 장기적인 의미 변화를 탐구하는 방법론의 수립을 병행해야 한다고 판단했기 때문이다. 언어적 의미의 변화와 지속은 사건사적 층위라기보다는 구조사적 차원에 해당해서 장기적이고 거시적 접근이 필요하다는 생각도 여기에 한몫했다. 이런 접근을 위해 일종의 빅데이터에 해당하는 전산화된 《동아일보》·《황성신문》 사설과 대한제국기 학회지 및 《개벽》을 1차 자료로 활용했고, 분석 방법으로는 '관계형 통계 분석'이라 부를 만한 방법에 기반을 둔 '언어 연결망 분석'을 사용했다.

이런 과정을 통해 도달한 결론은 다음과 같다. 3·1운동 직후 '문화'는 이전의 '문명'을 계승·대체하여 진보와 낙관의 보편주의적 의미를 띠고 있었으며, 조선적 '특수'에 해당하는 차별화된 의미는 일부에 국한되었다. 이 결론에 이르는 주요 논지 전개를 요약하면 다음과 같다.

먼저, 장기적 시야에서 볼 때 20세기 '문화'의 의미는 전체적으로 1940년대까지는 '인식'과 '활동' 중심이었다가 1960년대부터는 '제도' 중심으로 이동했으며, 시기별로는 1920년대와 1940년대, 그리고 1960년대와 1980년대가 각각 유사한 의미를 보였다. 1920년대의 '문화'에서는 진보와 낙관의 보편주의적 의미가 두드러졌다.

이러한 양상을 좀 더 역동적으로 살피기 위해 20세기 초의 '문화'

의 의미를 '문명'의 의미와 비교했다. 그 결과 1900년대 '문명'의 의미는 1920년대의 '문화'로 전이되어갔으며, 넓은 시야에서 보면 이는 용어 면에서 후자가 전자를 대체했다고 해석할 수 있다.

이상의 연구를 진행하는 과정에서 아직 충분히 검증되지 않은 위태로운 선택이 뒤따랐다. 특정 신문의 사설이 당대 '문화'의 대중적 의미를 반영한다는 전제, 20세기의 100년에 걸친 의미 양상을 30년, 즉 6개년을 단위로 다섯 시기로 나누어 관찰할 수 있다는 전제, 개념의 의미를 그 개념이 위치한 구문(句文)의 맥락으로부터 파악할 수 있다는 전제, 개념의 시기별 의미가 저빈도를 절삭하고 남은 30개가량의 공기어 간 연결망으로 표현될 수 있다는 전제, 시기별 의미 비교에서 공기어의 기표 대신 활용한 의미 분류(혹은 의미 스펙트럼)의 적절성 여부 등이 그것이다.

물론 이런 취약점을 밝힌다고 해서 이 글의 한계가 학문적으로 용인될 수 있는 것은 아니다. 다만 이러한 전제들이 필자의 연구 도정에서 자료의 확장과 방법론적 모색, 그리고 많은 시행착오를 거친, 그렇지만 계속 수정·보완이 필요한 잠정적 선택이라는 점을 밝히며, 겸허하게 학계의 비판과 검증을 기다릴 뿐이다.

'문화'를 비롯한 근대적 주요 개념이 20세기 한국사에서 가졌던 규율적 기능을 의미의 역사를 통해 해명하는 과제는 아직 출발 단계에 있다고 할 수 있다. 이를 위해 열린 태도와 실험적 모색, 그리고 치열한 논의가 필요하다고 본다. '문화'의 경우 앞 시기 '문명'과의 비교가 필요하다. 또한 1차 자료를 본문 기사로 확장해서 그 양상을 사설의 경우와 비교할 필요가 있다. 이런 의미 차원의 분석이 컨텍스트 차원의 연구 성과와 결합할 때 좀 더 새롭고 넓은 역사상에 다가갈 수 있을 것이다.

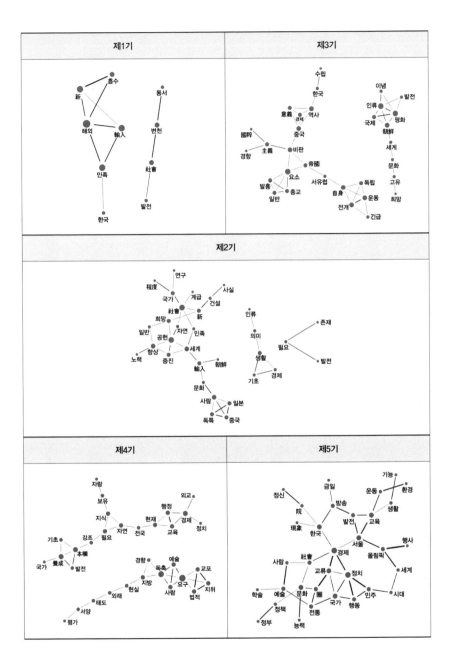

부표 1. 제1기–제5기의 연결망 지도

언론	기간명	키워드	문맥 (MN)	공기어 (SN)	2항 연결 (NT)	공기어 절삭 기준	생존 공기어	1항 연결	1항 연결 절삭 기준	생존 1항 연결	최종 공기어
신문	제1기	문명	87	482	744	3	34	202	0.2603	36	31
		문화	15	122	135	2	10	11	–	11	10
	제2기	문명	82	363	594	3	43	223	0.3333	31	29
		문화	150	585	1,148	5	41	294	0.22	39	32
잡지	제1기	문명	195	984	1,576	5	47	327	0.222	34	31
		문화	22	154	182	2	18	36	0.348	26	18
	제2기	문명	101	394	621	3	46	174	0.33	44	30
		문화	177	577	1,135	5	39	281	0.2236	35	29

(단위: 개)

※ 신문에서 제1기와 제2기의 '문화'는 〈표 2〉의 자료와 동일하다.

부표 2. 단기적 검토를 위한 연결망 지도의 산출 기준

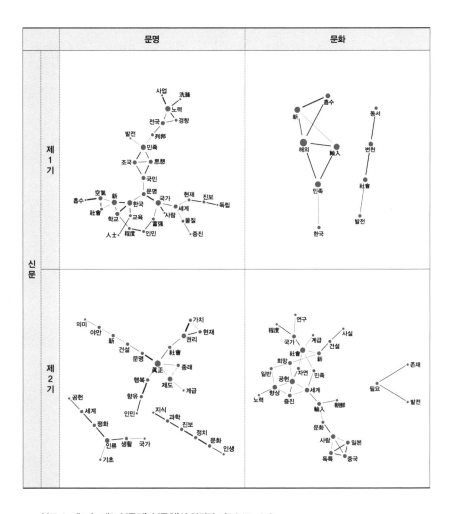

부표 3. 제1기−제2기 '문명'과 '문화'의 연결망 지도(신문·잡지)

문명	문화

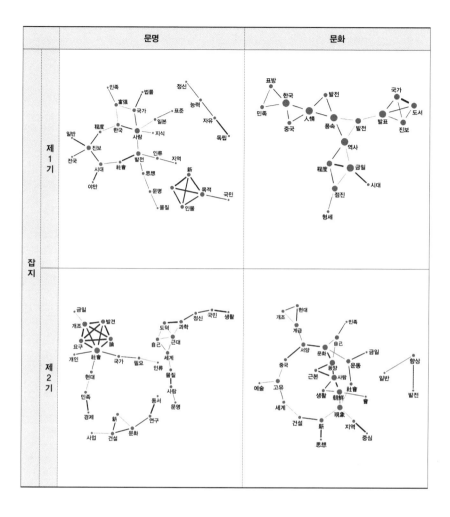

잡지 / 제1기 / 제2기

신문		제1기		제2기	
대분류	소분류	문명	문화	문명	문화
1. 인식	1) 진보의식	발전, 증진, 진보	발전	진보	발전, 증진, 향상
	1) 긍정판단	富强, 新	新	공헌, 新	공헌, 新, 희망
	1) 보편가치	—	—	가치, 권리, 평화, 행복	—
	1) 정체성	독립	—	종래, 眞正	—
2. 활동	2) 집합주체	국민, 사람, 인민, 人士	—	계급, 인민	계급, 사람
	2) 운동사상	思想	—	—	—
	2) 국가명	한국	한국	—	일본, 朝鮮, 중국
	2) 정치체a	국가, 민족, 社會, 조국	민족, 社會	국가, 社會	국가, 민족, 社會
	2) 정치체b	세계, 列邦	동서	세계, 인류	세계, 인류
	2) 대외교류	흡수	輸入, 해외, 흡수	—	輸入
3. 제도	3) 정치외교	—	—	정치	—
	3) 법률행정	전국	—	제도	—
	3) 사회경제	—	—	생활	경제, 생활
	3) 교육학술	교육, 학교	—	과학, 지식	연구
	3) 예술종교	—	—	—	—
9. 기타		경향, 空氣, 노력, 문명, 물질, 사업, 洗滌, 程度, 현재	변천	건설, 기초, 문명, 문화, 야만, 의미, 인생, 향유, 현재	건설, 기초, 노력, 독특, 문화, 사실, 의미, 일반, 자연, 程度, 존재, 필요

※ '장기 검토'의 '2. 정치체'를 여기서는 각각 a와 b로 세분했다. 해당 항목의 공기어 수가 너무 많아서 편의상 구분한 것이다.

부표 4. 단기적 검토를 위한 '의미 스펙트럼'(신문)

잡지		제1기		제2기	
대분류	소분류	문명	문화	문명	문화
1. 인식	1) 진보의식	발전, 진보	발전, 점진, 진보	—	발전, 향상
	1) 긍정판단	富强, 新	—	新	新
	1) 보편가치	자유	—	—	—
	1) 정체성	독립	역사	—	고유
2. 활동	2) 집합주체	국민, 사람	—	국민, 사람	계급, 사람
	2) 운동사상	思想	—	—	思想, 운동
	2) 국가명	일본, 한국	로마, 중국, 한국	—	동양, 서양, 朝鮮, 중국
	2) 정치체a	국가, 민족, 社會	국가, 민족	국가, 민족, 社會	민족, 社會
	2) 정치체b	인류	—	동서, 세계, 인류	세계
	2) 대외교류	—	—	—	—
3. 제도	3) 정치외교	—	—	—	—
	3) 법률행정	법률, 전국, 지역	—	—	지역
	3) 사회경제	—	—	경제, 생활	생활
	3) 교육학술	지식	도서	과학, 연구	—
	3) 예술종교	—	—	—	예술
9. 기타		능력, 목적, 문명, 물질, 本會, 시대, 야만, 인물, 일반, 程度, 정신, 표준	금일, 발표, 시대, 人情, 程度, 표방, 풍속, 형세	개인, 개조, 건설, 근대, 금일, 도덕, 論, 문명, 문화, 물질, 발견, 사업, 요구, 自己, 정신, 필요, 현대	개조, 건설, 근본, 금일, 문화, 일반, 自己, 중심, 현대, 現象, 會

※ 제2기의 '문명', '문화'를 검색하는 데 사용한 자료는 창간부터 1924년 말까지의《개벽》기사를 가공한 코퍼스로서, 이를 이용해 '문화'의 공기어 30개를 추출했다. 그런데 송인재는《개벽》전체 시기(1920~1926년)의 기사에서 '문화'의 공기어 상위 20개를 추출한 바 있다(송인재,《〈개벽〉의 '문화' 관련 기사를 통해 본 천도교의 문화관》,《시대와 철학》80, 한국철학사상연구회, 2017, 168쪽). 이 공기어 20개를 본 논문에서 추출한 공기어 30개와 비교하면, 13개(발전, 사람, 思想, 운동, 동양, 서양, 朝鮮, 조선, 민족, 社會, 세계, 생활, 건설)가 겹치며 7개(우리, 정치, 이상, 의미, 시대, 알다, 인류)는 겹치지 않는다. 그런데 후자 중에서 '우리' 같은 대명사나 '알다' 같은 동사 등은 본 논문의 형태 분석에서는 제외했으므로 실제로는 5개만 다르다. 이러한 차이는 형태 분석 방법을 포함한 코퍼스 자료의 산출 방식 및 분석에 사용한《개벽》기사의 시기적 범위 차이 등에 따른 것이라 생각된다.

부표 5. 단기적 검토를 위한 '의미 스펙트럼'(잡지)

4장

'동포'와 이민족 사이
: '일조동원론'과 인종 담론의 모순

미쓰이 다카시

일조동원론이 부딪힌 '민족'이란 벽

일본의 조선 통치를 정당화하기 위해 자주 주장된 논의로 일본과 조선 사이의 역사적·언어적·인종적 동일성 혹은 근접성을 강조하는 '일조동원론(日朝同源論)[1]'이 있었다. 이 주장은 한일강제병합 이전부터 식민지 말기에 이르기까지 주로 조선 통치 관계자, 일본 지식인에 의해 계속되었다.

이 논의는 말할 나위도 없이 조선인의 민족독립의식과는 맞지 않은 것이었다. 3·1운동의 발단이 된, 최남선이 기초한 〈3·1독립선언서〉를 보면, "학자는 강단(講壇)에서, 정치가는 실제(實際)에서, 아(我)

---

1) 종래 이 논의는 '일선동조론(日鮮同祖論)'으로 불릴 때가 많다. 그러나 이 호칭은 원래 언어학자 가나자와 쇼자부로(金澤庄三郎)가 1929년에 펴낸 책의 제목에 불과하다. 이 논의의 다양한 변종의 존재를 전제로 할 때 한 지식인의 책 이름을 그대로 쓰기에는 문제가 있을 것이다. 본고에서는 '일조동원론' 혹은 '동원론'으로 통칭하기로 한다.

조종세업(祖宗世業)을 식민지시(植民地視)하고, 아 문화민족(文化民族)을 토매인우(土昧人遇)하야[2]라는 기술이 있다. 이 기술만으로는 파악하기 어렵지만, 민족 대표들이 그 선언서와 함께 하세가와 요시미치(長谷川好道) 조선총독에게 제출한 〈경성의 독립선언서 서명자 33인이 총독 하세가와에게 제출한 문서〉를 보면, 오천 년 역사를 가진 조선과 그 절반에 불과한 역사를 가진 일본의 대비, 또 언어상으로도 조선과 일본은 음운 변화와 문자 표기 범위의 차이가 현격했음을 강조함으로써 논리상으로 동원론을 부정한다.[3] 동원론은 역사, 언어, 인종, 민족 등 각각의 논점으로 주장되지만, 근본적으로 인종적 동일성 혹은 근접성의 논리라고 할 수 있다.

본고에서는 일본이 조선을 통치하는 데 일조동원론이 어떻게 기능했는가라는 문제를 3·1운동이라는 사건을 매개로 논하고자 한다. 그런데 '기능'이라고 해도 그것은 그리 단순한 것은 아니었다. 일조동원론은 실제 통치에서뿐만 아니라, 일본 사회 내부나 국제관계 차원에서 여러 한계가 있었다. 그리고 그 한계를 나타내는 요소가 '인종' 담론이었다. 이하에서는 '인종'을 키워드로 하면서 일조동원론이 내포한 한계에 관해 몇 가지 측면에서 확인하고자 한다.

---

2)   손병희 외, 〈선언서(宣言書)〉, 1919년 3월 1일; 국가보훈처 편, 《해외의 한국독립운동사료(XXV): 일본 편(7) 3·1운동 독립선언서와 격문》, 국가보훈처, 2002, 34·35쪽.

3)   〈京城に於ける独立宣言書署名者三十三人の総督長谷川に提出せる文書〉, 舊拓植局 文書, 1919; 姜德相 編, 《現代史資料(26): 朝鮮(二) 三·一運動(二)》, みすず書房, 1967, 53·54쪽.

1. 자가당착에 빠진 '동종' 담론

1) 일본 사회에서 '일조동원론'의 위기[4]

'동종성(同種性)' 담론은 일본 사회에서도 반드시 전능한 논의는 아니었다. 우선은 한일강제병합을 전후해 '일조동원론'이 가질 수밖에 없었던 한계를 일본 학계나 사상을 둘러싼 상황에 주목해 살펴본다.

동원론이 한국병합에 관여한 대표적인 사례로 기타 사다키치(喜田貞吉)의 존재를 들 수 있다. 기존 연구에서도 지적했듯이 그의 동원론은 시국의식을 현저하게 반영하는 것이었지만, 그것은 기타가 1901년 이후 일본 문부성의 교과서 편찬사업에 관여했던 경력과 깊은 관계가 있었다. 1910년 그가 발표한 논저나 강연 내용을 보면 교육적인 고려를 엿볼 수 있다. 그는 "국사 교육이 국민으로서 사람을 교육하는 데 필요한 것은 말할 나위도 없다"면서 종래의 역사 교육에서는 한국이 일본제국과는 별개의 나라였다고 설명해왔지만, "한국병합이 이루어진 오늘날에는 이처럼 조선반도가 근본적으로 우리나라(일본-인용자)와 다른 나라라고 설명하는 것과 같은 방법에 대해서는 더욱 고려를 요할 것이다"라고 지적했다.[5] 기타가 주장한 동원론의 특징은 민족학이나 언어학의 '성과'를 기초로 진구황후(神功皇后)의 '삼한(三韓) 정벌' 이전부터 일본과 조선은 '근본'적으로 '동종'이었다며 유사(有史) 이전부터의 동종성을 명확하게 언급하면서 일조(日朝) 관계를 '본가(本家)-분가(分家)' 관계로 파악하려고 했다는 점이다.[6] 그런데 그

---

4) 이 내용에 관한 자세한 분석은 미쓰이 다카시(三ツ井崇), 〈'일선동조론(日鮮同祖論)'의 학문적 기반에 관한 시론: 한국병합 전후를 중심으로〉, 《한국문화》 33, 서울대학교 한국문화연구소, 2003을 참조하기 바란다.

5) 喜田貞吉, 〈韓國の併合と國史の教育〉, 《教育界》 第9卷 第12號, 1910, 19·20쪽.

6) 위의 글.

는 왜 '근본'적인 '동종'을 '본가-분가'의 관계로 파악하려 했을까?

기타는 민족의 '잡종'성에 대한 좋지 않은 이미지를 전환시키려고 했다. 그는 일본의 건국체제에 대해 '군민(君民)동조론'적인 국체관(國體觀)을 가지고 있었지만, 같은 시기에 존재했던 이종족(異種族)의 혼입을 부인하는 논조에 대해서는 그러한 태도가 "결코 대(大)국민으로서 취할 만한 금도(襟度)가 아니다"라고 비난했다.[7] 그리고 '온주밀감(溫州蜜柑)'의 '접목'이라는 비유를 사용하면서 야마토(大和) 민족이 이민족을 동화시켜왔다는 논리를 전개한 것이다.[8] 결국은 '잡종'성을 대등한 관계가 아니라 강자에 의한 약자의 '동화'라는 논리로 해결함으로써 '군민동조'의 논리와 일조동원 논리의 조화를 꾀하여 '잡종'성에 대한 거부감을 줄이는 교육적인 효과를 얻는 것을 큰 목적으로 했던 것이다. 그리고 이러한 논리구조는 일본을 '본가', 한국을 '분가'로 규정하는 것 외에는 성립될 수 없었던 것이다.

그런데 기타가 의거한 '군민동조'적 '국체'관에 대해 좀 더 언급해보자. 19세기 말부터 20세기 초 일본의 사상적인 특징 가운데 주목해야 하는 것은 '가족국가'관의 존재이다. '가족국가'관은 국가 특히 황실(혹은 천황)과 '국민'의 관계를 가족제도에 비유하고 그 사이에 유교적인 '충효(忠孝)'의 원리를 끼워 넣음으로써 '충군애국(忠君愛國)' 정신을 함양시키려고 한 '국체'사상이었다. '가족국가'관의 논리는 '자식이 부모를 경애하는 것처럼 신민(臣民)이 천황을 경애하는 것은 자연스러운 것이다'라는 사고방식을 토대로 하는데, 이러한 도식은 군(천황)과 신(국민)이 동원, 동조라는 '군민동조'성의 논리를 기초로 해

---

7) 喜田貞吉,《國史の教育》, 三省堂, 1910, 247·248쪽.

8) 喜田貞吉, 앞의 글, 21쪽.

서 성립되는 것이다.

여기에서 '동화'를 논할 때 자주 사료로 제시되는 것이〈(비)교화의 견서〉(이하 '〈의견서〉')의 논리구조이다. 이 〈의견서〉는 바로 이 '군민동조'의 '자연스러운' 관계가 조선인에게는 성립되지 않는다는 입장이었다. 사실은 앞에서 살펴보았던 '동종'성과 '동화'의 정당성을 양립시키기 위해서는 상당한 논리조작이 필요했던 것이다. 동원론의 해석 여부가 일본의 '국체'를 어떻게 파악하는가라는 문제와 밀접히 관련된 이상, 이 문제는 반드시 극복해야 할 논리였다.

철학자 이노우에 데쓰지로(井上哲次郞)는 1910년 4월 사학회(史學會)대회에서 〈일본 민족의 기원에 관한 고증〉이라는 제목으로 강연을 했다. 그는 이 강연에서 '일본 민족'이 '혼성(混成) 민족'으로서 "그 가운데 한반도에서 온 대륙의 민족, 즉 몽골 민족이 있다"라고 했다.[9] 그런데 이노우에가 조선과 일본 사이의 동원관계를 인정한 사실에 관해서 주의해야 할 점이 있다. 즉, 이노우에는 동원관계를 《고사기(古事記)》, 《일본서기(日本書紀)》 등의 신화 속에 나오는 대륙 계통인 '이즈모(出雲) 민족'에 한정했다는 점이다. 이와 다른 '천손(天孫) 민족', 즉 나중에 황실로 이어진 계통에 대해서는 "북쪽에서 온 것이 아니라 남쪽에서 온 것이다"라고 해서 '이즈모 민족'과는 전혀 다른 계통임을 강조했으며, '이즈모 민족'은 "천손 민족에 의해 정복당해 완전히 천손 민족의 신복(臣僕)이 되어, 긴 세월 동안 이를 섬기게 되었던 것"이라는 견해를 밝혔다.[10] 이노우에는 "일본 민족을 형성한 각 민족 가운데 가장 우수한 민족이 …… 천손 계통입니다. 천손 계통이

---

9)　井上哲次郞,〈日本民族の起原に關する考證〉,《史學雜誌》第21篇 第10號, 1910, 47쪽.

10)　위의 글, 48쪽.

…… 모든 민족을 통일한 결과 일본 민족의 국가가 성립되어온 것입니다"[11]라고 했다. 그는 유사 이전에는 '혼성'이었다가 유사 이후에는 "일본 민족은 건국 이래 하나의 독립적인 국민으로서 줄곧 같은 혈통으로 이어져왔"[12]다는 점을 강조했다. 요컨대 '일본 민족'을 하나의 연원으로 보는 관점을 통해 일조동원을 주장하는 한편, 그 가운데 "우수한" '천손' 계통에 대해서는 동원론과 무관함을 규정한 것이다. 이러한 논리조작을 통해 동원론에 의한 동화의 논리와 '군민동조'적인 '가족국가'관을 이론적으로는 양립시킬 수 있었던 반면, 황실의 유구성을 보장하기 위해 천황과 조선인의 관계를 단절시키는 '일본 민족'이라는 것으로 조정해야 할 필요가 발생한 것이다.

여기에서 확인할 수 있는 것은 '국체'관과 동원론 사이에 긴장관계가 존재했다는 사실이다. 이와 관련해서 동원론이 한국병합을 정당화하는 논리로 권위를 갖게 되는 한편, 일본 학계에서는 동원론을 부정하는 움직임도 있었던 사실에 주목할 필요가 있다.

동양사학자 시라토리 구라키치(白鳥庫吉)는 1890년대 이후 언어학의 지식을 도입하면서 조선과 일본의 역사적·인종적 관계성의 '가까움'을 주장했다. 그러나 러일전쟁에서 한일강제병합에 이르는 시기에 그는 동원론을 비판하게 되었다. 이때 시라토리는 일본과 조선(및 중국)의 '국민성' 차이를 강조하기에 이르렀다.[13] 그는 "한 국민의 성질은 혈통상의 관계만으로 정해지는 것이 아니며, 그 국민이 접촉하는 외계(外界)의 사정에도 크게 좌우된다"[14]라고 했다. 이 단계에서는

---

11) 井上哲次郎,《國民道德論》, 三省堂, 1912, 70쪽.

12) 위의 책, 60쪽.

13) 미쓰이 다카시, 〈일본의 동양사학은 어떻게 형성되었는가?: 시라토리 구라키치(白鳥庫吉)의 역사학〉, 도면회·윤해동 엮음, 《역사학의 세기: 20세기 한국과 일본의 역사학》, 휴머니스트, 2009.

'우랄-알타이파(派)'에 속한다는 혈통적인 공통점을 부정하지는 않았지만, '초라한' 조선, "권위가 더욱더 선양되는" 일본이라는 '현상'[15]의 연원을 찾을 때는 혈통 문제를 역사상의 논점으로서는 부정하고 "지리상의 관계 또는 거기서 발생하는 역사상의 관계"로 설명하려고 했다.[16] 이런 식으로 한일간의 소원(疎遠)성을 도출하려고 한 결과 1909년 한일 두 언어의 관계를 "연구의 보무(步武)를 진행시킴에 따라 더욱더 두 언어의 관계가 소원하며 당초 기대한 바와 같은 친밀한 것이 아닌 것"[17]이라고 논하게 되었다. 그리고 "일본인과 조선인이 아주 먼 옛날부터 이처럼 다른 언어를 쓰고 있었다고 한다면 이 두 나라 사람들이 도저히 가까운 친척이라고 할 수는 없다"고 명확히 논단했다.[18] 한국병합에 즈음해서도 그것이 '복고'라고 하는 말에 대해서는 "진정한 역사가의 입장으로서는 그 말이 너무나 기이하기 때문에 실제로는 맞지 않은 데가 있"다고 정면으로 반박했고,[19] 그러한 의미에서 동원론자와는 정반대의 입장에 서게 되었다.

이렇듯 동원론을 부정하는 과정에서 주목할 만한 논점이 몇 가지 있지만 그중 중요한 것은 그의 '국체'에 관한 인식이다. 시라토리는 1915년에 "우리 민족이 이 섬나라를 근거로 한 것은 아득히 유구한

14) 白鳥庫吉, 〈我か國か强盛となりし史的要因に就て〉, 《世界》 第1號; 《白鳥庫吉全集》 第9卷, 岩波書店, 1970, 166쪽.

15) 白鳥庫吉, 〈韓史槪說〉, 《叡山講演集》, 1907; 위의 책, 290쪽.

16) 白鳥庫吉, 〈古來我か國に渡來せる外國文化の性質〉, 《敎育界》 第6卷 第12號, 1907; 위의 책, 51·52쪽.

17) 白鳥庫吉, 〈日·韓·アイヌ三國語の數詞に就いて〉, 《史學雜誌》 第20篇 第1~3號, 1909; 《白鳥庫吉全集》 第2卷, 岩波書店, 1971, 417쪽.

18) 白鳥庫吉, 〈言語上より見たる朝鮮人種〉, 《人類學雜誌》 第30卷 第8號, 1915; 《白鳥庫吉全集》 第3卷, 岩波書店, 1970, 378쪽.

19) 白鳥庫吉, 〈我か上古に於ける韓半島の勢力を論ず〉, 《中央公論》 第25卷 第10號, 1910; 《白鳥庫吉全集》 第9卷, 332쪽.

옛날로 거의 원주민라고 해도 좋을 정도"[20]라고 말했다. 그에게는 '일본 민족'의 기원을 찾는 것이 곧 일본 '국체'의 역사성을 찾는 것을 의미했다. 일본 '국체'가 다른 나라의 영향 없이 유구한 존재로 형성되어 있다는 논리를 뒷받침하기 위해서도 이러한 '일본 민족' 담론을 마련한 것이었다. 이 논리를 "일본인과 조선인이 아주 먼 옛날부터 이처럼 다른 언어를 쓰고 있었다고 한다면 이 두 나라 사람들이 도저히 가까운 친척이라고 할 수는 없다"는 기술과 함께 생각할 때 동원론을 부정하려고 했던 의도는 명백하다.

이상과 같이 일본 학계에서 동원론이 가진 한계에 대해 살펴보았다. 동원론을 주장하든 부정하든 일본과 조선 사이에 경계를 설정해야 했던 것을 확인할 수 있었다. '일본 민족' 혹은 '야마토 민족'의 우수성을 전제로 하려면 '동종'성의 논리를 후경화 혹은 형해화할 수밖에 없었던 것이다.

2) 부정하지 못한 '동종' 담론

동원론은 위와 같은 사상적 한계가 있었음에도 불구하고 실제 조선 통치에 즈음해 계속 이용되었다.

하라 다카시(原敬) 총리에 의한 〈조선통치사견(朝鮮統治私見)〉(1919)을 보면 "우리 제국과 새로운 영토인 조선의 관계를 보면, 언어·풍속에 다소의 차이가 있다고 하더라도 그 근본으로 거슬러 올라가면 거의 동일한 계통에 속하며, 인종에서는 원래 이동(異同)이 없어서 역사에서도 상고(上古)에는 거의 동일한 것이었다고 논할 수 있을 것이다"[21]라고 하여, 이른바 '내지연장주의'를 정당화하고 있다. 이는 독

---

20) 白鳥庫吉,〈日本人種論に對する批評〉,《東亞之光》第10卷 第8號, 1915; 위의 책, 200쪽.

립운동 당시 조선인들의 주장을 무시한 것이라고 할 수도 있다.

이러한 하라의 주장은 '내지연장주의' 정당화의 연장선에 조선(인)의 자치 혹은 독립을 부정하는 통치 방침이 있다는 것을 의미했음이 명백하다. 그러나 이러한 동원론의 수사법이 이미 무효화되어 있었다는 것은 앞에서도 언급했다. 그러면 왜 이런 수사를 내걸었던 것인가? 한국병합을 정당화한 동원론의 논리를 부정하기가 어려웠다는 측면은 쉽게 상상할 수 있지만, 과연 그것뿐이었을까? 이하에서는 위와 같은 인종 담론의 의미를 국제적 맥락을 염두에 두면서 생각해보고자 한다.

3·1운동 전후 시기인 1919년 초는 마침 제1차 세계대전의 강화회의가 프랑스 파리에서 개최되고 있었다. 이 강화회의에서 국제연맹 설립을 주요 과제로 논의했으며, 그 국제연맹위원회에 일본 대표단도 참석하고 있었다. 연맹 발족에 관여했던 일본이 연맹규약안 책정 과정에서 행한 일에 주목할 필요가 있다. 즉, 일본이 규약안에 인종 차별 철폐 조항을 끼워 넣으려고 했다는 사실이다.[22] 일본은 1919년 2월 초부터 구체적으로 관련 조항을 제안하기 시작했다.[23] 이때 일본은 두 가지 안을 제시했는데, 그 내용의 일부를 소개하면 다음과 같다.[24]

(**갑**) Equality of nations being a basic principle of the League, the High Contracting Parties agree that concerning to treatments and rights to be

---

21) 原敬, 〈朝鮮統治私見(上)〉, 《齋藤實關係文書》, 日本國立國會圖書館 憲政資料室, 소장번호 104-19, 1919.

22) 이 경위에 관해서는 大沼保昭, 〈遙かなる人種平等の理想: 國際聯盟規約への人種平等條項提案と日本の國際法觀〉, 大沼保昭 編, 《國際法, 國際聯合と日本》, 弘文堂, 1987을 참조했다. 이하 같음.

23) 外務省政務局, 《千九百十九年巴里講和會議經過關調書(其三)》, 1919, 50쪽; 外務省 編, 《日本外交文書(大正期第二冊)》, 外務省, 1971.

24) 위의 자료, 51쪽.

accorded to aliens in their territories, they will not discriminate, either in law or in fact, against any person or persons, on account of his or their race or nationality.

(을) Equality of nations being a basic principle of the League of Nations, the High Contracting Parties agree that concerning the treatment of aliens in their territories, they will accord them as far as it lies in their legitimate powers equal treatment and rights in law and in fact without making distinctions on account of race or nationality.

이 가운데 (을)의 일부를 수정하는 형식으로 미국의 지지를 얻었지만, 이후의 교섭 과정은 결코 쉽지 않았다. 주요국인 영국의 반대로 이 내용을 도입하기가 어려웠던 것이다. 일본은 규약의 본문에 삽입하는 것을 포기하고, 규약 전문(前文)에라도 이 내용을 담으려고 애썼지만 진전을 보지 못했다. 결국 수차례 개정 끝에 일본의 안은 4월 11일 연맹규약위원회 최종 회합에서 투표에 회부되었다. 투표 결과 출석한 16명의 위원 중 11명이 찬성했지만, 만장일치가 아니라는 이유로 부결되었다.[25]

일본이 인종 차별 철폐안을 담으려고 했던 배경에는 러일전쟁 후 황화(黃禍)론이 일면서 일본인 해외 이민자들이 주요 이민 수입국인 미국이나 호주에서 인종 차별로 배척당하고 있었기 때문이다. 1918년 11월에 일본 정부는 인종 차별 철폐안 제안에 관한 방침을 결정하고, 훈령(訓令)으로 일본 전권위원들에게 보냈다. 이 시기에 인종 차

25) 外務省政務局,《千九百十九年巴里講和會議經過關調書(其六)》, 1919, 43~48쪽: 外務省 編, 《日本外交文書 巴里講和會議經過概要》, 外務省, 1971.

별 문제는 일본 정부뿐 아니라 정치운동에서도 주요 논점이 되었다. 이러한 정황으로 인해 인종 차별 철폐안이 강화회의 석상에서 제기되었던 것이다.[26]

여기서 중요한 것은 이 무렵에 3·1운동이 발발했다는 사실이다. 3·1운동을 계기로 구미 미디어가 일본 내의 인종 차별 문제를 비판하기도 했다. 호주의 일간지 《시드니 모닝 헤럴드(The Sydney Morning Herald)》는 1919년 3월 13일자 사설에서 "인종 차별 문제에 대해 일본 정부가 같은 요구를 하지 않을 것이라고 믿는 데에는 그만한 이유가 있다. 일본인이 척식(拓植)한 방토(邦土)에 동양 이민이 입국한 문제를 서로가 동등하다는 제목 위에 의정하기 어려운 것은 일본 사절이 어디까지나 아는 바이며, 일본에서도 조선인, 타이완인, 지나(支那)인을 동등시하지 않는 것을 보아도 명백하다"[27]라고 했다. 이뿐만 아니라 조선인 독립운동가들 사이에서도 일본에 의한 인종 차별 철폐 문제 제기를 비난하는 목소리가 있었다.

　실은 안에서는 민생의 고택(膏澤)을 준(浚)하고 생계의 피폐를 극(極)하며, 밖에서는 우리 이천만의 원한(怨恨)을 구성하고 지나(支那) 사억명의 분노를 사서, 열국의 혐기(嫌忌)를 초래하고 따라서 세계 인정을 적대하기에 이른 것이 아닌가? 일본의 오늘날의 고립은 무엇 때문인가? 인종 문제의 부결은 무엇 때문인가? 일본의 연래의 정책, 즉 침략주의의 선천적 악습을 바꾸지 않기 때문이다.[28]

26)　大沼保昭, 앞의 글, 441~443쪽.
27)　재(在)시드니 시미즈(淸水) 총영사가 우치다(內田) 외무대신에게 보낸 전보 11호, 〈聯盟ニ對スル日本ノ態度, 人種差別撤廢, 移民及青島ノ諸問題ニ關スル新聞社說報告ノ件〉; 外務省 編, 《日本外交文書 大正 八年 第三冊 上卷》, 外務省, 1971, 470쪽.
28)　朝鮮民族大同團, 〈日本國民ニ告グ〉, 1919년 5월 23일자; 國家報勳處 編, 앞의 책, 338·339쪽.

그리고 당시가 김규식이 파리강화회의에서 독립청원을 하려고 했던 시기라는 것을 생각하면, 일본이 딜레마에 빠지게 된 것을 쉽게 상상할 수 있다. 나가타 아키후미(長田彰文)는 인종 차별 철폐라는 제안 자체는 지당하나, 이러한 상황에서 "일본 대표단이 취할 수 있는 방도는 파리에서 '조선 문제=일본의 국내 문제'라는 주장 및 김규식의 청원을 무시하라는 요청을 강화회의에서 할 수밖에 없었다"[29]고 하는 지적은 아주 시사적이다.

이런 맥락을 전제로 앞에서 언급한 하라 수상의 인종 담론의 의미를 생각해보면, 동원론적 논리는 '국내 문제'일 뿐 대일본제국 안에 인종 문제는 없다는 것을 표명하고, 외부의 비판을 피하는 논리로 기능한 것으로 추측된다. 바꾸어 말하면 동원론적 논리로 식민지민에 대한 차별을 은폐하려고 했다고 일단은 생각할 수 있다.

그런데 이 문제는 좀 더 고려해보아야 할 점이 있다. 실은 인종 차별 철폐를 강화회의에서 제의해놓고도, 일본 정부의 수뇌부는 이 문제에 관해 그다지 열정을 보이지 않았다.[30] 이렇게 일본 정부가 일본인이 당한 인종 차별의 심각함을 인지하지 못하고 있었던 배경에는 강화회의 자리에서는 인종 차별 문제보다 산둥(山東)반도 이권 문제

---

29) 長田彰文,《日本の朝鮮統治と國際關係: 朝鮮獨立運動とアメリカ 1910~1922》, 平凡社, 2005, 186쪽.

30) 1919년 5월 1일에 '민간 유지'가 인종 차별 철폐 관련 제안이 받아들여지지 않으면 국제연맹 탈퇴를 종용하는 내용을 담은 결의안을 가지고 하라 총리를 찾아갔는데, 하라는 그 결의 내용을 일축했다(原敬,《原敬日記》第5卷, 福村書店, 2000, 88·89쪽). 여기에서 말하는 '민간 유지'는 당시 도야마 미쓰루(頭山滿)를 필두로 정당 각파와 정치활동가들로 1919년 2월에 조직된 '인종 차별 철폐 기성대회'를 가리키는 것으로 생각된다. 그리고 1920년 4월 8일 각의(閣議)에서 우치다 고사이(內田康哉) 외무대신이 국제연맹위원회에서 인종 차별 문제를 제출할지의 여부를 문의했지만, 일영(日英)동맹 개정 문제를 앞두고 영국과 충돌을 피하기 위해 이 안을 제출하지 않기로 결정했다(原敬, 같은 책, 370·371쪽). 이를 통해 일본인 차별 문제보다 국제정치가 우선했음을 알 수 있다.

나 국제정치 문제가 일본 정부의 우선 사항이었다는 사실이 있었다. 이런 상황이면 실질적으로 이민족인 조선인에 대한 인종 차별은 더더욱 인식하지 못했을 가능성이 높다.

어쨌든 이러한 동원론에 의한 은폐의 논리가 기만적인 것이라는 사실은 일본 지식인도 알고 있었다. 인종 차별 철폐 문제에 대한 일본 정부의 태도와 함께 조선, 중국 등 아시아 여러 민족에 대한 차별을 비판하는 논조가 등장했다.[31] 교육학자 기무라 규이치(木村久一)는 1919년 6월에 열린 여명회(黎明會)의 제6회 강연회(후술)에서 다음과 같이 말했다.

지금부터 사브르 검의 정치가들이 조선에서 행한 동화정책의 실제에 대해 조금 별견(瞥見)해보자. 앞에서 말했듯이 이민족을 동화시키는 데 제일 소중한 것은 국어 교육이다. 그러면 데라우치(寺內) 백작 등은 조선에서 어떤 국어 교육을 했는가 하면 그것은 전혀 말도 안 되는 것이다. 우리나라는 이미 미국에 대해 캘리포니아 쪽에 있는 일본인 아동이 미국 아동과 같이 교육을 받지 못한다고 크게 떠든 적이 있었다. 또 이번 강화회의에서는 아시다시피 이른바 인종 차별 대우 철폐안 같은 것을 제출했다. 그럼에도 불구하고 조선에서의 교육이라는 것은 상당히 차별적인 것이다.[32]

여기서 국제연맹위원회 최종회의에서 일본 전권위원 마키노 노부아키(牧野伸顯)가 주장했던 내용을 살펴보자.

---

31)   예를 들면 요시노 사쿠조(吉野作造)나 이시바시 단잔(石橋湛山) 등이 그러했다. 大沼保昭, 앞의 글, 463·464쪽.

32)   木村久一,〈サーベルの同化政策〉,《黎明講演集》第6輯, 1919, 54쪽.

인류의 가장 강한 감정의 하나라고 할 수 있는 '국민'에 관한 의식이 국제적 사건 정리에 즈음해서 정당히 인정받기 위해 새로 야기되었다. 인종 차별의 비위(非違)는 피(被)압제적 국민의 불평과 밀접한 관계를 가지고 있고, 인류 대부분에게 깊은 분노의 씨앗으로서 여전히 존재하고 있으며, 경모(輕侮)를 당한다는 생각은 오랫동안 국민의 불평을 낳았다. 지금 각 인민 및 국민에 대한 정의의 원칙으로서 장래 국제적 관계의 기초를 선언한 것은 우연히 이들 인종의 정당한 열망을 높이기에 이르렀다. 이들이 이 비위의 철폐를 요구하는 것은 정당한 권리라고 인정하는 바이다.[33]

그 당시의 맥락으로 보아도 중요한 평등의식의 표명이라고 할 수 있다. 그러나 전술했듯이 일본 정부는 해외 일본인에 대한 인종 차별을 제대로 인식하려고 하지 않았을 뿐 아니라, 같은 '국민'인 식민지 주민이 당하는 차별 문제에 대해서도 계속 외면했던 것이다. 말하자면 "인류의 가장 강한 감정의 하나"라고 보는 "'국민'에 관한 의식"을 인정하지 않았다고도 할 수 있다. 이런 상황이었음에도 불구하고 위정자가 인종 차별 철폐를 말한다는 점에 모순을 느끼지 않을 수 없다. 실제로 하라의 〈조선통치사견〉에 나오는 인종 담론은 조선인들의 의식과 차이가 있었는데, 그것은 불가피한 것으로서 일본 통치가 끝까지 안고 갈 수밖에 없었던 자가당착이었다.

---

33) 外務省政務局, 앞의 책, 44쪽.

2. 분리되는 '인종'과 '민족'

1) '여러분'과 '우리'의 거리: 야나기 무네요시의 〈조선의 벗에게 보내는 글〉

이 절에서는 3·1운동 이후에 두 일본 지식인이 발표한 글을 짚어 본다. 여기서 다루는 글은 모두 3·1운동의 배경이 되는 일본 통치에 대해 (여러 한계를 담고 있기는 했지만) 비판적 시각에서 쓰인 것들이다.

첫 번째, 일본 민예(民藝)운동의 중심인물이자 사상가인 야나기 무네요시(柳宗悅)이다. 주지하듯이 야나기는 아사카와 노리다카(淺川伯敎), 다쿠미(巧) 형제와 함께 조선의 미술공예에 지속적으로 관심을 가졌던 인물이다. 이하에서는 그가 잡지 《개조(改造)》 6월호(1920년)에 게재한 〈조선의 벗에게 보내는 글〉[34]에 대해 분석한다. 우선, 그 내용을 살펴보자. 야나기는 먼저 이렇게 언급한다.

> 여러분(조선인-인용자)의 쓸쓸한 심정을 헤아리고 있노라면 나도 모르게 눈물이 고인다. 나는 지금 여러분의 운명을, 그리고 조선을 둘러싼 부조리한 정세에 대해 생각하지 않을 수 없다. 있을 수 없는 일들이 눈앞에 펼쳐지고 있다. 내 마음은 평화로울 수가 없다. 내 마음이 여러분을 향할 때 나 역시 여러분이 느끼는 고통을 그대로 느낀다.[35]

야나기는 조선의 부조리한 정세에 동정을 표하면서 다음과 같이 말을 잇는다.

---

34) 柳宗悅, 〈朝鮮の友に贈る書〉, 《改造》, 1920년 6월호. 이 글의 한국어 번역문은 이혜숙 번역(야나기 무네요시 지음, 김명순 외 옮김, 《야나기 무네요시의 민예·마음·사람》, 컬처북스, 2014 수록)을 이용했다. 이하 같음.
35) 위의 글(위의 책), 122쪽.

사람은 태어나면서부터 사람을 사랑한다. 미움이나 다툼이 인간의 본성일 수 없다. 여러 가지 불순한 동기로 인해 나라와 나라가 갈리고 마음과 마음이 멀어지고 있다. 지금은 부조리한 정세가 추악한 지배에 우쭐해진다. 그러나 부조리가 언제까지나 계속될 수는 없을 것이다. 모든 마음은 본래의 모습으로 돌아가고자 한다. 모든 것이 본래의 모습으로 돌아간다면 우리들 사이에는 사랑이 더 빈번하게 오갈 것이다. 그런데 어떤 부조리한 힘이 우리를 갈라놓고 있는 것이다.[36]

이렇게 지적한 뒤에 "오랫동안 번갈아 무력으로 인한 탄압을 받으며 끝없이 짓밟혀온 조선의 역사를 생각할 때 나는 흐르는 눈물을 주체할 수가 없다"[37]고 한다. 야나기가 비판하는 대상은 조선인에 대해 압정을 행사하는 일본인 혹은 일본 국가이며, 일본인 일반은 아니다. 그러나 "비록 내가 직접 목격하지 않았을지라도 여러 참혹한 일들을 여러분이 겪었다는 사실을 전해 들을 때 내 마음은 고통스럽기만 하다. 말없이 견뎌야만 하는 여러분의 운명에 대해 나는 할 말을 잃는다"[38]라고 할 때 적어도 일본의 조선 통치에 대한 그의 비판의식을 어느 정도 엿볼 수 있다. 야나기는 국가와 개인을 분리시키면서 "나의 정확한 관찰에 의하면 개인적으로 조선인들을 증오하는 일본인은 거의 없다",[39] "두 나라가 갈라지는 것은 개인과 개인의 증오에 의한 것이 아니다. 나는 정이 많은 우리 동포들이 이웃 나라의 친구들을 잊지 않고 있다는 것을 믿는다"[40]라고 한다. 그런데 이 글에서는 자

---

36) 위의 글, 122쪽. 원문과 대조해 역문의 일부를 인용자가 바꾸었다.

37) 위의 글(위의 책), 123쪽.

38) 위의 글(위의 책), 125쪽.

39) 위의 글(위의 책), 127쪽.

주 일본인을 '우리'로, 조선인을 '여러분'으로 부르는데, 식민지 상황 아래에 있는 조선을 '나라'로, 조선인을 '이웃 나라의 친구'로 표현할 때의 야나기의 경계의식을 여기에서 먼저 확인해놓자. 그러면 그는 일본인과 조선인의 관계를 어떤 식으로 파악하고 있었을까? 그는 바람직한 양자의 관계에 대해 다음과 같이 말한다.

> 여러분과 우리는 역사적으로나 지리적으로나, 또한 인정적으로나 언어적으로나 진정 육신의 형제다. 나는 지금의 상태를 자연스러운 것이라고 생각하지 않는다. 또 이런 불행한 관계가 영속되어서는 안 된다고 생각한다. 부자연스러운 것이 도태된다는 것은 이 세상의 흔들리지 않는 이치다. 나는 지금 두 나라 간의 부자연스러운 관계가 바로잡힐 날이 올 것을 간절히 바라고 있다. 일본에게 진정한 형제라 할 수 있는 조선이 일본의 노예가 되어서는 안 된다. 그것은 조선의 불명예라기보다 오히려 일본에게 커다란 치욕이다.[41]

여기서 말하는 '자연'스러운 상태라는 것은 "조선이 일본을 사랑하고 일본이 조선을 사랑한다는 것"[42]으로, 야나기는 "서로를 육신의 형제라고 느끼는 사랑의 본능이 우리의 마음속에 되살아날 것임을 나는 굳게 믿는다"[43]라고 말한다. 그리고 그는 자신이 경도하는 조선 역사상의 도자기에서 다음과 같은 '목소리'를 듣는다.

---

40) 위의 글(위의 책), 127쪽. 원문과 대조해 역문의 일부를 인용자가 바꾸었다.
41) 위의 글(위의 책), 128쪽. 원문과 대조해 역문의 일부를 인용자가 바꾸었다.
42) 위의 글(위의 책), 133쪽.
43) 위의 글(위의 책), 133쪽.

그중에서도 특히 피가 가까운 일본 사람들이여! 왜 형제의 사랑으로 우리를 묶으려고 하지 않는가? 우리는 같은 어머니 품에서 자고, 같은 전설을 들으며 자란 옛날을 회상한 적이 있지 않은가? 과거 우리 승려가 경전을 가져가고 불상을 보내 사원의 초석을 아스카(飛鳥)에 만들었다. 종교가 번성하고 예술이 찬란한 스이코(推古) 문명은 우리의 진심 어린 선물이었다. 그 선물들은 여전히 옛날 모습을 간직하고 있다. 그런데 어째서 또다시 우리 문화를 말발굽으로 짓밟고 두터운 우정을 배신하려 하는가? 이런 일이 일본의 명예라고 누가 말할 수 있겠는가?[44]

그런데 '일조동원론'에 의거해 '육신의 형제'라는 의식이 있으면서 '동포'가 아니라는 것은 무슨 의미인지 이해하기 어렵다. 여기서 주의해야 할 것은 야나기에게 중요한 것은 '육신'이라는 것 자체보다는 '육신'으로서 '사랑'의 부재를 문제 삼고 있다는 점이다. 바꾸어 말하면 '육신'이라는 인종주의적 사고를 전제로 하면서도 정신 차원에서 '사랑'의 공유 여하를 중요시하고 있다는 것이다.

그렇다면 야나기는 일본의 조선 통치의 문제점을 무엇으로 파악하고, 해결 방법을 어떻게 생각했을까?

위정자가 조선을 속으로부터 이해할 수 없는 것은 첫째는 종교와 예술에 대한 교양이 전혀 없기 때문이다. 오로지 무력과 정치를 통해서만 나라와 나라를 엮을 수는 없을 터이다. 진정한 이해와 평화를 이 세상에 가져오는 것은 믿음을 상징하는 종교요, 아름다움을 추구하는 예술이다. 이것이야말로 본질적인 최상의 진리이다. 인간은 오직 궁극적인

---

44) 위의 글(위의 책), 136쪽.

진리에서 진정한 고향을 발견할 수 있는 것이다. 신(信)과 미(美)의 세계에는 증오가 없고 반역도 없다. 두 나라 사이에서 영원히 다툼의 불행을 근절하려면 우리는 두 나라를 종교나 예술로 묶어야 한다. 그러한 힘만이 우리에게 진정한 사랑과 이해의 길을 보여준다.[45]

많은 외국의 선교사들은 스스로가 탁월한 민족이라는 망상을 갖고 있다. 그러나 그와 같은 추한 모습이 스스로를 우수하다고 믿는 일본인의 태도에도 있다는 것을 나는 느끼지 않을 수 없다. 하지만 존경과 겸양의 덕이 없는 곳에서 어찌 우정이 유지될 수 있으며, 진실한 사랑을 나눌 수 있겠는가. 나는 일본에 대한 조선의 반감이 지극히 자연스러운 결과에 지나지 않는다고 생각한다. 일본이 스스로 빚은 소란에 대해서는 일본 스스로가 그 책임을 져야 한다. 일본의 위정자는 여러분을 동화시키려 한다. 그러나 불완전한 일본인에게 어떻게 그런 권위가 있겠는가. 그토록 부자연스러운 태도도 없고, 또 그토록 설득력 없는 주장도 없다. 동화를 강요하는 주장이 이 세상에서 치를 수 있는 것은 반항이라는 결과뿐이리라. 어느 일본인이 기독교회를 비웃듯이, 여러분도 일본화를 비웃을 것임에 틀림없다. 조선 고유의 미와 마음의 자유는 다른 자에 의해 범해져서는 안 된다. 아니, 영원히 범해질 수 없는 것임이 자명하다. 진정한 일치는 동화에서 오는 것이 아니다. 개성과 개성의 상호존경하에 맺어지는 하나가 있을 뿐이다.[46]

한마디로 요약하면 '무력과 정치'가 아닌 개성 간의 상호적 사랑이

---

45) 위의 글(위의 책), 142쪽. 원문과 대조해 역문의 일부를 인용자가 바꾸었다.

46) 위의 글(위의 책), 143·144쪽. 원문과 대조해 역문의 일부를 인용자가 바꾸었다.

나 존경의 마음을 통해야 양 '국민'을 결합시킬 수 있다는 것이다. 중요한 것은 '육신의 형제'라는 인종론적 규정이 일본인과 조선인 사이의 애정과 존경의 근간이기는 할지언정, 결코 일본의 조선 통치를 정당화하는 논리적 기반이 될 수 없다는 사실이다. 또 하나는 '육신의 형제'임이 민족적 동일성을 결코 보장하지 않는다는 점이다. 오히려 "조선 고유의 미와 마음의 자유는 다른 자에 의해 범해져서는 안 된다"고 하고, "예술적 천부의 재능이 풍부한 조선 민족"[47]이라 하며 '일본 민족'과의 차이가 자명한 일로 파악될 때 상투어처럼 전개되는 인종적 동일성의 논리는 그의 소론에서 한편으로 근간을 이루는 요소이기는 하지만, 다른 한편에서는 한정적으로밖에 기능하지 못하게 된다. 그리고 최대의 모순은 이 글이 '조선'이라는 '형제'에게 호소한 것이 아니라 '벗'에게 호소한 것이었다는 점이다. 그것은 야나기 자신의 혼란이라기보다는 일본과 조선 사이의 인종적 관계 규정과 실제 사이의 거리감에 기초한 것이었다. 즉 '육신의 형제'와 '동포'의 거리감이었다고 할 수 있다.

2) 무효화되는 '동종성'

1919년 6월 25일, 여명회 주최 제6회 강연회가 도쿄 간다(神田) 청년회관에서 개최되었다. 여명회는 1918년 요시노 사쿠조(吉野作造), 후쿠다 도쿠조(福田德三) 등 민본주의자인 사상가, 지식인 들이 결성한 단체이다. 이 강연회의 내용은 이 단체의 기관지 《여명강연집(黎明講演集)》 제6집에 〈조선 문제호〉라는 특집으로 게재되었다. 이 '조선 문제'라는 것은 바로 3·1운동에 대응한 것으로, 권말의 〈잡기〉에 따

---

47) 위의 글(위의 책), 144쪽. 원문과 대조해 역문의 일부를 인용자가 바꾸었다.

르면 "문제의 성질상 그 밤에는 많은 남녀 조선인 학생들도 내청(來聽)하여 각 강연자가 동정에 찬 열변을 토했고……"라고 쓰여 있다. 이 강연집에 실려 있는 글은 요시노 사쿠조(정치학)를 비롯해 기무라 규이치(교육학), 후쿠다 도쿠조(경제학), 아베 슈스케(阿部秀助, 역사학), 아소 히사시(麻生久, 정치가·노동운동가), 우치가사키 사쿠사부로(內ヶ崎作三郎, 목사·정치가) 등 6명의 강연 속기이다. 여기에서는 요시노와 기무라의 강연 내용에 주목하고자 한다.

요시노는 '조선 통치 개혁에 관한 최소한도의 요구'라는 강연에서 "관민이 서로 조선 문제를 경시하고 있"[48]는 현상을 강하게 비판하고, "조선인에 대한 차별적 대우의 철폐", "무인(武人)정치의 철폐", 종래의 "동화정책" 폐기, 언론의 자유를 조선인에게 주는 것 등 4가지 정책을 제언했다.[49] 그중 일본인이나 통치자를 비판하는 맥락 속에서 다음과 같은 언급이 나온다.

> 때로는 또 조선과 일본의 수천 년래의 관계를 설명하고, 옛날부터 관계가 가까운 나라임을 들어 조선인에게 호소하면 무언가 해결 방도가 설 것이라고 극히 한가한 낙관설을 주장하는 자도 있다. 물론 그것도 하나의 방법이긴 하나, 우리가 수천 년래의 역사를 설명하고 조선인의 반성을 구한다면, 이와 함께 일본인도 수천 년래 일한(日韓)의 역사에 따라 반성해야 할 일이 있을 것이다. 불행하게도 우리 동포 사이에서 일본 쪽의 반성을 제기하는 논의는 전혀 들은 적이 없다.[50]

---

48) 吉野作造, 〈朝鮮統治の改革に關する最小限度の要求〉, 《黎明講演集》 第6輯, 1919, 2쪽.

49) 위의 글, 8~41쪽.

50) 위의 글, 2·3쪽.

그러나 오늘날까지 조선과 일본이 수천 년래의 관계가 있다는 식의 말을 ― 내가 보기에 그것은 다소 어린애 속임수 같은 것이라고 생각하는데 ― 하고 있다. 말은 그렇게 하지만 실은 조선인이 외국인임은 틀림없다. 조선인은 명의뿐 아니라 여러 점에서 외국인이다. 이 외국인에게 우리가 갑자기 우리의 진정한 생래의 동포를 대하는 것과 똑같은 감정을 가질 수 없다는 것은 일면 어쩔 수 없는 일이라고 생각한다.[51]

이런 주장은 역사적 근접성의 수사법이 이미 통치의 현상을 정당화할 논리가 될 수 없음을 의미한다. 요시노는 이런 견해를 3·1운동 이전부터 밝혀왔다.《중앙공론(中央公論)》1916년 6월호에 실린 〈만한(滿韓)을 시찰하고〉에서도 같은 견해를 피력했다.

과연 조선 민족은 역사적으로 보아 일본 민족과 가장 종족적 관계가 가깝다. 따라서 일한 양국의 접근, 제휴라는 것에 대해서는 대단한 편의가 있음에는 의심할 바 없다. 그러나 아무리 종래 학정에 시달렸다고 해도 일변하여 외국의 지배를 받아들이는 것은 독립 국민으로서의 자존심과 양립할 수 없다.[52]

이렇게 요시노는 종족적 근접성보다는 '민족'의 차이를 전제로 "이민족 통치의 이상은 그 민족의 독립을 존중하고 그리고 그 독립의 완성에 의해 결국은 정치적 자치를 주는 것을 방침으로 하는 데 있다고 하고 싶다"[53]라고 한다. 이러한 요시노의 인식을 보면, 그가 여명

---

51) 위의 글, 5·6쪽.
52) 吉野作造, 〈滿韓を視察して〉,《中央公論》第31篇 第6號, 1916, 28쪽.
53) 위의 글, 29·30쪽.

회에서 일본의 동화정책을 비판한 것은 눈앞에 있는 조선인 학생에 대한 입에 발린 소리가 아니라 그의 견문에 기초한 일관된 통치론이었다고 할 수 있다.

동원론적 담론은 언어, 인종, 민족 등의 관념을 일원화해서 논하는 경향이 강했지만, 야나기나 요시노의 담론을 보면 그 안에 경계가 있음을 의식하고 있다는 것을 알 수 있다. 기무라 규이치 또한 강연에서 그러한 경계에 대해 자신의 견해를 명확히 밝혔다. 기무라는 '사브르의 동화정책'이라는 강연 주제로 일본의 '군벌'정치를 비판하고 그 군벌이 행하는 '동화'정책을 비난했다.

조선에서 군벌이 채용한 정책은 동화정책이다. 나는 처음부터 동화정책이 전부 안 된다는 것은 아니다. 성공할 전망이 있는 경우라면 동화정책도 좋을 것이다. 그러나 우리가 깨달아야 할 것은 이민족의 동화라는 것은 어떤 경우에도 결코 용이한 일이 아니고 매우 어려운 일이라는 것이다. 그런데 데라우치 백작 따위의 군벌정치가, 사브르의 정치가 조선인을 동화시키는 것은 아주 용이한 일이라고 생각했던 모양이다.[54]

기무라는 '동화'정책 자체를 비판하는 것은 아니지만, 민족의 '동화'가 매우 어려운 일이라는 것을 거듭 강조한다. 그리고 다음과 같이 인종과 민족의 관계에 대해 언급했다.

과연 조선인이 대체로 일본인과 (같은) 종족임은 사실이다. 또 같은 종교라는 것도 우선 인용(認容)할 수 있다. 일본에도 유교와 불교가 있

---

54) 木村久一, 앞의 글, 47쪽.

다. 또 근래는 기독교도 들어왔다. 조선에서도 똑같이 유교와 불교가 있다. 그리고 최근에는 기독교가 있다. 그러므로 조선인은 일본인과 같은 종교를 가지고 있다고 할 수도 있을지 모른다…….

조선인은 일본인과 같은 인종이고 같은 언어와 종교를 가지고 있으므로 이를 동화시키는 것이 용이할 것이라고 생각하는 것은 지극히 천박한 사고이다. 비록 인종과 언어와 종교가 같다 해도 이민족의 동화는 결코 쉽지 않다. 조선인과 일본인의 동화가 용이할 것이라고 생각하는 것은 민족이라는 것에 관해 아무 생각도 갖고 있지 않은 결과이다. 민족—영어로 네이션, 이전에는 국민으로 번역했는데, 요즘에는 이것을 민족으로 번역하는 것이 유행이다. 이 민족이라는 것은 인종, 레이스와는 다르다. 혹은 종족과도 다르다. 한마디로 민족이라는 것은, 이것은 동어반복 같지만, 민족의식에 의해 단결한 일단의 인민이라고 할 수 있다. 그리고 민족이라는 것에 중요한 요소는 민족의식이다.[55]

이어서 기무라는 민족을 구성하는 조건으로 인종·지리·언어·종교의 동일성을 들면서, 각각의 동일성을 민족 구성의 필요조건으로 파악하지는 않는다. 그리고 그는 다음과 같이 '사브르 검'에 의한 통치를 비판했다.

민족이 생기는 것은 여러 가지 조건이 모여서 구성되는 것이지, 한두 가지 조건에 의해 구성되는 것은 아니다. 즉, 역사적으로 자연스럽게 생기는 것이다. …… 우리가 잊어서는 안 되는 것은 조선인은 하나의 민족이라는 사실이다. 조선인은 대체로 일본인과 같은 종족이다. 또 우리와

---

55) 위의 글, 47·48쪽.

같은 한자를 사용하고 있다. 또 대체로 같은 종교를 믿고 있다. 그러나 우리는 조선인이 하나의 민족이라는 사실을 잊어서는 안 된다. 조선에는 조선 특유의 문화가 있다. 또 조선인이 말하기를 조선은 사천 년 역사를 가졌으며, 일본 따위보다는 오랜 유서가 있는 나라라고 한다. 한마디로 말해서 조선인은 민족적 긍지를 가지고 있으며, 민족의식으로 통일되어 있다. 그런고로 이들을 동화시킨다는 것은 결코 용이한 일이 아니다. 아니, 이들을 동화시킨다는 것이 과연 가능한지조차 의문이다. 데라우치 백작 같은 사브르의 정치가나 어용학자는 조선인이 일본인과 인종과 언어와 종교가 같다는 이유로 동화하기가 쉽다고 생각하는 모양인데, 이것은 세상을 너무 모르는 자의 생각이다.[56]

그리고 구체적으로 '내선별학(內鮮別學)'이나 적은 수의 학교 등 교육상의 차별, 조선인의 토지나 노동력 착취, 지방 사회에서 헌병들의 폭력 등을 들어, "총독부의 방법은 모두가 조선인을 동화시키기는커녕 그들을 이반하는 정책"[57]이라고 했다. 그러면 동화 자체에 대해 반드시 부정적이지 않은 기무라에게 이상적인 '동화'란 어떠한 것이었을까?

나는 일찍이 논한 바 있었다. 이민족과 동화한다는 것은 마치 이성의 애정을 얻는 것과 같다. 이성의 애정을 성공적으로 얻을 수 있는지는 반은 이쪽 택트(tact)에 달렸고, 반은 상대의 택트에 달렸다. 상대 여자가 이미 다른 남자를 사랑하고 있다면 택트를 쓴다 해도 보통의 택트로는

---

56) 위의 글, 52·53쪽.
57) 위의 글, 58쪽.

성공할 수 없다. 그러나 이성의 애정을 얻는 것이 전혀 불가능한 것은 아니다. 상당히 쉽게 할 수 있을 때도 있다. 이것과 마찬가지로 이민족의 동화도 결코 불가능한 것은 아니다. 이쪽 택트 여하에 따라 가능 할 수도 있다. 그러나 상대가 민족의식이 강고한 민족이라면 이미 다른 남자를 사랑하는 이성과 같이 어떤 택트를 쓰더라도 상대를 동화시키기는 어렵다. 대저 이민족을 동화시키는 것은 그 민족으로 하여금 종래 민족의식을 잊어버리게 하여 우리와 공통된 민족의식을 새로 갖게 하는 것이다.[58]

여기에서 말하는 '택트(기지)'가 무엇인지도 궁금하지만, '동화'를 (이성 간의) '애정'에 비유하는 논법이 앞서 확인한 야나기의 담론과도 통하는 부분이 있다. 물론 요시노나 기무라의 논리는 인종적 동일성이나 한반도와 일본 사이의 역사적 근접성을 강조하는 담론을 현상의 통치 형태를 정당화하거나 동화정책을 뒷받침하는 것이라고 생각하지 않는다는 특징이 있다.

3) '동화'의 가능성

그런데 위와 같은 문제는 한일강제병합 당초부터 지적되어온 것이었다. 앞에서 언급한 〈의견서〉 내용에 다시 주목해보자.

〈의견서〉는 1910년 9월 8일자로 작성된 것으로, 한일강제병합 직후의 문서이다. 단적으로 말하면 그 내용은 조선인의 '동화'를 부정하고 제국의 '충량한 신민'이 아니라 '순량한 신민'이 되도록 '교화'해야 한다는 것이다.[59] 여기서 말하는 '동화'는 "그들(조선인-인용자)로 하여금 일본 민족의 언어, 풍속, 습관 등을 채용·모방하게 하고 나아

---

58) 위의 글, 59쪽.

가서 일본 민족의 충군애국의 정신(충의심)을 체득시키는 것"[60]이다. 그 '동화'가 불가능한 이유는 첫째, "천조(天祖)는 일본 민족의 시조이며, 천조의 직계인 황실은 우리(일본인-인용자)의 대종가"[61]라는 관계를 조선인과 일본인 사이에 적용할 수 없다는 것, 둘째, "조선 민족은 불완전하나마 삼천 년래 국가를 이룬 민족"이고, "조선 민족이라는 명확한 자각심을 가지고 있"다는 점,[62] 셋째, 현실적인 문제로서 조선인 수가 일본인 수의 약 4분의 1로 적지 않은 편이라서 "일본 민족이 확고한 민족적 자부심을 갖지 않으면 거꾸로 조선 민족으로 바뀔 우려"가 있다는 것이다.[63]

요점은 두 가지다. 하나는 일본, 조선 양 민족의 역사적 기원이 동일하다는 논리가 부정되었다는 점이다. 또 하나는 현실적으로 일본인과 조선인이 서로 별개의 네이션을 구성하는 것으로 인식되고 있다는 점이다. 〈의견서〉에서는 일본 '국체'의 불가역성을 보장하는 논리구조가 '동화'가 아니라 '교화'라는 지배 방침의 정당성을 뒷받침하기 위한 이념적 기반 위에 있어서 실제적인 측면에서뿐 아니라 이념적 측면에서도 '일조동원론'적인 논리는 부정되었던 것이다. 물론 이 〈의견서〉의 내용이 바로 정책으로 반영된 것은 아니었다. 여전히 일본의 조선 통치 방침은 '동화'를 표방했다. 1912년 4월 11일부터 20일간에 걸쳐 개최된 공립보통학교장 강습회 마지막 날에 데라우치 마사타케(寺內正毅) 총독이 다음과 같은 훈시를 했다.

---

59) 〈(秘)敎化意見書〉, 1910, 11쪽〔渡部學·阿部洋 編,《日本植民地敎育政策史料集成(朝鮮 篇)》제 69권, 龍溪書舍, 1991에 수록〕.

60) 위의 글, 4쪽.

61) 위의 글, 2쪽.

62) 위의 글, 8·9쪽.

63) 위의 글, 9·10쪽.

조선 교육은 조선교육령에 명시된 것과 같이 그 최종 목적이 원래부터 내지(內地)와 동일하고, 지난번에 이 총독에게 하사된 교육에 관한 칙어의 취지를 받들어 충량한 국민을 육성하는 데 있지만, 그 채용 방법에 이르러서는 내지에서 다년간 여러분이 경험한바, 역사와 풍습이 다른 조선에 직접 옮겨 적용할 수 없는 것이 적지 않다.[64]

결국은 '동화'를 말하면서도 일본과 조선의 차이를 의식하지 않을 수 없는 상황이 정책 주체에게도 공유되어 있었던 것이다. 그리고 요시노의 아래 비판문을 통해 일본의 조선 통치나 동화의 방침이 얼마나 모순을 내포하고 있었는지를 잘 알 수 있다.

조선인의 동화라는 것이 본래 가능한지, 가능하지 않은지는 잠시 별도의 문제로 하고, 어쨌든 목하의 상태에서는 표면상 아무리 동화의 필요성을 외치고, 혹은 이천 년래 역사와 대조하여 일선(日鮮) 양 민족의 인종학적 근접성을 고조하더라도, 또 정부가 아무리 공사 학교에서 일본주의 교육을 주입해도 결코 동화의 실이 오를 리가 없지 않는가. 아니, 도리어 교육하면 할수록 그들은 점점 반(反)일본적으로 기운다는 사실이 현존하지 않는가.[65]

다시 말하면 일본의 조선 통치에서 인종주의적 동원론의 논리는 민족적 차이가 명백히 존재하는 한 동화정책을 추진하는 데 결코 도움이 안 된다는 것이다. 그러나 그 위험성을 인식하면서도 동원론의 가

64) 〈公立普通學校長講習會〉,《朝鮮總督府官報》, 1912년 5월 18일자.
65) 吉野作造, 앞의 글, 1916, 44쪽.

치를 전면 부정할 수는 없었다. 동원론이 한국강제병합을 정당화하는 사상적 근거였던 만큼 그에 대한 부정은 곧 한국강제병합의 정당성 자체를 부정하는 것이었기 때문이다. 인종적 근접성을 주장하는 동원론은 이런 모순을 안고 있을 수밖에 없었다. 그리고 그 모순이 3·1운동이라는 형태로 분출되었던 것이다.

3. 근대 일본의 '인종' 개념

1) 애매한 '인종' 개념

앞에서 동원론을 중심으로 인종주의에 대해 고찰해보았는데, 조금 더 넓은 맥락에서 인종주의 문제를 검토해볼 필요가 있다.

동원론과 그 인종주의적 성격에 대해 생각해볼 때 어떤 문제점을 깨닫게 된다. 그것은 '인종'과 '민족'의 관계성 여하이다. 일례로 소설가 염상섭(廉尙燮)이 오사카에서 독립운동을 꾀하며 작성한 독립선언서의 내용을 짚어보자.

> 평화의 제단에 숭고한 희생으로 제공된 3천만 망령(亡靈)에 의하여 가장 웅변으로 또한 가장 통철하게 우리에게 가르쳐준 것은 실로 민족의 자주독립 한마디였다. 일본이 입을 모아 조선을 혹은 동족이라고 부르고 혹은 조상을 같이한다고 역설하는 사실은 무엇보다도 역력한 증거이다. 우리 한국은 4천3백 년의 존엄한 역사를 가졌고 일본은 한국에 뒤지기를 실로 1천여 년이다. 단지 이 사실을 보아도 조선 민족은 일본 민족과 하등 서로 관련한 바 없음은 췌언(贅言)할 필요가 없다.[66]

일본과의 '동족'성을 부정하면서 '민족'의 거리를 강조하는 논의는 염상섭 글만이 아니라 독립선언서류 문서에 자주 나타나는 특징이다. 하라 다카시의 〈조선통치사견〉과 비교해볼 때 '동일성'(부정)을 둘러싼 '인종'과 '민족' 사이의 어법이 흔들리고 있음을 인정하지 않을 수 없다. 우선 이 점을 정리해볼 필요가 있다.

하라의 〈조선통치사견〉에서는 일본인과 조선인 사이의 인종적 동일성을 주장했다. 그런데 문제는 주지하듯이 인종적 동일성이 평등을 보장하지 않았다는 점이다. 일본은 '문명'을 기준으로 제국과 식민지 사이의 차별을 정당화했다. 이 차별을 명확히 간취한 것이 요시노 사쿠조나 기무라 규이치였다. 인종적 동일성(혹은 근접성)을 아무리 주장하더라도 일본의 조선 통치가 조선인에게 평등성을 보장하지 못한다는 점을 그들이 밝힌 것이다. 그리고 중요한 것은 그들의 조선 통치 비판에는 '인종'과 '민족'의 차이를 명백히 구분하고 있다는 점이다.

그러나 일본의 통치자들은 그 차이에 대해 모호한 태도로 인종 차별이 없다고 하면서도 실제로는 차별을 했던 것이다. 그러면 그것이 어떻게 가능했을까?

2) '내지'의 피차별부락민 문제로 본 '인종'과 '민족'

과학사·인류학사 연구자인 사카노 도루(坂野徹)는 일본 인류학사에서 '인종'과 '민족' 개념의 변천에 대해 "일본어에서 인종은 당초부터 현재처럼 생물학적 함의를 명확히 가지는 개념이 아니었"고, "민족이라는 말이 일반적으로 쓰이게 된 것은 메이지 중반 이후이며, 따라

---

66) 재오사카 한국 노동자 일동, 〈독립선언서〉, 1919년 3월 19일: 독립운동사편찬위원회 엮음, 《독립운동사자료집》 제13권, 고려서림, 1984, 45쪽.

서 그 이전에는 인종과 민족의 구분 자체가 없었다"고 한다.[67] 사카노
는 인류학자 다카기 도시오(高木敏雄)가 1910년대 초반에 발표한 글
에서 생물학적 개념의 '인종'과 역사·문화적 개념의 '민족'의 구분을
명확히 했다고 한다.[68] 일본 지식계에서 그 이후에도 두 개념의 혼동
이 완전히 사라지지는 않았지만, 대체로 다카기가 제시한 구분이 정
착되어갔다.

일본사 연구자 구로카와 미도리(黑川みどり)는 이러한 인식을 토대
로 일본 피차별부락민에 관한 표상(表象)의 유형과 변화에 대해 연구
했다. 이하에서는 그 성과를 바탕으로 일본 '내지'에서의 인종 및 민
족 개념의 전개에 관해 정리하고자 한다.[69]

메이지시대 이후 피차별부락민은 이(異)인종으로 '발견'되고 차별
대상이 되어갔다. 그런데 피차별부락민 측에서 그러한 인종관에 대
해 항의하자 '민족'이라는 개념이 등장하게 되었다고 한다.[70]

1918년 쌀 소동 후, 일본에서는 피차별부락에 대한 대책 마련이 시
급했다. 그리고 그들을 '민족'이라는 이름 아래 문명화를 통한 '동화'
의 대상으로 보려는 움직임이 일었지만, 동일 '민족'의 하위 개념으
로 '인종'을 둠으로써 그들은 이인종으로 차별 대상이 되었다. 그때
'인종'이라는 말에 부정적인 성격이 부여되었다.[71]

여기에서 구로카와가 든 흥미로운 사례가 앞에서 언급한 기타 사

---

67) 坂野徹,〈人種·民族·日本人: 戰前日本の人類學と人種槪念〉, 竹澤泰子 編,《人種槪念の普遍性
     を問う: 西洋的パラダイムを超えて》, 人文書院, 2005, 229쪽.

68) 위의 글, 236~238쪽.

69) 이하 피차별부락민과 인종 표상에 관한 기술은 黑川みどり,《創られた〈人種〉: 部落差別と人
     種主義》, 有志舍, 2016을 참조했다.

70) 위의 책, 95~116쪽.

71) 위의 책, 116~130쪽.

다키치이다. 기타는 일조동원론자이자 부락사 연구자였다. 그는 '일본 민족' 연구의 일환으로 피차별부락 연구를 했는데, 피차별부락민을 '일본 민족'으로 포섭하는 과정에서 문명화의 척도에 기초해 그들이 '후진성'을 극복해야 한다고 주장했다.[72]

다음으로 생각해보아야 할 것은 '제국'으로의 포섭 논리이다. 일본은 피차별부락민을 인종적 차이나 경계의 논리를 유지하면서도 상위 개념인 '민족'으로 통합·포섭하려고 했다. 그렇다면 식민지, 특히 조선에 대해서는 어떻게 생각했을까?

'민족' 아래로 조선인을 포섭하려고 하는 움직임은 기타의 동원론에도 보이고, 앞에서 살펴본 이노우에 데쓰지로와 같이 '일본 민족'의 인종적 기원으로 분절화하는 논의에도 피차별부락민에 관한 논의와 공통된 부분이 있다.

그러나 몇 차례나 언급해온 하라 다카시의 〈조선통치사견〉이나 총독부 관료들, 그리고 그들을 비판한 지식인들의 인식은 미묘하게 어긋나 있다. 일본인과 조선인 사이의 인종적 동일성을 전제로 하는 것은 일본인과 조선인 사이의 인종적 경계를 설정하지 않는다는 점에서는 공통되지만, 조선 통치에서 전제되었던 것은 무엇보다 '민족'적 차이였으며, 이 점은 통치하는 측이나 통치를 비판하는 측 모두 공유하고 있었다. 바꾸어 말하면, 민족은 인종 간의 차이를 무의식화하는 역할을 할 수는 있었지만, 포섭의 논리로는 기능하지 못했다는 것이다. 여기서 더 나아가 염상섭의 예를 들지 않더라도 이미 많은 조선인이 민족적 차이를 강조하고 있어서, 일본 피차별부락민과는 다른 양상을 보였다고 할 수 있다.

---

72) 위의 책, 130~143쪽.

그런데 그러한 차이는 '제국' 안에서의 통합과 배제의 논리 속에서 '인종'과 '민족'이 국면에 따라 구분되거나 일관성을 잃었다는 의미를 내포하고 있었다.

일본의 조선 통치의 약점을 폭로한 3·1운동

조선 문제로 돌아가보자. 요시노나 기무라 등의 비판에서도 알 수 있듯이 인종적 동일성의 논리는 이미 포섭의 논리로 기능하지 못했다. 심지어 야나기가 말한 것과 같은 '형제의 애정'은 생길 수도 없을 뿐 아니라 조선인과 일본인이 영원히 '동포'가 될 수도 없었다. 하지만 그러한 인종론의 틀을 견지하지 않을 수 없었던 이유는 일본이 조선을 통치하는 데 약점이 있었기 때문이다. 그 약점을 폭로한 것이 바로 3·1운동이었다. 3·1운동 당시 '독립선언서'의 동원론 부정, 제1차 세계대전 후 국제질서 구축과 그 과정에서 전개된 인종 차별 철폐 문제와의 긴장, 그리고 3·1운동 이후의 통치 비판 등 사건이 연이어 일어났던 것이 그 결정적인 요소였을지도 모른다.

어쨌든 일본은 인종이라는 틀을 유지하면서도 조선인을 민족으로 '동화'시키는 전망을 갖지 못한 채 '문화정치'로 돌입했다. 그리고 민족 간의 차별이 온존되면서 오히려 조선인의 민족의식이 확대되어갔음은 주지한 바와 같다. 3·1운동은 그러한 모순을 드러내는 중요한 계기였다고 볼 수 있다.

2 부

문화 주체의 다양화

3·1운동
100주년
총서

5장

3·1운동과 정치 주체로서의 '여성'

소현숙

젠더사로 보는 3·1운동

3·1운동이 여성의 삶에, 그리고 젠더 관계의 변동에 어떤 영향을 미쳤는가 하는 질문은 3·1운동 100주년을 맞이한 2019년 오늘의 한국에서, 그 어느 때보다도 더 흥미롭게 다가온다. '촛불혁명'으로 분출된 혁명적 열기가 미투운동과 페미니즘 붐이라는 새로운 시대를 열어젖힌 것처럼, 3·1운동이라는 거대한 정치적 격변 역시 어떤 식으로든 여성의 삶에, 그리고 젠더 관계의 변화에 깊은 흔적을 남겼으리라고 유추하게 만들기 때문이다.

흔히 3·1운동은 여성들이 대거 참여했던 일제하 최대의 독립운동으로, '여성도 민족의 일원'임을 증명해낸 사건으로 기억된다. 이러한 시각은 '여성들도 그 거대한 역사적 현장에 있었다'는 것을 증명함으로써 여성이 역사의 객체가 아닌 주체였음을 강조한다. 그러나 여성들의 참여가 3·1운동의 전 민족적 궐기를 증명하는 하나의 상징으로만 기억되는 순간, 여성들이 참여한 3·1운동은 '보충적 역사'에 머물 뿐, 민족사의 강고한 틀로는 결코 담아낼 수 없는 젠더의 차원을 쉽게 탈각시킨다. 이런 점에서 정치적 격변과 젠더 사이의 상관성은 단순히 여성이 그 정치적 격변에 참여했는가의 여부 혹은 여성이 담당했던 역할을 논하는 것만으로 설명될 수 없다. 혁명과 젠더의 관계를 설명하기 위해서는 혁명을 통해 사회적으로 바람직하다고 여겨지던 남녀의 성별 역할과 실제로 남녀가 담당한 역할에, 그리고 양성의 표상에 어떤 변화를 가져왔는지 살펴봐야 한다는 도미니크 고디노(Dominique Godineau)의 지적은 3·1운동에서의 여성 참여를 이해하는 데 유의미하다.[1] 3·1운동을 익숙한 민족사적 해석의 틀을 넘어 젠더의 관점에서 이해하려면 여성의 참여를 설명하는 데에서 더 나아가 그것이 젠더 규범과 여성의 표상에 어떤 변화를 가져왔는지 살펴보아야 한다.

흥미롭게도 3·1운동 이후 "가장 열렬하게 급진한 것은 부인계"라는 평가가 나타났듯이, 3·1운동은 당대인들의 시선으로 보아도 여성의 삶과 젠더 관계에 커다란 변화를 초래한 사건이었다. 그렇다면 3·1운동에서 여성의 참여와 정치적 행위 과정은 당대 사회의 여성에 대한 젠더 규범과 어떻게 교차했을까? 여성들은 '거리'와 '감옥'이라는 새로운 '정치적 공간'에서 시위에 참여하고 정치범으로 복역하면서 무엇을 경험하고 어떤 새로운 정체성을 획득하게 되었을까? 그리고 그 과정에서 기존의 젠더 질서는 어떻게 균열되거나 봉합되어갔는가?

3·1운동에 대한 연구는 해방 이후 꾸준히 진행되었다. 그 가운데 3·1운동에서 여성의 참여 실태와 역할을 분석한 연구도 있었다. 1969

---

1)   도미니크 고디노, 〈자유의 딸과 혁명적 여성 시민〉, 조르주 뒤비 외 엮음, 권기돈 외 옮김, 《여성의 역사 4·상-페미니즘의 등장: 프랑스 대혁명부터 제1차 세계대전까지》, 새물결, 1998, 41쪽.

년 3·1운동 50주년을 기념하여 동아일보사에서 출간한 논문집《3·1
운동 50주년 기념논집》에 〈3·1운동 이전의 여성운동〉(박용옥), 〈3·1운
동과 여성〉(정요섭), 〈3·1운동 이후의 여성운동〉(이태영) 등이 수록되
면서 여성들의 3·1운동에 관한 기본 담론이 구축되었다.[2] 이후 1971
년에 간행된《여성동아》의 별책부록인《기미년 횃불 든 여인들-아아
삼월》, 정요섭의《한국여성운동사》, 그리고 1979년 3·1운동 60주년을
기념하여 간행된《한국여성독립운동사》등을 통해 3·1운동에 참여한
여성의 실태가 좀 더 구체적으로 밝혀졌다.[3]

이러한 연구에서 중심적 역할을 해온 박용옥은 3·1운동에서 여성
의 역할에 주목하고 여성들이 준비 단계에서부터 자발적이고 적극적
이었으며, 개성·부산·해주·천안 아오내 등지에서는 여성이 주동적
역할을 함으로써 '역사 주역으로서의 여성'이라는 사회적 인식의 변
화를 가져왔다고 평했다.[4]

3·1운동에서 여성의 참여 실태와 역할에 관한 연구가 이처럼 진전
되었지만, 그것이 3·1운동에 대한 역사 해석에서 필수적 요소로 학계
에 수용되었던 것은 아니다. 1987년을 전후해 민중사의 영향으로 3·1
운동에 대한 새로운 해석이 제시되었을 때조차 여성 참여에 관한 부
분은 누락되었다. 1989년 3·1운동 70주년을 맞이해 한국역사연구회
와 역사문제연구소가 공동으로 간행한 기념논문집《3·1민족해방운동
연구》에서는 여성이라는 범주와 관련된 어떤 논의도 포함하지 않았
다. 1987년 6월항쟁을 거치면서 고양된 민중사의 시각에서 3·1운동

2) 동아일본사 편,《3·1운동 50주년 기념논집》, 동아일보사, 1969.
3) 3·1여성동지회 편,《한국여성독립운동사: 3·1운동 60주년 기념》, 3·1여성동지회, 1980.
4) 박용옥, 〈3·1운동에서 여성의 역할〉,《한국 여성 근대화의 역사적 맥락》, 지식산업사, 2001,
    461·492쪽.

을 새롭게 조명한 이 책에서, 3·1운동은 "민중의 민족적·계급적 자각이 크게 고양"되어 "노동자 계급을 선두로 한 식민지 민중들"이 "민족해방운동의 주도권을 점차 장악해가기 시작"한 사건으로 규정되었다.[5] 그러나 여기에서 주목한 민중은 무성적 존재였다. 3·1운동에 참가한 계층을 지식인·청년 학생, 농민, 노동자, 소부르주아지, 양반유생 등 5가지 유형으로 분류하면서 여성은 제외했다. 여성사 연구자들에 의해 3·1운동 연구가 계속되었지만 그 내용이 학문적 시민권을 얻지 못했음을 단적으로 보여준다.

이러한 3·1운동에 대한 몰성적(沒性的, gender-blind) 분석은 3·1운동 90주년을 기념하여 성균관대학교출판부에서 간행한 《1919년 3월 1일에 묻다》에서 다소 완화되었다. 2000년대 이후 활발하게 진행된 식민지 시기에 대한 사회사, 문화사, 일상사 등의 연구 성과가 반영된 이 책은 각지의 시위 양상과 일제의 억압정책, 언론 보도 등을 중심으로 서술해온 기존의 3·1운동 관련 연구 논문집과 달리 다양한 주제를 통해 3·1운동에 접근했고 젠더사 분석도 일부 포함했다.[6] 그러나 2000년 이후 '신여성'에 관한 연구가 학계에서 물밀듯이 쏟아져 나왔던 상황을 고려한다면,[7] 《1919년 3월 1일에 묻다》 역시 여성/젠더 문제에 관해서는 매우 미흡한 관심만을 드러냈을 뿐이다.

---

5)　한국역사연구회·역사문제연구소 편, 《3·1민족해방운동연구》, 청년사, 1989, 27쪽.

6)　박헌호·류준필 편집, 《1919년 3월 1일에 묻다》, 성균관대학교출판부, 2009. 대표적으로 해방 후 유관순 관련 영화를 문화사·젠더사적인 시각에서 분석한 정종현의 〈유관순 표상의 창출과 전승〉과 기독교 여성 교육을 친교의 젠더 정치라는 차원에서 분석한 공임순의 〈친교의 젠더 정치와 제국적 '욕망과 감정'의 회로〉 등이 있다.

7)　문옥표 외, 《신여성: 한국과 일본의 근대 여성상》, 청년사, 2003; 태혜숙 외, 《한국의 식민지 근대와 여성 공간》, 여이연, 2004; 연구공간 수유+너머, 《신여성: 매체로 본 근대 여성 풍속사》, 한겨레출판, 2005; 김수진, 《신여성, 근대의 과잉》, 소명, 2009; 김경일, 《신여성, 개념과 역사》, 푸른역사, 2016 등.

이는 젠더 문제에 대한 학계의 무관심 때문이기도 하지만, '신여성' 연구에 집중해온 여성/젠더사 연구자들이 문화사·일상사적 영역과 방법론에 치우쳐 운동사적 맥락에서 '신여성' 연구를 확장하려는 노력이 미흡했던 탓도 있다. '신여성'의 전면적 등장이야말로 3·1운동이 계기가 되었다는 점을 고려한다면, '신여성' 등장의 역사적 의미를 3·1운동의 연속선에서 깊이 있게 해명할 필요가 있다. 이런 측면에서 최근 민주주의 개념으로 독립운동사를 새로 쓰겠다는 목표를 가지고 《독립을 꿈꾸는 민주주의》를 펴낸 김정인의 연구는 주목할 만하다. 특히 학생, 노동자, 청년, 어린이와 더불어 '여성'이야말로 3·1운동을 계기로 새롭게 탄생한 주체라는 점을 명확히 지적한 점은 눈에 띈다.[8] 3·1운동이 여성 주체성 형성에 끼친 영향에 대한 분석으로까지 나아가지는 못했지만, 앞으로의 과제를 제시했다는 점에서 의의가 있다.

이상과 같은 문제의식을 바탕으로 이 글에서는 정치 주체로서의 '여성'이라는 정체성이 구축되는 과정으로서 3·1운동에 주목하고자 한다. 3·1운동 당시 정치 주체로서 새롭게 등장한 여성들은 어떤 여성들이었는가? 이들의 정치적 행위는 어떤 토대에서 가능했는가? 거리와 감옥이라는 새로운 정치적 공간에서 여성들의 행위는 당대 여성들에게 부과되었던 젠더 규범과 어떻게 충돌하고 있었는가? 그리고 그 과정에서 여성에 대한 규범과 표상은 어떻게 변화했는가 하는 점들을 살펴봄으로써, 3·1운동을 젠더사적 시각에서 새롭게 고찰해보고자 한다.

---

8)   김정인, 《독립을 꿈꾸는 민주주의》, 책과함께, 2017, 98~109쪽.

1. 주도세력의 변화: 양반 부인에서 여학생으로

흔히 3·1운동은 여성들이 전개한 최초의 정치운동이자 사회운동으로 알려져 있다. 이러한 시각은 1971년 정요섭이 집필한《한국여성운동사》에서, 3·1운동을 "한국 여성들이 최초로 전개한 사회운동"으로 의미를 부여한 이래 대중적으로 자주 인용이 되고 있다.[9] 그러나 이러한 해석은 3·1운동 이전에 존재한 여성들의 움직임, 즉 한말 이래로 터져 나오기 시작한 여성들의 정치적 각성과 그로부터 비롯된 다양한 행동들을 역사적 기억에서 지운다. 1898년 조직된 최초의 여성단체 찬양회는 이른바〈여권통문〉을 발표하고 관립여학교 설립을 청원했으며, 만민공동회에도 참여하는 등 근대적 정치운동에 첫발을 들여놓았다.[10] 이뿐만 아니라 여성들은 국채보상운동, 교육운동 등 3·1운동 이전에도 다양한 정치적 활동을 했다. 이러한 전사를 무시하고 3·1운동에만 주목하는 것은 한국의 여성운동을 민족운동 혹은 국권운동의 자장 안에서만 이해하려는 태도이다. 또한 이러한 시각은 여성의 권리와 민족운동 사이의 긴장을 포착하지 않은 채 쉽게 민족운동으로 여성운동을 환원하려 한다는 점에서 문제이다. 박용옥이 지적했듯이 3·1운동은 여성들이 전개한 최초의 정치운동이었다는 점에서가 아니라 식민화로 여성들의 사회·정치적 활동이 억압되었다가 다시 분출하게 된 계기라는 점에서 그 중요성을 찾아야 한다.

3·1운동을 이처럼 한말 이래 여성들의 정치활동의 연속선에서 이해할 때, 주목되는 것은 그 운동의 주도층이 변화했다는 점이다. 앞

---

9) 조이여울,〈3·1운동은 한국 여성들의 첫 사회운동〉,《페미니스트 저널 일다》(http://www.
 ildaro.com/sub_read.html?uid=6300&section=sc1&section2=평화, 검색일 2019. 1. 13).

10) 박용옥,《한국근대여성운동사 연구》, 한국정신문화연구원, 1984, 57·58쪽.

서 언급한 찬양회와 한말 의병운동, 국채보상운동 등에서 여성들의 활동을 주도한 것은 양반 부인들이었다. 예컨대 찬양회에는 일반 서민층 여성과 기생 등도 참여했지만, 그 주도세력은 서울 북촌의 양반 부인들이었다. 또 〈안사람 의병가〉를 지어 여성으로서 한말 의병운동에 적극 가담한 윤희순 역시 양반가의 여성이었다. 국채보상운동도 양반 및 유지 부인들에 의해 주도되었는데, 이는 여성 국채보상운동 단체의 59%가 양반 및 유지 부인들에 의해 발기되었으며, 신문에 게재된 여성 국채보상의연자 명단 중 63%가 양반 및 유지 부인이었다는 점을 통해 알 수 있다. 국채보상운동 당시 개화 여성이나 기독교 부인이 주도한 경우가 있었지만, 이는 전체의 18% 정도에 불과했다. 또한 국채보상의연자 중 여학교 학생도 있었지만, 그 비중은 전체의 5.1%에 불과했다.[11]

이처럼 한말 여성들의 활동이 양반 부인들에 의해 주도되었던 것과는 대조적으로 3·1운동에 주도적으로 참여한 여성들은 여학생, 교사, 전도부인(傳道婦人, Bible Woman) 들이었다. 이들은 이전에 여성들의 정치활동을 주도했던 양반 부인들을 대체하면서 정치무대에 중심인물로 떠올랐다. 이는 3·1운동에 참여한 남녀의 직업을 살펴봐도 두드러지는 부분이다. 3·1운동에 참가한 남성들이 교사, 학생, 이장, 면서기, 관공리, 의사, 대서업, 음식제조업, 승려, 목사, 전도사, 농민, 곡물상, 잡화상, 무직자 등 다양한 직군의 종사자들이었던 것과 달리, 여성들은 대개 학생이거나 교사, 전도부인 들이었다. 여성 검거자 중 교사와 학생은 전체 여성 검거자의 약 46%를 차지했고,[12] 교육수준을

---

11) 박용옥,《한국 여성 근대화의 역사적 맥락》, 지식산업사, 2001, 413·414쪽.

12) 정요섭,《한국여성운동사》, 일조각, 1971, 59쪽.

교육수준별	남성	여성
보통교육 이상	3,624명(19.0%)	234명(49.7%)
가정 및 서당에서 배운 자	3,751명(19.7%)	3명(0.6%)
문맹 및 무교육자	7,251명(38.1%)	140명(29.7%)
미상	4,428명(23.2%)	94명(20.0%)
합계	19,054명(100%)	471명(100%)

※ 출전: 朝鮮憲兵隊司令部 編,, 《朝鮮3·1獨立騷擾事件》(昭和 44年), 巖南堂書店, 1969, 447·448쪽
〈표〉 편집.

표 1. 3·1운동 당시 교육수준별 남녀 검거자 비율

보아도 남성과 달리 여성들은 근대교육 수혜자의 비율이 높았다. 3·1
운동 당시 검거자의 교육수준을 남녀별로 기록한 〈표 1〉을 보자.

〈표 1〉에 따르면, 남성의 경우 교육수준에 따른 참여자 수의 비율
이 한쪽으로 크게 치우치지 않는 데 비해, 여성의 경우는 보통교육
이상이 49.7%에 달한다. 이처럼 학교교육을 받은 여학생이나 교사,
전도부인 등이 운동의 주도세력이 될 수 있었던 것은 1900년대 교육
구국운동의 결과 교육의 수혜를 입은 여성들이 증가했기 때문이다.
당시 전국에 신설된 민간 사립여학교가 96개교에 달했으며, 기존 학
교들도 여성에게 개방되면서 여학생 수가 크게 증가했다. 장로교 자
립학교만 하더라도 1903~1908년 사이에 여학생이 10배가량 늘어
2,500명이 넘었다. 3·1운동 전야인 1918년까지 고등여학교의 정식 졸
업생 수는 기독교 여학생 600여 명, 사립여학교 250여 명, 관립여학
교 300여 명이었으며, 재학생 수는 기독교 여학교가 800여 명, 사립
여학교가 160여 명, 관립여학교가 150명가량으로[13] 3·1운동에 여학
생이 주도적으로 참여하게 된 배경이 되었다.

이처럼 운동의 주도세력이 양반 부인들에서 여학생과 교사, 전도부인 등으로 교체된 것은 단순히 인적 구성의 변화를 의미하지 않는다. 3·1운동에 참여한 여학생과 교사 들은 그 지향점에서도 이전의 양반층 부인들과 달랐다. 찬양회의 주도자들은 '신민'으로서의 정체성을 가졌고, 이들의 '나라 사랑'은 '임금에 대한 충성심'을 기반으로 한 것이었다. 예컨대, 관립여학교 설립을 청원하는 상소문에서도 "임금에게 충성하고 나라를 사랑하는 마음"이라든지, "우리 폐하의 신민된 자"라는 표현으로 자신들의 정체성을 드러내보였다.[14] 왕조에 대한 충성심은 한말 의병운동에 참여하거나 국채보상운동을 주도한 여성들에게서도 나타났다. 앞서 언급한 윤희순이 위정척사사상을 바탕으로 의병운동에 투신했고 왕조에 대한 충성심이 누구보다 강했다는 사실은 잘 알려져 있다. 한편, 여성들이 발기했던 국채보상운동단체인 인천항적성회의 취지서를 보면, "여자도 우리 대황제 폐하의 적자"이므로 국채보상운동에 나선다는 취지를 피력하고 있다.[15]

이에 비해 3·1운동에 참여한 여성들, 특히 여학생과 교사 들이 지향했던 것은 단순히 왕에 대한 충성심에서 비롯된 충군애국이 아니었다. 이들은 전국적으로 만세시위가 한창이던 1919년 4월 11일 상하이에서 탄생한 대한민국임시정부(이하 '상하이 임시정부')를 적극 지지했다. 1911년 중국에서 일어난 신해혁명의 영향으로 확산된 공화제국가 수립에 대한 논의는 3·1운동 당시 뿌려진 전단지에서도 나타났고, 결국 "대한민국은 민주공화제로 함"이라는 내용을 제1조에 담은

---

13) 윤혜원, 〈개화기 여성 교육〉, 《한국근대여성연구》, 숙명여대 아세아여성문제연구소, 1987, 127∼179쪽.
14) 〈부인 상소〉, 《독립신문》, 1898년 10월 13일자.
15) 〈인천항적성회취지서〉, 《제국신문》, 1907년 4월 1일자.

상하이 임시정부의 〈대한민국 임시헌장〉이 출현하기에 이른다.[16]

이러한 새로운 움직임에 여성들은 적극적으로 호응했는데, 3·1운
동 직후 여러 지역에서 비밀리에 결성된 대한민국애국부인회가 공화
제를 표방한 대한민국임시정부에 군자금을 송부했던 사실은 잘 알려
져 있다. 이는 3·1운동에 적극적으로 참여했던 여성들이 군주에 대한
충성심에 바탕을 둔 신민으로서의 정체성이 아니라 공화제 국가의
여성 '국민'으로서 거듭나고자 했다는 것을 의미한다. 3·1운동에 참
여했던 경성여고보 재학생 최정숙이 법정에서 한 진술에서도 이러한
모습의 일단이 발견된다. 신문 과정에서 나라에 충성을 다해야 한다
는 생각을 가졌었다고 대답한 여학생 최정숙에게 일본인 판사는 "나
라란 조선을 말하는 것인가?"라고 질문했다. 이에 최정숙은 "별로 조
선이란 것은 아니다. 정치를 하고 있는 나라를 말하는 것이다"라고
대답했다. '조선'이 고종을 정점으로 하는 왕조국가 조선을 의미하는
것이었다면, "정치하고 있는 나라"는 왕조가 아닌 새로운 정체의 국
가를 의미하는 것으로 보인다.[17]

2. 친족을 넘어선 '여성' 네트워크와 '여성'으로서 말하기

만세시위로 가시화되었던 여성들의 정치 주체화 과정은 여성들의
조직화, 즉 여성 네트워크의 발전 및 확산이라는 사회적 현상에 기
반해 진행되었다. 3·1운동 당시 여성들은 학교와 종교단체라는 새

---

16) 박찬승,《대한민국은 민주공화국이다》, 돌베개, 2013, 103~157쪽.

17) 〈최정숙(崔貞淑) 신문조서(제2회)〉,《한민족독립운동사자료집 17: 삼일운동 VII》, 국사편찬위
      원회, 1994.

로운 근대적 조직의 틀을 통해 서로 연대하고 정치 주체로서 거리에 나섰다.

19세기 중반까지도 여성들은 집안이나 친족 네트워크를 넘어선 '여성'들만의 네트워크를 형성하기가 어려웠다. 예컨대, 19세기 중반 호서 지역 양반가 여성 유씨가 남긴 일기인《경술일기》를 보면, 유씨의 남편인 김호근이 상당히 다양한 사회적 네트워크를 통해 사회생활을 했던 데 비해 유씨는 거의 친족들과만 왕래했고. 만남의 형태도 일대일의 범위를 넘어서지 못했다.[18] 이는 친족 네트워크를 벗어난 여성들 사이의 조직적 만남과 집단적 연대의 경험이 매우 근대적인 현상이라는 점을 말해준다.

물론 여성들의 조직화 자체가 3·1운동에서 새롭게 나타난 현상은 아니다. 친족이라는 틀을 넘어서 여성들이 서로 연대한 것은 한말 찬양회나 국채보상부인회 같은 여성단체, 1906년 이후 우후죽순으로 설립된 여성 교육단체들에서도 발견된다. 이 단체들은 대체로 지역적 네트워크에 기반한 조직이었다. 예컨대, 여성 국채보상운동 단체로서 가장 규모가 크고 활동이 활발했던 서울의 대안동국채보상부인회를 비롯한 국채보상운동 단체들은 지역에서 함께 생활하는 여성들이 조직한 단체였다.[19]

이에 비해 3·1운동이 준비되고 진행되는 과정에서는 지역적 네트워크도 중요했지만 여성들의 경우 학교와 교회 같은 새로운 네트워크가 큰 역할을 했다. 학교는 재학생뿐만 아니라 교사와 졸업생 들도

---

18) 김현숙,《조선의 여성, 가계부를 쓰다》, 경인문화사, 2018, 193~232쪽.《경술일기》는 호서 지역 유력 양반가의 여성이었던 기계 유씨 부인(1818~1875)이 기록한 일기로, 1849년 9월 29일부터 1850년 11월 25일, 1851년 7월 17일부터 9월 28일까지의 기록이 전한다.

19) 여성들의 국채보상운동에 관해서는 박용옥, 앞의 책(2001), 393~420쪽 참조.

포함하는 좀 더 확대된 네크워크를 제공했다. 이러한 네크워크는 전국적인 규모로 나타났다. 당시 경성이나 평양 등 도시의 여학교에 재학하고 있던 학생들 중 지방 출신이 많았고, 졸업생들이 지방으로 흩어져 교사로 재직하고 있던 상황은 여성 조직의 전국화를 가능케 하는 토대가 되었다. 동창 조직 등이 여성들의 3·1운동 참여에 크게 기여한 점은 김마리아의 족적을 통해 확인할 수 있다. 즉, 일본에서 유학 중이던 김마리아는 2·8독립선언 직후 조선으로 돌아와 3·1운동 준비에 가담했는데, 부산, 대구, 광주, 사리원 등지를 다니며 동창에게 거사에 함께할 것을 독려했다. 3·1운동 직후 결성된 대한민국애국부인회가 전국적 규모로 조직될 수 있었던 것 역시 학교와 교회를 기반으로 한 여성들의 전국적인 네트워크가 형성되어 있었기 때문이다.[20]

　여성단체의 결성은 '여성'이라는 이름으로 말하기를 촉진했다. 찬양회를 비롯해 근대적 여성 단체들은 회칙이나 규약을 마련하거나 취지서 등을 작성했는데, 이러한 문서들을 통해 여성들은 스스로가 여성이라는 존재로서 말한다는 것을 가감 없이 드러내었다. 신분의 차이를 넘어서 '여성'이라는 정체성에 기반해 조직된 여성단체들이 '여성'이라는 근대적 언어를 사용함으로써, 그 근대적 언어는 다시 여성들의 정체성을 새롭게 규정하는 역할을 했다. 사적으로만 존재했던 여성들이 모여 공적인 조직을 만들고 의견을 교환하고 공적으로 선언하는 새로운 문화가 창출되어갔던 것이다. 예컨대, 지린에서 작성되어 노령에서 인쇄를 거쳐 4월 8일을 전후해 국내외 각지로 송부되었던 〈대한여자독립선언서〉는 여성들이 작성하고 반포한 독립선언서였다.[21]

---

20)　여성동아편집부 편,《기미년 횃불 든 여인들-아아 삼월》(《여성동아》 1971년 3월호 별책부록), 동아일보사, 1971, 25~39쪽.

심지어 여성들은 남성들로만 구성된 '민족 대표'가 여성인 자신들을 대표하는 것에 만족하지 않고 스스로 '여성 대표'를 뽑아 1919년 1월 파리에서 열릴 강화회의에 파견하고자 했다. 이화학당의 비밀회합에 모인 여성들이 파리강화회의에 한국의 여성 대표를 보내 일제의 비인도적인 탄압을 만방에 알리고 조국의 독립을 호소하기 위해 당시 미국 유학 수속 중이던 신마실라를 보내기로 결정하고, 그 기금을 마련하기 위해 노력했던 사실은 잘 알려져 있다.[22]

'여성 대표' 파견 계획은 사정이 여의치 않아 결국 실패로 돌아갔지만, 왜 여성들이 '여성 대표'를 보내고자 했는가 하는 점은 되짚어 보아야 한다. 이는 국가의 독립을 요구하는 운동이었지만, 여성들은 여성도 민족의 일원이라는 의식을 넘어서 여성만의 대표성이 필요하다는 인식이 있었던 것은 아닌가 추측한다. 이러한 시도의 기저에는 남성이 남녀를 포괄한 민족을 대표할 수 있다는 생각에 대한 도전을 내포하고 있다. 여성에게는 금기였던 정치 영역에 '여성'이라는 정체성에 기반해 진입한 여성들은 이제 단순히 민족의 일원으로서 남성의 지도하에 놓이는 데 만족하지 않았다. 여성들은 이를 넘어서 여성으로서 말하고 선언하고 더 나아가 여성에 의해 대표 되기를 원했던 것이다. 인간이 남성과 여성으로 이루어져 있으므로 인간을 대표하기 위해서는 남성뿐만 아니라 여성이 필요하다는 오늘날 프랑스에서의 남녀동수운동[23]까지 언급하지 않더라도 이러한 여성들의 시도는 분명 기존의 젠더화된 정치적 문법을 단숨에 뛰어넘는 것이었다. 따

---

21) 박용옥, 앞의 책(2001), 423~447쪽.

22) 여성동아편집부 편, 앞의 책, 45쪽.

23) 프랑스에서의 남녀동수운동에 관해서는 조앤 W. 스콧 지음, 오미영 외 옮김, 《Parite! 성적 차이, 민주주의에 도전하다》, 인간사랑, 2009 참조.

라서 이러한 여성들의 시도는 단순히 여성이 민족의 일원이라는 것을 증명했던 사건으로서 3·1운동의 의미를 제한할 수 없는 새로운 해석의 지점을 제기한다.

3. 담을 넘어 거리로, 감옥으로

만세시위를 하기 위해 거리로 나서기까지 여학생들은 기존의 정숙한 여학생의 모습을 벗어나야 했다. 시위에 참가하기 위해 교문을 나서던 모습을 묘사한 글을 보자.

> 이튿날 소복을 한 전교생이 대한문 앞에 가서 망곡을 하고 만세 군중과 합세할 예정으로 교정에 집결하는 것을 눈치 챈 학교 측은 수위로 하여금 문을 닫게 하고 지키게 하였다. **평시에는 양같이 순하던 학생들이 성난 사자처럼 아우성을 치며 수위와 시비가 벌어져 난장판이 되자** 프라이 선생이 나타났다. …… 자, 나를 넘어 나가시오. …… 내가 시체가 되어도 …… **이런 틈에서 재빨리 수위와 프라이 선생을 밀치고 수많은 학생이 대문을 열고 뛰어나가 군중과 합류하였으며 또 한쪽으로는 뒷문 쪽으로 달리며 소리치자 그리로 밀려 담을 넘어 나갔다.**[24]

"양같이 순하던" 여학생들은 "성난 사자처럼 아우성" 치는가 하면, 심지어 "선생을 밀치고" "담을 넘어" 시위 군중과 합류했다. 시위에 합류하기 위해 여학생들은 그동안 자신들에게 강요되었던 여성으

---

24) 여성동아편집부 편, 앞의 책, 45쪽.

로서의 규범, '정숙하고 조신한 여성'으로서의 몸가짐을 벗어 던졌다. '현모양처'라는 젠더화된 여성적 규범을 강요하는 학교라는 공간에서 '거리'라는 정치적 공간으로 이동함으로써, 여성들에게 이제까지와는 다른 새로운 정체성을 추구할 수 있는 기회가 제공되었던 것이다.

이제까지 학교 밖 '거리'는 여성에게 가급적이면 피해야 하는 낯설고 위험한 공간이었다. 내외법이 강하게 남아 있던 1894~1897년 조선을 여행한 영국인 여성 비숍(Isabella Bird Bishop)은 여행 중 거리에서 10세 이상의 소녀를 거의 본 일이 없었으며, 명성황후조차도 국내 여러 곳은 물론이고 서울 거리를 본 일이 없었다는 말을 들었다고 기록했다.[25] 1886년 이화학당을 시작으로 여성을 위한 근대교육이 이루어지면서 여학생 수가 점차 늘어났지만, 3·1운동 직전까지도 여학생들의 바깥출입은 엄격하게 제한되어 있었다. 당시 여학생들은 기숙사에서 주로 생활했고, 어쩌다 고향에라도 가기 위해 기숙사를 나설 때면 "기수(학생을 호위하는 남성)의 안내로 귀가하여야 하는, 세상과 동떨어져 살던" 존재였다.[26]

이렇게 학교와 기숙사라는 공간에만 갇혀 살던 여학생들이 '거리'라는 '정치적' 공간으로 나와 자신들의 존재를 과시했다. 3·1운동 당시 '여학생'의 등장은 크게 주목받았다. 일본에서 발행되는 《오사카 마이니치신문(大阪每日新聞)》은 3월 1일 서울의 만세시위에 참가한 여학생들에 대해 다음과 같이 언급했다.

3월 1일 오후 2시경 조선 경성에 일대 소동이 야기되었다. 이 일은 중

---

25) 이사벨라 버드 비숍 지음, 신복룡 옮김, 《조선과 그 이웃 나라들》, 집문당, 2000(윤혜원, 앞의 논문, 117쪽 재인용).

26) 여성동아편집부 편, 앞의 책, 43쪽.

등학교 이상의 조선인 학생 전부가 결속하고 이에 **다수의 여학생도 참**
가하여 일대를 조직하고 이태왕 전하의 대장례가 다가온 것을 기회로
삼아 일대 시위운동을 일으킨 것이다.[27]

더욱이 여학생이 거리에서 시위를 벌이다 검거되고 투옥되어 재판
받는 모습은 한국인에게 충격과 분노를 안겨주었다. 윤치호는 자신
의 일기에 "경찰서에서 구치소로 이감되는 여학생들의 모습이 조선
인들의 가슴속에 증오와 분노의 격렬한 감정을 불러"일으켰다고 기
록했다.[28] 여학생들의 활약과 고초가 사람들을 시위에 나서게 하는
촉매제 역할을 했던 것이다.[29]

이처럼 거리에서의 '시위'라는 정치적 행위는 이전의 여성들의 정
치활동에서는 찾아볼 수 없는 새로운 현상이었다. 찬양회 역시 여성
으로서는 금기의 영역이었던 정치활동에 나섰지만, 이들의 정치적
행위는 관립여학교 설립을 청원하며 100여 명이 궁궐 문 앞에 나아가
고종황제에게 상소문을 올리는 것이었다.[30] 근대적 의식에 의해 수행
된 정치활동이었지만, 그 방식은 '상소'라는 전근대적 방식으로 수행
되었던 것이다. 이에 비해 3·1운동 시기 여성들의 정치활동은 이제까
지 민에게 허용되지 않았던 정치적 공간으로서의 '거리'에 나가 '시
위'라는 새로운 근대적 방식으로 자신들의 목소리를 내는 것이었다.

한편, 여성들의 정치적 공간은 '거리'에서 더 나아가 '감옥'으로까

---

27) 〈조선 각지의 소요〉, 《오사카마이니치신문(大阪毎日新聞)》, 1919년 3월 3일자.

28) 김상태 편역, 《윤치호 일기》, 역사비평사, 2001, 86쪽.

29) 《오사카마이니치신문》과 《윤치호 일기》의 여학생 관련 기록은 춘천교육대학교 김정인 교수
     덕분에 알게 되었다. 이 자리를 빌려 감사드린다.

30) 〈부인상소〉, 《독립신문》, 1898년 10월 13일자.

지 확장되었다. 여성이 정치범으로 투옥되는 것은 유래가 없는 일이었다. 다수의 여성이 정치범으로 등장하게 된 것 자체가 3·1운동의 특징 중 하나라고 할 수 있다. 그렇다면 여성들의 감옥 생활은 어떠했을까? 여성들은 구속되는 순간부터 끊임없이 나라를 잃은 민족의 설움과 더불어 '여성'이라는 스스로의 존재에 대해 자각하게 되었다. 평안남도 중화군의 양무여학교 교사로 3·1운동에 참가한 이효덕은 시위 직후 경찰서와 검사국의 유치장으로 호송되었지만 여성을 따로 유치할 장소가 없어서 현관과 복도 등에 구치되었다. 당시 상황에 대한 이효덕의 회고를 보자.

> 생각하면 아직도 이가 갈린다. **놈들은 현관을 지날 때마다 나를 농락하는 것이었다. 그놈들의 야수와 같은 행동은 나를 하루도 잠들 수 없게 하였다. 나는 한 끼니도 밥을 안 먹었다. 물도 마시지 않았다. 왜냐하면 변소 가는 것이 나에게는 가장 큰 문제였기 때문이다.** 6일이 지나니 나는 거의 실신 상태에 있었다. 7일 만에야 문초를 받았다. ······ 1주일을 굶은 나는 거의 끌려가다시피 평양검사국으로 호송되었다. 역시 유치장은 만원이었고 여자는 나 혼자였다. **나는 또다시 복도에 앉아서 놈들의 노리갯감이 되었다.** 한번은 참다못해 일본 형사의 얼굴에 침을 뱉었다. 그날 밤 1시 소년 감옥실 독방에 구치되었다. 그날이야말로 사는 날인 듯싶었다. 혼자서 마음 놓고 잘 수가 있다고 생각을 하니 나는 너무 감사하여 엎드려 기도를 드렸다.[31]

여사(女舍)로 가서 여성 동지 수십 명을 만나기 전까지 이효덕은 여

---

31) 이효덕, 〈교장 선생님이 앞장섰던 그날〉, 여성동아편집부 편, 앞의 책, 131쪽.

성을 구치할 공간조차 없었던 경찰서와 검사국 유치장의 복도에 방치되어 온갖 고초를 겪어야 했다. 이효덕의 회고를 통해 검거 후 여성들이 겪어야 했던 어려움이 실로 많았음을 알 수 있다. 더욱이 혹독한 고문, 특히 성적인 고문이 자행되었던 사실은 감옥이 여성에게는 남성과 다른 경험을 하는 공간이었음을 알려준다. 이러한 '여성적' 경험 속에서 그들은 이민족 지배의 억압성뿐만 아니라 여성에 대한 성적 억압 또한 부당한 것임을 끊임없이 자각하게 되었던 것이다.

4. '정치 주체'로서의 '여성'과 여성성의 위반

한말 이래로 여성들에게 애국심을 고취하고자 《애국부인전》, 《나란부인전》 같은 전기물을 통해 서양의 애국 여성의 삶이 소개되었다. 이러한 흐름은 여성들이 작성한 〈대한여자독립선언서〉에도 담겼다. 스파르타의 사라, 이탈리아의 메리야, 임진왜란 때 진주의 의기 논개, 평양의 계월향 등이 여성으로서 따라야 할 모범으로 언급되었다. 이들은 아들을 낳아 국가에 바친 여성, 적을 무찌르는 용사 등 이전에는 여성들에게 전혀 권장되지 않던 전투적인 여성상이었다. "의리의 전신갑주를 입고 신력의 방패와 열성의 비수를 잡고 유진무퇴하는 신을 신고 일심으로 일어나면"서 남성과 마찬가지로 전쟁을 수행하는 존재였다.[32]

국민 혹은 민족의 일원으로서 의무를 행한다는 이러한 여성들의 활동이 자연스럽게 받아들여졌던 것은 아니다. 정치는 여성들에게

---

32) 박용옥, 앞의 책(2001), 437~441쪽.

새로운 영역이었다. 물론 조선시대에도 명성황후처럼 정치 전면에 등장했던 여성들이 있었지만, 이들은 자신이 속한 신분적 존재로서 정치에 관여한 것일 뿐, 이들의 활동을 집단적이고 사회적인 정체성의 범주로서 '여성'의 정치활동으로 파악하는 것은 곤란하다. 신분의 차이를 넘어서 '여성'이라는 범주가 형성된 것 자체가 근대적 현상이라고 한다면, 이러한 여성 정체성에 기반하여 정치 영역에 진입한 것 역시 역사적으로 새로운 사건이었다.

그런데 여성의 정치 참여는 기존의 여성성을 위반하는 과정이기도 했다. 여성들의 정치활동에 대한 거부감은 이러한 행위가 나타난 이래 다양한 방식으로 피력되었다. 예컨대, 1905년 이후 여학교 설립운동이 활발해지면서 여성들이 여학교의 설립과 후원의 주체로 등장하고, 각종 연설회와 토론회를 개최하면서 정치적이고 공적인 영역에 진입했다. 홍인숙이 지적하듯이, 이러한 연설과 토론이라는 공적 말하기의 경험은 그 자체로 여성들을 고무시켰는데, 여성들의 공적 발화는 '거내이불언외(居內而不言外, 안에 있어 바깥일을 말하지 않음)'를 철칙으로 여겼던 전통적인 규범을 정면으로 위반하는 것이었다.[33] 이들의 공적 말하기를 바라보는 시선은 곱지 않았다. 남자들 틈에서 연설한다니 "망측해라", "규중 부녀의 행위"로 "타당할까" 하는 비난이 일었고,[34] "학식 없는 여자들이 모여서 자고 이래로 듣고 보지 못했던 일을 행한즉, 자연 규모도 정제치 못하고 또한 종종 연설을 한다 토론을 한다 하니 그중에 학식 있는 교사가 있다든지 점잖은 남자가 있어서 지도하면 혹 효험이 있으리라 하려니와 다 같이 학문 없는

33) 홍인숙, 〈여학교 주변의 여자들—신문·잡지에 나타난 제도교육 최초 형성기(1898~1910)를 중심으로〉, 《한국고전여성문학연구》 13, 2006, 123·124쪽.

34) 《제국신문》, 1907년 1월 8일자(홍인숙, 위의 논문, 123·124쪽에서 재인용).

여자들이 어디로조차 아름다운 결과를 얻으리오"[35]라며 걱정을 가장
한 조롱도 뒤따랐다. 이러한 부정적 시각에도 불구하고 여성들의 말
하기는 계속되었는데, 연설과 토론은 이 시기 여성들에게 낡고 완고
한 구습에서 벗어난 존재라는 구별된 정체성을 깨닫게 해주었고, 과
거와 단절하고 새로운 시대를 열어가는 역사적 주체로서 자신을 느
끼게 하는 압도적인 경험이었다.[36]

  이렇게 공적인 공간에서 말하기 경험을 통해 여성들은 점차 정치
주체로서 자신의 정체성을 만들어가고 있었으나, 3·1운동 무렵에도
'정치와 무관한 존재로서의 여성'이라는 인식은 남성들 사이에서 일
반적이었다. 2·8독립선언 직전인 1919년 1월 6일 기독교청년회관
(YMCA)에서 유학생들이 모여 독립사상을 고취하는 웅변대회를 개최
했을 때, 여자친목회의 김마리아, 황에스터, 노덕신, 유영준, 박정자
등의 여학생이 참석했으나, 당시 도쿄 유학생 사회에서 남학생들은
여학생들을 독립운동의 동지로 인식하지 않았다. 남학생들이 여학생
들과 함께하려는 태도를 보이지 않자, 황에스터가 자리를 박차고 일
어나 "여러분! 국가의 대사를 남자들만 하겠다는 겁니까? 수레바퀴
는 혼자서 달리지 못합니다"라며 열변을 토하자, 이에 감동한 남학
생들이 비로소 여학생들과도 연락을 취하기 시작했다는 일화가 전할
정도였다. 이때부터 여학생들은 남학생들과 긴밀한 연락을 취하면서
독립운동비를 지원하고 선언서를 국내에 반입하고 배포하는 데 기여
하는 등 2·8독립운동과 그 확산에 중요한 역할을 담당했으나 선언서
작성이나 서명 같은 주역의 자리에는 끼지 못했다.[37]

---

35) 찰원고 부인, 〈국문독자구락부〉, 《만세보》, 1906년 6월 30일자(홍인숙, 위의 논문, 123·124쪽
     에서 재인용).
36) 홍인숙, 위의 논문, 123·124쪽에서 재인용.

여성이 정치 주체가 될 수 없다는 인식은 만세운동을 탄압했던 일제 경찰과 관료에게도 만연했다. 1920년 3·1운동에 참여했다가 옥고를 치른 이아주가 《동아일보》에 기고한 형무소에서의 경험에 관한 다음의 회고를 보자.

짐승과 같은 대접을 받아가며 칠팔 개월 동안 예심인지 무엇인지 걸려 있다가 십삼 개월 되는 달에 몸에 붉은 옷을 걸게 될 때에 나는 다만 한번 ○고 달게 받았습니다. 붉은 옷을 입힌 후에 죽 둘러안치더니 **"네가 소위 조선 여자이냐? 네까짓 것들이 건방지게 웬 정치에 상관을 하느냐? 아직 조선 여자는 정치에 상관할 정도가 못 된다. 너희는 지금 겨우 가정이나 개량하고 자녀나 잘 양육하여라"** 할 때에 **조선 여자 중 일분자인 저는 가슴을 갈로 버히는(칼로 베는-인용자) 듯이 느끼였습니다. …… 다시 생각하야도 이가 갈립니다.**[38]

독립운동의 정당성 여부를 떠나서 여성은 정치활동에 참여했다는 이유만으로 '건방지다'는 비난을 받았으며, "가정이나 개량하고 자녀나 잘 양육하라"는 훈계를 들었다.

또, 여성이라는 이유로 독립운동에 참가하는 진정성이 의심받기도 했다. 예컨대, 이화학당 재학생으로서 3·1운동에 참여한 유점선에게 경성지방법원 판사 호리 나오요시(堀直喜)가 "피고는 아직 17세로서 독립운동이 무엇인지 모른다. 누구에게 선동받아 참가한 것이 아닌가?"라고 질문했다.[39] 이러한 질문은 여성은 정치에 참여할 수 없는

---

37) 박용옥, 앞의 책(2001), 468쪽.

38) 이아주, 〈출옥자의 감상(2)〉, 《동아일보》, 1920년 4월 20일자.

39) 〈유점선 신문조서〉, 《한민족독립운동사자료집 17: 삼일운동 VII》, 국사편찬위원회, 1994.

존재라는 가정을 내포하고 있다.

당시 일본에서도 법적으로 여성은 정치에 참여할 수 없었다. 일본의 치안경찰법 제5조에는 정치적 결사에 참여할 수 없는 존재로 육해군 군인, 경찰관, 승려, 교원, 학생, 미성년자 등과 더불어 "여자"가 규정되어 있었고, "여자 및 미성년자는 사람을 모으는 정담(政談) 집회의 회동 혹은 발기인이 되는 것을 금함"이라 명시되어 있었다. 여성의 정치 참여를 원천적으로 봉쇄해놓은 조항이라 할 수 있다. 프랑스혁명 이래 여성의 정치 참여 문제가 참정권의 획득 문제로 가시화되었던 서구와 달리, 일본에서는 여성참정권에 대한 요구 이전에 우선 이 치안경찰법의 개정이 중심 과제가 되었다. 1919년 결성된 일본의 신부인협회가 이 치안경찰법 조항에서 '여자'라는 단어를 삭제하기 위한 운동에 매진했던 것은 이 때문이다.[40]

질문 자체에 "가슴을 칼로 버히는 듯이 느끼"고 "이가 갈"렸다는 이아주의 회고에서 드러나듯, 3·1운동에 참여한 여성들은, 가정을 지키는 존재로서 여성은 정치와 무관한 존재라는 발상에 저항감을 갖고 있었다. 앞서 언급한 유점선은 졸업 후 가정인이 될 생각이 아닌가 하는 질문에 "전심전력 공부 중에 있으므로 그런 것을 생각해본 적이 없다"고 대답했고,[41] 최정숙은 "장래 독신생활을 하면서 교육에 종사할 생각"이라고 대답했다.

또한 여성들은 누군가의 선동이나 사주에 이끌려 비주체적으로 만세시위에 나온 것이 아니었다. 각기병으로 발이 아파 누워 있다가 "너무 열광하고 있었기 때문에 발이 아픈 줄도 모르고 시내를 돌아다

---

40) 이은경, 〈모성·참정권·전쟁 그리고 국가─근대 일본 여성운동의 통시적 고찰〉,《비교문화연구》43, 2016, 91~97쪽.

41) 〈유점선 신문조서〉,《한민족독립운동사자료집 17: 삼일운동 VII》, 국사편찬위원회, 1994.

녔"던 경성여자고등보통학교 학생 최정숙은 "민족자결에 대해서 남학생에게 듣고, 독립운동에 참가하라고 권유받은 것이 아닌가?"라고 판사가 묻자 "그런 것을 남학생에게 들은 일이 없다. 신문지상을 통해 알았던 것이다"라고 당당하게 대답했다.[42] 마찬가지로 경성여자고등보통학교에 재학 중이었던 최은희는 자물쇠로 잠겨 있던 기숙사 문을 식칼과 도끼로 두들겨 부수고 거리로 나와 시위대에 합류했다가, "담배를 피워 물고 길가에 버티고 서서 바라보는 제1고보 학생(남학생)"의 방관적인 태도에 분하여 그의 뺨을 갈기며 정치적 각성을 촉구했다.[43]

정치 주체로서 여성이라는 관념은 3·1운동 결과 만들어진 상하이 임시정부의 헌장에 '남녀평등' 조항에서 정점을 찍었다. 〈대한민국 임시헌장〉 제3조에는 "대한민국 인민은 남녀 귀천 및 빈부의 계급이 없고 일체 평등"하다고, 제5조에는 "대한민국 인민으로 공민 자격이 있는 자는 선거권 및 피선거권을 가진다"라고 명기되었다.[44] 〈대한민국 임시헌장〉에 이어 발표된 〈임시의정원법〉에서는 중등교육을 받은 만 23세 이상의 남녀 모두에게 피선거권을 부여했다.[45] 남녀평등을 천명하고 여성에게도 참정권을 부여함으로써 여성의 지위 및 권리와 관련해 획기적인 내용을 담게 된 것이다.

여성참정권운동이 활발했던 영국에서 여성참정권이 인정된 것은 1918년으로, 당시 30세 이상의 일부 여성에게만 제한선거권이 부여되었다. 이후 국민평등선거법의 도입으로 21세 남녀 모두 보통선거

---

42) 〈유점선 신문조서〉,《한민족독립운동사자료집 14: 삼일운동 IV》, 국사편찬위원회, 1991.

43) 여성동아편집부 편, 앞의 책, 165쪽.

44) 국회도서관,《대한민국임시정부 의정원문서》, 1974, 3쪽.

45) 김정인, 〈근대 한국 민주주의 문화의 전통 수립과 특질〉,《역사와 현실》 87, 2013, 228쪽.

권을 획득하게 된 것은 1928년이었다.[46] 일본에서는 1922년 앞서 언급한 치안경찰법에서 '여자 및'이라는 세 글자를 지우는 데 성공한 이후 1924년 부인참정권획득기성동맹회(나중에 '부선획득동맹'으로 개칭)가 결성되어 여성참정권 획득을 위한 운동이 본격화되었지만, 만주사변 이후 정치 상황이 경색되면서 결국 좌절하고 말았다.[47] 이와 같은 상황을 볼 때 식민지라는 열악한 조건에서 수립된 임시정부였지만, 서구나 일본 본토와 비교해보아도 여성참정권 도입에서 오히려 선진적이었음을 확인할 수 있다.

계몽 주체와 대상으로서 '여성'의 분할

3·1운동에 여성들이 적극적으로 참여하고 〈대한민국 임시헌장〉 등을 통해 남녀평등의 원칙이 천명되면서 정치 주체로서 여성에 대한 인식이 급속도로 확산되었다. 다만 이와 동시에 정치 주체로서의 여성이 성립되기 위한 조건으로 '교육'이 강조되기 시작했다는 점 또한 간과해서는 안 된다. 한말 이래 여성운동을 주도한 양반 부인들이 여성 교육을 강조했지만, 정작 그들 자신은 근대교육을 받지 않았다는 점에서, 3·1운동 직후 정치 주체로서 여성을 고려할 때 교육이 자격 요건으로 강조되기 시작한 것은 새로운 현상이었다. 이는 독립운동의 여성 조직화 과정에서도 드러났는데, 여성 독립운동 지도자의 자격 요건으로 학교교육은 필수적인 것으로 인식되었다. 상하이 임시

---

46) 이남희, 〈민주주의와 성별정치학—영국 여성참정권의 확대 과정을 중심으로〉,《역사와 현실》 87, 2013, 139·140쪽.

47) 이은경, 앞의 논문, 97~102쪽.

정부 요원이 국내 항일여성단체로 대조선애국부인회를 조직하고 회원을 규합할 때, 그리고 대한청년외교단원 임창준과 이병철이 대조선독립애국부인회를 조직할 때 '여자고등보통학교 졸업생으로 예수교 신념이 독실한 부녀'를 규합했던 것이나,[48] 대한국민회의 규칙 제3장 향촌회 제1조에 "회원은 해향(該鄉) 내에 거주하는 대한인 남녀 20세 이상인 자로 품행 방정한 자로서 한다. 단, 여자는 중등교육 또는 5년 이상의 교습이 있을 것을 요한다"라고 규정했던 것은 이를 단적으로 보여준다.[49]

이러한 요건에 대해 박용옥은 "교육받은 여성에 대한 요구는 민족의식이나 국가의식뿐만 아니라 사회적 지도력 또는 대세에 대한 올바른 판단력 등이 절대 필요했기 때문이었으리라"라고 해석했다. 그러나 왜 여성에게만 이러한 요건이 요구되었는가에 대해서는 생각해볼 필요가 있다. 이 점은 3·1운동이 신교육을 받은 여학생과 교사 들을 중심으로 주도되었다는 점과 밀접한 관계가 있을 것이다. 3·1운동을 통해 여성도 정치 주체가 될 수 있다는 관념이 확산되었지만, 여기에는 '교육'이라는 정치적 각성 과정이 필수적이라는 인식 또한 부가되었다. 이렇게 교육받은 세대가 정치적 활동의 주체로 인정되자 여성은 계몽자로서 '신여성'과 계몽되어야 할 대상으로서 무지한 '구여성' 혹은 '농촌 여성'으로 구분되었다. '무지한' 여성들을 계몽해 정치 주체로 만들어내야 한다는 사명을 '신여성'들이 자임하기 시작했을 때, '구여성'과 '농촌 여성'들은 계몽 대상으로 새롭게 소환되었던 것이다.

결국 3·1운동은 '정치 주체'로서 여성의 표상을 확산시킨 계기가

---

48) 《독립신문》, 대한민국 2년(1919) 1월 1일자.

49) 한국출판문화원 편, 〈3·1운동〉, 《극비한국독립운동사료총서》 6, 1989, 1337쪽(박용옥, 〈대한독립여자선언서 연구〉, 《한국 여성 근대화의 역사적 맥락》, 지식산업사, 442·443쪽 재인용).

되었지만, 동시에 계몽자로서의 '신여성'과 농촌의 무지한 여성으로 표상되는 '구여성'이라는 여성 내부의 새로운 분할을 촉진시켰다. 그리고 비정치적 존재로서 여성의 이미지는 '구여성'과 맞물리며 지속적으로 남게 되었던 것은 아닌가 한다. 3·1운동의 영향에 관해서는 앞으로 더 검토되어야 할 것이다.

6장

3·1운동 직후 식민지 조선 지식인의 조선 미술 재발견[1]

류시현

대중적 글쓰기와 '조선학'

1919년에 일어난 3·1운동은 민족공동체 구성원 대다수가 참여한 활동이었다. 비록 독립이란 목표는 이루지 못했지만, 3·1운동은 민족적 자아를 확인하는 계기가 되었다. 제1차 세계대전 이후 세계사적으로 "'국민적 부흥'의 제1단계는 민중적 유산을 수집·재발견하고 그 속에서 민중적 긍지를 찾아내는 일"[2]이 이루어졌다. 민족적 자존심을 회복하기 위해 선행되어야 할 민족적 자아라는 정체성은 어떻게 구성될 수 있을까?

근대적 민족주의가 구성되는 과정에서 조선 지식인들에게는 교육과 언론매체를 통한 조선 역사와 문화 연구로 공동체의 정체성을 구

---

[1] 이 글은 류시현, 〈1920년대 초반 조선 지식인의 '조선 미술' 규정과 서술-잡지《동명》을 중심으로〉,《역사학연구》73, 2019. 2. 28을 재수록한 것이다.

[2] 홉스봄 지음, 정도영 옮김,《자본의 시대》, 한길사, 1983, 132쪽.

성하는 것이 중요한 과제였다. 이를 위해 근대적 학문 방법론에 입각해 조선 역사와 문화와 관련해 '조선적인 것'에 대한 연구가 이루어졌다.[3] 그리고 이러한 연구는 일본인 주도의 조선 역사와 문화 연구에 대한 학술적 대응 차원에서 이루어졌다.[4] 그렇다면 한말부터 진행된 조선의 역사, 언어, 예술, 지리 등에 대한 연구와 민족적 '자신감'을 확인했던 3·1운동 직후인 1920년대 초반 연구 활동의 차이점이 무엇인지를 살펴보아야 한다.

  3·1운동 이후 민족이 재발견되었고, 노동자, 농민, 청년 학생 중심의 '대중운동'의 시대가 열렸다. 1920년대 전반기는 다양한 신문과 잡지를 기반으로 지식인이 주도해서 담론을 형성하던 시기였다. 그렇다면 독자층인 민족과 대중(혹은 민중)을 대상으로 한 글쓰기는 어떤 주제로 어떻게 이루어졌을까? 다양한 출판물 가운데 조선 미술에 관한 정리는 민족사 서술의 일환이자 글쓰기를 통해 조선 민족의 정체성을 찾는 작업이었다. 더불어 1920년대 전반기 조선 문화 특히 조선 미술에 대한 정리는 '조선 문화 연구'의 일환인 '조선학'의 형성 과정을 살필 수 있는 주제이기도 하다.

  이 글에서는 최남선이 발간을 주도한 잡지 《동명(東明)》을 중심으로 1920년대 전반기 조선 역사와 문화에 대한 대중적 소개를 살펴보고자 한다. 구체적으로 조선 역사와 문화 가운데 새롭게 주목한 것은 무엇인지, 그리고 역사적 유적과 유물에 대한 새로운 조망이 어떻게 구성되었는지, 나아가 어떤 시대와 어떤 작품을 강조했는지에 관해 살펴보고자 한다.

---

3) 이지원,《한국 근대 문화사상사 연구》, 혜안, 2007 참조.
4) 최석영,《일제의 조선 연구와 식민지적 지식 생산》, 민속원, 2012; 최혜주,《근대 재조선 일본인의 한국사 왜곡과 식민통치》, 경인문화사, 2010 참조.

3·1운동으로 인해 수감생활을 했던 최남선은 출옥한 이후《동명》
을 1922년 9월부터 1923년 6월까지 발행했다. 1920년대 전반기의 학
술·출판 상황을 엿볼 수 있는 이 잡지는 최남선 연구의 일환으로 활용
되기는 했지만,[5] 매체 자체에 대한 본격적인 연구가 이루어지지는 않
았다. 더불어 잡지 발간과 내용 구성에서 최남선의 역할이 크기에《동
명》에 실린 조선 역사와 문화 연구에서 1920년대와 한말~1910년대
조선 문화 인식의 대비가 가능하다는 점이 주목된다.

1920년대 전반기 조선 미술사에 대한 논의에서는 몇 가지 점을 고
려해야 한다. 우선, 아직 조선인에 의한 체계적인 조선 미술사가 서
술되지 않았다.[6] 따라서 언론매체에 게재된 미술 관련 내용에 주목해
야 한다. 그리고 조선 미술사에 대한 논의가 한말~1910년대 이루어
진 일본인 연구자와의 대결의식 속에서 이루어졌다. 특히 조선 미술
관련 대표적인 연구자 세키노 다다시(關野貞)의 논의에[7] 대한 대응으
로 이루어진 조선 미술사 구성의 방향을 살펴보아야 한다. 아울러 내
용 구성의 보완을 위해 당대 대중적 영향력이 컸던《동아일보》와 잡
지《개벽》의 논의를 염두에 두고자 한다.

---

5)   류시현,《최남선 연구》, 역사비평사, 2009 참조.

6)   한말~1910년대 조선 미술에 관한 인식은 안확과 박종홍 관련 연구를 중심으로 이루어졌다.
     안확과 관련해서는 이윤수, 〈안확의 조선미(朝鮮美) 탐구〉,《유교사상문화연구》 제72집, 한국
     유교학회, 2018 참조. 박종홍의 미술사 서술에 대해서는 고성애, 〈박종홍 철학의 형성 과정 연
     구〉,《철학사상》 제48권, 2013 참조.

7)   한말 세키노 다다시의 조선 유물 조사에 관해서는 우동선, 〈세키노 다다시의 한국 고건축 조사
     와 보존에 대한 연구〉,《한국근대미술사학》 제11호, 한국근현대미술사학회, 2003 참조.

1. 조선 문화의 가치에 대한 주목

3·1운동은 민족적 자부심을 확인한 사건이었다. 최남선은 3·1운동을 "온갖 민족적 결핍감이 이 선언을 통하여 방산형(放散形)으로 표상된 것이 삼일사건의 역사적 의미이다[8]"라고 평가했다. 현상윤은 3·1운동 직후 "2, 3년 이래로는 '조선 사람도 존재하다. 조선 사람도 남과 같이 힘쓰면 무엇이나 할 수 있다' 하는 일을 의식하게 되었도다[9]"라고 했다. 이렇듯 이 운동을 계기로 조선 지식인들 사이에서는 조선 민족과 민족문화의 정체성에 대한 다양하고 새로운 모색이 이루어졌다.

> 조선 민족의 생명력이 권력계급 자체의 타락 무신용이 폭로되자마자 민중 자신의 자조적 활동으로 말미암아 …… 민중의 실지 각성을 말미암아 근본적 개화가 생기게 되었습니다. …… 몰랐던 '민족'을 알려 하는—일 없든 '민족'을 찾으려 하는—부서진 '민족'을 반죽하려 하는—지질린 '민족'을 일으키려 하는—파묻힌 '민족'을 끄집어내려 하는 조선인의 갱생열이 다른 방도가 모조리 두색(杜塞)되었기 때문에 겨우 터져 있는 구멍을 뚫고 발표된 것이 그것(3·1운동-인용자)이외다.[10]

3·1운동은 민족운동이면서 동시에 노동자와 농민이 참여한 민중운동이었다. 문일평이 "3·1운동은 즉 갑오혁명(甲午革命, 갑오농민전쟁) 이래 최대한 민중운동이다. …… 그러므로 3·1운동은 그 가치가 독립

---

8) 〈조선민시론(朝鮮民是論) 1〉, 《동명》 제1호, 1922. 9. 3, 4쪽. 〈조선민시론〉은 필자를 밝히고 있지 않다. 그러나 한나라 4군(四郡)에 관한 논지는 최남선이 1918년 《청춘》에 발표한 〈계고차존(稽古箚存)〉에 나타난다. 따라서 〈조선민시론〉의 필자를 최남선으로 추정한다.

9) 현상윤, 〈현하 조선 청년의 심리와 일전기(一轉機)의 필요〉, 《동명》 제3호, 1922. 9. 17, 6쪽.

10) 〈조선민시론 1〉, 앞의 책, 3·4쪽.

운동 자체보다도 그 독립운동에 표현된 민족의 각성과 여자의 각성이란 2대 신(新)현상에 있다. 이로 보면 3·1운동은 정치상뿐 아니라. 문화상에 하나의 신기원을 획하였다"[11]라고 평가한 점에서도 확인된다. 또한 3·1운동에서 민중의 역할은 '국망(國亡)'의 원인을 조선인 전체가 아닌 지배층의 책임으로 돌릴 수 있는 근거를 제기했다.

> 조선 및 조선인으로 하여금 기골 없고, 능력 없고, 염치없고, 생명의 창조가 없어 보이기는 그 본질적 실상이 아니라 부패 타락한 대표 계급에 제한하는 특유(特有) 현상임을 입증하기 위하여 의식 또 무의식한 가운데 많은 숭고한 행위가 생겼습니다. 일 맡겼던 이의 불충으로 말미암아 잃어버린 그것을 민중 자신의 힘으로 회복하려 하는 운동이 과연 경탄할 만치 깊은 근원과 넓은 범위로써 진행되었습니다.[12]

민족과 민중의 역량에 대한 자신감은 민족성 논의를 재론할 수 있는 계기를 제공했다. 일본인들이 주도했던 조선인에 대한 부정적인 인식과 대결할 수 있게 된 것이다. 식민지 상황에서 민족성에 대한 논의는 비유적이고 은유적으로 표현되었다. 3·1운동 직후 최남선은 "오늘날 우리 민족성의 결함을 말하는 이가 맨 먼저 손꼽는 것은 비사회적, 더 적절하게 말하면 자상배제(自相排擠)하는 통습(通習)이다. …… 비사회적 민족성 결함은 결코 최근 3백 년래의 일이 아니라 그 전 이조(李朝) 초에도, 고려 일대에도, 신라조(新羅朝)에도, 병립한 삼국에도, 또 그 이전에도, 거의 일관적 관찰로 부칠 수 있다. …… 민

---

11) 문일평, 〈갑자(甲子) 이후 60년간의 조선〉,《개벽》제43호, 1924. 1, 129쪽.
12) 〈조선민시론 1〉, 앞의 책, 3쪽.

족성에는 불가변적 근본성과 가변적 부착성이 있는데, 우리의 비사회적 경알성(頃軋性)은 환경의 제약으로서 유래한 부착성이기 때문에 우리 금후의 노력 여하는 앞으로 올 희망을 얼마만큼이라도 크고 실(實)답게 할 것이다"[13]라면서 '가변적 부착성'인 요소를 극복할 수 있다는 낙관적인 전망을 피력했다.

민족성에 대한 재인식은 민족사를 새롭게 구성할 수 있는 계기를 제공했다. 최남선은 조선사의 서술은 '민족발달사'[14]이어야 한다고 주장했다. 일반적으로 '발달'이라고 할 때 앞뒤 시대의 변화상에 주목해야 한다. 그리고 민족사를 서술할 때에는 부정적인 역사적 경험에서도 교훈적 요소를 강조해야 한다. 최남선은 "조선 역사상에는 일치할 때에 일치하여 당연한 복보(福報)를 받은 좋은 예증도 많거니와 일치해야 할 때에 일치하지를 못하여 무서운 재화(災禍)를 부른 궂은 예증도 적지 아니합니다. 잘한 것, 못한 것이 마찬가지로 교훈입니다. 단것보다 쓴 것이 흔히 더 좋은 약이 됩니다. 선례보다 악례(惡例)를 더 많이 가진 조선 역사는 그 대신 교훈성이 그만치 우월한 것입니다"[15]라고 보았다.

그렇다면 한말부터 민족사가 서술되었다고 할 때, 그때와 3·1운동 이후 1920년대 민족사 서술과의 차이점은 무엇일까? 1922년 《동명》은 출간 당시부터 조선 민족의 '일치'를 강조했다. 이를 화두로 작성한 글이 〈조선민시론(朝鮮民是論)〉이며, 이 글에서는 한사군의 사례가 적극적으로 해석·활용되었다. 민족사를 서술할 때, 고대사 영역에서

---

13) 〈조선역사통속강화개제(5)〉, 《동명》 제7호, 1922. 10. 15, 8쪽. 이 글은 〈조선역사통속강화〉이고 부제에 개제(開題)가 표시되어 있다. 1930년 1월 14일부터 3월 15일까지 52회에 걸쳐 《동아일보》에 연재된 〈조선역사통속강화〉와 구분하기 위해 〈조선역사통속강화개제〉로 표기한다.

14) 〈조선민시론 7〉, 《동명》 제9호, 1922. 10. 29, 3쪽.

15) 〈조선민시론 6〉, 《동명》 제8호, 1922. 10. 22, 3쪽.

서술하기 어려운 과제가 중국 한나라가 설치했다고 하는 4군에 대한 해석과 평가일 것이다. 널리 알려진 대로 한국 고대사가 중국의 '식민지'임을 강조하는 것은 당대 일제에 의한 식민지 상황을 인정하는 논리로 연결된다. 따라서 민족사가 새롭게 구성되기 위해서는 이러한 논리에 대한 대응이 필요했다. 최남선은 한사군을 민족공동체가 '단합'했던 역사적 사례로 제시했다.

> 역사를 보건대 우리가 조선인이란 자각을 가지게 된 시초는 2천여 년 전에 한(漢)이란 이민족이 국토 한복판에 독립한 집단생활을 시작한 때로부터외다. 이는 진실로 조선 사람이 종족을 이룬 뒤에 처음 당하는 큰 변상(變象)입니다. …… 이 때문에 모처럼 순정하게 발달하여가는 전농적(專農的) 자유사회와 주신적(主神的) 민족 연립이 침융(侵融), 파괴, 저해(沮害), 조체(阻滯)되는 당면의 큰 사실을 대하여서 …… 본유(本有)한 동족(同族)을 안으로 단결하여 다른 곳에서 온 이민(異民)을 밖으로 제압하는 것이 당시 그네에게 최고 유일사(唯一事)임을 발견하였습니다. …… 이때 이네들의 민족적 협조는 그다지 착실하지 못하였지마는 다만 대동일치 때문에 문화와 재력으로 훨씬 우월한 한인(漢人)의 교군(僑郡)을 불과 수십 년 동안에 거의 전멸케 하는 대공적을 이루었습니다.[16]

한국 고대사에 대한 부정적 이해와 달리 최남선은 이 글에서 당대의 시대적 상황을 '전농적 자유사회와 주신적 민족 연립'이 발달하고 있었다고 이해했다. 2,000년 전 고대사회는 이미 농경사회가 정착되었고, '주신(主神)'이란 종교적·집단적 정체성이 수립된 것으로 보았

---

16) 〈조선민시론 3〉, 《동명》 제3호, 1922. 9. 17, 3쪽.

다. 나아가 한사군의 설치를 민족적 자각의 계기로 적극적으로 해석했다. 그리고 대동일치했기 때문에 문화와 재력이 우월했던 중국인의 교군을 불과 수십 년 만에 거의 전멸하게 한 공적이 있다고 해석했다. 이렇듯 민족 일치의 사례를 역사에서 확인하는 것이 최남선에게 중요했다. 그는 이러한 역사 해석을 통해 당대 일제의 고대사 인식에 대한 '대결의식'을 드러냈다.

《동명》에서는 민족(혹은 민중) 독자를 대상으로 한 글쓰기가 이루어졌다. 3·1운동으로 민족이 재발견되었다고 할 때, 민족을 대상으로 한 글쓰기는 무엇을 고려해야 했을까? 〈조선역사통속강화개제〉를 연재하던 중에 최남선은 〈필자에게서 독자께〉란 글을 발표했다. 여기서 그는 "통속강화는 본래부터 중등(中等) 정도를 지낸, 즉 이 학생을 표준 삼아서 쓰려는 것입니다. 그런데 개제가 너무 장황한 것은 얼마쯤 지리한 듯합니다마는 조선 금일의 실세(實勢)—역사에 관한 준비 지식이 도무지 없고 용어조차 대체 서투른 조선에서 잡지의 연재물로 보통인을 대상으로 쓰는 경우에는 도리어 필요한 단계로 생각되어 일부러 조금 번거롭게 하는 것이오니 이 점 알아주시옵소서"[17]라고 밝혔다. '보통인'으로 표현된 대중(혹은 민중) 독자의 눈높이를 고려한 글쓰기가 시도된 것이다.

민족 단위의 역사적 '가치'에 주목했던 민족사 서술에서는 조선 예술품의 가치가 강조되었다. 설태희는 민족적 요소로 백두산, 을지문덕, 이순신 같은 위인을 강조하면서 "우리 조선(祖先)이 끼치신 혁혁한 훈업과 탁발(卓拔)한 예술은 영원히 우리와 함께 있어, 우리로 하여금 그를 저버리지 못하게 할 것이니, 누구의 폭위(暴威)로써 능히

---

17) 최남선, 〈필자에게서 독자께〉, 《동명》 제10호, 1922. 11. 5, 6쪽.

이를 민멸(泯滅)케 할 수 있으래. 오! 조선은 오직 조선인의 조선인
저"[18]라고 천명했다. 조선인의 역사적 활동 가운데 조선인의 예술적
업적에 주목하기 시작한 것이다.

물론 1910년대에도 조선 예술과 미술에 주목했다. 1915년 안확은
"미술은 정신이 물류(物類) 중에 드러난 것이라. 그러므로 미술품의
영묘(靈妙) 여부는 재료의 양부(良否)에 관계함이 적고 사상의 표현에
존(存)하니 …… 국민의 문화사상을 관(觀)함에 미술과 같은 것이 없
으며, 또 미술공예의 성쇠는 국가 치란(治亂), 흥폐(興廢)에 수반하는
것이라"[19]고 밝혀 국민성과 예술(미술)의 관련성을 강조했다.

조선 미술사 서술과 관련해 국민을 강조했던 안확의 서술과 대비
되어 3·1운동 이후에는 민족이 강조되었다. 아울러 전자의 글이 지식
인 독자를 대상으로 했다면, 후자의 글은 대중 독자를 염두에 두었다.
또한 1920년대 전반기 조선 미술사에 대한 논의를 살펴보면, 조선 민
족의 문화와 사상을 조선 미술을 통해 확인하고자 했던 점이 주목된
다. 필연적으로 이러한 논의는 일본인에 의한 조선 문화 연구와 대결
을 불러왔다.

2. 일본(인)의 조선 연구와의 대결

근대적 학문 방법론의 소개와 수용은 분야별·주제별 연구의 확장
과 적용이 가능해졌음을 의미한다. 안확은 조선 미술사를 연구한 계

---

18) 설태희, 〈조선은 오직 조선인의 조선〉,《동명》제2호, 1922. 9. 10, 12쪽.
19) 안확, 〈조선의 미술〉,《학지광》5, 1915. 5, 47쪽.

기에 관해 "유사(有史) 이래 사천여의 세륜(歲輪)이 환전(換轉)할 새 그 찬란하다는 미술의 조성(造成)으로써 우리의 천직(天職)을 삼아오도 다. 천직이 있는 우리로서 금일에 이르기까지 아직도 일부(一部)의 미술사가 없다고 함은 우리의 무상(無上)한 수치가 아닐까. 과연 통탄함을 감당할 수 없는 바로다"[20]라고 밝혔다. 조선인에 의한 조선 미술사 연구의 필요성을 강조한 것은 자국 문화에 대한 자국인의 연구가 없음을 '수치'라고 본 것과 연동된다. 이것이 1920년대 조선 문화 연구의 문제의식과도 연결되는 화두였다.

당대 연구자들은 조선사 연구의 부족을 극복하는 당면 과제를 우리 민족이 일본에 미친 영향에서 찾았다. 한 사례로 1920년대 전반기 조선 미술사를 전체적으로 구상하고자 했던 박종홍은 "동(東)으로 류(流)하매 부상국(扶桑國, 일본을 가리킴-인용자)의 사천왕사(四天王寺)를 세우며 법륭사(法隆寺)를 설립했고 그들의 미술사에 있어서 황금시대의 조성자는 우리 배달족(倍達族)이 있음일새로다"[21]라고 주장했다. 하지만 화려한 과거는 비참한 당대와 대비되어 설득력을 잃기 쉬웠다. 게다가 일본의 '근대'는 비판보다는 선호할 수밖에 없는 요소가 많았다. 조선의 유적과 유물에 대한 일본인의 태도 역시 그러했다. 최남선은 일본인의 문화재 도굴행위에 대해서는 비판했지만 '고적조사 사업'은 긍정적으로 평가했다.

최근 10, 20년 동안 몰염치한 일본 사람 — 멀끔한 불한당들이 들어 와서 땅속까지 호비고 훑는 통에 모처럼 뒤에 온 학자의 보고가 기막히

---

20) 박종홍, 〈조선 미술의 사적 고찰(1)〉, 《개벽》 22, 1922. 4, 13쪽.
21) 위의 글, 21쪽.

게 비참한 피해를 입은 것은 생각할수록 가석한 일이다. …… 그러나 미운 일본인은 동시에 고마운 일본인임을 생각하지 아니치 못할 것이다. 한 가지, 그래, 꼭 한 가지 일본인을 향하여 고맙다고 할 일이 있다. 그는 다른 것 아닌 '고적조사사업'이다. 모든 것이 다 마땅치 못한 가운데, 꼭 한 가지 칭찬하여줄 일이 고적의 탐구와 유물의 보존에 대하여 근대적·학술적의 노력을 쌓아감이다. 우리 자신으로 말하면 무안한 일이요, 부끄러운 일이요, 잔등이에 화톳불을 질러놓은 일이지마는 조선 사람이 아니하는 조선 일을 일본인으로 하는 것이기에 그 공열(功烈)이 더욱 빛나는 것이다. 문화에는 국경이 없다 할지라도 — 학술에는 내남이 없다 할지라도, 일본인의 손에 비로소 조선인의 생명의 흔적이 천명된다 함은, 어떻게 큰 민족적 수치인 것은 더 할 말 없는 것이다.[22]

최남선의 위의 글은 조선의 유물과 유적을 대하는 입장에 따라 일본인을 '미운 일본인'과 '고마운 일본인'으로 구분했다. 그리고 후자의 경우 '고적조사사업'을 예로 들며 이들이 "고적의 탐구와 유물의 보존에 대하여 근대적·학술적의 노력"을 한 점에 주목했다. 《동아일보》에서도 일본인의 조선 유적과 유물 보존에 관해 높게 평가했다.[23]

안확도 "아 옛날의 문화는 동양에 선갑(先甲)이 되었으나 조선(祖先)의 유적은 땅속에 매몰할 뿐이요, 누가 이를 발견하여 애중(愛重)할 마음을 세울 자가 없으며, 또 미술품 보존의 사상이 결핍하여 사원(寺院), 개인을 불문하고 그 저장이 부(富)하지 못하며"[24]라고 밝혔

---

22)　최남선, 〈조선역사통속강화개제(4)〉, 《동명》 제6호, 1922. 10. 8, 11쪽.
23)　관련 기사로 〈조선고적연구 일본 학자 간에〉, 《동아일보》, 1922년 12월 7일자; 〈동양문화보존 일중(日中) 협력 실행〉, 《동아일보》, 1924년 12월 27일자 등 참조.
24)　안확, 앞의 글, 51·52쪽.

다. 물론 일제의 이러한 활동에 대한 비판도 존재했다. 박종홍은 다음과 같이 주장했다.

당국에는 이른바 고적조사회라는 것을 설치한 듯하도다. 물론 다소간 그 효과가 나타나지 아니함은 아니나, 오직 그 조사라는 명목을 고수하야 조사함에 그칠 뿐이오. 한 걸음도 그 보존법에 유의함에까지는 나가지 못한 듯하도다. 곳곳에 명승구적보존회(名勝舊蹟保存會)라는 몇몇 유명무실한 단체가 있다고 하여 그를 믿을 것인가. …… 유명하다는 사찰에서 이를 감(感)하며 경향의 이른바 박물관이라고 칭하는 곳에서 이를 한탄하는 바로다. 우리는 그들에 대하야 과연 문외한이라. 그러나 경비의 곤핍함과 개축(改築), 수선 등의 용이하지 못함은 짐작하지 못하는 바도 아니거니와 일시적의 도장(塗裝)이 긴 세월의 경제를 위하는 대책이 아니며 고려함이 없는 보존과 진열의 법(法)이 그 본의를 전하지 못할 것임도 추측하지 못하는 바가 아니로다.[25]

미술사의 필요성은 1910년대부터 제기되었다. 안확은 일본 유학생 독자를 대상으로 한 잡지 《학지광(學之光)》에 "우리가 고대 미술을 보면 자가(自家) 보수(保守)의 지조가 무엇이며 고대 유물을 보면 애고(愛古)의 정(情)이 어떠하며 조선의 미술품이 외국 박물관에 진열하여 큰 칭찬을 받는다면 이를 듣고 외국에 대한 과시의 정이 어떠한가. 미술의 관계가 이처럼 중대하거늘 소위 고등 학식을 닦는 사람은 임관열(任官熱)에 눈이 빨갈 뿐이요, 이에 대한 연구는 전혀 없는지라"[26]

---

25) 박종홍, 〈조선 미술의 사적 고찰(8)〉, 《개벽》 29, 1922. 6, 5쪽.
26) 안확, 앞의 글, 52쪽.

라고 문제를 제기했다.

한편, 최남선은 조선의 유적과 유물 가운데 고구려 벽화에 주목했다. 그는 "벽화는 진인(震人) 고유의 영활(靈活)한 소지(素地)에, 인도적 의장(意匠)과 페르시아적 기교와 남방〔漢土, 중국을 가리킴-인용자〕의 문기(文氣)와 북방적 무풍(武風)을 융회화합(融會和合)하여 용주(鎔鑄)출래(出來)한 기품(奇品)이니 …… 조선 고미술(古美術)의 정화(精華)요 동양 최고(最古)의 예술상 실적으로, 세계 예원(藝苑)의 절보(絶寶)임은 물론이거니와, 겸하여 당시 고구려 문화가 여하히 세계적·패자적임을 볼 수 있을 것이요, 우리의 예술적 재원(才媛)이 얼마나 구원(久遠)하고 예술상 문벌(門閥)이 얼마나 귀영(貴榮)함을 증명하는 것이로다"[27]라고 평가했다. 그는 고구려의 벽화가 동양에서 제일 오래되었고, 세계적으로 귀중한 보물이라고 본 것이다.

최남선은 고구려 벽화의 예술적 가치를 높게 평가하면서, 그 가운데 매산리 사신총(평남 용강), 안성동 쌍영총(평남 용강), 우현리 대묘(대동강 서쪽), 통구 삼실총(압록강 서쪽) 등을 언급했다. 우현리 대묘(강서대묘)는 1912년에, 매산리 사신총(수렵총)과 안성동 쌍영총과 통구 삼실총은 1913년에 정식으로 발굴되었다.[28] 고구려 벽화는 1902년 평양지역의 강서대묘와 1907년 지안 지역에서 프랑스 학자 에두아르 샤반(Édouard Chavannes)이 산연화총을 발견한 이후, 1912년경부터 본격적인 조사가 이루어졌다.

최남선은 고구려 고분벽화에 대한 정보를 어디에서 얻었던 것일까? 그가 언급한 고구려 고분 4기의 벽화는 누구에 의해, 언제 조사가 이

---

27) 최남선, 〈아등은 세계의 갑부〉, 《청춘》 7, 1917. 5, 52쪽.
28) 이종수, 《벽화로 꿈꾸다》, 하늘재, 2011, 270~291쪽.

루어진 것일까? 1910년대 세키노 다다시의 연구 성과가 바탕이 되었으리라고 짐작된다. 1909년에 출판된 《한홍엽(韓紅葉)》에 실린 세키노의 〈한국 예술의 변천에 대하여〉에서는 아직 고구려 고분에 대한 논의가 없었다. 그는 1912~1913년의 조사를 바탕으로 1914년에 〈평양 부근의 고구려시대 분묘 및 회화〉 전편을 발표했다. 그는 이 글에서 평양 지역 고구려 고분 8기에 대한 구조와 벽화에 대해 소개했는데, 당시로부터 1,350~1,450년 전의 것으로 보이는 고구려 벽화에 관해 "6조시대의 회화의 대작(大作)은 지금 중국에서 발견되지 않으므로, 실로 동양 최고(最古)의 회화"[29]라고 평가했다.

세키노의 학술 활동에 대해서는 일찍부터 알고 있었다. 안확은 1915년 5월 《학지광》에 발표한 〈조선의 미술〉에서 "조선 미술에 관한 연구는 도리어 외인(外人)이 각지에 유린(蹂躪)하여 고묘(古墓)를 발굴한다, 유물을 조사한다 하여 세키노(關野)·야스이(谷井) 같은 이는 조선 내지에 축도(蹴蹈)치 않은 곳이 없으며, 서적으로도 샤쿠오 순죠 같은 이는 《조선미술대관(朝鮮美術大觀)》을 출간하며, 아라이 겐타로(荒井賢太郎) 같은 이는 《조선예술지연구(朝鮮藝術之研究)》를 저술하고 기타 여러 잡지상에 조선 미술에 대한 조사 평론이 왕왕 노출하니 조선의 주인옹(主人翁) 되는 자가 어찌 부끄럽지 않으며 어찌 안타깝지 않으며 어찌 애석하지 않으리오"[30]라고 밝혔다. 최남선은 고적 보존 활동의 대표적인 인물로 세키노 다다시를 꼽았다.

조선에서 실지의 유물·유적을 가지고 학술적 연구를 시작하기는 광

29) 關野貞, 〈平壤附近に於ける高句麗時代の墳墓及繪畫〉, 《建築雜誌》 326호, 1914. 2; 《朝鮮の建築と藝術》, 岩波書店, 1941, 410쪽 재인용.

30) 안확, 앞의 글, 52쪽.

무 6년(1902-인용자)에 동경제국대학의 세키노 씨가 건축 조사에 착수한 것이 비롯이다. 그 결과가 그 이듬, 이듬해에 《한국건축조사보고》로 났다. 융희 3년(1909-인용자)에 대한정부에서 고건축물 및 고적 조사를 착수하게 되매, 그때 인연으로 세키노 씨가 그 소임을 맡게 되었다. 그 결과로 《한홍엽》, 《조선학술지연구》, 《동 속편》 등이 났다. 그 뒤에 일본 사람에게로 계승되어 규모가 점차로 확대되고 사업도 크게 진척되었다. 이로부터 선사 유적·고분·사적 등의 탐사·연구·발굴·보수 등 여러 방면으로 각 해당 방면 전문학자의 손에 상당히 볼만한 성적이 생겼다. 병진(1904-인용자) 이래로 해마다 내는 조사보고서와 평안남도에 있는 한나라가 설치한 군(郡) 및 고구려의 유적에 관한 특별보고서, 시베리아에 있는 고민족의 유적에 관한 특별보고서 등은 다 그 노력의 산물이다. 그 중에서도 《조선고적도보》(기존 간행 7책)는 순수한 학술적 편찬으로 귀중한 내용을 가져서 학계의 불후적 건수(建樹)가 되었다.[31]

최남선은 세키노의 업적 가운데 《한국건축조사보고》(1904), 《한홍엽》(1909), 《조선고적도보》(1915~1935) 등을 긍정적으로 언급했다. 이러한 조선 문화 관련 책과 보고서에는 세키노의 한국 역사에 대한 이해가 반영되어 있었다. '식민사학'이 그러했듯이 세키노의 조선 문화 인식은 기본적으로 첫째, 고대부터 당대까지 조선 예술품은 중국의 것을 모방했으며 둘째, 조선 예술의 '황금기'를 통일신라시대로 간주함으로써 고려시대와 조선시대를 '쇠퇴기'로 보았다는 특징이 있다.[32] 중국을 '모방'했다는 주장을 넘어선 독자성에 대한 모색이, 그리고 통일신라시대가 예술적 절정기라는 평가에 대응해 고려와 조선

31) 최남선, 〈조선역사통속강화개제(4)〉, 앞의 책, 11쪽.

시대 예술품에 대한 가치를 어떻게 볼 것인가 여부가 최남선을 비롯한 조선 문화 연구자들의 고민이었다.

3. 조선 미술사에 대한 서술 방향

민족(혹은 민중) 독자를 대상으로 한 미술사 구상의 전제는 미술사 서술의 기반이 되는 민족사 서술의 방향을 살펴보는 것에서 출발해야 한다. 최남선은 〈조선민시론〉에서 삼국시대 신라의 역할을 적극적으로 해석했다. 그는 "고구려는 고구려의 소임 하나를 맡았었고, 신라는 신라의 소임 하나를 맡았었습니다. …… 고구려는 북쪽 한편을 뚱구려서 민족 통일의 절반을 요리하는 데 자아의 존엄을 중심으로 하여 조선 민족성의 일면을 개부(開敷)시킴이 그의 소임이었습니다. 신라는 남쪽 한편을 반죽하여서 민족 통일의 나머지 일반을 관장하는 데 가치의 생산을 주안으로 하여 조선 국기(國基)의 일부를 전고(奠固)시킴이 그의 소임이었습니다"[33]라고 보았다. 기존의 민족주의 사학이 부여계의 역사를 강조한 반면에[34] 그는 신라와 고구려의 역사적 역할에 동등한 가치를 부여한 것이다.

삼국시대 신라와 고구려에 대한 인식은 당대 미술품에 대한 평가로 연결되었다. 안확은 "조선 미술은 그 연원이 중국 및 인도에서 수

---

32) 한말~1910년대 세키노 다다시의 조선 예술품에 대한 입장에 관해서는 류시현, 〈1900~1910년대 세키노 다다시의 조선 문화 연구〉,《인물사회과학연구》제19권 제2호, 부경대학교 인문사회과학연구소, 2018 참조.

33) 〈조선민시론 7〉, 앞의 책, 3쪽.

34) 민족주의 사학의 역사인식에 관해서는 이만열,《한국 근현대 역사학의 흐름》, 푸른역사, 2007, 223~339쪽 참조.

입하여 효방(傚倣)하였다"라는 일본인의 주장에 반론을 제기했다. 불교 수입 이전의 미술로 고구려 고분, 삼한 궁실의 유적, 부여왕의 옥관, 신석기 유적 등을 언급했다. 그리고 불국사 대종(성덕대왕신종-인용자)에 대해서도 "당식(唐式)도 아니요 인도식도 아니요 순연한 한식(韓式)이며 첨성대, 석등, 동불 등은 동양 미술사의 자료로 매우 중요한 표본이라 함은 서양 미술가의 일컫는 바이며" 또한 《선화봉사고려도경(宣和奉使高麗圖經)》에서 고려청자를 언급한 부분을 인용하면서 "이로 말미암아서 보면 우리 조선 미술품은 중국이나 인도의 제법(製法)을 모방함으로써 사상의 동기라 함은 만부당하니라"[35]라고 주장했다.

이처럼 학술적 영역에서 일본 측의 조선 예술 연구에 관한 대응 논리가 점차 구축되어갔다. 당대 '조선 미술'과 관련된 일본인의 연구는 중국을 '모방'했다는 측면이 강조되었다. 따라서 조선학 연구는 중국과 인도의 문화를 수입해 모방했다는 전제를 비판하고, 서양 및 중국의 문화와 다른 조선 문화의 독자성을 찾는 것에서 시작하고자 했다. 다시 말해 '조선적인 것'에 관한 연구는 중국과 일본이란 타자와의 관계망 속에서, 그리고 이에 관한 근대적 학문 방법론을 통해 체계적으로 정리해야 했다. 이러한 이해의 연장선에서 민족사를 서술하는 데 신라의 삼국 통일을 긍정적으로 평가했다.

고구려 이상의 일치력을 성취한 것이 신라의 유일한 제승적(制勝的) 세력이었습니다. 통일의 대업을 성취할 무렵 신라는 사회의 유기적 기능을 극한까지 발휘한 좋은 표본이었습니다. 사회력과 민족 생명의 감응적(感應的) 상관관계를 영묘한 천재로써 조소(彫塑)한다면 아무든지

---

35) 안확, 앞의 글, 50쪽.

통일 임시(臨時)의 신라 정형(情形)을 고대로 만들어놓을 것입니다. 이때 신라의 족능(族能) 발휘상은 일개 위대한 사회적 예술품으로 과연 무한한 감흥과 불후의 생명을 가졌습니다.[36]

최남선은 신라의 삼국 통일에 대한 재해석을 바탕으로 통일신라의 '예술품'에 주목했다. 당대 민족주의 사학자들은 한국 고대사에서 고구려의 역사를 주목한 반면, 신라의 삼국 통일에 대해서는 부정적이었다. 통일신라시대의 미술사 연구는 중국을 모방하지 않은 신라 고유한 모습의 '순수한 조선적인 것'에 주목했고, 이와 병행해 조선 예술의 우월성을 천명할 수 있는 요소가 강조되었다.

한편, 통일신라시대를 '황금기'라고 이해하는 인식을 넘어서기 위해서는 고려시대와 조선시대에 대한 적극적인 평가가 필요했다. 최남선은 고려시대에 대해 "국축(局縮)한 반도조선을 연장하여 대륙조선의 본태(本態)에 돌아가게 함이 고려인의 조선 전(全) 역사에 대하여 부담한 시간적 부서(部署)입니다. …… 고려 하나가 당시 천하에 존(在)하여 유일무이한 국가적 독립과 민족적 자활을 보유(保維)한 것을 보게 됨은 다만 조선사에서의 일대 이채(異彩)일 뿐 아니라 실상 세계사상에 거의 드문 일대 특례(特例)라 할 것입니다"[37]라고 주장했다. 그는 고려시대를 한반도란 공간적 단위를 넘어서 평가하고자 했다. 이러한 적극적인 평가는 고려의 후삼국 통일에도 적용되었다.

고려인들은 옛적부터 자기의 왕업이 신라의 그것을 계승한 것으로

---

36) 〈조선민시론 6〉, 앞의 책, 3쪽.
37) 〈조선민시론 11〉, 《동명》 제13호, 1922. 11. 26, 3쪽.

생각한 일이 없습니다. 신라를 대신하여 흥기한 줄로 자처하지 아니하 였습니다. 줄여 말하면 고려인의 안중에는 통일신라란 것이 당초에 영 상(映像)된 일이 없었습니다. …… 고려인의 생각에는 자기네들이 껑충 뛰어서 바로 고구려의 서업(緒業)을 계승한 양으로만 생각하였습니다. …… 고려의 창업은 신라에 대한 혁명이 아니라 삼한을 비로소 참으로 통일한 것으로 생각하였습니다. 고구려의 주요부를 제쳐놓은 신라의 통 일은 사실상으로 보아 통일이 아니라 하였습니다. …… 당이라는 차력 (借力) 약효가 붙어 있는 동안만 신라에게 환멸적 통일이 있은 것이라 하는 고구려인은 자주적 정신과 자조적 기백에 있어서 가장 고귀하고 신성한 민족적 긍지를 초국가적 존재기에 지속하였습니다. …… 타력적 통일―불순성 통일을 자력적 통일―순전성 통일로 화(化)하는 못자리 가 여기서 생긴 것입니다. 아무렇게던지 통일의 흉내라도 내어야 하겠 음을 발견한 자는 신라인입니다. 통일은 반드시 자력적 통일―내응적 (內凝的) 통일이라야 할 것임을 발견한 자는 고려인입니다.[38]

최남선은 고려의 후삼국 통일을 높이 평가했다. 고려의 역사적 사 명에 관해 "고려 일대의 역사를 추진시킨 근본 동력은 '조선'의 북진 입니다. …… 조선인의 민족적 발견이 고려인의 손에 그만큼 진보되 고 향상된 것입니다. …… 고려 일대의 북면(北面) 회척(恢拓)은 어찌 말하면 한 뼘만도 못한 작은 땅일망정 그 관념상의 가치는 실상 알렉 산더 세계, 카이사르 제국, 나폴레옹 천하보다도 더 웅장 더 위대한 훈 업(勳業)인 것입니다"[39]라고 적극적으로 평가했다. 더불어 그러한 역

---

38) 〈조선민시론 9〉, 《동명》 제11호, 1922. 11. 12, 3쪽.
39) 〈조선민시론 10〉, 《동명》 제12호, 1922. 11. 19, 3쪽.

할의 담당자로 "민족적 자각의 정통을 전승하는 민중"이 강조되었다.

민족사의 관점에서 고려시대를 긍정적으로 이해했지만 조선시대를 적극적으로 파악하기는 쉽지 않았다. 조선 지식인으로서 '국망'의 원인이라고 간주된 조선시대를 긍정적으로 조망하기는 어려웠던 것이다. 1910년대 중반 안확은 조선 미술의 기원을 단군시대부터 '독립적으로 대발달(大發達)'한 것으로, "우미, 고상한 기품과 장엄 웅대한 풍격(風格)"이 있다고 보았다. 나아가 비록 조선시대에 대한 '애중(愛重)'은 '조선의 주인(主人)'에 의해 이루어져야겠지만, 조선시대에 '쇠퇴', '퇴축'을 경험했다고 보았다.[40] 미술품의 경우 불교와 달리 유교의 수용으로 인해 "불교 동점(東漸)이 미술공예에 대하여 급격한 진보를 촉진하였다 하면 괴이하지 않으나 미술 동기가 불교라 함은 불가하며 유교 숭배가 오히려 미술을 방해하였다 함이 옳으며 이로써 동기라 함은 크게 불가하도다"[41]라고 비판적으로 보았다.

최남선의 경우도 그러했다. 그는 근래 미술이 쇠퇴한 이유에 관해 정치적 압박, 탐관오리의 박탈과 함께 유교 때문이라고 보았다. 특히 "유교가 발흥된 이후로 세상 사람이 미술은 오락적 완농물로 여기고 천대한지라 …… 미술의 부진은 유교의 천대를 수(受)하여 멸망에 이르렀다. …… 특히 미술의 발달뿐 아니라 만반사위가 다 이로써 퇴축을 작(作)한지라 이 때문에 유교는 우리 조선인의 대원수(大怨讐)라 하노라"[42]라고 보았다.

이처럼 최남선은 조선시대를 긍정적으로 평가하지 않았지만, 조선 미술을 통사적으로 서술하기 위해서는 조선시대에 대한 긍정적 평가

---

40) 안확, 앞의 글, 50~52쪽.
41) 위의 글, 50쪽.
42) 위의 글, 51쪽.

가 전제되어야 했다. 따라서 최남선은 《동명》에 조선 도자기에 대한 관심과 이에 대한 적극적인 평가를 한 일본인 두 명의 글을 번역해서 소개했다. 야나기 무네요시(柳宗悅)가 일본 문예잡지 《시라카바(白樺)》(1922년 9월호)에 쓴 〈조선 도자기의 특질〉이란 글을 《동명》 7~10호 (1922년 10월 15일~11월 5일)에 4회 연재하고, 아사카와 노리다카(淺川伯教)가 쓴 〈이조 도기(李朝陶器)의 사적(史的) 고찰〉을 《동명》 11~16호 (1922년 11월 12일~12월 17일)에 6회 연재했다.

번역은 서구 문명과 문화를 수용하는 지적 행위이며 타자와의 교류를 통해 자기 정체성을 자각하는 '문화적 실천'이라 할 수 있다.[43] 《시라카바》에 실린 〈조선 도자기의 특질〉을 번역한 것이 그 한 사례이다. 이 글에서 야나기는 고려자기와 대비된 조선자기의 가치를 강조했다. 그렇다면 당대 야나기의 조선 문화에 관한 많은 글 가운데 이를 선택한 이유가 있을 것이다. 잡지 《동명》은 이 글을 번역·소개한 첫 부분에서 그 이유에 관해 일기자(一記者)라는 필명으로 "한편으로는 씨의 사업을 찬양하는 의미도 있고, 또한 사도(斯道)에 유의하시는 독자 여러분에게 참고가 될 줄 믿습니다"[44]라고 밝혔다. 조선인 연구자의 각성을 요구한 것이다.

번역된 이 글에서 야나기 무네요시의 조선시대에 대한 긍정적 입장이 주목된다. 그는 조선시대에 관해 "반도가 대륙에 대한 명수(命數)로 인하여 아직도 정치는 대명(大明)에 구애되지 않으면 아니 되었을 것이다. 그러나 조선시대에는 예술로든지 습관으로든지 문자로든지 조선은 자기의 개성 안에서 맘껏 살 수 있었다. …… 말기의 예

---

43) 최경옥, 《번역과 일본의 근대》, 살림, 2005, 4쪽.
44) 최남선, 〈조선역사통속강화개제(8)〉, 《동명》 제10호, 1922. 11. 5, 6쪽.

술이라 하여 늘 천시되고 냉시(冷視)되어온 재래의 불운한 명수가 이로 말미암아 다소간이라도 엄정케 될 수 있으면 매우 다행이라 하겠다."[45]라고 전제했다.

야나기 무네요시는 조선시대의 문화와 정치적 측면을 구분해서 평가했다. 그는 "그 왕조는 외적으로 위대한 왕조는 아니었다. …… 그러나 한번 조선에 들어오면 중국의 수법은 저작(咀嚼)되고 변화되어 미(美)는 전혀 다른 방면으로 전환하였다. …… 조선의 독특한 화법으로써 자기의 무늬로 고쳐 만들었다. …… 그것은 중국의 것도 일본의 것도 아니었다"[46]라고 밝혔다. 중국과 일본의 문화와 구분되는 독자적인 조선시대 문화에 주목한 것이다. 더불어 통일신라시대를 예술·문화의 정점으로 생각하는 것과 달리 고려시대, 조선시대에도 의미를 부여했다.

안확은 도자기에 대해 "도기 작법은 대발달하니 의장 양식의 풍부와 그 수법 기공의 교묘 및 유약 등은 실로 놀랄 만하겠고 …… 그러나 이조시대에 지(至)하여는 크게 쇠퇴하여 거의 멸절지경(滅絶之境)에 이르렀도다"[47]라고 비판했다. 이러한 조선시대에 대한 부정적인 인식에 반대해서 아사카와 노리다카는 "이조시대에 마치 도기가 쇠퇴한 것같이 생각한다. 그러나 이것은 심한 독단이니 자세히 조사하여보면 조선의 도기는 이조에 이르러서 진정한 고유한 색채가 표현되었다고 하고 싶다"[48]라고 주장했다. 나아가 조선 도자기에 대해

---

45) 야나기 무네요시, 〈조선 도자기의 특질(1)〉, 《시라카바》, 1922년 9월호; 《동명》 제7호, 1922. 10. 15, 18쪽.

46) 야나기 무네요시, 〈조선 도자기의 특질(3)〉, 《시라카바》, 1922년 9월호; 《동명》 제9호, 1922. 10. 29, 13쪽.

47) 안확, 앞의 글, 51쪽.

48) 아사카와 노리다카, 〈이조 도기의 사적 고찰〉, 《동명》 제11호, 1922. 11. 12, 7쪽.

"잘된 것은 보고 또 보아도 염증이 나지 않는다. 이런 작품은 중국의 어디에도 없을 것이다. 그 시대에는 조선 것이 되어 있다. 그리고 그 아름다움은 타국의 우수한 작품과 비교하여도 결코 손색이 없다"[49] 라고 평가했다. 조선시대 도자기의 독자성을 부각한 것이다. 야나기도 고려시대와 조선시대의 도자기를 대비해 다음과 같이 언급했다.

> 도자기에 있어서 이조(李朝)는 독립적이라고 나는 생각한다. …… 저 고려시기에 볼 수 있었던 섬세하고 우미한 감정이 예리한 형상이나 선은 조선에서 현저한 변화를 보였다. 외형은 단순화되고 형과 양이 확대되어 감정보다도 오히려 의지의 미가 중심이 되었다. …… 고려조에서는 그리 흔하지 않았던 항아리가 이조에서는 활발하게 제작되었다. …… 곡선에 직선을 섞은 것은 지(地)의 미(美)와 역(力)의 미(美)를 탐구한 결과이다. 아연(俄然)히 변화를 받은 이조의 형상은 유교의 배경 없이는 생각할 수가 없다. 조선은 이 당시 요예(窯藝)에서 일찍이 없던 위엄의 미를 구하였다. 고려 작품에 여성의 미가 있었다면 이조 작품에는 남성의 미가 있다. 감정보다도 의지가 미를 지배한 것이라고 볼 수 있다.[50]

고려의 여성성과 조선의 남성성을 대비한 것이 특징이다. 거듭 조선시대의 예술품에 대해 야나기 무네요시는 "대개는 그것이 말기의 작품이라 하여 천대하는 것 같다. …… 조선 예술에 대한 새로운 변호를 세상에 보내려고 한다. …… 그 미(美)는 단순화로의 복귀이다. …… 복잡하고 기이한 형상이 거기에는 없다. …… 그러한 예술로 인

---

49) 아사카와 노리다카, 〈이조 도기의 사적 고찰〉, 《동명》 제12호, 1922. 11. 19, 7쪽.

50) 야나기 무네요시, 〈조선 도자기의 특질(2)〉, 《시라카바》, 1922년 9월호; 《동명》 제8호, 1922. 10. 22, 12쪽.

해 명예롭다. …… 조선사에서 잔혹한 정치에 외면하는 사람은 있을 지언정 미래의 역사는 영원히 조선의 요예(窯藝)를 예찬할 것이다. …… 불행하게도 그 민족은 지금 이러한 일을 의식할 여가도 없고 관심도 없다. 얼마나 위대한 것이 자국에 있는가를 이해하는 사람은 거의 없다. 도리어 그 민족의 적이라고 생각하는 일본의 우리들이 그 미를 옹호하라고 구(求)한다. …… 조선 사람이 아니고 누가 조선의 것을 만들 수 있으랴. 고유한 예술이 점차로 민멸(泯滅)되어가는 동양에서 조선의 공예는 특히 귀중하다"[51]라고 평가했다. 조선 예술품의 가치를 동양적 가치와 연결시킨 점이 눈길을 끈다.

민족사의 일환인 조선 미술사

한말~1910년대와 대비되는 1920년대 전반의 시대적·문화적 과제는 무엇인지, 그리고 향후의 대안과 과제는 어떠한 방향으로 이루어지는지를 살펴보고자 이 글에서는 잡지 《동명》에 게재된 다양한 조선 문화에 대한 기사를 분석했다. 이를 통해 3·1운동 이후 대중(민중) 독자를 대상으로 미술사로 대표되는 조선 예술품에 대한 소개가 이루어졌음에 주목했다.

1920년대 전반기를 살펴보는 것은 조선 역사와 문화 관련 개념들의 과학적이고 사전적 의미가 형성되는 과정을 파악하기 위해서이다. '조선학'에 관한 연구는 1910~1920년대 본격적으로 진행되었는데, 일본인에 의한 조선 문화 정리에 대응해 '우리' 입장에서 체계적

---

51) 야나기 무네요시, 〈조선 도자기의 특질(4)〉, 《시라카바》, 1922년 9월호; 《동명》 제10호, 1922. 11. 5, 7쪽.

이고 과학적인 조선 예술·문화에 관한 정리 작업이 이루어져야 한다고 보았다. 따라서 당대 미술사에 대한 작업은 일본인의 연구에 대한 대응 차원에서 민족사 서술과 연동될 수밖에 없었다. 일본의 미술사 연구도 조선 예술품이 중국과 인도를 '모방'했다는 데 강조점을 두었다. 이에 대비되는 개념은 '독립' 혹은 '독자성'이다. 조선인 연구자들에게는 조선 예술품의 독자성을 찾는 것이 필요했다.

더불어 민족사 서술과 연동된 조선 미술사의 서술 가운데 통일신라시대와 대비된 고려시대, 조선시대를 어떻게 평가해야 하는지도 화두였다. 일본인 학자들은 통일신라시대를 '황금기'로, 그 뒤 시기를 쇠퇴기로 파악했다. 나아가 조선시대를 '국망'의 원인으로 파악했다. 당대의 지식인들은 정치적으로 이러한 일본인의 인식을 적극 부정할 수 없었으며, 그러다 보니 조선시대를 대표하는 예술품에 대한 긍정적 이해를 수반한 연구를 진행할 수 없었다. 이러한 상황에서 최남선과 《동명》의 편집진은 조선시대와 그 시대의 도자기를 적극적으로 평가한 두 일본인의 글을 번역·소개했다.

1920년대 전반기 당대의 과제인 조선적인 것의 아름다움을 일본인이 아니라 조선인이 규명해야 하며, 동양 미술에서 조선 미술의 위상도 확인해야 했다. 그렇다면 '조선학'의 외연과 내포를 확정하는 작업과 관련해 《동명》과 최남선의 조선 문화에 관한 논의에서 어떻게 보편성을 확보할 수 있는가? 이러한 물음은 조선 미술사에 대한 폭넓은 논의 속에서 살펴보아야 하다. 더불어 이 주제는 조선 미술에 대한 본격적인 논의 가운데 하나인 고유섭의 조선 미술사 연구와의 대비를 통해 검토되어야 할 것이다.

7장

3·1운동 이후 '활동사진대회'를 통해 본 식민지 대중의 문화 체험과 감성공동체

이하나

3·1운동과 영화

이 글에서는 일제 시기 대표적인 문화 이벤트였던 '활동사진(영화) 대회'를 통해 1920년대 식민지 대중의 문화 체험 방식과 대중의 집합적 감수성 형성의 의미를 살펴보고자 한다. 대중문화에 대한 고전적인 견해에는 문화산업에 침윤된 대중문화가 수용자를 객체화·수동화해 대중의 창조성과 비판의식을 약화시킨다는 시각과 자본의 첨단인 대중문화가 오히려 실천의 도구가 될 수 있다는 두 가지 상반된 시각이 있다.[1] 최근 한국 대중문화 연구자들은 대체로 후자의 맥락에서 대중의 능동성과 주체성을 입증하거나 그 가능성을 타진하는 연구를 진행해왔다. 이는 특히 영화사 연구자들이 주력했던 연구이기도 했다. 2000년대 이후 비약적으로 발전한 식민지 대중문화 연구

---

1) 테오도르 W. 아도르노·M. 호르크하이머 지음, 김유동 옮김, 《계몽의 변증법》, 문학과지성사, 2001; W. 벤야민 지음, 최성만 옮김, 《기술복제시대의 예술작품》, 길, 2007.

는 일제하 조선이 식민지였을 뿐만 아니라 동시에 명백히 '근대'였음을 보여주었다. 거리에 뜬금없이 등장한 아테네 양식의 건축물은 조선이 서구나 일본과 같은 근대를 지향하고 있다는 착각을 불러일으켰으며,[2] 세계와 거의 시차 없이 수입되어 상영된 영화들은 균질화된 근대 세계의 동시성을 웅변하고 있는 것처럼 보였다.

일제 시기 문화사 연구가 한동안 미시적 일상의 근대적 기원과 탄생의 비밀을 밝히는 데 주력했던 것은 식민지를 수탈과 개발, 친일과 저항 등의 이분법으로 이해했던 연구 시각에 대한 비판의 발로였다. 하지만 그 결과 '모던한' 도시적 삶과 당시 조선인 대부분을 차지하던 일반 농민들의 삶의 연관성에 대해서는 크게 주의를 기울이지 못했다. 역사와 문화 연구 양 방향에서 제기된 '식민지 근대성'의 문제의식 속에서[3] 대중문화사, 특히 영화사 연구는 괄목할 만한 성과를 보여주고 있다. 식민지 초기부터 식민당국이 영화를 통치에 활용했다는 것과,[4] 중일전쟁 후 본격적인 전시체제가 시작되고 영화 입법이 만들어진 이후에 영화의 생산과 소비가 총동원체제 아래에 있었다는 것은[5] 이미 밝혀진 바다. 그러나 자유주의적 '문화정치'와 동화주의를 표방했던 1920년대에 영화가 어떻게 식민성과 매개되었으며, 그

2) 전진성,《상상의 아테네, 베를린·도쿄·서울》, 천년의상상, 2015.

3) 식민지 근대성 논의에 대해서는 신기욱·마이클 로빈슨 외 지음, 도면회 옮김,《한국의 식민지 근대성: 내재적 발전론과 근대화론을 넘어서》, 삼인, 2006; 윤해동 외,《근대를 다시 읽는다 1, 2: 한국 근대 인식의 새로운 패러다임을 위하여》, 역사비평사, 2006 참조. 식민지 근대성론에 대한 재비판에 대해서는 조경달 지음, 정다운 옮김,《식민지기 조선의 지식인과 민중: 식민지 근대성론 비판》, 선인, 2012; 김홍규,《근대의 특권화를 넘어서: 식민지 근대성론과 내재적 발전론에 대한 이중 비판》, 창비, 2013 참조.

4) 복환모, 〈1920년대 초 조선총독부 '활동사진반'의 역할에 관한 연구〉,《영화연구》24, 2004; 복환모, 〈한국영화사 초기에 있어서 이토 히로부미의 영화 이용에 관한 연구〉,《영화연구》28, 2006; 배병욱, 〈1920년대 전반 조선총독부의 선전영화 제작과 상영〉,《지방사와 지방문화》9-2, 2006; 김정민, 〈조선총독부 내무국 사회과의 교화 영화정책 출현 배경에 관한 고찰〉,《한국문학연구》37, 동국대학교 한국문학연구소, 2009.

속에서 어떤 자율성을 확보하고 있었는지에 대해서는 충분히 설명되었다고 볼 수 없다. 이는 영화사 연구가 기본적으로 대도시의 극장과 극장문화, 이로부터 비롯된 관객성을 규명하는 데 주안점을 두었기 때문이다. 그러한 가운데에서도 극장을 벗어난 지방의 순회영사, 이동영사에 관한 연구[6] 및 영화 수용의 지역성과 혼종성을 지적한 연구는[7] 이러한 한계를 보완해주는 역할을 한다. 그러나 아직은 연구의 시야가 특정 지역에 한정되어 있어 일제하 대중문화의 총아였던 영화가 식민지 사회에서 어떠한 형태로 존재하고 유통·소비되며 어떤 기능을 했는지에 대한 보다 입체적이고 종합적인 시각이 요구된다.

이 글은 영화가 당시 일반 대중의 중요한 문화 체험의 하나로 자리 잡게 된 계기로서, 3·1운동 이후 본격적으로 시작된 '활동사진(영화)대회'에 주목했다. 그동안의 연구에서 3·1운동과 영화사의 관계는 그다지 관심의 대상이 되지 못했으며, 양자의 직접적인 관계를 증명하는 자료도 발굴된 바 없다. 그러나 영화를 감상만 하고 제작은 하지 못하던 20년 남짓한 세월을 지나 드디어 조선인이 영화를 제작하기 시작한 것이 1919년이라는 사실은 그저 우연이라고만 할 수는 없

<hr>

5) 이 시기에 대한 연구는 주로 선전영화, 국책영화, 친일영화라는 구도로 이루어져 있다. 지면 관계상 이와 관련한 연구 성과는 생략한다.

6) 김려실, 〈조선 영화의 만주 유입:《만선일보》의 순회영사를 중심으로〉,《한국문학연구》32, 2007; 이준식, 〈일제의 영화통제정책과 만주영화협회: 순회영사를 중심으로〉,《동방학지》143, 2008; 김승구,《《조선일보》의 1930년대 영화 관련 활동〉,《한국민족문화》36, 부산대학교 한국민족문화연구소, 2010; 이성철, 〈1920년대 초 경남 통영청년단 활동사진대에 관한 연구〉,《지역사회학》18-3, 2017. 이 밖에 이동영사 자료집으로 이화진·다지마 데쓰오 공역,《문화하는 영화, 이동하는 극장: 전시체제기 이동영사 관계 자료》, 박이정, 2017이 있다.

7) 위경혜, 〈식민지 근대문화의 혼종성: 1920년대 목포극장과 동춘서커스〉,《한일민족문제연구》25, 2013; 김남석, 〈부산의 극장 부산좌 연구〉,《항도부산》35, 2018. 지역 영화사에 관한 저서로는 다음과 같은 것이 있다. 위경혜,《호남의 극장문화사》, 다할미디어, 2007; 이승기,《마산영화 100년》, 마산문화원, 2009; 홍영철,《부산근대영화사》, 산지니, 2009; 이성철,《경남 지역영화사》, 호밀밭, 2015.

다. 알려진 대로, 조선인 자본으로 운영되는 유일한 영화관이었던 단성사의 관주 박승필은 활동사진이 "서양 활동 아니면 일본 활동"뿐[8]이라는 것에 아쉬움을 느끼다가 신파극에 활동사진을 결합한 연쇄극 〈의리적 구토〉를 제작해 1919년 10월 27일 단성사에서 공개했다. 이후에도 박승필은 일본인이 〈춘향전〉(하야가와 고슈, 1923)을 제작한 것에 자극받아 〈장화홍련전〉(김영환, 1924)을 제작했고, 나운규·이필우 등을 후원해 지속적으로 조선 영화 제작을 도왔다. 박승필이 민족의식 때문에 조선 영화를 제작했는지는 확실하지 않으나 분명한 것은 흥행 감각이 탁월했던 그가 3·1운동으로 민족의식이 고취된 조선 사회의 분위기를 간파하고 있었다는 사실이다. 비평적으로는 실패했던 영화 〈장화홍련전〉의 흥행 성공은 3·1운동 이후 조선인들에게 어떤 영화가 소구력이 있는지를 잘 보여주었다. 조선인들에게 민족의식을 고취시키는 것은 '민족적'이면서 동시에 '흥행적'이기도 한 일이었다. 조선의 영화를 만들고자 했던 영화인들의 노력은 분명 3·1운동의 영향력하에서 평가될 필요가 있다.

3·1운동과 영화의 관계를 말해주는 또 하나의 사례는 고종의 국장에 대한 촬영 불가를 경고한 식민당국의 조처이다.[9] 만일 누군가 국장과 만세시위를 촬영해서 이를 두고두고 극장에서 상영하게 된다면 식민당국의 입장에서는 그것이야말로 가장 위험한 일이었다. 하지만 영화는 '문화정치'의 맥락에서 통제만이 아니라 3·1운동 이후의 민심 수습을 위해서도 활용할 가치가 있었다. 1920년대에 활동사진(영화) 대회가 폭발적으로 늘어난 것은 식민당국과 조선인 사회가 영화라는

---

8) 〈단성사의 신계획, 조선 본위의 활동사진을 미구에 영사할 계획〉,《매일신보》, 1919년 10월 2일자.
9) 〈활동사진 촬영은 절대로 불허, 오해하지 마라〉,《매일신보》, 1919년 3월 3일자.

효과 좋은 매체를 각기 다른 목적으로 경쟁적으로 활용하고자 한 데서 비롯된 측면이 크다.

이 글이 분석 대상으로 삼은 시기는 1919~1931년이다. 그 앞뒤 시기의 변화를 살펴보기 위해 초창기인 1910년대와 지방에 농촌진흥운동의 바람이 불었던 1932~1936년의 시기도 시야에 넣고 있다. 1937년부터는 본격적인 전시체제로 접어들자, 식민당국이 뉴스영화, 문화영화 등을 가지고 지방에 순회영사를 다니며 전쟁 동원에 나섰기 때문에 '대회'라는 명칭의 행사는 급격히 줄어들었다. '활동사진대회' 혹은 '영화대회'라는 명칭은 때로는 '활동사진회', '영화회'라고도 불렸으며, 이 용어들은 엄밀한 구분 없이 혼용되었다. 기존 연구에서는 대체로 1910년대까지 쓰이던 '활동사진'이라는 용어가 영화 전용관이 정립되던 1920년대 초반에 '영화'로 대체되었다고 서술하고 있지만,[10] 실제로 '활동사진'이라는 용어는 그 이후에도 계속 쓰였으며, 심지어 '사진'이라고 약칭되기도 했다. 특히 '대회'라는 말 앞에는 '영화'와 더불어 '활동사진'이라는 말이 더 빈번하게 붙었고, 촬영과 순회영사를 겸하는 조직을 일제 말기까지 '활동사진대'라고도 불렀다. 1920년대에는 '영화대회', '영화회'보다는 오히려 '활동사진대회', '활동사진회'라는 명칭을 더 선호했던 것으로 보인다.[11]

일제 시기를 통틀어 수백 회 이상 개최된 '활동사진(영화)대회'는

---

10) 당대 최고의 이론가였던 임화는 활동사진의 시대와 영화의 시대를 구분하고, 전자를 영화를 제작하지 못하고 수입해 감상하는 데 그쳤던 '감상만의 시대', '영화의 전사(前史) 시대'라고 불렀으며, 따라서 "조선 영화사에는 활동사진시대라는 것이 없을지 모른다"고 했다. 임화, 〈조선영화발달소사〉, 《삼천리》 13-6, 1941. 6; 백문임 외 편, 《조선 영화란 하오: 근대 영화비평의 역사》, 창비, 2016, 692쪽.

11) 1920년대 《동아일보》 기사 제목에 나오는 용어의 빈도수만 본다면 '활동사진대회'가 300회, '영화대회'가 212회로, '영화대회'라는 용어는 중반 이후부터 혼용되기 시작했다. 또한 기사 제목에는 '영화대회'라고 되어 있어도 그 내용에는 '활동사진'이라는 말이 여전히 쓰이고 있었다.

배급사가 배급한 영화를 극장에서 정식으로 개봉하면 관객들이 정상적인 입장료를 지불한 후 영화를 보는 일반적인 영화 상영이 아니라, 특정 주체가 극장뿐만 아니라 지역의 회관이나 마을의 공공시설에서 관객들에게 무료로, 혹은 저렴한 입장료를 받고 특별한 의도에서 편성한 일련의 영화 프로그램을 선보이는 일종의 문화 이벤트이다. '활동사진(영화)대회'가 중요한 것은 이것이 일제 시기 대중문화 체험의 중요한 통로였으며, 대도시를 시작으로 지역의 군 혹은 면이나 리 단위에서까지 대회가 열렸다는 점으로, 일정한 영화 프로그램을 가진 상영의 주체가 주로 프로파간다를 목적으로 지역을 옮겨다니며 상영하는 순회영사(이동영사)[12]와는 반드시 일치하지 않는다. '활동사진(영화)대회' 중에는 순회영사의 일환으로 열린 것도 있었지만, 그와 무관하게 열린 것도 많았기 때문이다. 그렇다면 '활동사진(영화)대회'는 누가 어디서 어떤 목적으로 개최했으며, 이때 상영했던 영화들은 무엇이고, 그 효과는 무엇이었는지를 살핌으로써 당시의 대중문화가 관객에게 수용되는 매개적이고 다층적인 경로를 살펴보는 것이 이 글의 일차적인 관심이다. 나아가 이를 통해 3·1운동 이후 시기 식민지 관객 대중에게 영화 체험의 사회·문화적, 시대적 의미가 무엇인지 추출해보고자 한다.

더불어 영화 관람이 대중의 감성에 미친 영향을 파악하는 일은 매우 궁금하면서도 도전적인 분야라 할 수 있다. 그러나 일제하에서 영화 수용에 대한 관객들의 직접적인 태도와 반응을 알 수 있는 자료가

---

12) 순회영사는 일본의 활동사진 수입상이던 요시자와(吉澤) 상점에서 순회영사대(순업대)를 조직해 각지의 흥행장을 돌며 활동사진을 상영한 것에서 시작되었으며, 조선에서는 러일전쟁 종군 촬영반이 전장에서 촬영한 필름을 도쿄에서 상영하고 다시 전장으로 돌아가던 중 한성에 들러 상영한 것이 시초라고 한다. 한상언, 《조선 영화의 탄생》, 박이정, 2018, 88·89쪽.

거의 없는 상황에서 본격적인 연구를 수행하는 것은 불가능할 것이다. 그러나 문화사 연구에서 '감성'에 대한 주목은 시도만으로도 적지 않은 의의가 있다고 여겨진다.[13] 이 글에서는 문화사와 감성사의 맥락에서 3·1운동 이후 시기에 영화 및 대중문화의 존재 방식이 대중 감성과 맺고 있는 관계에 대해서도 언급해보고자 한다.

1. '활동사진(영화)대회'의 주체와 목적

1919~1931년 신문과 잡지 등에서 확인한 '활동사진(영화)대회'(이하 '대회')는 거의 400회에 달하는 것으로 추정된다.[14] 이 중에서 개최지와 주체, 목적 등이 비교적 분명한 313회를 대상으로 대회의 개최시기와 개최 지역을 분류하면 〈표 1〉, 〈표 2〉와 같다.[15]

〈표 1〉에서 보듯이 대회는 대체로 1920년대 후반으로 갈수록 빈도수가 높아졌는데, 이는 영화의 중요성과 효용가치에 대한 인식이 날로 증대되었기 때문이라고 할 수 있다. 대회의 지역별 분포(〈표 2〉)를

---

13) 일제 시기를 대상으로 한 연구 중에서 감성에 주목한 문화 연구로 대표적인 것은 1920년대 문학을 '고통'과 '동정'이라는 키워드로 읽어낸 연구와 식민지 피지배 민족으로서 조선인이 견뎌야 했던 모멸감을 민족 감정의 형성이라는 측면에서 고찰한 연구를 들 수 있다. 손유경, 《고통과 동정: 한국 근대소설과 감정의 발견》, 역사비평사, 2008; 유선영, 《식민지 트라우마: 한국 사회 집단불안의 기원을 찾아서》, 푸른역사, 2017.

14) 대회의 정확한 개최 횟수를 특정하기는 쉽지 않다. 이 글의 주요 자료인 《매일신보》, 《조선일보》, 《동아일보》, 《조선공론》 등에 보도된 대회 개최 기사는 대체로 세 종류이다. 대회 개최 예정 보도, 대회 개최 연기 보도, 대회 개최 사실 보도 등이다. 이 중 두세 개가 겹치는 것도 있고, 예정이나 연기는 보도되었는데 개최 보도가 없는 경우도 있다. 여기서는 개최 예정 보도와 개최 사실 보도를 기본으로 했고, 연기 보도만 있고 사실 보도가 없으면 개최되지 않은 것으로 계산했다. 또한, 소규모 모임 내부의 단순 회합 성격의 '활동사진(영화)회'는 포함하지 않았다. 지면 관계상 대회의 총목록은 생략한다.

15) 이 중 순회영사의 일환으로 열린 대회는 27회였는데, 이 경우 개최지를 일일이 계산하지 않고 1회로 계산했다.

표 1. 활동사진(영화)대회 연도별 개최 횟수

개최 연도	개최 횟수
1919	2
1920	5
1921	21
1922	23
1923	25
1924	17
1925	39
1926	16
1927	32
1928	31
1929	37
1930	26
1931	39
합계	313

표 2. 활동사진(영화)대회 개최지별 횟수

개최지	개최 횟수
경성	72
경기(인천)	45(14)
충북	4
충남(대전)	21(12)
강원	7
경북(대구)	30(13)
경남(부산)	33(13)
전북	21
전남	15
황해	27
평북	8
평남(평양)	19(13)
함북	6
함남	4
기타*	1
합계	313

※ 자료: 《매일신보》, 《조선일보》, 《동아일보》, 《조선공론》(기간: 1919~1931년분).
* 기타는 중국의 다롄(大連)이다(〈순조선 영화로 재류 동포 위안〉, 《동아일보》, 1929년 1월 25일자).

보면 경성이 가장 많았고, 경기, 경남, 경북, 황해의 순으로 많이 열렸다. 경성, 인천, 대구, 부산, 평양, 대전 등 수도권 및 대도시와 가까운 지역일수록 빈번히 열린 것을 보면, 인구가 많고 필름의 수급이 용이한 지역에서 대회가 많이 열렸다는 것을 알 수 있다. 그러나 대회는 대도시뿐 아니라 지역의 군, 면, 마을 단위까지 열렸기 때문에 농촌의 말단까지 대회의 영향력이 미쳤다는 것을 알 수 있다.[16]

장소	횟수
극장	118
학교	27
예배당	13
회관	26
강당/공회당	19
신문사	3
광장/시장	8
합계	214

※ 자료: 《매일신보》, 《조선일보》, 《동아일보》, 《조선공론》(기간: 1919~1931년분).

표 3. 활동사진(영화)대회의 개최 장소

〈표 3〉은 총 313회의 대회 중 장소가 명시된 214회를 대상으로 개최 장소를 분류한 것이다. 상설 극장이 있는 도시에서는 극장에서 열릴 때가 가장 많았지만, 학교나 예배당, 회관 등에서도 열렸으며, 군·면 단위로 내려가면 공립보통학교의 강당이나 운동장, 청년회관, 교회당, 마을회관, 시장 등에서 주로 열렸다. 대회는 주로 저녁 7~8시 사이에 시작해 밤 10~11시경 끝났으며, 자정을 넘기는 경우도 많았다. 이는 대회의 시간을 관객들이 하루의 노동을 끝내고 저녁식사를 한 후 상영 장소까지 이동하는 시간에 맞추었다는 것과 야외에서 상영한 경우도 많았다는 것을 시사한다. 극장에서 상영한 경우는 낮 시간의 상설 프로그램이 끝난 이후 저녁 시간에 '대회'라는 이름의 특별 프로그램을 편성하여 평상시보다 저렴한 비용으로 영화를 볼 수

16) 〈고성 청년 순회영사〉, 《동아일보》, 1923년 3월 24일자.

있게 했다. 두 개 이상의 극장에서 공동으로 대회를 구성한 경우도 있었는데, 이는 오늘날의 영화제와 매우 유사하다.[17] 행사 장소는 크게 실내와 실외로 구분되는데, 〈표 3〉에서 개최 장소가 학교 및 광장/시장이라고 되어 있는 것은 대체로 실외에서 열린 경우였다. 학교에서는 강당이나 운동장에서 열렸는데, 강당을 갖추지 못한 학교가 많아 대부분 운동장이 개최 장소가 되었다. 당시에는 극장조차도 냉난방 시설이 미비했을 뿐 아니라 앞사람에 가려 화면이 잘 안 보일 정도로 협소한 공간 등 단체 관람에 적합한 환경을 갖추고 있지 못했다. 더구나 좁은 공간에 많은 인파가 몰리는 대회에서 실내 관람이 그리 유쾌한 경험은 아니었을 것이다. 한편, 밤에 야외 상영인 경우에도 화면에서 거리가 먼 뒷자리에서는 변사의 해설이 잘 들리지 않아 온전한 영화 체험이 어려웠을 가능성도 있다. 이러한 수고와 불편을 감수하면서도 대중들이 기꺼이 대회에 참가한 것은 '활동사진 구경'이라는 나들이 자체가 그들에게 설렘과 기대라는 즐거움을 제공했기 때문이었을 것이다.

1920년대 상설 영화관에서 영화 한 편당 입장료는 일률적이지 않았고, 좌석이나 연령에 따라, 혹은 영화의 입고가에 따라 다 달랐다.[18] 대체로 정식 개봉인 경우 극장 입장료는 성인 기준 1∼3원 정도였으나, 대회에서는 10∼50전 정도면 볼 수 있었고 경우에 따라 무료로 볼 수도 있었다. 신문사에서 주최하는 경우, 신문 한 귀퉁이에 인쇄된 독자 우대권을 잘라서 가져가면 무료로 관람할 수 있었으며, 흔하지는 않지만 여성단체에서 대회를 열어 부녀에 한해 무료로 입장하게

---

17) 〈문제의 인기 영화 부활 상영, 금일 양관 시영〉, 《동아일보》, 1927년 5월 27일자.
18) 김승구, 〈1920년대 후반 식민지 조선에서의 일간지를 통한 영화 홍보 양상 연구〉, 《정신문화연구》 33-1, 2010, 268·269쪽.

한 경우도 있었다.[19] 유료인 경우엔 백권, 청권, 적권, 황권, 학생권, 소
아권 등 연령에 따라 입장료에 차등을 두었는데, 당시 극장 대부분이
신발을 벗고 들어가는 구조였으므로 무료 상영인 경우에도 하족료
10전을 장내 정리 명목으로 받았다.[20]

　대회의 주체는 크게 관 주도와 민간 주도로 나뉜다. 〈표 4〉에서 보
듯이 식민당국과 식민기관이 직접 개최한 대회가 48회이고, 언론사,
단체, 학교, 교회, 회사, 극장 등 민간이 주최 혹은 후원한 대회는 331
회에 달한다. 먼저 관 주도 대회는 부나 도의 사회과와 경찰부[21] 위생
과 등에서 대회를 주최했으며, 이는 때로 도청(부청) 전체의 행사가
되기도 했다.[22] 또한 군농회, 식산은행, 금융조합 등 식민지 농정기구,
금융기구를 비롯해 체신국, 철도국 같은 국가기관과 반관반민 회사
인 남만주철도주식회사(이하 '만철') 등에서도 개최했다. 이 경우 개최
장소는 각 지역의 공립보통학교 같은 공공시설인 경우가 많았지만,
만철이 개최한 대회는 조선호텔에서 열린 것으로 보아 그 대상이 일
반 조선인이 아니라 일본인이거나 조선인 상류층이라는 것을 알 수
있다.[23] 또한 대회는 식민당국이 주최하는 공진회, 품평회, 협찬회 등
행사 프로그램의 일부로서 열리기도 했다.[24]

　민간 주도로 대회가 열리는 경우는 보다 다양하고 빈번했다. 대표

---

19)　〈납량 활사대회, 조선여자청년회 주최〉, 《동아일보》, 1925년 8월 21일자.

20)　〈독자 위안 활사대회〉, 《조선일보》, 1925년 8월 27일자.

21)　1920년대 보통경찰제하에서 도 경찰부 산하에는 경무과, 고등경찰과, 보안과, 위생과 등이 있
　　었다. 위생 관련 업무가 경찰부의 일이었다는 사실은 식민지 규율권력의 폭압성을 보여주는
　　것으로, 이러한 폭압성을 무마하기 위해 경찰부가 활용한 것이 바로 영화였다. 경기도 경찰부
　　는 영화대회 개최 이외에도 영화 제작에 직접 관여하는 등 영화에 각별한 관심을 기울였다.
　　1932년에는 교통선전영화의 각본 선정에 참가하기도 했다. 〈京畿道警察部の交通宣傳−映畫
　　脚本の選に參加して〉, 《朝鮮公論》, 20-5, 1932, 84~88쪽.

22)　〈도청 순회 활동사진〉, 《동아일보》, 1921년 10월 17일자.

23)　〈금강산 활동사진〉, 《매일신보》, 1919년 6월 23일자.

분류	주체	횟수	계
식민당국	도청(부청)	19	48
	경찰서	3	
	농회	8	
	식산은행/금융조합	4	
	만철	1	
	체신국/철도국	3	
	행사(공진회/품평회/협찬회)	10	
언론사	신문사	61	175
	신문사 지국/분국(후원)	63	
	잡지사	7	
단체	청년회(49), 청년동맹(4), 여성단체(5)	58	155
	협회/단체/조합/구락부	93	
교육기관	고등보통학교	16	32
	학원 재단	6	
	유치원	10	
교회		5	
회사		4	
극장		6	
개인		2	
합계		379*	

※ 자료:《매일신보》,《조선일보》,《동아일보》,《조선공론》(기간: 1919~1931년분).
* 〈표 3〉과 합계가 다른 이유는 공동 주최와 후원 등을 중복 계산했기 때문이다.

표 4. 활동사진(영화)대회의 주최 및 후원

적인 민간 주도 대회는 각 신문사와 그 지국에서 여는 대회였다. 각 신문사가 따로 대회를 주최하거나 후원하는 경우도 있었지만,《매일신보》,《조선일보》,《동아일보》,《중외일보》 등 4대 신문사의 2~3개 지국이 연합해 대회를 후원하는 경우도 많았다. 신문사 본부 차원에 서는 일본 신문과 조선 신문의 연합 경영자회인 신우회 주최로 대회 를 열기도 했지만,[25] 지역 차원에서는 4개 신문이 모두 연합하는 경우 는 드물었고, 대개는 총독부 기관지《매일신보》를 제외한 조선인 민 간 신문들이 연합하여 후원하는 경우가 많았다. 대회를 주최하는 것 이 다분히 민족적 감정과 관련 있다는 것을 짐작게 한다.[26] 각 지역 신문사 지국은 대회를 주최하거나 후원함으로써 수많은 대회를 실제 로 가능하게 만든 주역이었다. 신문사는 창간 10주년을 기념하거나 새 건물 낙성식을 축하하기 위해서도 대회를 열었지만, 독자를 위한 서비스 명목으로 주최하는 경우가 가장 많았다.[27]

또한 잡지사가 주최하는 대회도 있었다. 일제 시기 대표적 종합월 간지였던《조선공론(朝鮮公論)》을 발행한 조선공론사(朝鮮公論社)는 1922년 3월에 창간 10주년 기념사업의 일환으로 특선활극영화대회

---

24) 조선 각지의 물산을 진열하고 소개하는 공진회는 1915년 '시정 5주년 기념 조선물산공진회' 를 시작으로 1923년 '조선부업품공진회', 1929년 '시정 20주년 기념 조선박람회' 등으로 이 어진다. 지역 차원에서는 부산의 수산공진회, 진주·창원·진해 등의 연합물산공진회, 충남에 서 주최한 연합축산공진회 등이 계속되었으며, 여기에는 어김없이 활동사진이 활용되었다. 〈활동화면 중의 공진회〉,《매일신보》, 1915년 10월 8일자; 〈부업 공진 계획 요령〉,《동아일보》, 1923년 6월 21일자; 〈작 10일에 개막된 부산의 수산공진회〉,《동아일보》, 1923년 10월 11일자; 〈진주군 주최의 연합물산공진회〉,《동아일보》, 1925년 11월 17일자; 〈창원군 주최의 연합물산 공진회〉,《동아일보》, 1927년 2월 16일자; 〈진해 물산공진회〉,《동아일보》, 1927년 4월 7일자; 〈6도 연합의 축산공진회〉,《동아일보》, 1928년 10월 7일자.

25) 〈신우회 위안영화회〉,《동아일보》, 1926년 9월 21일자.

26) 분석 대상 시기에 매일신보사에서 주최한 대회는 총 7회인데 그중 조선일보사, 동아일보사와 각각 한 번씩 연합해 대회를 주최했고, 나머지는 단독으로 주최했다.

27) 1927년 4월 30일 동아일보사는 본사 사옥을 신축하는 낙성 기념식을 거행하고 대대적인 기 념행사를 개최했는데, 활동사진대회는 그 중심적인 프로그램이었다. 〈본사 낙성 기념 소식〉, 《동아일보》, 1927년 4월 28일자. 동아일보사 대구지국에서는 창간 10주년을 기념해 대회를 열었다. 〈독자 위안 영화, 대구에 시성황〉,《동아일보》, 1930년 4월 5일자.

를 열었다.[28] 이 밖에 애조사(愛潮社), 절제생활사, 원시사, 새벗사, 새 동무사 같은 잡지사들도 대회를 주최했다. 이 중 재조 일본인을 대상 으로 잡지와 신문을 출간했던 조선공론사와 애조사가 주최하는 대회 는 다른 대회와 달리 재조 일본인과 조선인 가운데 일본어를 완전히 독해할 수 있는 지식계층을 주요 대상으로 했다고 보아야 한다.[29]

각 지역의 청년회, 각종 협회, 단체, 조합, 구락부 등과 교회, 학교 등 지역단체, 종교단체, 교육기관도 대회의 주최자가 되었다. 특이한 것은 개인이 주최하거나 개인이 무상으로 제공한 영화로 개최한 대 회도 있었다는 점이다. 1924년 10월, 군산에서는 김광섭이란 사람이 군산청년회에 영화와 그 밖에 대회 개최에 필요한 부속품을 제공함 으로써 대회가 열렸으며,[30] 1925년 3월 12~14일 부산에서는 김명식 이란 사람이 기근 구제를 위해 21년간 하와이에서 모은 전 재산을 털 어 활동사진 기계와 필름을 구입해 대회를 열었다.[31]

이처럼 대회를 여는 주체의 성격에 따라 대회의 목적도 천차만별 이었다. 〈표 5〉는 총 313회의 대회 중 목적이 분명히 명시된 255회를 대상으로 대회의 목적 및 대상을 정리한 것으로, 대체로 개최 주체에

---

28) 조선공론사는 창간 10주년 사업으로 《조선사정선전대사진첩(朝鮮事情宣傳大寫眞帖)》(1922 년 4월 발간)과 영화대회 두 가지를 기획·실행했다. 조선공론사는 월간지 《조선공론》 이외에 일간지 《조선신문》도 간행했는데, 양 매체의 독자들에게는 대회 관람 할인우대권을 발행했 다. 특히 조선에 주둔 중인 군인들을 우대했다는 것은 주목할 만하다. 松本與一郎, 〈朝鮮公論 社主催 特選活劇映畫大會の記-意義ある映畫藝術の普及〉, 《朝鮮公論》 10-3, 1922. 3, 86~88 쪽: 김태현 편역, 《일본어잡지로 보는 식민지 영화》, 문, 2012, 175쪽에서 재인용.

29) 대회 가운데에는 드물지만 조선인이 아닌 일본인을 대상으로 한 대회도 있었다. 1924년 일본 기독교청년회가 주최한 대회에서는 프랑스 고몽사의 사극영화 〈크리스타Christ〉와 일본 영화 〈돌아오신 아버지〉가 상영되었는데, 이는 당시 일본 내지인들이 미국 영화보다는 유럽 영화 와 일본 영화를 더 즐겨 본 것과 일맥상통한다. 〈천연색 영화회〉, 《동아일보》, 1924년 4월 16 일자.

30) 〈군산 순극 계획〉, 《조선일보》, 1924년 10월 20일자.

31) 〈기근 구제 활동 포와에서 온 김명식 씨〉, 《동아일보》, 1925년 3월 24일자.

목적	횟수	세부 목적 및 대상	주요 주체*
위안	97	독자, 시민, 농민, 직원, 어린이, 부인	언론사
동정	64	이재민, 학교(야학, 유치원 등), 고(유)학생, 경비 마련 모금	단체
교육/선전	47	정책(위생, 납세, 저금, 교화, 지방개량, 농사개량 등) 선전	식민당국
행사 일부	24	공진회, 품평회, 운동회, 연예대회, 관화대회, 음악대회	식민당국
기념	20	신문·잡지 창간 기념	언론사
기타	3	흥행, 환영	극장, 회사
합계	255		

※ 자료:《매일신보》,《조선일보》,《동아일보》,《조선공론》(기간: 1919~1931년분).
* 주요 주체는 해당 목적으로 대회를 개최한 대다수 혹은 대표적인 주체라는 의미이다. 예를 들어, 모금의 주요한 주체가 단체였다는 것이 단체는 모금만 하고 위안이나 교육/선전은 하지 않았다는 뜻이 아니다. 모금의 주체가 단체인 경우가 많았다는 뜻이다.

표 5. 활동사진(영화)대회의 목적, 대상 및 주요 주체

따라 목적이 다르다는 것을 알 수 있다. 이 표에서 알 수 있는 것은 명칭이 '활동사진(영화)대회'이긴 하지만 대회가 단지 영화 상영을 통해 대중들에게 오락을 제공하기 위해 열린 것만은 아니라는 사실이다. 대회의 목적은 크게 두 가지였다. 하나는 대회의 중심 프로그램인 영화의 내용을 통해 대중들에게 뭔가를 계몽하고 선전하기 위해서였고, 다른 하나는 영화는 사람을 모이게 하기 위한 방편에 불과할 뿐 강연이나 모금 혹은 판촉 활동을 하기 위해서였다. 전자는 영화를 프로파간다의 도구로 활용한 경우이고, 후자는 영화를 프로모션 도구로 활용한 경우이다. 물론 순수하게 오락 제공을 위한 것이 아주 없다고는 할 수 없지만 여가생활과 민중 오락으로서 영화의 가치를 인식한 후에는 이를 활용해 프로파간다나 프로모션을 행하는 것은 자연스러운 일이 되었다.[32] 오락 제공을 위한 것처럼 보이는 '위안(慰安)'이라는 것도 속사정은 신문, 잡지의 프로모션인 경우가 많았다.

일제 식민당국은 일찍부터 영화가 프로파간다에 아주 효과적인 매체[33]라는 것을 충분히 인지하고 있었다. 조선총독부가 직접 활동사진반을 꾸려 영화를 제작하고 전국 각지를 순회영사한 것은 그 대표적인 사례였다.[34] 도청의 경찰부나 사회과에서도 위생이나 권업, 저축장려, 사회교화 등과 같은 시책을 선전하는 일에 대회를 활용했다.[35] 농회 같은 식민 농정기구에서는 농사개량과 부업 증진을 선전하기 위해 대회를 개최했다.[36] 식산은행이 주최한 대회에서는 "근검·저축 사상을 고취하고 그 실행을 선도"하는 것을 목적으로 조직된 저축선전 활동사진대가 활약하기도 했다.[37] 이때 상영된 영화는 위생, 저축 등 식민통치 행정에 필요한 사상을 주입하는 뉴스릴이나 이러한 주

---

32) 일본에서는 사회조사사업을 통해 자본주의 생산의 업무 효율을 높인다는 차원에서 일과 여가의 순환구조를 상정하고 여가 혹은 오락으로서 영화의 효용성에 대한 연구가 진행되고 있었다. 김정민, 앞의 논문, 297·298쪽.

33) Richard Taylor and Ian Christie., *The Film Factory: Russian and Soviet Cinema in Documents 1896 ~1939*, London and New York, 2005, Routledge, p.56·57.

34) 총독부의 활동사진반은 일본 문부성보다도 먼저 조직되어 교육영화 제작을 시작했다(김정민, 앞의 논문, 306쪽). 조선 각지를 다니며 조선의 사정을 촬영한 조선총독부 활동사진대는 1920년 조선 군수 시찰단 일행과 함께 도쿄로 가서 천황세자와 황족들 앞에서 촬영한 필름을 상영했으며, 이어 무역박람회와 제국대학 등에서도 상영해 "조선 사정을 선전"했다. 이처럼 총독부의 영화를 활용한 선전은 식민지 조선에서만 이루어진 것이 아니라 일본 본국에서도 이루어졌다. 또한 일본 실황도 촬영해 조선에 소개했다. 제국주의 본국과 식민지를 오가며 교차 촬영하고 상영하는 것은 영화의 전 세계적 확산이 제국주의와 깊은 관련이 있음을 보여준다. 〈조선의 실황을 촬영하여 일본에 소개〉,《매일신보》, 1920년 4월 24일자;〈조선 사정을 활동사진으로 선전〉,《매일신보》, 1920년 6월 7일자.

35) 〈경북도 문화선전〉,《매일신보》, 1922년 4월 8일자;〈괴질 예방 활동사진〉,《동아일보》, 1922년 8월 8일자;〈소비절약 영사〉,《동아일보》, 1923년 2월 1일자.

36) 〈함안농회 환등대〉,《동아일보》, 1923년 5월 16일자.

37) 〈영흥 식산 활동사진〉,《동아일보》, 1922년 8월 4일자;〈저축선전 활동사진〉,《동아일보》, 1922년 9월 7일자.

제를 가진 영화였다.[38] 여기에는 위생 영화 〈호열자〉(1919)나 저축 장려 영화 〈월하의 맹서〉(1923) 등이 포함된 것으로 보인다. 일제가 주최가 된 계몽의 기획은 대회에서 교육/교화라는 이름으로 식민정책의 프로파간다와 구분 없이 융합되었다.

그런데 〈표 5〉를 보면, 대회의 목적 가운데 교육/선전에 해당하는 것만 프로파간다이고, 나머지는 모두 프로모션에 해당한다. 이는 1920년대에 영화는 프로파간다 도구로서보다는 프로모션 도구로서 더 효용가치가 높았다는 것을 의미한다. 영화가 사람들을 불러 모으는 프로모션 도구로 활용된 가장 대표적인 예는 기업의 영리활동을 위한 방편으로 영화를 활용한 경우이다. 대회를 여는 목적의 하나는 되도록 많은 관객을 불러 모으는 것이었고, 대회마다 사람들은 '입추의 여지없이' 몰려들어 항상 '대만원', '대성황'을 이루었다고 언론은 전한다.[39] 또한 기독교청년회나 교회에서도 프로모션 방안으로 대회를 마련했는데, 진짜 목적은 사회교화 및 금주와 금연 등을 위한 계몽활동이었고 여기에는 으레 해당 주제에 대한 강연회가 덧붙여졌다.[40] 이처럼 조선인 사회가 계몽을 목적으로 대회를 여는 경우에도 그것은 대개 영화 내용의 계몽성을 기반으로 한 것이 아니라 계몽이나 교육을 위해 사람들을 한자리에 모이게 하는 구실로 대회를 활용한 것이라고 할 수 있다.

---

38) 경북 경찰부 위생과에서는 호열자(콜레라)와 두창(천연두)에 대한 위생 관련 활동사진을 상영하기 위해 청도군 일대를 순회영사했다(〈경북 위생 활동사진〉,《동아일보》, 1922년 7월 3일자). 호열자와 두창은 일제 시기의 대표적인 전염병이었다. 〈호열자 우(又) 발생〉,《조선일보》, 1920년 9월 4일자; 〈전남 일대에 두창 익(益) 창궐〉,《조선일보》, 1927년 2월 25일자.

39) 매일신보사가 부산에서 주최한 활동사진대회에서는 극장에 모여든 인원이 3,000명에 이르렀다고 한다. 〈아사 독자 위안 활동사진대회, 부산 초일의 대성황〉,《매일신보》, 1922년 4월 17일자.

40) 〈교화영화회〉,《동아일보》, 1925년 12월 17일자.

모금을 위한 대회도 빈번히 열렸는데, 상품 대신에 동정심 같은 감정을 산다는 점이 다를 뿐 결국 돈을 내어놓는 행위로 이어졌다는 점에서 넓게 보아 프로모션(판촉)의 역할을 한 것이라 볼 수 있다. 대표적인 것은 수해 등의 재난이나 기근으로 곤란에 빠진 이재민과 동포들을 구제하기 위한 대회였다.[41] 학교 및 유치원, 교회 등 기관의 운영 자금이나 증축 자금을 모금하기 위해서도 대회가 열렸다.[42] 모금을 목적으로 하는 경우, 입장료는 상설 영화관 입장료보다 저렴했지만 좌석과 연령에 따라 차등을 두었다. 예컨데, 1927년 3월 11~13일 개성에서 송악학원의 운영비를 모금하는 대회가 열렸을 때, 입장권은 백권 50전, 황권 40전, 학생 30전, 소아 20전이었다. 이렇게 해서 거두어들인 수익은 실비를 제외하고 모두 운영비로 기부했다.[43]

또한 신문사와 각 지국이 주최하는 대회 대부분은 '독자 위안'을 슬로건으로 내세웠는데, 신문사들은 자기 신문을 구독하는 독자들에게 우대권을 제공해 무료 혹은 저렴한 비용으로 영화를 관람할 수 있게 했다. 신문 한 귀퉁이에 인쇄된 영화 우대권은 독자들에게 일종의 자부심과 특권의식을 심어주어 신문을 구독하는 이유 중 하나가 되었다. 신문을 구독한다는 것은 자신이 공동체의 한 구성원이며 사회에 영향을 미칠 수 있는 사람, 지식인이거나 최소한 독서하는 교양인이라는 자존감을 충족시켜주는 행위였다. 영화를 본다는 것은 온갖 새로운 시각적 쾌감에 적응 가능한, 시대에 뒤처지지 않는 동시대인

---

41) 〈수해와 구제〉, 《동아일보》, 1925년 9월 22일자.
42) 황해도 해주 해성유치원에서도 경영난 해소를 위해 안악과 신천 일대에서 순회상영을 했고, 전북 군산에서도 여자교육회에서 경영하는 유치원의 경비를 보충하기 위해 대회를 개최했다. 〈활동사진대 래안〉, 《동아일보》, 1925년 6월 19일자; 〈경비를 얻으려 유치원 활동사진〉, 《동아일보》, 1925년 7월 24일자.
43) 〈송악학원 곤경, 동정을 구하고자 활동사진 영사〉, 《동아일보》, 1927년 3월 13일자.

으로서 스스로를 규정하는 행위였다. 신문사들은 구독자와 영화 관객이라는 두 집단을 동시에 겨냥하는 영리한 판촉 활동으로서 대회를 경쟁적으로 개최했다. 신문업계와 영화업계의 결탁은 식민지 조선 사회에서 가장 성공적인 프로모션 사례의 하나였다. 이는 신문과 영화가 근대 시각매체로서 유사성을 공유하면서 서로에게 판촉물이자 홍보물로 기능하며 공생해가는 사례를 잘 보여준다.[44]

2. '활동사진(영화)대회'의 존재 형태

알려진 대로 영화는 처음엔 기술적 경이로부터 시작되었다. 영화가 서사매체가 된 이후에도[45] 기술적 발견과 그로부터 빚어지는 놀라움은 영화의 오락성을 구성하는 중요한 요소가 되었다. 조선에 영화가 처음 들어왔을 때 관객이 보였던 반응은 "사진이 움직인다"는 사실 자체에 대한 놀라움이었다. 활동사진을 상영하기 전에 광대의 줄타기와 환등 같은 것이 먼저 연행되었고, 이어 상영된 활동사진은 특별한 줄거리 없이 밑도 끝도 없는 짧은 소동을 보여주는 것에 불과했다.[46] 농촌 지역에서는 사진마저도 그리 익숙한 것이 아니어서, 1920년대

---

44) 독서행위와 관람행위의 유사성에 대해 천정환은 양자가 몰입을 통한 의미화 실천 과정에서 독자/관객이 주체로 구성되는 동일한 훈련 과정이라고 본다. 천정환, 《근대의 책읽기: 독자의 탄생과 한국 근대문학》, 푸른역사, 2003, 140~142쪽.

45) 제프리 노웰 스미스에 따르면 영화는 태동 후 20년간 스펙터클이 중시되었던 초창기(1895~1905)와 서사적 형태가 중시된 이행기(1905~1914)를 거치며, 제1차 세계대전 직전 장편영화가 출현할 무렵에 서사적·허구적 매체로서 확고히 자리 잡으며 전 세계적 사업으로 부상했다. 제프리 노웰 스미스 외 편, 이순호 외 옮김, 《옥스퍼드 세계 영화사》, 2005, 26쪽.

46) 〈활동사진 이야기: 현대는 활동사진의 세상이라는데 조선에는 그것이 언제 들어왔나〉, 《별건 곤(別乾坤)》 2, 1926. 12, 90·91쪽.

전반기까지도 사진을 영사하는 환등회가 강연회와 함께 열리거나 때로는 독립된 프로그램으로 존재했다.[47] 또한 대회의 프로그램이나 행사의 보조수단으로서 환등은 1920년대 중반 이후에도 계속되었다.

영화가 다양한 공연과 함께 구성된 일련의 프로그램 중 하나였다는 것은 무성 단편영화 시대 서구의 극장에서도 마찬가지였다.[48] 경성에 영화 전용관이 자리 잡은 후에도 영화가 상영되기 전, 노래와 춤, 촌극 등으로 이루어진 간단한 프롤로그가 연행된다거나 영화가 끝난 후 은막 속의 여주인공이 무대에 등장해 주제가를 부른다거나 하는 일은 상설 영화관의 주된 프로그램 구성이었다.[49] 이러한 구성은 대회에서도 마찬가지여서 영화 상영이 광대의 줄타기, 무용, 연극 등의 공연, 연주, 그리고 환등과 함께 이루어졌다. 대체로 환등과 '실사', 그리고 극영화 3~4편이 함께 상영된 것으로 보인다. 당시엔 '실사'나 뉴스영화는 거의 모두 1~3권 정도 분량의 단편이었으며, 극영화라고 해도 한 편에 3~6권 정도의 길이였기 때문에 대개 여러 편을 묶어 함께 상영했다. 하지만 2시간 이상의 장편 극영화도 있었으며, 조선 영화는 7~9권 분량의 장편이 많았다.[50] 흔히 '실사'라고 표현된 것은 서구에서 들여온 다큐멘터리 영화[51]이거나 총독부 활동사진반, 만철 활동사진대,[52] 조선일보사 활동사진대,[53] 그리고 몇몇 지역

---

47) 〈신라고적 환등회〉,《조선일보》, 1923년 10월 29일자.

48) 加藤幹郎,《映畫館と觀客の文化史》, 中央公論新社, 2006, 58·59쪽.

49) 유선영, 〈초기 영화 관람: 각 문화의 기습, 전유 그리고 식민적 근대성의 예후〉,《한국언론학회학술대회 발표논문집》, 2003.

50) 오늘날 필름 1권의 길이는 15~20분가량인데, 당시에는 1권이 10분 정도였던 것으로 추정된다. 〈장한몽〉(이기세, 1920) 9권, 〈장화홍련전〉(김영환, 1924) 8권, 〈심청전〉(이경손, 1925) 9권, 〈쌍옥루〉(이구영, 1925)는 전후편 합쳐서 15권 정도였다.

51) 최초의 다큐멘터리라고 할 수 있는 로버트 J. 플래허티의 〈북극의 나누크〉(1922)가 대회에서 '실사'로 소개되어 〈북극의 괴이(怪異)〉라는 제목으로 상영되었다. 오영진, 〈문화영화의 정신〉,《조광(朝光)》7-4, 1941. 4, 268쪽.

의 활동사진대가 촬영한 단편 다큐멘터리, 뉴스영화, 일본에서 제작한 문화영화 등이었다.[54] 이 영화들은 먼저 상설 영화관에서 개봉한 후에 대회에서 상영되는 것이 상례였으나, 드물게 개봉관을 거치지 않고 대회에서 먼저 상영되거나,[55] 개봉관에서는 상영되지 않고 대회에서만 상영된 영화들도 있었다.[56] 더구나 장편 극영화가 대세를 이룬 1920년대 중반 이후에는 상설 영화관에서 보지 못한 실사영화들이 대회를 주요 소비처로 하는 경우도 있었던 것으로 보인다. 이 실사영화들은 프랑스의 여성참정권운동에 관한 영화, 세계대전 기록영화 등으로, 정보로부터 소외된 지역 대중에게 세계의 소식을 알리는 역할도 했다.[57]

---

52) 만철에서도 활동사진대를 조직해 촬영한 금강산의 실경을 상영했다. 만철은 일제의 만주 침략을 위해 1906년에 설립된 국책회사였다. 만철이 금강산을 촬영했다는 것은 일제가 조선과 만주를 일찍부터 하나의 권역으로 묶어 식민통치를 구상했다는 것을 방증하고 있다〈금강산의 활동사진〉,《매일신보》, 1919년 6월 23일자). 만철에 대해서는 고바야시 히데오 지음, 임성모 옮김,《만철: 일본제국의 싱크탱크》, 산처럼, 2004 참조.

53) 조선일보사는 1920년대 후반, 사내에 활동사진대를 조직하고 뉴스영화를 제작하기 시작했다. 김승구,《《조선일보》의 1930년대 영화 관련 활동〉,《한국민족문화》 36, 부산대학교 한국민족문화연구소, 2010, 223~226쪽.

54) 〈조대(早大) 주최의 민중교육운동〉,《동아일보》, 1928년 1월 22일자. '문화영화'는 1917년 설립된 독일의 우파(UFA)사에서 만든 일련의 교육용 단편영화들을 일컫는 명칭이었다. 이 문화영화라는 개념이 아시아로 들어온 것은 1926년경으로, 쇼와(昭和)시대가 막 시작된 일본에 우파사에서 제작한 〈미와 힘의 길〉(1925)이라는 영화가 수입되면서 'Kulturfilm'이라는 명칭을 직역한 '문화영화'라는 용어가 처음으로 등장했다. 조선에 이 용어가 소개된 것은 1926년으로, 이즈음 일본에서 제작된 문화영화가 수입되었으나 본격적으로 문화영화가 제작되거나 상영된 것은 중일전쟁 이후이다. 〈독일 신문화영화-대규모의 체육장려영화〉,《동아일보》, 1926년 5월 16일자;〈朝鮮全城に時局映畫〉,《東京映畫新聞》, 1937년 11월 5일자.

55) 동아일보사가 창간 10주년 기념으로 제작한 영화 〈정의는 이긴다〉(윤백남, 1930)는 영화관에서 개봉되기에 앞서 대회에서 먼저 상영되었다. 〈독자 위안 활사 성황〉,《동아일보》, 1930년 10월 2일자.

56) 예를 들어 월남 이상재 사회장 영상이나 순종 인산 영상 등은 대회에서만 상영된 것으로 보인다. 〈고 월남 선생 사회장 실사〉,《조선일보》, 1927년 7월 23일자;〈청하 활동사진대회〉,《조선일보》, 1928년 4월 15일자.

57) 〈통영청년단의 활동사진〉,《동아일보》, 1921년 8월 1일자.

당시 조선에 수입된 외화들의 대부분이 미국 영화였기 때문에 대회에서도 미국 영화는 인기 프로그램이었다.[58] 극장가에서 인기 있었던 미국 영화를 대회에서 상영할 때는 신문 기사에 반드시 영화 제목이 병기되었다. 미국 영화가 대체로 개봉 후 평균 1~3년 후에 수입되었으므로,[59] 대회에서 상영된 미국 영화들도 최소 그 이상 지난 것들이 많았다고 보아야 한다. 그러나 당시의 시간 감각으로 보아 그정도 시차는 그리 큰 차이가 아니었다. 오히려 미국, 일본, 조선이 거의 비슷한 시기에 같은 영화를 보았다고 하는 편이 맞을 것이다. 1920년대 경성의 조선인 전용관에서는 미국 할리우드 영화가, 일본인 전용관에서는 주로 일본 영화가 상영되어, 조선 관객들이 일본 관객들보다 오히려 최신 할리우드 영화를 더 빨리, 더 많이 관람할 수 있었다는 것은 역설적인 현상이었다.[60] 더구나 대회를 통해 지역의 말단, 농촌의 구석구석까지 미국 영화가 널리 전파되고 있었다. 영화의 수급은 식민당국이 주최하거나 언론사가 후원하는 경우에는 그리 어렵지 않았지만, 민간에서 필름을 구하는 것은 그리 쉬운 일이 아니었다. 무엇보다 비용이 만만찮게 들었으므로, 상영이 모두 끝난 후에 필름을 대여하거나 기증받아야 했다.

대회에서 자주 상영된 미국 영화는 활극, 희극, 인정극, 사회극 등으로, 오늘날의 용어로는 액션 영화, 코미디, 휴먼 드라마, 사회 드라마라고 할 수 있다. 특히 감각적 쾌감을 선사하는 액션 활극영화가 가장 인기가 있었으며, 찰리 채플린(Charles Chaplin)과 버스터 키튼

---

58) 이호걸, 〈식민지 조선의 외국 영화−1920년대 경성의 조선인 영화관에서의 외화 상영〉, 《대동문화연구》 72, 성균관대학교 대동문화연구원, 2010.

59) 김승구, 〈1920년대 후반 식민지 조선에서의 일간지를 통한 영화 홍보 양상 연구〉, 《정신문화연구》 33-1, 한국학중앙연구원, 2010, 264·265쪽.

60) 경성 극장가의 조선인 상설관과 일본인 상설관의 분리와 상영에 대해서는 한상언, 앞의 책 참조.

(Buster Keaton)의 코미디도 큰 인기를 끌었다.[61] 인정극, 사회극은 관객들의 심금을 울리는 요소들로 꾸준히 인기를 누렸다.[62] 1920년대 전반기까지 경성의 상설 영화관에서는 미국 영화 중에서도 연속영화가 큰 인기를 누렸지만,[63] 1~2일간 열리는 대회에서는 연속영화가 상영되기 어려웠다. 그러나 3~4일 이상 열리는 큰 대회에서는 연속영화가 상영될 수 있었다. 앞서 언급한 1922년 조선공론사 주최 특선활극 영화대회에서는 연속활극 〈문어의 눈(Them Eyes)〉(1919) 전 15편 30권이 4일 동안 상영되었다.[64] 당시 평론가들은 '흥미 본위의' 활극이나 희극과 비교해 탄탄한 스토리를 바탕으로 하는 인정극, 사회극을 고급영화, 예술영화로 불렀는데, 이는 거꾸로 이 시대만 하더라도 장편 서사보다 활극과 희극이 훨씬 더 대중적인 소구력이 높았다는 것을 반증한다. 흔치 않지만 유럽 영화가 상영되기도 했는데, 1920년대에 활발한 순회영사 활동을 벌이면서 민족의식 고취에 힘썼던 계몽운동 단체 통영청년단은 프랑스 고몽사의 극영화와 실사 등을 가지고 다니며 상영했다.[65]

연극과 영화가 결합된 연쇄극은 1919년부터 1920년대 중반까지 대회에서 활용되었다.[66] 1923년 〈국경〉과 〈월하의 맹서〉를 시작으로 조

---

61) 조선 관객들의 채플린 영화에 대한 비평과 반응에 대해서는 박선영, 〈잡후린과 애활가〉, 시네마바벨 엮음, 《조선 영화와 할리우드》, 소명출판, 2014 참조.

62) 대회에서 자주 상영된 영화 〈명금(The Broken Coin)〉(1915), 〈희무정(Les Miserables)〉(1912), 〈동도(Way Down East)〉(1920)는 각각 활극, 사회극, 인정극이었다.

63) 조선에서 상영된 연속영화에 대해서는 백문임, 〈감상의 시대-조선의 미국 연속영화〉, 시네마바벨 엮음, 앞의 책 참조.

64) 松本與一郎, 앞의 글, 86~88쪽.

65) 〈활동사진단 평양착〉, 《동아일보》, 1921년 8월 26일자.

66) 대구에서 극단을 경영하던 이기세는 1926년까지 〈지기(知己)〉, 〈황혼〉, 〈장한몽〉 등의 연쇄극을 제작했다.

선 영화가 제작되기 시작하자 대회에서도 조선 영화를 상영했다. 그러나 본격적으로 대회에서 조선 영화를 상영한 것은 1927년경으로, 이때부터는 조선 영화만 상영하는 대회를 따로 열기도 했다.[67] 이는 1926년 〈아리랑〉의 성공이 지역사회에서 조선 영화와 '조선적' 영화[68]에 대한 관심과 자의식을 높였기 때문이라 생각된다. 특히 1929~1931년 사이에 〈암로〉, 〈유랑〉, 〈혼가〉 같은 카프(KAPF) 계열의 영화들이 일제의 검열에도 불구하고 대회에서 상영된 점이 눈에 띈다.[69] 또한 대회에서는 지역에서 활동하는 변사들이 활약했는데, 당시 영화의 흥행은 변사의 해설에 좌우되었기 때문에[70] 대회에서도 어떤 변사가 해설을 하는지 적극 홍보해 관객들의 관심을 유도하고 기대감을 높였다.[71]

앞에서 언급한 대로 활동사진(영화)대회에서는 영화 이외의 프로그

67) 〈장한몽〉(이기세, 1920), 〈장화홍련전〉(김영환, 1924), 〈심청전〉(이경손, 1925), 〈쌍옥루〉(이구영, 1925), 〈개척자〉(이경손, 1925), 〈괴인의 정체〉(김수로, 1927), 〈낙화유수〉(이구영, 1927), 〈아리랑〉(나운규, 1926), 〈금붕어〉(나운규, 1927), 〈들쥐〉(나운규, 1927), 〈세 동무〉(김영환, 1928), 〈암로〉(강호, 1929), 〈먼동이 틀 때〉(심훈, 1927), 〈유랑〉(김유영, 1928), 〈혼가〉(김유영, 1929), 〈벙어리 삼룡〉(나운규, 1929), 〈정의는 이긴다〉(윤백남, 1930) 등이 대회에서 상영되었다. 〈독자 위안 영화〉,《동아일보》, 1927년 8월 9일자; 〈조선영화대회 본보 지국 후원 인천 애관〉,《동아일보》, 1928년 12월 20일자.

68) '조선적'인 것을 둘러싼 담론에는 크게 두 가지 의미가 있다. 하나는 일본제국에 대립되는 의미로서의 '민족적'인 것을 뜻하고, 다른 하나는 일본제국의 한 지방으로서의 '지방색'을 의미한다. 이 두 가지 의미가 혼재되어 있던 1920년대에 "우리의 정서와 기분이 넘쳐흐르는 스토리"를 가진 '조선적'인 영화에 대한 관심이 시작되었다. 윤갑용, 〈영화소평, 〈운영전〉을 보고〉,《동아일보》, 1925년 1월 26일자.

69) 카프 이론가이자 영화감독 김유영은 활동사진(영화)대회가 노동자·농민이 노동자·농민으로서가 아니라 군중으로서 존재하게 되며, 일시적인 감정을 일으킬 뿐 그것이 지속되지 않기 때문에 원래는 부르주아적인 것이지만, 프롤레타리아적 투쟁 형태를 가진 이동영사대와 공장, 농장을 단위로 한 '시네마 리그'를 적극 활용해 관중의 조직적 동원에 힘쓰는 공개 영사회를 할 필요가 있다고 주장했다. 김유영, 〈영화가에 입각하여, 금후 푸로 영화운동의 기본 방침은 이렇게 하자〉 (11)·(12),《동아일보》, 1931년 4월 14·16일자.

70) 김윤우, 〈영화해설에 대한 편감(片感)〉(상),《동아일보》, 1929년 11월 7일자.

71) 〈부산 독자 위안 영화회 대성황〉,《동아일보》, 1928년 10월 3일자.

램이 곁들여졌다. 음악회와 강연회는 대표적인 프로그램이었다. 연주
는 주로 바이올린곡이나 교향악 같은 서양 음악이었다. 교회에서 대
회가 열릴 때는 예수의 행적에 관한 영화가 상영되기 전에 찬양대의
합창과 독창이 덧붙여졌다.[72] 엄밀히 말하면 강연회가 대회의 목적
인 경우가 많았다. 청중을 끌어모으기 위한 프로모션 도구로서 영화
가 활용된 것인데, 행사에 참석한 대중의 입장에서는 강연회가 부차
적인 것이었고 영화 관람이 주된 목적이었다.[73] 좀 더 다채로운 프로
그램을 가진 행사에는 아예 '연예대회'라는 이름이 따로 붙기도 했는
데, 이 경우 활동사진(영화)대회는 특정 목적을 가진 일련의 종합 문
화행사의 한 부분으로 개최된 것이었다.[74] 예컨대, 1925년 6월 진주에
서 이틀 동안 열린 철도 개통 축하식에서 연행된 프로그램은 진주 기
생의 가무연극, 남선(南鮮) 각희(脚戲, 씨름)대회, 소인극(素人劇)[75] 공연,
활동사진 상영, 가장행렬, 남선 궁술대회, 분재 및 생화회 등이었다.[76]
또한, 진주에서 1925년 11월에 열린 연합물산공진회 프로그램을 보
면, 4일간의 여흥 행사를 매일 밤 영화 상영으로 마무리했는데,[77] 이
는 영화 상영이 당시 문화행사의 절정과 끝을 장식하는 행사로 즐겨
쓰였다는 것을 의미한다. 다른 여흥 행사는 교체되거나 생략되어도
활동사진(영화)대회는 반드시 들어가야 할 필수 프로그램이었던 것이

---

72) 〈활동사진대회 지난 15일 새동무사 주최〉, 《조선일보》, 1921년 2월 18일자.

73) 〈연합회 활동대 착남〉, 《동아일보》, 1922년 6월 19일자.

74) 〈청진 연예대회〉, 《동아일보》, 1925년 2월 3일자.

75) '素人(しろうと)'은 아마추어를 뜻하는 일본어로, 소인극(素人劇)은 훈련받은 전문 배우가 아
    닌 일반인이 하는 연극을 말한다. 소인극은 대개 청년회, 야학회, 구락부, 학생 등이 주축이 되
    어 특정 목적을 위해 일시적으로 행해진 연극이었다. 〈활사와 연극〉, 《동아일보》, 1928년 10월
    4일자.

76) 〈진주철도 개통 축하회〉, 《동아일보》, 1925년 6월 9일자.

77) 〈진주군 주최의 연합물산공진회〉, 《동아일보》, 1925년 11월 17일자.

다.[78] 이 프로그램들은 씨름대회나 궁술대회 같은 전통적인 공연, 연희, 체육 활동에서부터 분재 같은 일본에서 수입된 문화, 기생 가무 같은 변형된 전통 공연, 교향악이나 성악 같은 서양 음악, 그리고 활동사진 같은 근대적 대중문화에 이르기까지 전근대와 근대가 혼재되고, 서양과 일본, 그리고 조선의 문화가 섞여 있는 혼종적인 것이었다.

요컨대, 대회의 프로그램 구성의 특징은 첫째, 대회는 영화 상영만이 아니라 각종 노래, 무용, 연주, 연극, 기생 가무, 체육, 시문대회, 궁술대회, 재담대회, 백일장, 불꽃놀이, 라디오방송 등 각종 혼종적인 여흥 프로그램이 어우러져 진행되는 경우가 많았다. 대중문화를 향유하기 위해 반드시 레코드음악과 라디오방송이 들리는 경성 거리나 상설 영화관이 있는 도시에 가야만 했던 것은 아니었다. 지역에서 각종 명목으로 열린 대회에서 대중들은 어느 정도 근대적 여가와 오락을 즐길 수 있었다. 둘째, 영화 종류도 극영화만이 아니라 다양한 길이의 실사 및 뉴스영화 등을 함께 상영했으며, 한 편이 아니라 단편 여러 편을 묶어 상영하기도 하고, 또 여러 날에 걸쳐 연속영화나 장편영화 여러 편을 상영하기도 했다. 영화 감상의 선택권이 자유롭게 주어지지 않는 대신, 여러 편의 다양한 길이와 장르의 영화들을 묶음으로 즐기는 감상법이 보편화되었던 것이다. 활동사진(영화)대회는 관 주도의 순회영사가 본격화되기 전인 1920년대에도 지역 말단의 대중에게까지 근대적 문화 체험을 공급하는 데 기여했다고 할 수 있다. 곧, 주최 측의 목적이 어떠했든 간에 관객 대중에게 대회는 척박한 현실을 잠깐이나마 접어두고, 근대적 문화와 교양을 향유하고 학습할 수 있는 놀이터이자 배움터였던 것이다.

---

78) 음악회의 마지막 순서로 반드시 영화 상영을 넣는 경우도 많았다. 〈대회순서〉, 《동아일보》, 1925년 10월 23일자.

3. 영화 체험의 이중성과 감성공동체

대회는 식민지 대중에게 영화를 비롯한 다양한 대중문화를 체험하게 해주는 매개체였으며, 무엇보다 영화를 식민지 대중들의 생활 속으로 한 걸음 더 밀착시키는 역할을 했다. 대회를 통한 영화 관람은 단지 영화의 내용을 본다는 의미만이 아니라 영화를 관람한다는 문화적 행위, 그 자체를 체험한다는 의미가 있었다. 근대문화의 혜택을 받지 못하는 농·산·어촌 지역의 주민들이 대회에 몰려드는 현상은 단순한 호기심도 있었겠지만 '활동사진 구경' 한 번 못해봐서야 현대인이 아니라는 동시대 의식의 발로였다고 생각된다.[79] 영화 관람의 기회는 농민들에게 쉽게 오지 않는 기회였다는 점에서 그것을 단지 취향, 오락, 여흥의 차원에서만 논의하는 것은 충분치 못하다. 더구나 상설 영화관에 자주 드나드는 대도시의 영화팬이 아닌 지방에서 열린 대회에 참가하는 지역 농민들에게 영화 관람은 취미나 취향으로 선택할 수 있는 문제가 아닌, 그때까지의 삶에서 거의 없었거나 드물게 찾아오는 사건이자 일상에서 잠깐 벗어날 수 있는 일탈이기도 했을 것이다.

사실 영화의 오락성은 지식인들이 영화를 백안시하는 원인이 되기도 했다. 지식인들은 영화관에 잘 가지 않는다고 여겼고, 영화 관람은 독서에 비해 '덜 고상한' 행동으로 평가되곤 했다. 영화 관객 중에서도 '흥미 본위'의 액션 활극이 아닌 이른바 '고급 영화'를 즐기는 관

---

79) 《경성일보》 문화부 기자가 1943년에 황해도 농촌에서 순회영사를 취재하면서 쓴 글에는 멀리 떨어진 마을에서 행사장까지 걸어와 영화를 본 후 11시가 넘어서야 다시 산길을 되돌아가는 농민들의 모습이 그려져 있다. 1920년대의 활동사진(영화)대회라면 더욱 농민들에게는 근대문화를 체험할 수 있는 흔치 않은 기회였을 것이다. 須田靜夫, 〈巡廻映畵所感〉, 《金融組合》 177, 1943. 8; 이화진·다지마 데쓰오 공역, 앞의 책, 114쪽에서 재인용.

객은 '고급 키네마팬'이라고 불렸다. 그러나 영화를 보지 않거나 영화에 대해 부정적인 사람은 "고집 세고 완고하며 사리에 어두운 교육가 및 위정자"뿐이라고 여겨질 만큼, 영화는 근대인의 교양으로 자리잡았다.[80] 무대와 객석의 명확한 분리, 연행자와 관객의 명백한 구분, 단지 무언가를 듣고 보기 위해 모여드는 구경꾼들,[81] 최신의 대중문화를 온몸으로 체험하는 현장이 바로 활동사진(영화)대회였다. 누구나 입장료를 내면 영화를 볼 수 있다는 것, 그럼에도 불구하고 자리에 따라 연령에 따라 차등적인 대우를 받는다는 것은 영화 보기의 평등성과 위계성을 상징하는 것이었다. 근대에 익숙해진다는 것은 이러한 평등성과 위계성을 체화하는 것이고, 영화 보기라는 행위는 자신이 비록 전근대적 유제가 여전히 남아 있는 농촌에 거주하고 있으나 과거와는 달라진 시대의 한복판에 살고 있다는 변화와 속도의 느낌을 주었다.

그러나 활동사진(영화)대회는 한편으로 조선이 일제의 식민지이고, 조선인은 일본제국의 2등 국민에 불과하다는 것이 여지없이 드러나는 장소이기도 했다. 그 대표적인 것이 일제의 지방개량사업과의 관련성이다. '지방개량'이란 일본이 메이지유신 이후 시정촌제(市町村制)와 부현군제(府縣郡制)를 통해 지방행정제도를 완비하고 청일전쟁과 러일전쟁을 거치면서 홋카이도(北海道), 류큐(琉球), 타이완, 조선을 차례로 식민지화해 제국으로서 자기 정체성을 명확히 하는 과정에서 종래 농촌의 소농경제를 자본주의에 걸맞은 체제로 전환시키려한 관제 지역개발운동이다.[82] 일본의 지방개량운동이 조선에 미친 영

---

80) 김태현 편역, 앞의 책, 177쪽에서 재인용.
81) 바네사 R. 슈와르츠 지음, 노명우 외 옮김, 《구경꾼의 탄생: 세기말 파리, 시각문화의 폭발》, 마티, 2006.

향에 대해서는 대부분의 연구가 주로 농촌진흥운동과의 관련성을 중심으로 부분적으로만 언급하고 있지만, 사실 일본의 지방개량운동은 이미 1910~1920년대부터 조선의 지방통치제도 개편이나 농촌개량, 중심인물 양성, 모범부락정책 등에 영향을 미치고 있었다.[82] 지방개량사업은 조선 전역에서 일어난 3·1운동의 원인이 일제의 1910년대식 지방통치의 맹점에 있다고 보고, 한편으로는 '지방자치제'라는 유화책을 펼치면서 다른 한편으로는 민족해방운동을 억압할 수 있는 장치를 지방통치 행정 내에 마련하려는 시도였다. 조선에서 본격적으로 전국적 규모의 지방개량강습회가 실시된 것은 1921년 총독과 정무총감의 훈시에 의해서였으나,[84] 이미 그 이전부터 '지방개량'을 주제로 한 논의가 지역 차원에서 제기되고 있었다.

3·1운동 후 조선에 부임한 사이토 마코토(齋藤實) 총독에 의해 시작된 이른바 '문화정치'는 내지와 조선을 동일한 맥락에서 통치한다는 동화정책의 방침에 따라 조선인의 문화적 활동을 어느 정도 허용함으로써 차별을 은폐하고 저항성을 약화시켰다. 1920년대 식민당국이 주최해 지방 차원에서 열린 활동사진(영화)대회는 바로 '지방개량'과 '문화정치'의 논리가 교차되어 직조된 성공적인 문화 이벤트였다. 1920년 10월, 강원도에서는 지방개량 5대 강령을 내걸고 '민풍 작흥', '민력 함양' 등의 시정에 주력할 것을 결의했는데, 도내 군수와

---

82) 일본에서의 지방개량운동에 대해서는 다음을 참조. 최자명, 〈러일전쟁 이후 일본의 지방개량운동과 군부·정당·농촌 삼각관계 형성〉, 《서울대 동양사학과 논집》 27, 2003; 정승진, 〈근대 동아시아 규율권력의 지방 침투와 제국의 관변단체―일본의 지방개량운동(1900~1918)〉, 《대동문화연구》 102, 2018.

83) 조선총독부 내무국, 《조선총독부 지방개량강습회 강연집 제1회》, 1921; 이하나, 〈1910~1932년 일제의 조선 농촌 재편과 모범부락〉, 연세대학교 석사학위논문, 1995, 29~31쪽.

84) 齋藤實, 〈第1回 地方改良講習會に於ける〉, 朝鮮總督府 內務局, 《地方改良講習會 講演集 第1回》, 1921, 1·2쪽.

도청 직원 200명이 모여 대회를 열고 각 지역을 순회상영하면서 지방개량을 선전했다.[85] 1921년 4월, 총독부는 조선 전역에 '시정 주지 운동'을 행하면서 강연회, 팸플릿·그림엽서 제작과 더불어 대회를 열었다. 도 간부들과 지역 유지들이 참여한 대회에서는 〈일본 사정〉, 〈조선 사정〉, 〈간도 사정〉 등 1,500척 분량의 영화가 상영되었다.[86] 1922년 7월, 경남도청에서는 아예 '지방개량 활동사진대'를 조직해 순회 상영을 했는데, 하동공립보통학교 마당에서 열린 대회에서는 〈육해군 전투실습〉과 〈평화박람회〉, 〈일본의 산업 임업〉 등 일본에서 제작한 '실사'를 상영해 선진 일본의 군사 및 산업 발전상을 과시하고 선전했다.[87]

이후에도 각 도청이나 군농회 등은 관내를 순회상영하며 지방개량을 선전했다.[88] 특이한 점은 도청이 주최했다는 것을 겉으로 드러내지 않고 해당 지역의 청년단(회), 흥풍회, 교풍회, 민풍개선회 같은 지방개량단체가 주최하는 모양새를 취함으로써 자발성을 강조했다는 점이다. 대회와 함께 그 지역의 '독농가(篤農家)'와 '중심인물'이 지방개량을 선전하는 연설을 곁들였는데, 이러한 자발성의 강조는 이른바 '모범농촌', '모범부락'을 홍보·선전하면서 극대화되었다. 1931년 10월, 강원도 이천군 농회가 주최한 대회에서는 '모범농촌'으로 선정된 전라남도 강진군 성전면 도림리와 수양리[89]를 촬영한 실사 필름을 상영했다.[90] 대회 장소는 이천청년회 운동장이었는데,[91] 청년단체를

85) 〈지방개량 활동사진〉, 《매일신보》, 1920년 10월 2일자.
86) 〈선전 계획 대요〉, 《동아일보》, 1921년 4월 15일자. 1,500척은 16밀리미터 기준으로 약 40분 남짓 분량이다.
87) 〈지방개량 활대 래하〉, 《동아일보》, 1922년 7월 17일자.
88) 〈지방개량 활동 영사〉, 《동아일보》, 1923년 7월 3일자.
89) 이하나, 앞의 논문, 79·80쪽.

활용해 참여를 독려했을 것이지만 그렇다고 농민들이 반드시 주최 측의 개최 목적에 부응해 대회에 참여했다고 볼 수는 없다. 1932년부터 농촌진흥운동이 시작되자 촌락 단위로 순회영사를 다니며 '모범 부락'에 대한 실사영화를 상영하는 일이 더 늘어났다.[92]

대회가 열릴 때는 항상 임석(臨席) 경관이 배치되었다. 1920년 2월, 조선 전역의 활동사진 검열 사무가 경무국 보안과 소관으로 통일되었고, 1922년 5월에는 '흥행 및 흥행장 취체규칙'이 실행되어 모든 극장, 상설 영화관에서 영화 상영 시 경관이 임석해 감시 및 검열을 실시했다. 이는 정식 극장이 아니어도 마찬가지였다. 더구나 대회의 실질적인 주최자가 민간단체인 경우, 경관의 신경은 더욱 예민해졌다. 대회를 빙자해 집회를 열고 영화를 본다는 명목으로 모여든 군중이 변사의 선동에 흥분해 언제 '폭도'로 변할지 모르는 일이었기 때문이다. 취체규칙이 정식으로 실시되기 전인 1921년에도 통영청년단 활동사진대가 진주 가설극장에서 청년회, 천도교청년회, 기독교청년회, 그리고 동아일보사가 후원하는 대회를 열었을 때 영화 상영 중 '풍속 괴란'의 염려가 있음을 빌미로 영화 상영을 중단한 일이 있었다.[93] 또한 1925년 3월, 함흥에서는 사회주의자 송봉우가 영화 상영 전 실시한 강연에서 영국과 인도의 관계를 설명하자 임석 경관이 강연회를

90) 〈이천 영화 성황〉,《동아일보》, 1931년 11월 8일자.

91) 1920~1930년대 지역의 청년회, 청년단은 그 성격이 단일하지 않았다. 경성과 도시의 청년회는 사상운동, 조직운동을 하는 운동단체가 많았지만, 지방의 작은 읍면과 부락 단위 청년회는 지방개량의 기치 아래 결성된 것들도 있었기 때문에 단체 이름만으로는 그 성격을 파악하기 어렵다.

92) 〈촌락 단위로 활사를 촬영〉,《동아일보》, 1934년 2월 17일자.

93) 〈통영청년단의 활동사진, 진주에서 첫 막 중지까지 당해〉,《동아일보》, 1921년 8월 1일자; 진주 지역은 청년회 운동이 활발한 곳이었다. 송준식, 〈1920년대 진주 지역 청년단체의 교육운동〉,《교육사상연구》 28-3, 2014, 95~98쪽.

중지시킨 사례도 있었다.[94]

대회가 지닌 식민성은 아주 상징적인 방법으로 표출되기도 했다. 조선공론사 창간 10주년 기념대회가 열렸을 때, 유명 변사와 함께 불려온 악단은 '이왕직 군악대'였다.[95] 이왕직은 대한제국 황실을 격하한 이왕가의 사무를 맡아보던 곳인데, 옛 왕실 소속 악대인 이왕직 군악대가 일개 잡지사 창간 행사에 동원된 것은 대회에 참석한 조선인들에게는 치욕스러운 일이었다. 이는 가련한 처지로 전락한 조선의 옛 왕실이 상징하는 식민지 조선의 현실을 상기시키며 가학성을 노출한 '문화정치'의 기만성을 은연중에 드러내는 것이었다. 이는 대회가 가지는 근대성과 식민성을 동시에 상징하는, 곧 근대성의 총아인 영화가 존재하는 방식에 내재된 식민성을 웅변하는 것이었다. 식민지와 근대는 단순한 결합관계가 아니라 융합관계였던 것이다.

그렇다면 이러한 영화 체험을 통해 관객들은 무엇을 얻었을까? 그것은 영화가 불러일으키는 '공감'의 감수성이다. 관객들은 응시와 몰입, 그리고 감정이입을 통해 감성적 주체가 되고, 이를 통해 대회의 목적에 공명하거나 연대의 감정으로 의연금을 내기도 했다. 더구나 영화 관람 후 극장을 나와 뿔뿔이 흩어지는 도시의 대중이 아니라 한 지역의 공동체 성원들을 대상으로 한 활동사진(영화)대회의 경우라면 이러한 공감의 정서는 배가될 수 있다. 대회에 모인 관객들은 영화를 통해 새로운 시각적 자극과 함께 새로운 감수성을 접할 수 있었고, 이것은 그들이 원래 가지고 있던 잠재되거나 억눌린 감정을 자극해 더 증폭되기도 했다.

---

94) 〈강연, 영화회〉,《동아일보》, 1925년 3월 23일자.
95) 松本與一郎, 앞의 글, 86~88쪽.

영화는 새로운 감수성을 경험할 수 있는 학습처이기도 했다. 대회에서 자주 상영되었던 서양 영화 〈희무정(Les misérables)〉〈알베르 카펠라니Albert Capellani, 1912),[96] 〈명금(The Broken Coin)〉〈프란시스 포드Francis Ford, 1915), 〈동도(Way Down East)〉〈데이비드 그리피스David W. Griffith, 1920) 등은 동시기 극장에서도 큰 인기를 끌었던 영화들로서, 통쾌한 액션과 주인공의 강인하고 능동적인 태도를 통해 조선의 대중이 감수성을 확장하는 훈련 교재와도 같았다.[97] 특히 빅토르 위고(Victor Hugo)의 원작을 영화화한 〈희무정〉은 '무자비한 세상'[98]에 내던져진 주인공의 상황과 그에 맞서는 강한 의지가 관객들이 처한 식민지 현실과 그 속에서 어떻게든 살아남으려는 자신의 모습과 연결되면서 남다른 감회를 불러일으켰다.[99] 이 영화들의 공통점은 모두 근대적 여성이 등장하고, 약자의 목소리를 대변하며, 등장인물 간에 관계의 전복이 일어남으로써 관객들의 답답한 마음을 시원하게 뚫어준다는 것이다. 식민지 조선의 대중이 미국 영화에 그토록 열광한 이유의 기저에는 오랜 세월 조선인들 사이에서 역사적으로 형성되어온 저항적 감수성과 1910년대와 1920년대 초에 물밀듯이 들어온 세계 사상의 흐름, 그 핵심 가치인 '자유'와 '평등'이 만나는 지점에서 형성된 민족주의와 민주주의라는 근대적 감각이 있었다. 조선인들은 조선의 현실과는 아무 관련 없는 미국 영화를 통해서도 얼마든지 과거의 민란이나 농민

---

96) 영화 〈희무정(Les Miserables)〉은 1912년 프랑스 파테사에서 제작한 것과 1917년 미국 폭스사에서 제작한 것이 있었는데, 1920년 조선에서 첫 상영된 〈희무정〉은 프랑스 파테사에서 제작한 것이었다. 〈인도주의적 세계적 사진 〈희무정〉의 신성〉, 《매일신보》, 1920년 5월 6일자.

97) 구인모, 〈근대기 한국의 대중서사 기호와 향유 방식의 한 단면─영화 〈명금(The Broken Coin)〉(1915)을 중심으로〉, 《정신문화연구》 36-3, 2013, 457쪽; 유선영, 〈할리우드 멜로드라마, 〈동도(東道)〉의 식민지적 영화 경험〉, 시네마바벨 엮음, 앞의 책, 106~108쪽.

98) 이는 문학평론가 백대진이 《매일신보》에 6회에 걸쳐 연재한 〈희무정〉 감상평의 제목이다. 설원생(雪園生), 〈무자비한 세상, 희무정극을 본 감상〉 1~6, 《매일신보》, 1920년 5월 14~19일자.

봉기에서 드러났던 잠재된 심성(mantalité)을 모순 없이 투영할 수 있었다.

일반 상영관에서의 영화 관람에 비해 관객의 영화 선택권이 제한적일 수밖에 없는 대회에서의 영화 관람은 관객 대중에게 영화의 내용과는 그다지 관련 없는 새로운 감정과 감각을 일깨워주기도 했다. 이는 대회 전체가 지닌 함의가 대회를 구성하는 각각의 영화들의 총합보다 훨씬 크기 때문이었다. 곧 식민당국이 대회를 계몽이나 선전을 위한 장으로 활용하는 경우, 근대적 국민으로서의 소양뿐만 아니라 식민지민으로서 정체성을 체득하도록 강요받았다고 할 수 있다. 또한, 기업이나 교회 등 민간단체가 판촉 활동이나 전도, 홍보 등을 위해 대회를 활용하는 경우에 대중은 자본주의 운영 원리에 대한 체험과 더불어, 전근대적 공동체가 아닌 새로운 근대적 공동체에 대한 호의를 바탕으로 한 감성 및 감각을 요구받았다. 무엇보다 대회가 계몽 강연 등을 동반할 경우에 대중들은 각성된 인간으로서 마땅히 갖추어야 할 상식과 교양, 생활태도를 갖추기를 요구받았으며, 대회는 문명화된 민족을 지향하는 조선인의 자의식과 동포애를 고양하는 데 기여하고자 했다. 특히 사회주의 계열의 단체에서 대회를 주최한 경우, 대중들은 식민지적·자본주의적 현실에 대한 인식을 공유하고 비판의식을 함양할 것이 기대되었다. 또한, 대회가 모금을 목적으로 하는 경우, 불행과 난관에 봉착한 동포에 대한 동병상련의 마음을 금전의 형태로 적극적으로 표현하는 새로운 교환관계를 습득하게 되었다.[100] 목적이 어떠하든 대회에 참가한 관객 대중에게 공통적으로 요구되는 것은 개별화된 익명의 군중이 가지는 수동적·개인적 감성이

---

99) 최범순, 〈식민지 조선의 《레미제라블》과 대구 조선부식농원〉, 《일본어문학》 73, 2016, 315쪽.

아니라 식민지 현실에 대한 자각이 바탕이 되는 집합적이고 능동적인 감성이었다. 이는 식민정책에 대한 동조와 협력이 되었든, 현실을 극복하기 위한 행동이 되었든, 일정한 형태의 실천을 유발한다는 점에서 적극성에 기반한 주체적 감수성이기도 했다. 일본제국의 한 지방에 불과한 조선으로 인식하게 함으로써 차별을 내면화시키고 독립의지를 무화시키려는 식민당국의 의도와, 그러한 현실을 제대로 마주함으로써 오히려 민족/계급의식과 동포애를 함양하고자 하는 조선인 사회의 의도가 대회를 매개로 경합을 벌이고 있었던 것이다.[101]

민간이 주최하는 대회에서 조선 영화만을 상영한다는 것을 대대적으로 선전하는 경우가 많았던 것도 대회가 가진 이러한 민족적·공동체적 성격을 보여준다. 조선 영화는 서양 영화에서는 느낄 수 없었던 민족적 정서를 제공했다. 그렇기 때문에 조선인 배우가 나오는 조선 영화라는 사실만으로도 관객들은 영화의 질적 차이쯤은 눈감아줄 수 있었다. 영화를 통해 식민지 대중들이 동일시한 것은 약자로서의 정체성이었다. 스스로를 약자로 위치시킴으로써 도덕적 정당성을 부여하고 전복을 꿈꾸는 것이다. 이는 한편으로는 혁명적 감수성을 키우기도 하지만, 또 한편으로는 약자 사이에서 상대적 우월감을 느끼는 이중적 역할을 한다. 대회에서 이러한 이중성이 언어로 표출된 것이 바로 '위안(慰安, comfort)'과 '동정(同情, sympathy)'이다. 이 두 단어는 대회의 목적으로 가장 빈번히 사용된 단어였다. 우선, '위안'은 상대의

---

100) 유선영은 1920년대 조선인 사회에서 이루어진 연예 공연들이 동정금을 증여받고 연예로 답례하는 교환관계 속에서 상호부조의 윤리를 실천하는 방식이라고 지적했다. 유선영, 앞의 책 (2017), 204~210쪽.

101) 3·1운동 이후 조선의 지식인들이 대중을 대하는 태도에는 큰 변화가 있었다. 무지몽매한 백성에서 독립을 외치는 혁명성을 담보한 주체로 '대중'의 개념이 변화한 것이다. 허수, 〈1920~30년대 식민지 지식인의 '대중' 인식〉,《역사와 현실》77, 2010, 342~349쪽.

마음을 위로하고 편안하게 한다는 의미이다. '독자 위안', '조합원 위안' 등과 같이 입장료 할인 등을 통해 특정 관객을 우대하는 대회를 열 때 이 단어를 썼지만, '시민 위안', '동포 위안'처럼 관객 일반을 대상으로 하는 경우도 있었다. 이 '위안'이라는 말 속에는 관객 대중이 모두 위로받아야 할 존재, 곧 '상처 입은 약자'라는 의미가 숨어 있다. 실은 '위안'이란 영화를 상영하는 주체가 대중과 구별되는 존재로서 엘리트, 지배층임을 드러내는 용어이기도 했다. 노동에 지친 무산자 계급에게 "강렬한 노동에 대하여 강렬한 자극을 주는 위안"이 꼭 필요하다는 것은 식민대중을 철저히 타자화하는 논리였다.[102] 곧 '위안'은 노동계급의 생산성을 극대화하기 위한 오락 제공의 필요성을 주장하는 지배자의 언어였던 것이다. 그러나 한편으로 '위안'은 식민지 피지배민이라는 약자로서의 연대감을 표출하고 같은 처지의 동포들 간에 위로와 정을 나누는 민족공동체를 떠올리게 만드는 용어였다. 조선인 사회의 구성원들이 서로 위안을 주고받는다는 것은 같은 동포, 민족끼리만 은연중 알 수 있는 감정을 공유한다는 의미를 가지고 있었다.

'위안'이 관객 대중을 목적어(객체)로 만드는 단어였다면, '동정'은 반대로 관객을 주어(주체)로 만드는 단어였다. 당시 '동정'이라는 말은 '불쌍하고 가엾게 여긴다'는 뜻이 강한 요즘의 용례와는 달리, 상대방의 어려운 처지에 공감해 그와 같은 마음이 된다는 어감이 강했다.[103] 관객들은 누군가를 동정해 대회에 모이며, 동정의 마음을 표시

---

102) 権田保之助, 《民衆娯楽の基調》, 同人社, 1922, 6·7쪽; 김정민, 앞의 논문, 299쪽에서 재인용.

103) 손유경은 '동정'이 1910년대 후반~1930년대 초반에 지식인과 문인 들의 학술적 글쓰기에서 핵심어로 등장한다고 지적한다. 그에 따르면 '동정'은 고통받는 타인의 입장에 스스로를 놓아볼 뿐 아니라 주어진 비참한 상황을 능동적으로 바꾸려는 주체의 의지가 개입하는 윤리적 개념이다. 손유경, 《고통과 동정: 한국 근대소설과 감정의 발견》, 역사비평사, 2008, 13~17쪽.

하기 위해 기꺼이 의연금을 냈다. 특히 재난이나 참사가 닥쳤을 때 이재민과 유족을 구제하기 위해 '동정'을 표어로 내걸고 활동사진 (영화)대회를 여는 것은 모금을 위한 가장 보편적이고 효과적인 방법 이었다.[104] 또한 학교와 유치원 등 학원 시설이 경영난으로 문을 닫 을 위기에 처했다거나 열악한 환경을 개선하기 위해 개축할 경우에 도 '동정'을 내세워 대회를 개최했다.[105] 동정심을 불러일으켜 자선행 위를 유도함으로써 대회를 주최한 측은 적지 않은 모금을 할 수 있었 고, 이때 이를 보도한 신문은 모금한 사람의 이름과 모금액은 물론, 총수입과 실비 액수를 일일이 명기한 후 총수입에서 실비를 뺀 전 액을 유족과 이재민 혹은 모금의 대상에게 전달했다는 기사를 실었 다.[106] '동정'을 목적으로 하는 대회는 여기에 참석하는 대중들이 동 정하는 대상에 대해 우월한 지위에 있음을 확인해주면서도, 언제든 자신도 그러한 처지가 된다면 이웃들, 동포들이 도와주리라는 안도 감을 제공했다. 또한 대회는 동정의 마음을 돈으로 표현함으로써 감 정을 실천으로 연결시키고 동시에 선한 행동 뒤에 오는 만족감과 뿌 듯함을 화폐와 교환하는 자본주의적 감각을 습득하는 계기가 되기도 했다.

사실, 대회의 목적으로 '위안'이나 '동정'이라는 단어를 쓰기 시작 한 것은 총독부 기관지《매일신보》였다.[107] '문화정치' 실시 이후 창간 된 신문들에서도 관용적으로 '위안'과 '동정'이라는 말을 사용했다.

---

104) 일제 시기에 발생한 재난 중에서 수해는 가장 대표적인 천재였다. 1920년 7월에 발생한 한강 일대의 홍수, 1925년 8월에 일어난 경기도와 평안도 지역의 수해 등으로 수많은 이재민이 발 생했다. 〈재후(災後) 세상〉,《동아일보》, 1925년 8월 1일자.

105) 〈금릉유치원 동정 영화회〉,《동아일보》, 1929년 11월 9일자.

106) 〈중앙유치원의 유년 가극대회〉,《동아일보》, 1921년 5월 22일자; 〈순회영사 동정금〉,《동아일 보》, 1923년 4월 29일자.

그러나 이것을 식민주의자의 용어였던 '위안'과 '동정'이 그대로 이식된 결과라고 단정하기는 어렵다. 같은 용어를 쓴다고 해도 누가 어떤 맥락에서 사용하느냐에 따라 의미가 달라지며, 또한 용어를 사용하는 측의 의도와 상관없이 받아들이는 측의 맥락이 있기 때문이다. 대회에서는 이 단어들이 가지고 있는 위계성보다는 "내가 당신의 처지, 마음에 공감한다"는 의미가 더 부각된 것으로 보인다. 이재민에게 '동정' 모금을 하기 위해 개최한 대회에 수많은 인파가 몰리고 '동정금'이 답지했다는 기사는 모금 활동에 참여하는 것이 공동체의 일원으로서 소속감과 자존감을 높이는 행위이자 정체성을 확인받는 순간이었음을 보여준다.[108] 무엇보다 대회에서 '위안'과 '동정'은 식민지이자 자본주의 사회인 조선에서 '상처 입은 약자'로서의 동질감을 가진 새로운 공동체 감각을 일깨워주는 용어였다. 곧, 1910년대를 거치면서 나라 잃은 설움도 모자라 모욕과 멸시를 받아야 했던[109] 조선인들이 스스로를 긍정적 감성 주체로 재규정하는 과정에서 나타난 위로의 언어였던 것이다. 그것은 또한 혈연을 중심으로 한 전근대적 공동체 감각과는 다른, 신분질서로부터 해방된 자유로운 개인이 자발적으로 참여한 근대적인 공동체 감각으로, '우리'를 하나로 묶어주는 연대와 공감의 느낌이었다.[110] 동정을 느낀다는 것은 너의 아픔이

---

107) 〈독자 위안회〉,《매일신보》, 1914년 11월 14일자; 〈독자 위안의 대연예회〉,《매일신보》, 1918년 2월 20일자. 권보드래는 사적 개인이 공적 영역에 참여하기 위해 한 단계 도약하는 심리적 전략이 바로 '동정'이나 '공익심', '자선심'이었다고 지적한다. 권보드래, 〈1910년대의 새로운 주체와 문화─《매일신보》가 만든,《매일신보》에 나타난 대중〉,《민족문학사연구》36, 2008, 166쪽.

108) 〈수재 구조 활사〉,《동아일보》, 1925년 8월 16일자; 〈수해와 구제〉,《동아일보》, 1925년 9월 22일자.

109) 일제의 차별과 멸시가 만들어낸 조선인들의 역사적 트라우마에 관해서는 유선영, 앞의 책 (2017) 참조.

곧 나의 아픔이라는 공감이 바탕이 된, 같은 정서를 공유하는 감성공동체로서 '우리'를 재확인하고 재규정하는 행위였으며, 스스로를 계몽된 주체로 자각하고 동정 없는 세상에 온기와 인간다움을 더하는 작은 영웅으로 성장시키는 행위이기도 했다.[111]

그런데 또 한편 이러한 '동정'의 이벤트는 '우리' 안에 엄연히 존재하는 계급적 차이나 빈부의 차이, 입장과 노선의 차이를 무마하기도 했다. 1930년 9월, 안성에서 열린 활동사진(영화)대회를 후원한 29개 중소 회사·상점의 목록이나,[112] 1931년 4월 안주에서 열린 대회를 후원한 30개 중소 상점의 목록은[113] 지역의 중소자본가가 계급적 이익보다 민족/지역공동체의 통합에 더 애쓰고 있다는 인상을 주는 효과를 올렸을 것으로 보인다. 곧 이들의 '동정' 행위가 실상 회사나 상점 이름을 홍보하기 위한 마케팅의 일환이었다고 하더라도, 지역사회에서 대회의 후원단체로 지역의 작은 상점과 회사 들이 열거되고 자본가와 지역 유지뿐 아니라 일반 서민들이 비록 적은 액수의 의연금

---

110) 예를 들어, 1931년 군산 부두에서 난 석유 선박의 조난사고로 7명이 몰사한 사건이 일어나자 불과 사고 보름 후에 유족을 위안하고 동정하기 위한 추도식과 함께 대회가 열렸다. 이때 모금된 금액은 751원 20전이고 이 중에서 경비를 뺀 600원이 유족에게 전달되었다. 〈군산 조난사건 유족 위안 영화〉, 《동아일보》, 1931년 2월 9일자.

111) 동정 없는 전통사회와 동정 넘치는 근대사회라는 수사와 동정의 발휘를 통해 개명사회로 진입하자는 주장은 1920년대 많은 지식인이 공유하고 있던 인식이었다. 신유경, 앞의 책, 80·81쪽.

112) 이 대회의 후원 회사는 다음과 같다. 덕화상점, 정기창솟점, 동익상회, 박명수양화점, 백성양조조합, 백성여관, 비봉양행, 송근영상점, 안성유기제조주식회사, 안성양조주식회사, 안성사진관, 안흥양복점, 안일당제과점, 영신세탁옥, 안성우편소, 우리여관, 임영찬음식점, 장영화상점, 장춘관, 제생당약방, 중앙이발관, 지영득자전차점, 최윤주상점, 태양상점, 천흥약방대리점, 팔달의원, 평호여관, 화신양복점, 환조운송점. 〈시민 위안 활사 안성에서 성황〉, 《동아일보》, 1930년 9월 21일자.

113) 이 대회를 후원한 상점은 다음과 같다. 중앙백화점, 길전약방, 안정제과점, 안흥양복점, 김기태상점, 위생이발관, 월성재목상, 안주상공사, 평안자동차상회, 안주지점, 동아인쇄소, 유신서관, 안주백화점, 유신양화점, 일월의원, 동희자전거포, 활문사인쇄소, 남천양주장, 안주사진관, 정직옥백화점, 김승제상점, 양식당, 근강옥세탁소, 문경식상점, 구전상점, 송도원, 평안의원, 정치치과의원, 동양여관, 신천오복점. 〈시민 위안 영화〉, 《동아일보》, 1931년 4월 26일자.

이지만 기꺼이 냈다는 미담이 신문을 장식할 때, 이것은 독자들에게 '우리'의 실체에 대한 인식, 식민지 피지배 민중이자 억압받는 약자로서 느끼는 동질적인 감성을 공유하는 공동체에 대한 자각을 강조하는 심리적 기반이 되었다고 볼 수 있다. 영화 관람은 단지 영화 체험에 그치지 않고 감정과 의식이 고양되는 영화적 체험의 매개체이기도 했다. 더구나 자신의 취향에 따라 개별적인 선택이 이루어지는 일반적인 상설 영화관에서의 영화 관람과 달리, 특정 목적에 부합해 미리 선택된 영화들을 지역사회의 구성원과 함께 보며 공동의 감정을 고양시키고 특정한 실천을 유도하는 대회에서의 영화 관람은 훨씬 더 영화적인 체험을 제공했다고 볼 수 있다.

이처럼 '위안'과 '동정'은 일제의 '문화정치'가 유도했던 민족 분열의 현실을 은폐하고 동포 전체를 하나의 감성공동체로 전환시키는 언어였다. 동시에 계몽주의와 문화주의에 함몰된 지식인들이 가지는 낭만적 공동체주의와 상호부조론[114]의 세계관에서 비롯된 아나키스트적·유토피아적 공동체주의 사이에 존재하는 희망의 언어이기도 했다. 그러나 그것에 식민주의와 동화주의의 모순, 분열이 가속화되고 있는 민족의 현실, 심화되어가는 계급적 모순 등을 일깨우는 각성의 감수성은 엿글지 못했고, 민족과 동포라는 공동체로 환원되지 않는 다양한 주체들의 목소리는 미처 드러나지 못했다.[115] 이처럼 대회가 제공한 영화 체험은 근대성과 식민성을 감각적으로 체득하면서 관객 대중이 새로운 공동체의 일원으로 자기 정체성을 형성하는 감

---

114) 상호부조론은 20세기 전반기 사회진화론, 계급투쟁론과 함께 지식계를 풍미한 사상이었다. 상호부조론에 대해서는 조세현, 〈동아시아 3국(한·중·일)에서 크로포트킨 사상의 수용-《상호부조론》을 중심으로〉, 《중국사연구》 39, 2005 참조.
115) 활동사진(영화)대회의 이러한 속성을 지적한 것은 김유영이었다. 김유영, 〈영화가에 입각하여, 금후 푸로 영화운동의 기본 방침은 이렇게 하자〉 (11), 《동아일보》, 1931년 4월 14일자.

성적 계기를 마련해주었다고 할 수 있다.

1920년대-환영과 현실 사이

　이 글은 3·1운동 이후 활발하게 개최된 활동사진(영화)대회를 분석함으로써 근대의 신문물을 자유롭게 소비하는 대중이라는 극장가 중심의 사회상에 문제를 제기하고, 근대성과 식민성이 융합된 지역사회에서 대중의 문화 체험 양상과 그에 따른 감성의 향배에 관심을 기울였다. 중일전쟁 이후 전시체제에서 순회영사가 조직적으로 운영되기 전까지, 대회는 지역사회의 대중이 영화를 비롯해 근대적 대중문화를 접할 수 있는 흔치 않은 기회를 제공했다. 식민당국과 민간의 주최자들은 영화라는 신기한 오락거리이자 최신의 선전도구를 경쟁적으로 활용했다. 이때 영화는 프로파간다의 도구로 쓰이기도 하고, 프로모션의 도구로 이용되기도 했다. 주최자에게 영화가 단지 사람들을 불러 모으기 위한 수단이었다고 해도 관객들의 관심은 영화 관람에 있었으며, 이는 단지 영화의 내용을 본다는 것에 그치지 않고 영화 관람을 통해 근대적 미디어를 집단적으로 체험한다는 의의가 있었다.
　영화는 환등, 연주, 노래, 연극, 체육 등과 함께 상영되는 혼종적인 프로그램의 일부인 경우가 많았으며, 대회 자체가 더 큰 연예대회의 일부분이나 공진회 같은 이벤트의 한 부분으로 존재하기도 했다. 대회의 다양한 프로그램과 개최 방식은 당시 대중문화가 서로 결합된 일련의 프로그램으로 존재했다는 것과 일제 시기 대중문화의 향유가 지역 내에서 집단적으로 이루어진 측면을 주목할 필요가 있음을 보여준다. 대회는 지방개량사업이나 농촌진흥운동 같은 관제 운동과 결합해 지역 내에서 식민통치의 방침을 전달하거나 합리화하는 기능을 하기도 했고, 조선인 사회에서 근대적 공동체에 대한 자각과 감수성을 불러일으키는 기능을 하기도 했다. 대회는 영화의 내적 서사와 상관없이 대회를 둘러싼 외적인 서사들을 만들어내며, 관객 대중들은 대회 참여를 통해 이러한 서사에 동참함으로써 근대성과 식민성, 그리고 공동체적 감수성을 감각적으로 체득했다.

활동사진(영화)대회는 3·1운동 이후 달라진 문화지형의 표상이었다. 식민당국의 입장에서는 채찍을 당근으로 바꾼 식민통치 전략상의 수정을 가장 가시적으로 드러낼 수 있는 방편이었고, 조선인 사회의 입장에서는 고양된 민족의식을 한층 성장시킬 수 있으면서도 대중 소구력이 뛰어난 뉴미디어로서 영화를 발견하고 적극적으로 활용한 결과였다. 매일신보사와 조선일보사, 동아일보사 등이 함께 대회를 열고 관객을 '위안'하고자 했을 때, 양자의 동상이몽은 대중에게 오락을 제공한다는 명분과 근대적 감성공동체의 창출이라는 공동의 목표 아래 하나로 묶일 수 있었다. 국가와 민족이라는 서로 다른 노선과 지향이 때로는 명시적으로 때로는 혼재된 상태로 대중에게 전달되었다. 대중의 입장에서 대회는 스크린 속의 현실과 스크린 바깥의 현실을 매개하는 통로이면서 근대를 향해 숨 가쁘게 달려가는 일상 속의 작은 휴식이자 일탈이었다. 그러나 대중이 휴식과 일탈로 여겼던 바로 그 대회야말로 대중을 근대적 공동체의 일원으로 재편하는 가장 강력한 기제의 하나였다는 것은 역설적이다.

요컨대 대회는 3·1운동 이후 조선인들의 숨통을 다소나마 트이게 했던 식민당국의 '문화정치'가 제공하는 1920년대적인 활력을 상징한다. 대회에서 상영된 수입 영화들(대부분 미국 영화)은 봉건적 신분질서의 유제에서 완전히 벗어나지 못한 조선 관객들에게 20세기의 희망과 낙관이 지배하는 자유와 평등의 가치를 전파하고, 조선인에 의해 만들어진 영화들은 조선인의 민족적 자의식과 정체성 형성에 새로운 깨달음을 제공했다. 대회가 내건 '위안'와 '동정'이라는 감성적 슬로건은 우리가 하나의 공동체라는 것을 뜨겁게 인식시킴과 동시에 공동체 내부의 다양한 갈등을 무화시켰다. 대회에 모여든 수많은 인파―'발 디딜 틈 없는', '입추의 여지가 없는', '대만원의', '대성황의'―가 상징하는 것은 무엇일까? 식민지도 내지와 마찬가지로 자유롭게 다양한 대중문화를 즐길 수 있다는 동화주의적 환상은 폭압성과 회유, 그리고 머잖아 전쟁 동원으로 가는 현실 속에서 식민지 대중에게 무엇을 충족시켜주었던 것일까? 결국 1920년대의 활력은 1910년대와 1930~1940년대라는 가혹한 현실 사이에 잠깐 맛본 달콤한 환영의 소산에 불과했던 것은 아닐까? 그 환영 속에는 식민지 조선이 단일한 정서를 가진 감성공동체라는 믿음도 포함되어 있었을 것이다.

8장

3·1운동과 단군문화

이숙화

왜 단군이었나?

한민족이 한국사의 주체로 부각되기 시작한 것은 근대에 들어와서이다. '우리는 누구인가?'라는 질문으로 민족공동체를 자각하며 민족의 기원을 찾는 과정에서 단군의 존재를 '재발견'했다. 단군은 역사적으로 민족적 위기를 맞을 때마다 호명되었다. 몽골의 침략에 대항할 때, 조선 유교체제에서 중화사관에 매몰되지 않고 고유한 역사관을 지켜낼 때, 그리고 근대 독립국가 건설이 요구될 때, 각 시기마다 단군은 시대를 뛰어넘어 민족공동체의 중심에 있었다.

특히 근대 민족국가 건설 과정에서 민족을 발견하고 민족의 정체성이 새로 수립되는 단계를 거쳐야 했다. 일제의 식민지배에 대항해 일어난 3·1운동은 대한민국임시정부(이하 '임시정부') 수립이라는 결과를 낳았다. 이 과정을 연결하고 관통하는 일관된 힘이 있었다. 바로 단군과 단군자손들이 만들어낸 민족공동체 의식이다.

근대 형성기에 지식인들은 '단군민족주의'로 대변되는 일련의 지적인 흐름을 만들었다.[1] 한민족은 단군으로부터 이어지는 유구한 역사적 집단으로, 문화적으로는 신교(神敎)를 계승한 문화민족으로, 그리고 일제의 식민지배에 저항하고 투쟁하는 단군운동의 주체로서 스스로 역사를 만들었다. 그러므로 한말로부터 3·1운동으로 이어지는 기간에 단군 인식은 어떻게 연속되면서 민족문화를 계승하고 항일정신으로 발전되었는가를 살펴보는 것이 필요하다.

이 글은 한국사에서 단군 인식이 변화하는 과정을 살피면서, 특히 한말에서 3·1운동 시기까지 단군 인식의 변천에 따른 민족의식의 성장을 세 단계로 나누어 살펴보고자 한다. 먼저 한말에서 1910년까지, 이 시기는 단군을 중심으로 하는 민족과 민족공동체 의식이 형성되는 단계이다. 먼저 근대 단군 인식의 배경이 되는 전근대 시기의 단군 인식을 살펴보고,[2] 이어서 한말 역사 교과서의 단군 서술을 분석해, 당시 대중 계몽을 목적으로 한 개화 지식인들의 단군 서술이 어느 수준까지 이루어졌는지 살펴보고자 한다.

그다음은 《황성신문》, 《대한매일신보》 등 신문매체를 통해 근대 단군 담론이 정립·확산되고, 대종교(大倧敎)의 단군신앙을 통해 단군민족주의운동이 전개되는 단계이다. 이 시기에 신채호가 역사 서술을 통해 민족과 민족의 문제를 환기시켰듯이, 대종교는 단군숭봉을 종교신앙으로

---

1) 단군민족주의는 단군과 고조선을 민족사의 출발에 두고, 단군의 자손이라는 민족정체성 아래 민족의 결집과 발전을 도모하는 일련의 사상, 의식, 운동을 말한다. 단군민족주의는 고려 말 《삼국유사》가 간행된 전후 시기에 시작되었는데, 근대 단군민족주의는 대종교(大倧敎)를 통해 대중적으로 확산되었다. 단군민족주의는 정영훈, 〈근대 한국에서의 '단군민족주의'〉, 《한국민족운동사연구》 29, 한국민족운동사학회, 2001, 133~158쪽 참조.

2) 전근대 시기 단군 이해에 관해서는 다음 자료를 참고할 수 있다. 박광용, 〈단군 인식의 역사적 변천-조선시대〉, 《단군 그 이해와 자료》, 서울대학교출판부, 1997; 서영대, 〈전통시대의 단군 인식〉, 《고조선단군학》 1, 단군학회, 1999; 오강원, 〈전근대 시기 단군 세계 인식의 확대 과정과 맥락〉, 《진단학보》 124, 진단학회, 2015.

승화시켜 단군문화를 부흥하고, 이를 국권 회복의 동력으로 확대했다.

마지막으로 3·1운동 전후 시기로, 단군자손, 단일민족, 배달민족 같은 민족공동체 인식이 크게 자라나 항일운동으로 나아간 단계이다. 이 글에서는 3·1운동의 배경을 외적인 영향보다는 한말 이래 축적된 민족적 역량에 무게를 두며, 독립선언문, 만세운동, 상하이 임시정부 개천절 기념식에 표출된 단군정신을 확인하고자 한다.

이 글은 선행 연구 성과를 바탕으로 한말의 단군 담론과 대종교의 단군문화운동에서 3·1운동으로 이어지는 일련의 흐름과 변화를 근대 '단군민족주의' 선상에서 이해하며 살펴보고자 한다.[3]

1. 전근대~개화기 단군 이해의 변화

1) 전근대 시기 단군관의 변천

13세기 후반 단군에 대한 인식은 '동국(東國)의 개국조(開國祖)이며, 단군조선으로부터 역사가 이어지고 있다'는 것으로 정리된다.[4] 기본적으로 조선 지식인들의 인식에 단군은 시조이자 '신인(神人)', 즉 하늘과 인간을 연결하는 신성한 존재라는 이미지가 투영되어 있었다.

조선왕조 건국의 주역들은 '진단지설(震檀之說)'[5]을 정치신화로 이용할 만큼 신왕조의 단군 계승을 적극적으로 암시했고, 조선 건국을 천명(天命)으로 해석했다. 단군은 조선 역사의 기원을 상징했다. 조선

---

3) 이 글은 이숙화, 〈근대 시기 단군민족주의의 계승과 단군운동-한말에서 임시정부 수립까지〉, 《고조선단군학》 39, 단군학회, 2018을 수정·보완한 글이다.

4) 김성환, 《고려시대의 단군 전승과 인식》, 경인문화사, 2002 참조.

5) 권근은 옛 비서(祕書)에 '건목득자(建木得子)'라는 글자가 있다는 도참을 인용해 이성계의 등극을 예언하고 정당화했다. 《태종실록》, 태종 9년 기축.

초에는 명의 제후국을 자처하여 고려 말에 시행되었던 원구단 제천
행사를 폐지하자는 주장도 있었지만,[6] 태조는 '단군은 요에서 기자로
이어지는 수천 년의 기간에 조선 한가지로 계승되었다'는 역사적 사
실을 근거로 원구단 천제를 그대로 계승했다.[7]

그러나 유교의 제도화는 단군 인식에 많은 변화를 가져왔다. 유교
정통성을 강조하는 유학자들은 단군을 기자로 대표되는 중화문명과
의 관계 속에서 설명했다. 단군은 동방에 처음 나온 임금이라는 뜻에
서 '수출지군(首出之君)'의 지위에 머물렀지만, 기자는 유교문명을 가
져온 문명군주라는 차원에서 '교화지주(敎化之主)'로 존숭되었다.

15세기까지만 해도 단군의 지위는 기자와 동등하거나 적어도 그
아래로 밀려나지는 않았다. 세종 때 변계량(卞季良)은《세종실록》〈지
리지〉에 강화도 마니산에 단군 유적지로서 제천단이 있다는 사실을
최초로 기록해두었다. 그리고 참성단은 "조선 단군이 하늘에 제사 지
내던 석단"이라고 하여 조선이 천제를 계속 지내야 하는 근거를 마련
했다. 또한 단군의 태자 부루(夫婁)가 하나라 우왕의 도산회맹(塗山會
盟)에 참석했다는 것을 근거로 기자가 아닌 단군과 부루의 계승관계
를 정리하고, 기자 동래(東來)에 대해서도 기자가 오기 전에 이미 단
군이 산신으로 좌정했다는《제왕운기》의 기록을 그대로 따라 단군의
천도(遷都)는 기자 동래와 무관함을 보여주고자 했다.[8] 단군이 산신이
되었다는 설은 다소 신비적이지만, 이는 중국과의 관계에서 기자의

---

6) 《태조실록》1권, 태조 1년 8월 11일 경신 2번째 기사.
7) 권근은 명 태조에게 올린 〈시고개벽동이주(始古開闢東夷主)〉에서 조선의 유구성을 다음과
    같이 실증했다. "동쪽 나라 왕위에 오르시니 / 그때가 제요(帝堯)의 시절 / 대를 전해온 것 몇
    인지 / 햇수는 천 년을 지났다 하오 / 그 뒤에 기자(箕子)의 대(代)에도 / 한가지로 조선(朝
    鮮)이라 이름하였소"(《태조실록》11권, 태조 6년 3월 8일 신유 1번째 기사; 권근 원작, 권람
    집주, 권광욱 역주,《응제시집주》, 149·150쪽).
8) 서영대,〈전통시대의 단군 인식〉,《고조선단군학》1, 단군학회, 1999, 66쪽.

도덕성을 훼손하지 않으면서 단군의 위상을 지키려는 차원으로 이해된다. 세종은 평양의 단군 신위가 기자 사당에 모셔져 있는 것을 분리해서 단군 사당을 별도로 세우고 단군제를 지내도록 했고,[9] 구월산 문화현 삼성사에서도 단군제를 지내도록 했다.[10] 즉, 세종 때까지만 해도 단군제의를 국가제사로 모셨다.

16세기 이후 사림세력이 등장하면서 유학자들의 단군 인식도 크게 달라졌다. 이이(李珥)는《기자실기(箕子實記)》에서 기자 동래설을 적극적으로 반영하여 '단군이 제일 먼저 나기는 했지만 문헌으로는 실증할 수 없다'고 부정했다. 이이는 기자를 조선에 홍범과 문명을 전한 군주로 칭송하며, 단군을 조선의 개국조로 여기는 역사공동체 의식에 의문을 제기했다.[11]

유교 정통설로 인해 단군의 위상은 추락했지만, 15세기 후반 김시습(金時習), 홍유손(洪裕孫) 같은 선가적 성향을 띤 학자들은 기자 중심의 역사관을 배척했다. 이들은 단군을 '단제(檀帝)'로, 단군의 도읍지를 '제향(帝鄉)'으로 높이고 단군을 중국 황제와 동등한 위치로 격상시키고자 했다. 예컨데 16세기 말에 찬술된《청학집(靑鶴集)》에는 단군의 태자 부루 외에 부소·부우·부여 세 왕자가 강화도 삼랑성을 쌓았다고 전한《세종실록》〈지리지〉의 내용을 그대로 서술했다. 또한 숙신·말갈·읍루 등 북방민족도 단군의 후손이라는 인식 아래 단군조선은 중국과 별개의 천하관을 가졌던 국가로 격상하고자 했다. 선가 계통의 단군 인식은 당대에는 영향을 끼치지 못했다. 그러나 단군의 영향권을 중국 지역으로까지 확대한 점에서 20세기 전반 민족주의

---

9) 《세종실록》29권, 세종 7년 9월 25일 신유 4번째 기사.
10) 《세종실록》75권, 세종 18년 12월 26일 정해 4번째 기사.
11) 〈기자실기(箕子實記)〉,《국역 율곡전서》4, 한국정신문화연구원, 1988, 1~9쪽.

사학의 역사인식과 맞닿은 것으로 중요하게 평가된다.[12]

17세기 후반 무렵부터는 중화문명과의 관계성에서 벗어나 개국시조로서 단군의 위상을 되찾으려는 노력들이 다시 시도되었다. 그 배경에는 임진왜란·병자호란의 양란과 명·청 교체라는 시대 상황이 작용했다. 구체적으로 허목(許穆)은 《동사(東事)》에서 〈단군세가(檀君世家)〉 항목을 두고 처음으로 단군을 기자의 부수적인 위치에서 독립시켜 한인-한웅-단군으로 이어지는 부계 혈통의 관계에서 서술했다. 허목은 기자 이전 단군시대에 이미 백성들에게 '편발개수(編髮蓋首, 머리카락을 땋아 상투를 틀어 올린 머리 모양)', '군신의 질서', '음식·거처의 예'를 가르쳤다는 것을 근거로 단군시대의 문화적 우수성을 강조했다.[13] 이종휘(李鍾徽)는 단군을 '수출지군'이 아닌 '수출성인(首出聖人)'으로 격상했다. 그는 《동사(東史)》 〈신사지(神事誌)〉에서 단군시대에는 신교라고 하는 고유문화가 있었으며, 신교는 환웅에서 시작되어 부여·고구려를 통해 신선 숭배로 자리 잡았다고 설명했다.[14] 신교의 기원을 단군과 연결함으로써 단군 인식의 범위를 종교와 문화 영역으로 확대한 것이다.

이러한 조선 후기의 역사인식은 실학자들에게 계승되었다. 실학자들은 그때까지도 중화부용적인 한국사를 완전히 독립시키고자 한국사 서술을 단군에서부터 시작했다. 이익(李瀷)은 고조선의 중심 지역을 한반도가 아닌 만주로 비정하고, 단군은 '단국의 임금'이라고 해

---

12) 오강원, 〈전근대 시기 단군 세계 인식의 확대 과정과 맥락〉, 《진단학보》 124, 진단학회, 2015, 17~19쪽.

13) 박광용, 앞의 글, 166·167쪽.

14) 《수산집(修山集)》 권지12(卷之十二), 〈동사지(東史志)〉, '신사지(神事志)' : "고환웅위신시천왕(故桓雄爲神市天王), 이웅지자호단군운(而雄之子號檀君云), 신시지세(神市之世), 이신설교(以神設敎)."(한국고전종합DB)

석했다. 이는 2,000여 년을 내려온 고조선의 역사에 수많은 단군(임금)들이 존재했다는 시각을 제공했다. 또한 마한정통론을 극복하고자, 단군-부여-고구려-발해로 이어지는 부여족 중심의 역사를 정통론으로 세워 단군조선의 역사적 계승관계를 재정립했다.[15]

그런데 실학자들의 단군 인식은 더 이상 계승되지 못했다. 19세기 전반기에는 세도정치의 영향으로 실학자의 개혁론이 봉쇄되면서 역사서 저술 활동도 단절되었다. 그 뒤를 이어 등장한 개화파 인사들은 역사 서술에 관심을 갖지 않았다. 중화 해체와 서구 사상의 수용에는 적극적이었지만, 근대 제국주의의 역사 침략은 인식하지 못했다. 개화파의 서구 사상 수용은 전통에 대한 부정에서부터 출발해 근대적인 체제 변혁은 가져왔지만 역사 서술에는 공백기를 낳았다. 이러한 상황에서 개혁정책을 뒷받침할 근대적 국민의식이 절대적으로 필요해지자 자주자강을 위한 애국과 국민 계몽 차원에서 역사 교육이 이루어졌다. 이에 1895년 학부(學部)를 통해 역사 교과서 편찬과 역사 교육이 서둘러 진행되었고, 단군 인식도 전통시대와는 달리 비로소 대중의 애국심과 연결되기 시작했다.

2) 역사 교과서의 단군 인식

개화기에서 한말에 걸쳐 이루어진 역사 교과서 편찬은 1895년 3월 학부에서 시작해 1910년까지 15년 동안 이루어졌다. 역사 교과서는 간행 시기에 따라 크게 세 시기, 즉 갑오개혁기(1895), 광무개혁기(1899), 그리고 애국계몽기부터 주권 피탈(1905~1910)까지로 구분한다.[16] 이 기간에 간행된 역사서들은 다음과 같다.

---

15) 조동걸,《한국현대사학사》, 나남출판, 1998, 66·67쪽.

1895년《조선역사(朝鮮歷史)》(학부),《조선역대사략(朝鮮歷代史略)》(학부)

1899년《동국역대사략(東國歷代史略)》(학부),《조선역사략(朝鮮歷史略)》
(학부, 1899년 간행 추정),《보통교과동국역사(普通敎科東國歷史)》
(현채)

1905년《역사집략(歷史輯略)》(김택영),《대동역사(大東歷史)》(최경환)

1906년《동국집략(東國輯略)》(현채),《대동역사략(大東歷史略)》(대한국
민교육회),《신정동국역사(新訂東國歷史)》(원영의·유근)

1908년《초등대한역사(初等大韓歷史)》(정인호),《대한력ᄉ》(헐버트·오성
근),《신정동국역사(新訂東國歷史)》(유근),《초등대한력ᄉ》(조종
만),《초등대동역사(初等大東歷史)》(박정동)

1909년《초등본국약사(初等本國略史)》(흥사단)

1910년《신찬초등역사(新撰初等歷史)》(유근)

위의 역사 교과서들은 한자와 한글을 혼용했다. 특히《대한력ᄉ》
는 순한글이다. 학생뿐 아니라 일반인들도 읽을 수 있게 한 것이다.
기자는 여전히 중요하게 서술되었지만, 공통적으로 한국사의 출발은
모두 단군에서 시작했다. 단군에 대한 서술에 큰 변화가 있는데, 그
내용을 살펴보면 다음과 같다.

첫째, 공통적으로 단군의 신화적이고 신비한 이야기들을 최대한
삭제함으로써 비논리적인 요소들은 지우고자 했다. 예컨대 '신인(神
人)' 단군의 모습 대신 신성성만을 강조해 단군을 태백산 단목 아래
로 내려온(降) 신인으로 표현하거나, 태백산 단목 아래 태어난(生) 인
간 단군으로 서술했다. 주로 1800년대에 간행된 책에서는 여전히 신

---

16)　유영옥, 〈개화기 국사 교과서의 연기법〉,《역사와경계》79, 부산경남사학회, 2011, 117·118쪽.

인 단군으로 서술되었는데, 1905년 이후 애국계몽기에 출간된 책에는 《대동역사략》(1906)을 제외하고 모두 인간 단군으로 서술되었다.

〈신인 단군의 예〉

단군의 이름은 왕검이나 혹 왕험(王險)이라고 한다. 동방에 처음 군장이 없더니 신인(神人)이 있어 태백산 단목하에 내렸다〔降〕. 나라 사람들이 봉립(奉立)하여 임금이라고 하니 호를 단군이라 하고 국호를 조선이라 하였다. ―《조선역사》(학부, 1895)

〈인간 단군의 예〉

대한개국 기원전 3724년에 단군이 건국하시다. 단군의 이름은 왕검이니 동방에 군장이 없어 인민이 풀을 옷으로 하고 나무 열매를 먹으며, 여름에는 새집에 기거하고 겨울에는 동굴에 거처하니, 한 사람이 태백산(현재 묘향산) 단목 아래 태어나 신명함이 있거늘, 나라 사람이 추존하여 임금을 삼으니……. ―《신정동국역사》(원영의·유근, 1906)

단군의 인간적인 모습을 묘사할 때는 '성덕(聖德)'(현채·최경환·헐버트), '신명한 덕'(원영의·유근)을 지닌 건국주로 표현했다. 한인·한웅과 단군의 관계도 '조부-부'의 부계적 혈연관계로 서술했다(최경환·정인호·헐버트). 이러한 서술 경향은 애국계몽기에 나타난 '단군자손론'과 함께 단군을 구심으로 애국심을 강조하는 사회 분위기가 반영된 것으로 보인다. 그러나 일제의 한국강제병합이 본격화되는 시기에 단군 서술은 단지 "우리나라에 처음 나신 임금"(박정동·유근)으로 간략하게 표현하는 데 그쳤다.

둘째, 중화사관을 탈피하고 독립적이고 유구한 역사성을 강조하고

자 했다. 이 점은 중국과의 관계를 설명할 때 두드러지게 나타났다. 역사 교과서에서는 편년체 서술에서 벗어나자 역사 서술에서 중국 연호도 사용하지 않았다. 전통 사서들이 기자 정통론을 따르면서 단군을 격하시킨 것과 반대로 역사 교과서는 단군을 개국조로 복귀시키고, 기자를 단군의 계승자로 격하시켜 단군문명의 독자성을 강조했다. 또한 중국은 사대의 예를 지켜야 할 나라가 아닌 '이웃 나라(隣國)'로, 태자 부루가 참여했던 도산회맹을 뜻하는 '조하(朝夏)'는 '참여(參)', '왕회(往會)' 등으로 표현함으로써 단군조선과 중국을 대등한 관계로 서술했다.

셋째, 국민의식을 계몽하고 역사를 통해 국가주권을 세우고자 했다. 실학서의 서술을 따라 단군시대에 편발개수, 군신관계, 남녀유별의 도덕을 가르치고 의복·음식·거처의 제도를 정비했다는 내용을 담아 기자가 아닌 단군시대에 고유문화가 시작되었음을 강조했다. 요약하면 한말 역사 교과서에서 단군은, ① 민족 및 한국사의 기원이 되는 단군, ② 합리적인 제도를 정비해 나라 사람들에게 추대받은 국조, ③ 한민족의 고유문화와 문명의 시조로 서술되었다.

역사 교과서는 조선과 대한제국의 위상을 높이고 국민의 애국심을 키우려는 목적의식이 분명했다. 그러나 한말 역사 교과서가 근대 민족주의 형성기에 간행된 점을 고려하면, 역사 교과서는 이러한 시대적 요구와 정신을 분명히 담아냈어야 했다. 단군사 서술은 조선 후기부터 실학자들의 노력으로 점차 자기 세계관을 반영하고 있었다. 그러나 역사 교과서는 단군을 서술하면서도 당대의 주요 문제였던 민족이나 민족주의 담론을 만들어내지 못했다.

역사 교과서의 근본적인 문제는 첫째, 일본의 근대적 역사 서술체계를 수용했지만 모방에만 그쳤고, 둘째, 그럼으로써 일본의 역사 침략에 대해서는 무방비 상태였다는 점이다. 김택영은《역사집략》에서 '일본이 임나가야를 직할지로 삼았으며, 신라·백제·고구려를 복속시켰다'는《일본서기(日本書紀)》의 내용을 무비판적으로 받아들였다. 특히 현채의《중국교과동국사략》은 하야시 다이스케(林泰輔)의《조선사(朝鮮史)》를 저본으로 하여 임나일본부설을 적극적으로 배척하지 않았기에,[17] 신채호는 "가치 유(有)한 역사가 태무(殆無)하다"라고 혹평하기도 했다.[18]

한편, 근대적 의미에서 단군 인식은 역사 교과서가 아닌 신문을 통해 단군 담론으로 구체화되고 있었다. 자주국가로서의 위상과 민족의식을 강조한 애국계몽가들의 논설은 대부분 역사와 단군을 중요하게 부각했다. 국난 극복을 위한 민족적 구심점을 역사와 단군에서 찾으려는 이들의 노력은 역사 교과서와는 다른 차원에서 대중적인 단군 담론을 형성해나갔다. 특히 민족종교로서 대종교가 창설되면서 단군 인식은 일상과 연결된 종교와 문화를 통해 구체화되었다.

2. 한말~1910년대 단군자손 의식의 확산

1) '단군자손'으로서 민족의 재발견

단군에 관한 인식은 왜 끊임없이 변해온 것일까? 단군은 한국 민족사의 출발점이다. 그 유구한 역사성으로 인해 단군에 대한 이해에

---

17) 조동걸, 앞의 책, 119~122쪽.

18) 역사 교과서에 대한 신채호의 비판은 민족 인식의 결여뿐만 아니라 김택영의《역사집략》에서 '임나일본부설'을 소개하고, 현채의《중등교과동국사략》에서 하야시 다이스케(林泰輔)의 식민사학을 그대로 받아들인 역사인식까지 포함하고 있다.〈독사신론〉,《단재신채호전집》제3권, 독립기념관 한국독립운동사연구소, 2007, 310쪽.

는 건국신화의 풍부한 상상력과 원시적인 서사가 공존한다. 그래서 '우리는 누구인가?'라는 공동체의 근원에 관한 질문을 던질 때면 단군에까지 인식이 닿을 수밖에 없다. 오랫동안 중국과의 관계에서 위치 짓고 규정되었던 '우리'는 한말 민족의식의 형성과 함께 재정립되는 과정을 거쳤다. 이러한 문제의식을 담론화한 것은 《황성신문》과 《대한매일신보》였다.

단군 담론은 러일전쟁 이후부터 나타나기 시작했다. 전쟁에서 승리한 일본이 아시아의 새 맹주로 부상하면서 한국 보호국화를 주장하고 나오던 때였다. 그러니까 중화에서 벗어난 한국인들의 자아 찾기, 즉 민족정체성에 대한 탐구는 국권 피탈이라는 위기의식과 함께 구체화되었다. 이 위기의식은 "사천 년 단기(檀箕)의 오랜 강토가 파열되는 형세"로, "이천만 동포민족이 반드시 탄식에 빠질 것"[19]이라고 표현되었듯이 영토의 핍탈을 민족공동체의 붕괴로 받아들였다.

민족의 개념이 처음부터 명확했던 것은 아니었다. 1900년 1월 12일자 《황성신문》에 '동방민족', '백인민족'이라는 표현이 처음 나타났지만,[20] 이때 민족이란 동양인과 백인에 대한 인종적 의미로 사용된 것이지 근대적 의미의 민족은 아니었다. 그러다가 1904년 10월 7일자 《황성신문》 사설에서 "사천여 년을 이어 내려온 민족의 정신혈맥이 결코 소멸되고 마멸될 리 없는"[21]이라고 했듯이, 이때의 민족은 인종이 아닌, 유구한 역사를 가진 혈연적 공동체를 의미하고 있었다.

---

19) 〈재포고전국민인(再佈告全國民人)〉, 《황성신문》, 1903년 6월 9일자.

20) 〈기서(寄書) 칠우생(漆憂生) 서세동점(西勢東漸)의 기인(起因)〉, 《황성신문》, 1900년 1월 12일자.

21) "사천여 년(四千餘年) 전수지민족(傳守之民族)의 기정신혈맥(其精神血脈)이 결무소마시지리(決無消磨漸之理)이니." 〈대청국여론의가주의문제(對淸國輿論宜加注意問題)〉, 《황성신문》, 1904년 10월 7일자.

민족 인식에 단군이 구체적으로 포함된 것은 1906년경부터로 보인다. 예컨대 1906년 1월 4일자 《대한매일신보》 사설 〈신년축사〉에서 "대한은 영토가 8만 리 방면이오, 민족이 이천만여 명이니 동반구에서 자주독립의 당당한 한 제국이라. 옛날부터 단군·기자의 신성함이 있어왔다"고 하여, 한반도의 이천만 민족은 단군·기자로부터 유래한다는 민족공동체 의식을 보였다. 1907년 2월 6일자 《황성신문》 사설 〈정신과 감각〉에서도 "우리 시조 단군 이래 지금까지 사천 년을 이어 동해를 집으로 삼고, 이천만 민족으로 무리가 되어"라고 했듯이, '단군', '사천 년', '동해', '이천만민' 같은 표현으로 한민족은 단군에서 출발한 역사적 공동체임을 강조했다. 이러한 표현들은 대한제국의 주권자로서 민족을 세우고, 동일한 역사를 공유하는 동일한 지역의 거주자를 민족공동체로 인식하게 된 것을 의미한다. 민족 담론에 단군이 결합되면서 민족적 정체성을 찾기 시작한 것이다.

1907년 무렵엔 민족의 개념이 좀 더 구체화되었다. 《황성신문》에는 "이천만 동포형제가 단군의 자손〔檀君之子孫〕"[22]이라거나, "이천만 민족은 동일 단군자손으로 백두의 혈맥을 연결하고 생사영욕과 이해화복(利害禍福)이 동일"[23]하다며 운명공동체로서 민족을 인식했다. '단군혈손', '단군후예'와 같이 역사와 혈연적 의미가 결합한 민족의식도 등장했다. 《대한매일신보》는 대한제국 건국절을 기념하는 1908년 8월 14일자 사설 〈황금시대〉에서 "단군의 후예들이 형제의 정을 잃지 않고 한집안에 돈독하여 황금시대 되어보세"[24]라는 글로써 대

---

22) 〈환기이천만국민(喚起二千萬國民)호야 축팔만이천리지독립성(築八萬二千里地獨立城) 속(續)〉, 《황성신문》, 1907년 2월 16일자.
23) 〈범금지인(凡今之人)은 막여형제(莫如兄弟)〉, 《황성신문》, 1908년 3월 13일자.
24) 〈황금시대〉, 《대한매일신보》, 1908년 8월 14일자.

한제국의 주체를 민족으로 전환했다. 이는 1907년 7월, 고종 양위사
건으로 황제권을 상실하고 대한제국이 일본의 보호국으로 전락한 상
황에서 역사 계승의 주체는 더 이상 군주가 아니라 '단군자손'이라는
인식을 보여주는 것이다. 그러므로 민족은 동일한 지역·종교·언어를
사용하는 현실적인 공동체로 구체화되고, 다음과 같이 '국혼', '민족
의 국혼' 등 정신이 강조되었다.

> 세계 역사에 어떤 나라를 불문하고 그 국민의 머리에 국혼이 완전 견
> 실하면 그 나라가 강하고, 그 족이 성하는 것이요, …… 우리 대한은 건
> 국이 사천 년이요, 그 민족은 모두 단군, 기자의 신성한 후예요, 인류와
> 도덕을 존중하고 의리를 숭상하던 풍속이 고유하니, 사천 년간 내려오
> 던 조선혼이 어찌 오늘에 이르러 소모 마멸할 리가 있으리오.[25]

단군과 기자의 관계도 재정립되었다. 유생들을 독자층으로 한《황
성신문》은 단군자손론을 설파했지만 동시에 "우리 한민족은 원래 단
군과 기자의 후예"이며, "단군, 기자의 신성후예로서 사천 년 고유한
조선혼을 가진 민족"이라는 기자 계승의식을 고수했다.[26] 반면에《대
한매일신보》는 기자를 제외한 단군 중심의 단일민족 의식을 보였다.
《대한매일신보》의 주필 신채호는 민족의 고유성을 '국수', '국혼'이라
고 하였고, 단군의 독자성과 문명을 강조한〈국수보전론(國粹保全論)〉
을 발표했다.[27] 또한 신채호는 1908년 8월 27일부터 12월 13일까지

---

25) 〈조선혼(朝鮮魂)이 초초환래호(稍稍還來乎)〉,《황성신문》, 1908년 3월 20일자.
26) 〈만국긔도〉,《대한매일신보》, 1907년 8월 22일자;〈근본적(根本的) 개량(改良)〉,《황성신문》,
    1908년 3월 12일자.
27) 〈국수보전론(國粹保全論)〉,《대한매일신보》, 1908년 8월 12일자.

모두 51회에 걸쳐《대한매일신보》에 〈독사신론〉을 연재하여 역사의 중요성을 거듭 강조했다. 그는 나라가 없으면 국사를 읽어야 하며, 역사는 애국심 고취에 불가결한 것으로, 사필(史筆)이 강한 자가 그 나라의 주인이 된다는 '역사 민족주의'를 제창했다.[28]

단군과 관련해 〈독사신론〉에서 강조한 것은 첫째, 단군은 동국을 개창한 시조이자 국조로서, 국민 사상계를 지배하는 교주(敎主)라고 보았다. 둘째, 국가는 일성(壹姓)의 사유물이 아니고 만민의 공동산물[共産]이므로, 민기(民氣)와 민권(民權)이 죽지 않으면 역사는 계승되므로 역사의 주체는 민족이라고 했다. 셋째, 단군의 자손을 선비·부여·지나족·말갈족·여진족·토족 등 6종족으로 분류하고, 이 중 부여족을 주족(主族)으로 세워 단군·부여·고구려의 계승관계를 정통으로 삼았다.

〈독사신론〉 이후 신채호는 단군의 발원지를 묘향산에서 백두산으로 비정하여 한민족의 역사적 발원과 중심을 백두산에 두었다.[29] '태백산=백두산' 인식은 이후 대종교에서 단군의 탄강지로서 종교적 의미를 더해 백두산을 단군문화의 성역으로 인식하는 계기가 되었다. 〈독사신론〉은 민족의식 형성에 변곡점이 되었다고 평가될 만큼[30] 근대 단군민족주의 의식에 중요한 영향을 끼쳤다.

언론을 통해 확산된 단군 담론은 기자 중심의 역사관을 극복하고 단군의 자손들이 역사의 주체로 등장하는 데 기여했다. 즉, 단군 담론

---

28) 이만열,《한국 근현대 역사학의 흐름》, 푸른역사, 2007, 319쪽.

29) "아한삼천리강산(我韓三千里江山)은 구시백두지맥(俱是白頭枝脉)이오. 이천만민족(二千萬民族)은 동일단군자손(同一檀君子孫)이니 기혈맥의 연(聯)락과 성기(聲氣)의 밀접(密接)과 통양의 상관(相關)이 어사생영욕(於死生榮辱)과 이해화복(利害禍福)에 의무독수(義無獨殊)오 세필동귀(勢必同歸)라."〈범금지인(凡今之人)은 막여형제(莫如兄弟)〉,《황성신문》, 1908년 3월 13일자.

30) 조동걸, 앞의 책, 137쪽.

은 단군의 역사성을 현재와 연결시켜 자기 시대의 모순을 타개하는 이론과 실천의 뒷받침이 된 것이다.[31] 남은 것은 단군 담론의 실천 문제였는데, 이는 곧 민족종교로서 대종교의 출현으로 연결된다.

2) 대종교와 단군문화의 중흥

《황성신문》은 1908년까지도 "우리 민족은 원래 단군과 기자의 후예"[32]라는 인식이 있었다. 그러나 점차적으로 우리 민족은 '단군의 혈통을 계승한 신성한 후예'[33]이자 동일한 강토와 문화를 공유한 운명공동체라는 인식을 공유했다. 1909년 4월 21일자 《황성신문》 사설 〈단군성조유래기념(檀君聖祖由來紀念)〉은 기자를 제외한 단일민족 의식을 명확히 보여준다.

우리의 나라라는 것은 가족의 큰 것이라, 어찌 건국시조를 기념하고 기리는 주의(主義)와 관례가 없으리오. …… 우리 대한은 존엄한 국체와 문명한 민족으로 사천 년 역사가 빛나며 내려온 오랜 국가라. 오로지 우리 단군성조께옵서 동국에 나서서 나라를 개창하시고 인문을 밝혀 억만무강의 업을 전수하셨으니, 우리 혈통으로 전승한 자손이 어찌 집집마다 제사를 받들며 기리고 잊지 않는 주의와 관례가 없으리오. 국가에 숭보(崇報)하는 예로 말하면 평양 숭령전과 문화 삼성사가 있으나, 전국 민족이 통일주의로 가가호호 모시는 예는 어디에 있는가. 우리가 신성 후예로서 이러한 주의가 없다고 말하지 못할 것이다. …… 우리 이천만

---

31) 이만열, 앞의 책, 322쪽.

32) 〈근본적 개량〉,《황성신문》, 1908년 3월 12일자.

33) 〈조선혼이 초초환래호〉,《황성신문》, 1908년 3월 20일자; 〈신고해항동포(申告海港同胞)〉,《황성신문》, 1908년 4월 10일자.

형제자매는 내려오는 관례에 의하여 시조를 기념하고 조국을 충애하는 의리를 함께 확인하고 함께 천명할 것이다. …… 대개 우리 민족이 단군 성조를 기념하는 관례가 상고부터 지금 금일에까지 이어지고 있는데, 그 제사의식이 보통남녀의 준행하는 바 되었으나 특별히 예문(禮文)으로 제정함이 없는 까닭에 그 사례는 있으되, 그 뜻은 명확하지 못하다. 그러므로 우리 신성후예로 하여금 성조를 기념하고 조국을 충애하는 통일정신이 실로 그 뜻을 강구하고 밝힘에 있으니 우리 이천만 동포는 전하는 관례를 따라 똑같이 건국하신 성조를 기념하여 잊지 않으면 문명한 민족의 자격을 잃지 않을 것이니 믿음으로 노력할 것이다.

위의 글에서 주목할 점은 단일민족 의식과 함께 단군제례를 강조하고 나온 것이다. 단군제례는 조선 정조 때까지 평양 숭령전과 황해도 문화현 구월산 삼성사에서 국가제의로 지냈다. 고종도 대한제국을 선포한 뒤 원구단을 세우고 천제를 올렸다. 그러나 이 글에서 말하는 단군제례는 국가제례가 아니다. 가가호호에서 지내는 단군제례를 말한다. 이 글은 단군을 민족의 공통된 조상이자 국조로 숭상하여 민족의식을 결집하려는 의도가 엿보인다.[34]

《황성신문》의 논조가 바뀐 배경은 무엇일까? 이 사설은 대종교의 출현 직후에 나온 것으로, 대종교에서 직접 기사를 썼거나 적어도 대

---

34) 단군자손론에 대해 서영대는 외부 영향설과 자생설로 구분했다. 삿사 미츠아키(佐佐充昭)는 단군자손 의식이 일본 메이지시대에 일본 국민의 통합 이데올로기로 등장한 '일본주의운동'에서 영향을 받았다고 주장했다. 서영대는 근대 중국도 캉유웨이(康有爲)나 량치차오(梁啓超) 등을 통해 황제의 신성한 자손을 주장하고 있었던 점을 지적하면서, 단군자손론의 외부 영향설을 전혀 부정하지는 않았다. 그러나 한말부터 근대적인 단군 인식이 형성되면서 단군을 통해 민족적 정체성을 확인하려는 노력이 있었고, 그 과정에서 자연스럽게 단군자손 의식에 도달할 수밖에 없었다고 평가했다(서영대, 〈근대 한국의 단군 인식과 민족주의〉, 《동북아역사논총》 20, 동북아역사재단, 2008, 18~20쪽).

종교와 관계된 인물이 쓴 것으로 추정된다. 대종교는 이 논설이 발표되기 약 3개월 전인 1909년 음력 1월 15일에 창설되었다. 대종교 창설은 나철(羅喆)을 중심으로 오기호·유근·강우·김윤식 등이 함께했고, 《황성신문》 사장이자 주필이던 유근도 참여했다.[35] 김교헌·주시경·신규식·박은식·박찬익·윤세복·백순 등 애국계몽 계열의 지식인들 또한 대종교 초기의 교단 활동에 대거 참여했다. 대종교에서는 민간에서 비전되어오던 단군신앙과 신교를 중흥한다는 의미에서 '창설' 대신에 '중광(重光)'이라고 한다.[36] 그러나 나철과 애국계몽 지식인들은 단군운동을 통해 국권 회복을 이루고자 대종교 아래 모였다.[37]

대종교는 원래 '단군교'라는 이름으로 시작했다. 그런데 단군숭봉을 통해 한국인들의 민족의식이 고양되자 일제는 대종교와 신도들에 대한 감시와 통제 수위를 높여갔다. 이에 경술국치 직후인 1910년 9월 나철은 단군교에서 대종교로 개칭했다.[38] 대종의 '종(倧)'은 '상고시대의 신인'이라는 뜻으로, '대종'은 신인 단군을 의미한다.[39] 그러므로 대종교에서 단군은 역사적으로 국조이고, 종교신앙적으로는 신인이자 창조주 '한배검'이다. 단군을 호칭할 때도 대종교에서는 '대황조단군'이라는 극존칭과 함께 '신인'이라는 뜻에서 '한배검'이라고 불렀다. 대종교를 통해 단군은 훨씬 더 강력한 민족의 표상으로서 민족의식 속에 내면화된 것이다.

---

35) 대종교 중광에 참여한 유근은 《황성신문》 창간의 주역이자 주필로 활동했다. 대종교가 창설된 이후 《황성신문》의 논설에는 '단기 계승'이 사라지고 단군 중심과 대종교적 역사관에 관계된 글들이 올라왔다.

36) 대종교종경종사편수위원회, 〈중광원유〉, 《대종교중광육십년사》, 대종교총본사, 1971, 35~37쪽.

37) 〈금일종교가에 요(要)ᄒᆞᄂᆞᆫ바〉, 《대한매일신보》, 1919년 11월 28일자.

38) 단군교에서 대종교로 개칭할 당시 정훈모를 비롯한 일부 교인들은 대종교에서 분리해 단군교를 설립했다.

39) 대종교종경종사편수위원회, 앞의 책, 157쪽.

대종교는 민족의식의 실천 차원에서 단군문화를 보급해나갔다. 개천절(음력 10월 3일)과 어천절(음력 3월 15일)을 단군 기념일로 제정하고, 단기연호 사용을 통해 단일민족 의식을 확산했다. 각 가정에는 단군 초상화인 단군 천진(天眞)을 모셔 단군의례를 갖추도록 독려했다. 또한 단군의 성덕을 기리는 〈단군가〉[40]를 부르고, 제례를 올릴 때는 검은색 두루마기를 입었다. 음식을 먹기 전에는 '고시례'를 외치며 단군대황조의 은덕을 기렸다.[41] 옷깃에 흰빛을 두르고 이것을 '동정'이라고 한 것은 백두산을 의미한다. 머리를 길게 땋은 댕기는 '단기(檀祈)'에서 비롯되었다.[42]

한편, 대종교에서는 백두산을 단군과 신교의 발상지로 삼았다. 신채호가 이미 백두산을 단군의 발원지로 비정했듯이 대종교에서도 백두산을 단군의 탄강지로 보았다. 또한 대종교의 경전이자 신교의 '비서(祕書)'로 알려진 《삼일신고(三一神誥)》를 백두산에서 발견했다는 종교적 배경으로 인해, 당시부터 백두산은 민족의 영산으로 인식되었다. 이곳에서 대종교인들은 단군 천제를 지내고, 단군의 영적을 탐방하는 등 백두산은 단군문화의 상징처가 되었다. 구월산 삼성사 또한 단군이 승천한 곳으로서 백두산과 함께 민족적 정체성과 긴밀한 관

---

40) "우리 시조 단군께서 태백산에 강림하사 나라 집을 창립하야 우리 자손 주시셨네 거룩하고 거룩하다 대황조의 높은 성덕 거룩하다 / 모든 고난 무릅쓰고 황무지를 개척하사 양전미택(良田美宅) 터를 닦아 우리 자손 기르셨네 잊지 마세 잊지 마세 대황조의 깊은 은택 잊지 마세 / 모든 위험 무릅쓰고 악한 짐승 몰아내사 해와 독을 멀리하여 우리 자손 보호하네 잊지 마세 잊지 마세 대황조의 크신 공덕 잊지 마세 / 착한 도를 세우시고 어진 정사 베푸시어 청구산하 빛내시고 천자만손 복주셨네 잊지 마세 잊지 마세 대황조의 어진 덕화 잊지 마세 / 형제들아 자매들아 대황조의 자손 된 자 우리 형제자매들아 천 번 만 번 죽더라도 변치 마세 변치 마세 대황조를 향한 충성 변치 마세 / 형제들아 자매들아 조상나라 모든 민족 우리 형제자매들아 혈성 품고 동력(同力)하여 빛내보세 빛내보세 대황조의 높은 이름 빛내보세." 〈단군가〉, 《대한매일신보》, 1909년 8월 6일자.

41) 대종교종경종사편수위원회, 〈단군교포명서〉, 앞의 책, 80~92쪽.

42) 《신단실기》는 다음의 번역본을 참고함. 김교헌, 《신단실기》, 흗뿌리, 1994, 101쪽.

계가 있는 곳으로 자리 잡았다.[43]

이러한 대종교의 역사관은 한마디로 '배달민족사관'으로 집약된다. '배달민족'이라는 용어는 대종교에서 처음 언급된 것으로 파악되는데, 김교헌은《신단실기》(1914)에서 '배달'을 다음과 같이 풀이했다.

> 단군의 세상에 백성들이 단(檀)을 배달(지금은 '박달'이라고 함)이라고 하니 배(倍)는 조상이오, 달(達)은 빛난다는 뜻이니, 천조(天祖)의 빛이 천하에 비친다는 뜻이다. 이것을 후인들이 이르기를 달(月)에 빛이 있다 하여 '달'이라고 했으니, 역시 그 뜻을 본받은 것이다.[44]

배달은 곧 단군을 뜻한다. 배달민족은 '단군의 자손'이다. 그러나 배달민족은 단일민족을 의미하지는 않는다. 대종교의 역사관에서 민족사의 출발은 단군에서 시작되지만, 단군의 자손에는 조선족·북부여족·예맥·옥저 등 북방의 여러 민족이 다 포함되었고, 기자도 단군 계열의 민족으로 보았다. 다만 기자는 중국 민족에서 출발했으므로 반배달족이라고 했다. 배달족의 활동무대는 한반도 및 만주, 중국 동북 지역을 다 포괄하므로 그 지역에 출현했던 요·금·청나라도 배달민족의 후예로 간주했다.[45]

배달민족론은 단군민족의 범위를 동북 지역까지 포함한 것이다. 대종교는 종교적으로는 신교 문화를 민족사와 연결했으며, 단군자손의 역사, 종교, 문화를 배달민족으로 정립하여 민족의 활동무대를 동북 지역으로 확대했다. 이러한 배달민족론은 보수유림의 단군 인식

---

43) 대종교종경종사편수위원회, 앞의 책, 183·184쪽.
44) 김교헌, 앞의 책, 99쪽.
45) 위의 책, 88~91쪽.

과는 확연히 달랐다.[46] 그런데도 대종교의 단군숭봉이 종교에 국한되지 않고 민족의식으로 직접 연결될 수 있었던 것은 대종교 중광의 근본 목적이 국권 회복에 있었기 때문이다. 민족적 위기 앞에서 단군숭봉은 종교적 신앙운동이라기보다 국내외 동포들을 결집시키는 실천운동으로서 의미가 더 컸던 것이다.

3. 3·1운동 시기~1920년대 단군정신의 계승

1) 3·1운동과 단군정신의 표출

일제의 무단통치가 시작되면서 국내에서 단군문화의 보급과 확산은 이내 통제를 받았다. 무엇보다도 민족의식과 반일애국심을 고취시킨《황성신문》과《대한매일신보》등 민족신문들이 경술국치 직후 폐간되어 단군 담론도 더 이상 발전하지 못했다. 두 신문이 폐간된 후 단군 담론에 관한 유일한 글이라고 할 수 있는 1914년 11월 22일자《매일신보》사설〈단군변(檀君辨)〉은 단군 탄생의 기록들을 '황당하고 기괴하여 믿을 수 없는 이야기'로 폄훼하고, '조선인은 단군·기자의 유민(遺民)'이라고 하여 한민족 역사를 근본적으로 부정했다. 또한 조선총독부는 1915년 8월 15일 '포교규칙'을 공포해 불교·기독교·신도(神道)를 제외한 나머지 한국 종교들을 '유사종교(類似宗敎)'로 규정했다. 이에 따라 단군에 관련된 강연 및 의례는 모두 금지되었고, 개천절·어천절 행사도 금지되었다.

일제의 탄압에도 불구하고 단군숭봉은 국내 및 국외 동포들을 통해

---

46) 정욱재, 앞의 글, 158·159쪽.

확산되어 3·1운동으로까지 이어졌다. 국내에서는 금지된 개천절·어천절 기념식은 일본의 직접적인 통제가 미치지 않는 국외 동포들에 의해 확산되었다. 국외 지역에서 단군운동은 대종교총본사가 설립된 북간도에서 가장 활발했고, 서간도에서는 대종교 교인 윤세복(尹世復)이 설립한 동창학교에서 박은식·신채호가 역사서 저술과 민족교육으로 동포들의 항일독립의식을 고취했다. 신규식·박찬익·박은식·조소앙 등은 상하이에서 동제사를 설립하고 민족운동가들을 결집시키면서 개천절과 어천절 기념식을 정기적으로 거행했다.[47] 러시아 연해주 및 블라디보스토크, 그리고 미주 지역에서도 개천절·어천절 기념식이 열렸다. 블라디보스토크의 《권업신문》은 평양 숭령전에 봉안된 단군 어진을 촬영해 이를 배포하기도 했다.[48] 미주 지역에서는 1917년 11월 29일자 《신한민보》에 〈10월 3일 대황조 단군하라버님의 성탄을 봉축함〉이라는 제목으로 다음과 같이 개천절 노래를 소개했다.

> 한배님 오늘날에 누리에 오셨고 배달나라 우리 땅에 오늘날 나셨네
> 한배님 참사랑에 우리 겨레 살고 배달나라 밝은 빛에 한집 살님 하세
> 한배님의 나리신 뜻 배달나라 참 빛 우리들이 다물하여 천만 해로 살아가세
> (후렴) 츠달 드날 기념 깊고 깊어 배달나라 우리 땅에 오늘날 나셨네

이와 같이 국내외에서 형성된, 단군을 중심으로 한 민족의 결집을 배경으로 독립의 열망이 3·1운동을 기해 폭발적으로 일어났다. 국내

---

47) 이숙화, 〈대종교의 민족운동 연구〉, 한국외국어대학교 박사학위논문, 2017, 115~120쪽 참조.
48) 〈단군대황조어진촬영〉, 《권업신문》, 1912년 12월 15일자.

3·1운동 기간 중 경상남도 함안읍 의거가 일어난 3월 19일, 함안의 지사들은 유림들과 합동으로 단군 고천제(誥天祭)를 지내고 만세시위 운동을 전개했다.[49] 이는 유례가 없던 일이었다. 1919년 북간도 용정 (龍井)에서 3·13만세시위운동이 일어났을 때도 선언문의 날짜를 단군 기원으로 발표했는데, 이 또한 1910년대 전 기간에 걸쳐 민족교육과 항일의식으로 다져진 민족적 역량이 표출된 것이었다. 3·1운동은 이후 북간도에서 항일무장투쟁을 전개할 독립운동단체들이 설립되는 중요한 배경이 되었다.[50]

〈3·1독립선언서〉에서 선언했듯이 3·1운동 정신은 "민족자존의 정권(正權)과 인류평등의 대의(大義)"에 있다. 3·1운동 시기에는 국내외를 합쳐 모두 60여 개의 독립선언서가 선포되었다. 이 선언서들은 공통적으로 단군을 역사의 전면에 내세우거나, 단기를 사용해 한국과 한국인의 독립성과 역사적 유구성을 나타내고자 했다. 3·1운동 시기 대표적인 선언서를 열거하면 다음과 같다.

〈국내에서 발표한 선언서〉

① 1919년 3월 1일 조선 민족 대표 33인의 선언서: 〈독립선언서〉(조선 건국 4252년 3월)

② 하동의 민족운동가 12명의 선언서: 〈대한독립선언〉(단군 개국 4252 년 2월 17일)

③ 천도교인의 선언서: 〈자주독립선언문〉(단기 4252년 3월 1일)

---

49) 이규석, 《증보 함안항일독립운동사》, 함안문화원, 2011, 384~393쪽.

50) 이숙화, 앞의 박사학위논문, 86~114쪽.

〈국외에서 발표한 선언서〉

④ 1919년 2월 중국 지린(吉林)에서 반포: 〈대한독립선언서〉(단군기원
4252년 2월)

⑤ 러시아 연해주·훈춘(琿春)의 대한국민의회 선언서: 〈선언서〉(기원
4252년 3월)

⑥ 간도 거류 동포들의 선언서: 〈독립선언포고문〉(조선 건국 4252년 3
월 13일)

⑦ 만주 대한독립단 임시위원회의 선언서: 〈선언서〉(기원 4252년 4월)[51]

위의 선언서들은 공통적으로 선언서 날짜를 단군기원으로 표기했
다. 선언문의 내용에도 단군의 정신을 계승하여, "반만년 역사의 권
위를 장(丈)하여"(①), "반만년 신성한 역사와 삼천리 금수강토를 가
진 우리 동포"(②), "우리는 사천 년 역사의 국가이고 이천만의 신성
한 민족"(⑥)임을 강조하고, "우리 민족은 반만년 유구한 역사와 전통
의 유서를 가진 민족"(③)으로서 그 자긍심과 자주독립을 천명했다.
또한 민족사의 기원을 단군에 둔 역사의식 위에 일본의 식민지배를
거부하고, 종교 탄압을 규탄하며, 자주독립을 이루겠다는 강한 의지
를 드러냈다.

이 중 〈대한독립선언서〉(④)는 단군민족주의 인식을 가장 선명하
게 드러낸 것으로 알려져 있다. "우리 대한[我大韓]은 무시(無始) 이래
로 우리 대한의 한(韓)이오, 이족(異族)의 한(韓)이 아니라"고 명시하
고, "반만년사의 내치외교는 한왕한제(韓王韓帝)의 고유권"이라고 선
언하여, 그 어떤 선언서보다도 강력한 역사인식으로 독립 의지를 보

---

51) 대표적인 선언문들은 정영훈, 〈삼일운동과 단군민족주의〉, 《한국동양정치사상사연구》 11, 한
국동양정치사상사학회, 2012, 75쪽의 '〈표〉 3·1운동기의 독립선언서 일람'을 참조.

였다. 항일의 방략도 "기(起)하라! 살신성인(殺身成仁)하면 이천만 동
포는 동체(同體)를 부활할 것이다"라는 선언과 함께 "육탄혈전으로"
독립전쟁에 임하는 자세를 강조했다. 더불어 "단군대황조께서는 상
제의 좌우(左右)에 명하사 우리에게 기운을 주시었다"라는 종교적인
신념도 드러냈다. 〈대한독립선언서〉의 서명자 39명 가운데 20여 명
이 대종교를 신봉한 것으로 밝혀져, 이 선언서는 대종교적 단군 인식
을 드러낸 것으로 평가받기도 한다. 이승만·안창호·이동휘·김약연·
박용만 등 기독교계 독립운동가들이 선언문에 서명한 점도 주목할 만
하다. 당시 단군민족주의가 종교적 신념으로 인해 확대된 것은 아니
었다. 한말 이래 스스로 민족을 찾고 민족의식을 만들어온 결과이며,
단군 인식이 문화적으로 확산되면서 3·1운동을 기해 항일민족운동
으로 발전하게 되었다고 봐야 할 것이다.

2) 임시정부 수립과 건국기원절

3·1운동의 가장 큰 성과는 1919년 4월 상하이 임시정부 수립이었
다. 9월 11일 통합임시정부는 〈대한민국 임시헌법〉 전문에 "우리 대
한민국은 우리나라가 독립국임과 우리 민족이 자주민임을 선언"했
다. 또한 "반만년 역사의 권위를 장(仗)하야"라는 〈3·1독립선언서〉의
구절을 그대로 넣어 임시정부 수립은 단군 건국기원 2333년에 기원
함을 명시했다.[52]

임시정부 수립 후 처음 맞이한 개천절 행사는 1919년 11월 25일(음
력 10월 3일) 국무총리 이동휘(李東輝)의 사회로 공식적으로 개최되었
다.[53] 이날 내무총장 이동녕(李東寧)은 기념사에서 "우리 시조를 알게

---

52) 대한민국임시정부자료집 편찬위원회, 〈대한민국 임시헌법(1919. 9. 11)〉, 《대한민국임시정부
   자료집》1, 국사편찬위원회, 2005(국사편찬위원회 홈페이지 한국사데이터베이스).

되어 축하하며, 국가를 알게 됨을 축하하며, 이전에는 정부와 국민이 함께 경축한 적이 없는 개천절에 회합하게 되어 축하한다"라며 임시정부 수립과 함께 개천절의 감격을 전했다.[54] 기독교 목사이자 독립운동가 손정도(孫貞道)와 임시정부 재정위원 유정근(兪政根)도 기념사를 통해 "신성단조의 자손 된 우리는 더욱 신손(神孫)인 정신을 세계에 발휘하야 우리 광복사업에 분투하자"라며 단군자손의 정신으로 독립운동에 분투할 것을 촉구했다.

임시정부의 개천절 행사는 정부 수립이라는 민족적 성과를 단군과 연결한 점에서 그 의미가 크다. 임시정부의 기원을 단군의 건국에 둔 것이다. 원래 대종교에서는 단군의 탄강일과 건국일을 모두 음력 10월 3일로 보기 때문에 이날을 '개천(開天)'이라고 한다. 3·1운동 이전까지 개천절 행사는 개국보다는 단군 탄강일로서 기념했다. 그러다가 3·1운동을 거쳐 임시정부 수립이라는 큰 성과가 이루어지자 임시정부는 단군 탄강일보다는 건국 기념일로 개천절의 의미를 강조했다. 《독립신문》은 개천절 기념식을 "우리 태황조 성탄절이오 또 건국기념일"이라고 명시했다.[55] 임시정부도 〈국무원 포고〉 제1호(1920년 1월 26일자)에서 "우리 대한 나라는 성조 단군께옵서 억만년 무궁의 국기(國基)를 시작하심으로부터 반만년간 조상의 충의와 용감으로 능히 안으로는 우수한 문화를 건설하고……"라고 하여 대한민국 기원을 단군에 두고 있음을 공식화하고, 해마다 '건국기원절'로서 개천절을 기념했다.[56]

53) 〈개천경절(開天慶節)의 감언(感言)〉,《독립신문》, 1919년 11월 25일자.

54) 〈태황조성탄급건국기원절축하식(太皇祖聖誕及建國紀元節祝賀式)〉,《독립신문》, 1919년 11월 27일자.

55) 〈태황조성탄급건국기원절축하식〉,《독립신문》, 1919년 11월 27일자.

임시정부 의정원에서는 10월 3일 건국기원절을 국경일로 지정하려는 계획도 있었다. 1920년 3월 9일 열린 국무회의에서 재무차장 윤기섭(尹琦燮)은 정부가 10월 3일과 3월 1일을 국경일로 확정할 계획이라고 밝히고, 10월 3일의 양력/음력 지정에 대해 논의했다. 이에 임시의정원 의원 계봉우(桂奉瑀)는 "음력 10월 3일은 대종교에서 지키는 날이지만 이미 일반화되었으니 대종교와 상의할 것"을 제안했다. 임시의정원 의원 홍진의(洪鎭義)는 음력을 주장했다. 양력/음력일 지정에 의견이 갈리자 위원들은 "국경일 지정 문제는 다수의 의견이 필요하므로 광복 후 본국에 가서 결정하자"는 임시의정원 의장 장붕(張鵬)의 의견을 따라 이 문제를 광복 후로 미루었다.[57]

한편, 건국기원을 강조하는 임시정부의 입장과 달리 한편에서는 단일민족의 정체성을 상징하는 행사로 단군 성탄일을 기념하고 있었다. 미국 캘리포니아 디누바(Dinuba)에 거주하는 한인들은 개천절을 맞이해 단군 성탄을 기념하며, 〈배달한배 오신 날〉을 합창하고 만세 삼창으로 독립 의지를 다짐했다.[58] 특히 이 행사가 기독교 재미 교포들의 주최로 열렸다는 점에서 더욱 주목된다. 국내에서도 3·1운동 이후부터는 개천절·어천절 행사가 다시 공개적으로 거행되었다. 이는 3·1운동 이후 문화통치를 실시하면서 종교 탄압을 완화했기 때문이다. 하지만 국내는 여전히 일제의 감시체제에서 건국 기념절이 아닌 '단군이 탄강하신 날'로 개천절을 기념하며 오직 대종교 경배식으로 진행되었다.[59]

---

56) 〈건국기원경축식(建國紀元慶祝式)〉,《독립신문》, 1923년 12월 5일자; 〈상해(上海)에 건국기원절(建國紀元節), 단군 탄강일을 성대히 기념〉,《동아일보》, 1924년 11월 9일자.

57) 개천절 국경일은 광복 후 〈국경일에 관한 법률〉(법률 제53호, 1949. 10. 1. 공포)에 따라 양력 10월 3일로 최종 결정되었다.

58) 〈디누바의 단군 성탄 기념〉,《신한민보》, 1921년 10월 13일자.

3·1운동을 거치면서 단군 인식은 일제의 식민통치에 대한 저항 및 투쟁운동으로 성장하고 있었다. 개천절을 기해 3·1운동 같은 전국적인 항일운동을 일으키려는 움직임이 가시화되었다. 1922년 11월 개천절 기념식을 기회로 전국적인 독립운동을 일으키려는 계획이 경성, 강경, 대전 등지에서 계획되고 있었다. 그러나 계획이 사전에 발각되어 경성 대종교 남도본부 책임자인 강우와 교인 다수가 동대문경찰서에 체포되어 취조를 받았다.[60] 이 사건으로 개천절 거사를 계획했던 사람들이 임시정부와 북간도 지역에서 무장투쟁을 전개하던 독립군단체 대한군정서로 군자금을 지원하고 있던 사실이 밝혀지기도 했다.[61]

또 다른 한편에서 단군숭봉은 문화운동으로 확산되었다. 일제의 황민화정책이 실시되는 1930년대 초반까지도 개천절·어천절은 단군조선 고유의 문화라는 측면에서 확산되었다. 개천절 기념식이 열릴 때면 '백두산', '신시(神市)', '한배의 가르침' 등에 대한 강연회도 함께 열렸다.[62] 여기에 최남선·문일평·정인보·안재홍·이윤재 같은 민족주의 지식인들이 단군의 역사와 문화를 주제로 하는 논설, 논문, 저서들을 꾸준히 발표해 단군에 관한 연구를 심화하여 단군문화 확산에 중요한 역할을 했다.[63] 특히 최남선은 1922년 〈조선역사통속강화개제〉에서 "조선 민족의 기원과 조선 문화의 계통은 조선고교(朝鮮古敎)

59) 1920년대 개천절과 기념강연회에 관해서는 서영대 자료 편집, 〈개천절 관계 자료〉, 《단군 그 이해와 자료》, 서울대학교출판부, 1997, 567~595쪽 참조.

60) 〈개천절에 모계획〉, 《동아일보》, 1921년 12월 2일자.

61) 〈대전, 강경에 경관출장사건은 시국 관계의 중대 사실〉, 《동아일보》, 1922년 11월 30일자.

62) 삿사 미츠아키, 〈한말 일제강점기 단군신앙운동의 전개〉, 서울대학교 대학원 박사학위논문, 2003, 125~128쪽.

63) 위의 글, 134·135쪽.

를 통해 그 대강을 파악할 수 있다"며 고대 종교, 즉 선교의 문화적
측면을 강조했고, 1925년 8월에는 〈불함문화론(不咸文化論)〉을, 1926
년 3월부터 7월까지 《동아일보》에 〈단군론〉을 발표해 단군사상을 문
화적으로 체계화하는 데 기여했다.

단군 유적과 고적지를 지키려는 운동도 전개되었다. 단군 유적지
인 묘향산·백두산 등지로 탐방이 늘어났고, 1927년에는 강동 지역
민을 중심으로 단군릉수축운동(檀君陵修築運動)이 일어났다. 그러나
1916년 음력 8월 15일 대종교 나철이 구월산 삼성사에서 순국한 이
후로 삼성사와 단군굴은 일제의 지방 헌병대에 의해 철거되었고, 평
양 숭령전도 기능하지 못했다. 단군릉수축운동은 당초 강동 지역민
의 친일 회유를 위해 친일 성향 인사들의 주도로 진행되었으나, 구월
산 단군 유적을 수축하려는 국민적 모금운동으로 확산되면서 조선인
들이 결집하는 기회가 되었다.[64]

1930년대가 되면 국내의 대종교 및 단군 관련 단체들은 전면 폐쇄
되고, 단군신앙이나 단군문화운동 역시 황민화정책의 영향을 받았다.
그러나 국외에서 개천절은 건국 기념절로 꾸준히 기념되었다. 1930년
11월 상하이의 한국독립당은 〈개천절 선언문〉에서 "음력 10월 3일은
국조 단군의 탄생일이며 또한 건국기원절이기 때문에 우리 민족은
이중으로 10월 3일을 기념하게 되었다"라며, 단군의 건국 위업을 받
들어 한국독립당이 발전해야 한다고 단군 계승의식을 밝혔다. 1937년
임시정부에서 개최한 개천절 기념식에서도 김구·조소앙 등이 가담
한 한국광복운동단체는, 한민족은 단군이 나라 건설에 세운 용기와
지혜를 총동원해 일제의 지배를 물리치고 국가 독립을 달성해야 한

---

64) 단군릉수축운동의 전말에 관해서는 김성환, 〈일제강점기 단군릉수축운동의 전개〉, 《대동문화
연구》 67, 성균관대학교 대동문화연구원, 2009 참조.

다고 역설했다.[65]

단군과 민족주의는 1930년대 일제의 황민화정책에 이용되는 약점
도 있었지만, 단군은 일제 식민통치하에서 민족정신을 지키고 항일
의지를 키우는 큰 동력이었다.

민족과 민족정체성의 확립

근대 민족국가 수립 단계에서 자주국가의 역량을 키우고자 일어난
한말 계몽운동은 민족과 민족정체성의 확립을 핵심에 두었다. 민족
담론의 중심에 단군이 등장하면서, 한말의 단군은 민족사에서 가장
역동적인 모습으로 부활했다.

개화기 역사 교과서에 서술된 단군은 소중화 인식을 극복하고 역
사적으로 건국의 시조이자 한민족 고유문화의 기원으로서 그 위상을
되찾았다. 그러나 역사 교과서는 실학자들의 성과를 모방하는 데 그
쳤다. 근대 역사 서술의 도입으로 역사 교과서는 단군 서사에서 신화
적 요소를 배제하고 단군을 국조의 지위로 격상시켰지만 한말의 시
대정신을 담아내지 못한 한계가 분명히 있었다.

일제의 국권 침탈로 무너진 국가와 황제를 대신한 것은 민족이었
다. 국가가 무너짐으로써 민족이 서게 되고, 민족의 중심에는 민족의
유구한 역사를 함께한 단군이 있었다. 단군은 민족이었고, 민족정체
성의 상징이었다. 민족은 애국계몽가들의 단군 담론을 거쳐 단일민
족이라는 민족공동체 의식으로 확장되었고, 신채호의 〈독사신론〉은

---

65) 오영섭, 앞의 논문, 210~212쪽.

민족을 역사의 주체로 정립시킨 변곡점이었다.

대종교는 단군을 국조이자 신교의 기원으로 숭봉하고, 개천절·어천절 기념식의 거행, 단기 사용 등을 보급하면서 단군을 기리고 민족정신을 고취하는 단군문화를 만들었다. 배달민족론을 정립해 국내뿐만 아니라 재외 동포들도 한민족공동체로서 역사의식을 공유할 수 있는 근거를 세웠다. 이는 3·1운동이 국내외를 막론하고 거족적인 운동으로 확산되는 정신적 배경으로 작용했다.

3·1운동은 한국 역사를 이어온 민중이 그 주체가 되어 일제의 식민통치를 거부하며 일어난 거족적인 민족독립운동이다. 이 운동은 국내를 넘어 만주, 노령, 미주 등 한민족이 살고 있는 해외 각 지역으로 확산되어 임시정부 수립을 가져왔다. 임시정부는 단군의 건국에 기원을 두었으며, 개천절을 임시정부 공식 행사로 기념했다. 개천절 기념식은 국내외 각 지역 동포들이 배달민족의 자손으로서 통합 의식을 확인하는 중요한 행사였다. 임시정부 수립을 계기로 단군민족주의는 두 방향으로 발전해갔다. 하나는 임시정부 수립의 역사적 당위성과 건국의 기원으로, 그리고 항일독립투쟁의 정신적 동력으로 작용했다. 다른 하나는 식민지체제 문화통치의 공간에서 단군문화운동으로 확산되었다.

국내에서 단군숭봉은 종교신앙과 문화운동 두 축으로 전개되었지만 두 관계가 명확히 구분되지는 않았다. 민족주의 지식인들이 일제의 민족말살정책에 대항해 대중과 함께 민족정체성을 지킬 수 있는 유일한 방법이 종교와 문화였기 때문이다. 그런 의미에서 국내 및 재외 동포들이 이어갔던 단군숭봉, 개천절·어천절 기념식, 단군사진 현상모집, 단군릉수축운동 등과 같은 단군운동은 일제의 식민통치에 대항하여 민족과 민족의 정체성을 확인해가는 민족운동이었다.

9장

3·1운동, 민족정체성, 역사문화

이지원

3·1운동, 정체성 문화기획의 전환점

3·1운동에서 식민지 조선의 대중은 '민족', '독립'을 외치며 일제와 대립하는 정체성을 드러냈다. 정체성은 개인이나 집단이 존재의 본질과 범주를 인식하고 개인의 사회적 관계와 도덕적 책임을 결정하는 토대가 된다.[1] 정체성은 원래부터 있는 것이 아니라 사회·문화적으로 어떠한 범주를 만들어내어 차별성을 부여하고 다양한 재현(representation), 이미지, 의미 등이 교차하면서 생산·유통된 사회·문화적 결과물이다. 근대사에서 민족(국민)국가(nation-state)를 만드는 과정은 문화적으로 민족(국민)정체성이 만들어지는 과정이라 할 수 있다.

민족(국민)정체성이 형성되는 데에는 '옛것'에 대한 문화기획이 중

---

1) 로크(John Locke) 이래 서양에서 개인의 정체성은 도덕적 책임과 연관된 것으로 보았고, 동양에서는 유학의 '수신제가치국평천하(修身齊家治國平天下)'와 같이 사회에 대한 윤리적 관계속에서 자신의 정체성을 인식했다.

요했다. 과거의 역사, 기억, 문화유산 같은 '옛것'은 민족주의(nation-alism)의 기획에 따라 선택·재현되면서 민족/국민으로서 공통된 정체성을 만드는 요소가 되었다.[2] 과거의 역사는 민족사(national history)로 구성되어 신문, 소설, 잡지, 학교, 박물관 등 근대문화 시스템을 통해 '민족'의 통일된 정체성의 근거로서 확산되었다.[3]

3·1운동 당시 사람들의 생각과 언설로 표방된 '민족', '독립'이라는 단어들은 당시 한국인들이 민족주의 역사문화 속에서 자신들의 정체성을 인식하고 생활하고 있었음을 보여준 것이다. 3·1운동은 표면적으로는 일제에 대한 저항운동이었지만, 문화적으로는 19세기 이래 한국근대사의 역사문화에서 형성·발전된 정체성과 민족으로서의 감수성을 보여준 사건이었다.

이 글에서는 3·1운동이 대중들의 민족적 정체성과 문화적 감수성이 표출된 사건이었고, 3·1운동 이후 민족정체성 만들기의 역사문화가 대중을 대상으로 다양하게 등장했다는 점에 주목하고자 한다. 3·1운동에서 드러난 조선인들의 '민족', '독립'에 대한 정체성 문화를 전제로 1920년대 '문화정치' 아래에서 일제 식민당국이나 조선인 측이 대중을 대상으로 한 다양한 문화기획을 도입하고 추진했기 때문이다. 그것은 각각 문화기획 주체(agent)들의 식민지 조선 대중에 대한 정치적·사상적 기획과 연관되었다. 조선의 지식인들은 자신들이 의도하는 정치적·사회적 의도에 맞추어 민족정체성의 역사문화를 만들고 유통했으며, 일제 식민당국은 통치의 안정화를 위해 식민지 문

---

2)   Eric Hobsbawm & Terence Ranger ed, *The Invention of Tradition*, Cambridge University Press, U. K, 1983; Timothy Baycroft, *Nationalism in Europe 1789-1945*, Cambridge University Press, U. K, 2007; 이지원, 《한국 근대 문화사상사 연구》, 혜안, 2007.

3)   베네딕트 앤더슨 지음, 윤형숙 옮김, 《상상의 공동체-민족주의의 기원과 전파에 대한 성찰》, 나남출판, 2002.

화규율의 역사문화를 적극적으로 생산·보급했다. 이때 조선의 '전통'이나 '역사'는 경쟁적으로 호명되어, 정치적 지향과 의미가 다른 '민족'의 정체성으로 다양하게 표상되었다. 그것은 식민지 시기 '민족' 표상에 대한 독해의 다양성을 제공한다. 즉, 양측에서 같은 '민족', '역사'를 표상하더라도 동일한 정체성을 의미하지 않는 역사문화가 만들어진 것이다.

식민지 근대를 겪으면서 '민족'이나 '역사'는 일제강점 이전 근대 국가의 민족(국민)정체성 만들기를 위해 호명했던 하나의 민족, 하나의 역사가 아닌 다양한 민족, 다양한 역사로 재구성되어 맥락과 의미가 다르게 재현되고 교차되었다. '민족' 표상의 다양성은 문화의 풍부함을 제공했지만, 동시에 식민지체제 내에서 정체성 문화와 정치의 갈등이기도 했다. 각 주체들의 정치적·사회적 의도와 연관된 문화 기획 아래 다양한 역사문화가 대중적으로 생산·유통되는 가운데 조선 민족의 정체성은 독립된 근대 국민국가의 주체가 되는 '민족'과는 무관한 제국주의체제에 종속된 '민족'으로 표상되기도 했기 때문이다. 3·1운동 이후 다양한 주체들의 문화기획에 의해 조선의 역사문화가 대중적으로 활발하게 전개되는 가운데 정체성 문화의 정치적 지향과 맥락이 다양했음을 밝히는 것은, 한국 근대사상사·문화사에서 3·1운동의 분수령적인 위상을 확인하는 것인 동시에 오늘날 한국 사회에서 '민족'을 단일하고 고유한 것으로 보는 비역사적 인식을 극복하는 데에도 유의미한 근거를 제공하리라고 본다.

1. 3·1운동의 정체성 문화

1) 독립선언서의 '민족'과 '역사'

3·1운동은 일제의 식민지배에 대한 정서적 반감과 배타적 정체성의 문화갈등을 드러낸 사건이었다. 자신들의 전통과 정체성에 가해지는 압박과 그 압박의 주체에 대한 저항과 투쟁은 근대 이후 세계화가 낳은 문화갈등의 특징이기도 하다.[4] 문화는 정치·경제·사회적 현상과 관계를 맺으며 사회적 제약 속에 놓이지만, 동시에 사회를 변혁시키는 원동력이 되기도 한다. 3·1운동은 제국주의 식민지배의 원초적인 도구로 스며든 식민문화를 거부하고, 민족으로서의 정체성과 감수성을 드러내 '독립'을 주장한 것이다.

이때 민족으로서의 정체성은 과거의 역사, 문화적 동질성을 통해 표현되었다. 3·1운동 시기에 나온 여러 독립선언서에서는 과거의 역사와 문화적 동질성을 갖는 집단으로서 민족과, 그 민족이 주체가 되어 독립을 이루기 위한 단결과 결집을 호소했다. 최남선이 기초한 〈3·1독립선언서〉에서는 "오등(吾等)은 자(兹)에 아(我)조선의 독립국임과 조선인의 자주민임"을 '반만년 역사의 권위'를 근거로 선언한다고 했다.[5] 조선인의 독립과 자주의 정체성을 명확히 표방한 것이다. 그리고 자주민으로서 정치적 독립만이 아니라 '조상 대대로 이어온 유업을 무시하고 문화민족을 미개인처럼 대하는 것을 바로잡고자 한다'[6]는 문화 정체성 회복을 주장했다. 일제강점 이후 한국인의 정체성은

---

4) 프랭크 레흐너·존 보일 지음, 윤재석 옮김,《문명의 혼성》, 부글북스, 2006; 호르헤 라라인 지음, 김범춘 외 옮김,《이데올로기와 문화 정체성: 모더니티와 제3세계의 현존》, 모티브북, 2009.

5) 〈3·1독립선언서〉에 "半萬年歷史의 權威를 仗하야 此를 宣言함이며"라고 밝히고 있다.

6) 〈3·1독립선언서〉에 "我祖宗世業을 植民地視하고 我文化民族을 土昧人遇하야"라고 밝히고 있다.

일제의 식민지 문화체계로 포섭될 것을 강요받았다. 제국주의가 내세운 '문명화'라는 명분하에 식민지 조선의 문화를 야만적이고 미개하며 보잘것없는 것으로 규정했기 때문이다. 오리엔탈리즘적인 제국주의 문명화론이 서양과 동양을 문명과 비문명로 구분했듯이, 일본 또한 조선에 대한 지배에 오리엔탈리즘의 시선을 적용해 식민지배를 '문명화'로 합리화했다.[7] 조선의 옛것(전통)은 낙후해 과거와의 단절만이 '문명화'를 위한 길이라는 것이었다. 그러나 3·1운동은 그러한 압박에 저항하며 반일의 기치로서 오래된 민족, 오래된 역사 등을 호명하는 문화 정체성을 보여주었다.

한국에서 근대민족으로서 정체성의 문화가 만들어지기 시작한 것은 19세기 말부터이다.[8] 19세기 서양의 만국공법체제를 접하면서 동아시아는 오래된 중세적 사회체제의 해체와 함께 집단적인 정체성의 혼란을 겪게 되었고 근대적인 국민·민족으로서의 정체성 만들기에 자극을 받았다. 근대는 모든 '과거의 것'을 타자화함으로써 진보할 수 있는 시대였기에 과거와의 단절이 필요했다. 동아시아 국가들이 스스로의 과거를 부정하고 서구적 근대=문명화로 나아갈 선택을 하는 순간 동아시아의 전통은 낙후된 것, 열등한 것으로 배제 대상이 되었다. 그러나 국민·민족으로서의 정체성을 만들기 위해 과거의 전통과 역사는 근대국가나 국민의 문화로 새롭게 창출되어야 했다. 이에 동아시아 근대 지식인들은 서구의 문명개화를 거부할 수 없는 대세로 인정하면서도 전통에 기반한 자신들의 정체성을 확보하려는 공통점을 보이고 있었다. 중국의 중체서용(中體西用)이나 일본의 화혼양

7) 이지원, 〈오리엔탈리즘〉, 《미래세대의 동아시아 읽기》, 혜안, 2015.
8) 이지원, 앞의 책(2007); 김도형, 《근대 한국의 문명전환과 개혁론》, 지식산업사, 2017.

재(和魂洋才), 조선의 구본신참(舊本新參)은 19세기 서양과의 만남에서 이루어진 대안이었다. 그러한 문제의식에서 근대민족의 정체성을 과거의 전통과 역사에서 찾는 '국수(國粹)'라는 신조어가 등장했다. '국수'는 영어 'nationality'를 번역한 것으로, 일본에서 1880년대 말 서구 사상을 수용하는 과정에서 민족(nation)이나 민족국가의 문화 특징을 강조하는 의미로 사용되었고, 1900년대 초 량치차오(梁啓超) 등에 의해 '국수 보존' 사상이 중국과 동아시아로 확산되었다.[9] 국민의 정체성으로서 'national essence'[10]가 강조된 것이다. 한국에서는 1900년대 초 근대 계몽과 함께 국가·민족의식을 고취하기 위해 '국수=국가의 빼어난 아름다움'이라는 말이 사용되었다.[11] 국가의 빼어난 아름다움을 인식하는 주체로서 '민족·국민'의 정체성을 강조하고, 국권 회복의 주체가 될 것을 고양하는 애국심과 민족·국민정신의 역사문화가 유통되었던 것이다.

3·1운동은 그러한 정체성 문화가 강제적으로 단절된 지 10년 만에 일어난 사건이었다. 1910년 일제강점은 근대민족으로서 정체성의 기준이 되는 국가의 상실이자 근대민족으로서 자기다움의 문화주체가 될 수 있는 기회의 박탈이었다. 그래서 〈3·1독립선언서〉에서 일제강점으로 인해 근대국가의 문화주체로서 상실된 지위를 회복할 것을 선언한 것이었다. 조소앙이 기초한 〈대한독립선언서〉에서도 "반만년사의 내치외교(內治外交)는 한왕한제(韓王韓帝)의 고유권(固有權)이요, 백만방리(百萬方里)의 고산려수(高山麗水)는 한남한여(韓南韓女)의 공유

---

9)   이지원, 앞의 책(2007), 56~60쪽.

10) Bernal Martin, "Liu Shih-p'ei and National Essence" ed. by Chalotte Furth, *The Limites of Change*, Harvard Univ. Press, 1976; Alexander J. Motyl ed., *Encyclopedia of Nationalism* V. 2, California: Academic press, 2001, p. 363·364 참조.

11) 이지원, 앞의 책(2007), 제2장 제2부 참조.

산(公有産)이요, 기골언문(氣骨言文)이 구아(歐亞)에 발수(拔粹)한 아(我)
민족은 능히 자국(自國)을 옹호하며 만방을 화협(和協)하야 세계에 공
진(供進)할 천민(天民)이라"[12] 했듯이, 반만년 역사와 자주권, 국토, 국
민 및 빼어난 말과 글을 가진 민족이라는 점을 강조하며 세계 속의
주권국이 될 수 있음을 표방했다. 그리고 일본의 강제병합으로 인해
"종교를 억압하고 교육을 제한하여 세계 문화를 저해"했음을 비판했
다. 이때 반만년 역사의 기원은 단군이었다. 조소앙은 '단군대황조(檀
君大皇祖)께서 우리를 돕는다'며 단군을 민족정체성의 상징으로 보았
다. 단군을 민족정체성의 상징으로 삼고 5천 년 역사를 강조하는 '국
사' 인식은 일제강점 이전에 형성된 바였다.[13] 이와 같이 3·1운동 시
기 독립선언서에는 일제강점 이전에 형성된, 근대 국민국가를 지향
했던 국수적 문화 정체성을 바탕으로 민족으로서 결집력 발휘를 촉
구하는 역사문화가 작동하고 있었다. 이러한 점에서 3·1운동은 왕조
국가를 넘어서 민주적인 근대국가의 주체가 되기 위한, 아울러 민족·
국민으로서 자기다움의 정체성을 회복하기 위한 문화운동의 면모를
갖고 있었다.

2) 일제의 조선 정체성 문화 인지

3·1운동은 일제 통치자들에게 조선 민족의 정체성 문화를 확인시
켜주는 계기가 되었다. 3·1운동 직후 작성된 조선군참모부의 보고서
에는 "이천만 민중에게 흐르는 족성(族性)을 하루아침에 없앨 수 없
으며" 과거 조선 통치에서 "수천 년래의 문명과 특수한 풍속, 관습

---

12) 〈대한독립선언서〉, 독립기념관소장 문서번호 복631.

13) 이지원, 앞의 책(2007), 64~70쪽; 도면회, 〈독립운동계열의 한국사 구성체계-대종교계 역사
서술을 중심으로〉, 《사림》 53, 2015.

을 타파한 것이 조선인의 민족정신을 자극하여 자신들의 국가를 만들고자 하는 불만의 요인을 제공했다"[14]라고 보고되었다. 당시 총독부 관계자들은 "조선은 하나의 조선 민족이라는 관념을 가지고 있다. 이 민족정신의 자극에 의하여 다른 민족의 지배를 벗어나 자신들의 국가, 자신들의 사회를 만들고자 하는 희망이 점차 커지는 것은 세계 대세상 어쩔 수 없으리라 생각한다"[15] 하면서, "병합 이래 정치가 일본을 우선하고, 동화의 실현에 다소 성급하여 민족 본능의 존재를 중시하지 않았다"[16]고 지적하기도 했다.

일제의 조선 민족의 정체성 문화에 대한 인지는 식민학, 민족심리학, 민족학 등 유럽의 이론을 통해 이루어지고 있었다. 타이완총독부에서 근무하고 중의원을 지냈던 도고 미노루(東鄕實)는 민족심리학에 입각해 식민지 원주민의 유전적 신앙, 관습과 본능을 무시한 동화정책은 대부분 실패한다고 지적했다.[17] 3·1운동 이후 조선총독부 정보위원회의 민간인 위원으로 활동했던 오가키 다케오(大垣丈夫)는 "조선은 수천 년의 역사를 가진 오래된 나라로서 하나의 언어, 문장, 풍속, 관습 등을 가진 사상성에서 동일 민족이므로, 그 민족적 심리와 전통적 정신을 고려해 통치의 방책을 강구하지 않으면 안 된다"는 제언을 하기도 했다.[18] 20세기 초 유럽의 제국주의 국가들 사이에서는 식민지 원주민의 문화 정체성을 무시하는 식민정책에 대한 비

---

14) 舊陸軍省文書, 密 第102号 其357, 朝特報 第26号, 1919年 7月 14日号〔姜德相 編,《現代史資料 (26): 朝鮮(二) 三·一運動(二)》, みすず書房, 1967, 643~656쪽〕.

15) 丸山鶴吉,〈考慮を要する朝鮮現在狀況〉,《朝鮮統治策に關する學說》(《新朝鮮》 제1호 부록), 1926, 29쪽. 당시 총독부 관계자들은 이러한 지적을 빈번하게 했다.

16) 千葉了,〈朝鮮の現在および將來〉, 위의 책, 20쪽.

17) 東鄕實,《植民政策と民族心理》, 岩波書店, 1928, 91쪽.

18) 大垣丈夫,〈帝國議會に朝鮮代表者를列席せしむろ特例を設くろの意見書〉,《朝鮮統治策に關する學說》, 1926, 1쪽.

판이론이 이미 제기된 바였다. 그러한 이론의 대표자는 귀스타브 르봉(Gustave Le Bon)이었다. 그는 1900년 파리 만국박람회 때 개최된 제1회 국제식민지사회학회에서 프랑스의 알제리 식민정책의 실패를 들어 식민지 문화와 전통을 말살하는 식민정책인 동화주의에 파산선고를 내린 바 있다.[19] 그의 이론은 대일본문명협회에서 1910년《민족발전의 심리(民族發展の心理)》,《군중심리(群衆心理)》, 1914년《혁명의 심리(革命の心理)》로 번역·간행되었는데, 대일본문명협회 회장은 와세다대학 설립자이자 1910년대 내각총리였던 오쿠마 시게노부(大畏重信)였다.[20]

3·1운동에 대한 대책이 거론될 때 제국주의 식민정책의 세계 동향을 파악하고 있던 일본 조야에서는 조선인의 문화 정체성을 무시한 동화주의 정책을 완화하고 자치를 허락하자는 주장이 나오기도 했다.[21] 그러나 일본 정부는 '내지연장주의'로 방침을 정하고, 강제병합 이래 통치의 기본 방침인 동화주의를 확고히 하는 것으로 결정했다.[22] 그 대신에 조선인 대중의 문화적 정서와 일상생활 관습에 대한 문화적 방책을 마련하는 것이 거론되었다. 사이토 마코토(齋藤實) 총독은 민중의 의식구조와 내면성 등 '민정(民情)'을 파악하고 민도(民度)를 고려해 "되도록 조선의 문화와 구관(舊慣)을 존중한다"는 방

---

19) Raymond F. Betts, *Assimilation and Association in French Colonial Theory 1890-1914*, New York, Columbia U. P. 1961, p. 75.

20) 그 밖에 井上哲次郎, 高田早苗, 上田万年, 三宅雪嶺, 新渡戸稲造 등이 평의원으로 참여하고 있었다(佐藤能丸,〈大日本文明協會試論〉, 早稻田大學大學史編集所 編,《大隈重信とその時代》, 早稻田大學出版部, 1989).

21) 《朝鮮統治問題論文集》第一輯, 朝鮮通信社, 1929; 위의《朝鮮統治策に關する學說》; 高崎宗司,〈日本人の朝鮮統治批判-3·1運動後中心に〉,《三千里》34, 1983. 3; 松尾尊兌,《大正デモクラシー》, 岩波書店, 1974, 119~132쪽; 金井淸一,〈大正期の思想と文化〉,《講座日本史》7, 東京大學出版會, 1971, 165쪽.

22) 長谷川好道,〈騒擾善後策私見〉,《齋藤實文書》1(고려서림 영인본, 1990, 이하 같음), 329쪽.

침을 표방하고,[23] 조선의 문화와 구관에 대한 조사의 확충을 지시했다.[24] 이후 조선총독부는 1921년 4월 관습과 사회·문화 실태 조사를 확충하는 새로운 계획을 수립해 추진했다. 강점 초기의 관습 조사가 식민지 법제정을 위한 기초 조사의 성격이 강했다면,[25] 이 시기에 추진된 조선 문화·관습의 조사·연구는 본격적으로 식민지 문화의 지배 규율을 만들기 위한 작업으로서 의미가 있다고 하겠다. 즉, '민족적 조류'가 여전히 예전과 같이 전개되고 있는 상황에서 조선인들을 지배하기 위해서는 그들의 정신생활, 경제생활과 밀접한 풍토, 종교, 제도, 관습에 대한 이해가 절실하다는 것이었다.[26] 그리고 이러한 문화 요소를 활용해 조선인을 통제하는 문화규율을 만들고자 했다.[27] 3·1 운동 이후 경기도 경찰부장을 역임한 지바 료(千葉了)의 언급은 그러한 의도를 잘 보여준다.

동화정책이라는 것은 모든 조선의 전통을 몰각하여 일본식으로 통일하는 것이라고 속단해서는 안 된다. 특히 외국인들은 어시미레이션 (assimilation-인용자)의 번역에 의하여 강제적 획일화의 의미로 다루고 있기 때문에 정확한 해석이 나올 수 없다. …… 동화정책이라는 것은 조선의 특성, 민도, 사정 등을 무시하고 언어, 풍속, 습관 등의 사회문물을 일

23) 〈中樞院顧問等に對する總督訓示〉,《齋藤實文書》1, 443쪽; 朝鮮總督府,《施政三十年史》, 1941, 224쪽.

24) 〈朝鮮施政の改善-慣習調査の擴充〉,《齋藤實文書》2, 109쪽; 朝鮮總督府,《朝鮮に於ける新施政》, 1922, 88쪽; 朝鮮總督府中樞院, 〈緖言〉,《朝鮮舊慣制度調査事業槪要》, 1938.

25) 박현수, 〈일제의 침략을 위한 사회·문화조사활동〉,《한국사연구》30, 1980; 김태웅, 〈1910년대 전반 조선총독부의 취조국·참사관실(取調局·參事官室)과 '구관제도조사사업(舊慣制度調査事業)'〉,《규장각》16, 1994; 이승일,《조선총독부 법제정책》, 역사비평사, 2008.

26) 小田內通敏, 〈實生活の學術的研究〉,《朝鮮部落調査の過程》, 朝鮮總督府, 1922, 1쪽.

27) 朝鮮總督官房文書課,《朝鮮人の思想と性格》, 1927, 序.

제히 내지식(內地式)으로 강제적으로 획일화하려는 정책이 아니라, 민족의식의 융합통일을 정치의 지침 내지는 이상의 종국적 목표로 삼는 주의 방침이다.[28]

언어, 풍속, 습관 등을 강제적으로 획일화하는 단순한 정책이 아니라 일본 국가의 국민으로서 '민족의식의 융합통일'이라는 목표 아래 정신적 지배를 위한 체계적인 규율로 조선인 대중을 장악한다는 것이다. 즉, 3·1운동 이후 일제가 의도한 동화주의는 조선의 옛 문화요소를 무조건 폐기하는 것이 아니라, 단일민족 국가가 아닌 '다민족 국가체제 모색'[29]의 제국주의 문화기획하에서 조선인의 정체성을 규율하고 통제하는 것을 지향했다.[30]

2. 3·1운동 이후 조선의 민족정체성 문화기획과 역사문화

3·1운동은 대중의 역동성 속에서 '민족'과 '독립'을 주장하는 정체성과 감수성을 확인한 사건이었다. 3·1운동에서 확인된 대중의 민족으로서의 정체성과 감수성은 이후 대중을 대상으로 한 역사문화 만들기의 출발점이 되었다. 즉, 일제는 식민통치를 위해서, 조선의 활동

---

28) 千葉了, 《朝鮮文化政治の由來び展望》, 《東洋》 34-12, 1931, 4·5쪽.

29) 일본제국주의의 '다민족 국가체제의 모색'에 대해서는 駒込武, 《植民地帝國日本の文化統合》, 岩波書店, 1996(고마고메 다케시 지음, 오성철 외 옮김, 《식민지제국 일본의 문화통합》, 역사비평사, 2008, 243~293쪽) 참조.

30) 식민학자 야나이하라 다다오(矢內原忠雄)는 조선에서 구관조사의 기초사업이 초기에는 등한시되었다가 통치 10년 만에 3·1운동의 '희생'을 치르고서 비로소 착수되었다고 했다(矢內原忠雄, 《植民及植民政策》, 有斐閣, 1926, 393쪽); 이지원, 〈1920~30년대 일제의 조선 문화 지배 정책〉, 《역사교육》 75, 2000.

가들은 민족운동이나 독립운동을 위해서 사회적 실체로 확인된 식민
지 대중을 대상으로 한 문화기획이 추진되었다. 그것을 크게 동화주
의 기획, 문화주의 기획, 민중적 기획, 이렇게 셋으로 구분해볼 수 있
다. 행위의 각 주체들은 자신들의 정치적 문화기획하에서 경쟁적으
로 조선 민족의 정체성을 만들었고, 그 과정에서 다양한 역사문화가
형성·유통되었다.

1) 동화주의 문화규율의 민족 표상과 역사문화

　3·1운동으로 조선 민족의 정체성을 확인한 일제는 3·1운동 이후
조선인의 정체성을 통제하는 식민지 문화규율을 적극적으로 추진해
나갔다. '문화창달'과 '사회교화'를 내세워 언론, 출판, 교육, 관람시
설 등 다양한 문화 영역에서 조선인의 '독립욕'을 통제하고 약화시키
기 위해서였다.[31] 이를 위해 조선총독부가 표방한 정책이 '문화정치'
였다. 당시 조선총독부는 제1차 세계대전 이후 전쟁을 야기한 '문명'
에 대한 반성으로 '문화'가 대안으로 제기되는 시대사조 속에서[32] 당
시를 '문화적 경쟁시대'라고 하며, 제국주의 정책도 '문명'에 의한 강
권적 지배가 아닌 문화적 지배를 해야 한다고 강조했다.[33] 식민지 조
선에서도 민중의 인격적 발현을 강조하며 3·1운동 이후 '민심을 안

---

31)　水野錬太郎, 〈朝鮮統治上の5大政策〉, 《朝鮮》, 1921. 4; 弓削幸太郎, 《朝鮮の教育》, 自由討究社,
　　1923; 大野謙一, 《朝鮮教育問題観見》, 朝鮮教育會, 1936.

32)　제1차 세계대전을 전후해 신칸트학파의 문화철학, 생의 철학, 문화형태학, 문화사회학 등과
　　오스발트 슈펭글러(Oswald Spengler)의 《서구의 몰락(Der Untergang des Abendlandes)》(1918)
　　이 발표되면서, '문명'에 대한 비판사조들이 확대되었다. 生松敬三, 〈'文化'の概念の哲學史〉,
　　《岩波講座 哲學 8: 文化》, 岩波書店, 1968; 이양기, 《문명론이란 무엇인가》, 영남대학교출판부,
　　1986 참조.

33)　平和に輝, 〈大正十一年元旦に際して〉, 《施政に關する諭告·訓示竝演述》(1919~1922), 朝鮮總
　　督府, 1923, 387쪽; 松村松盛, 〈民衆教化の運動〉, 《朝鮮》, 1922. 12, 21쪽.

정'시켜 혁명 예방 방안을 모색했다. 사이토 마코토와 함께 정무총감으로 부임한 미즈노 렌타로(水野鍊太郎)는 '민심을 안정'시키고 '치안을 유지'하기 위해서는 민중교화·사회교화정책을 도입하는 것이 적절하다고 강조했다.[34] 그는 일본 내무성 내무대신을 역임하면서 지방개량사업을 주도했는데, 조선에 부임하면서 50여 명의 내무성 인맥을 동원해 관료가 주도권을 갖는 조선의 통치개혁을 실무적으로 이끌었다.[35] 그의 지휘 아래 "정도(政道)의 중심은 인민의 교화"라는 구호를 내세우며 중앙과 지방의 관청, 학교, 신사, 도서관, 박물관, 활동사진관 등 다양한 문화시설의 보급을 통해 사회교화정책을 본격적으로 도입·추진했다.[36] 사회교화는 넓은 의미의 '사회사업(social work)'에 포함되는 것으로서, 근대 산업화 과정에서 발생하는 노동문제·정치문제 등의 사회문제를 대중에 대한 정신교육으로 해결한다는 취지에서 비롯되었다.[37] 일본에서 사회사업은 일본제국주의의 진전과 함께 성립했는데, 체계적인 구빈제도를 갖추기보다는 방빈(防貧)과 사회교화를 강조한 것이 특징이었다. 조선에서는 3·1운동 이후 조선총독부가 본격적으로 사회사업에 착수했는데, 기초적인 구빈제도도 마련하지 않은 채 향약·계 등 인보상조의 전통을 변용하거나 사회교화정책을 도입했다. 사회교화는 일본 사회사업의 특징적인 부분이었는데,

---

34) 水野鍊太郎, 〈社會教化事業に就て〉, 《朝鮮》, 1921. 6; 이지원, 〈3·1운동 이후 일제의 식민지 사회교화정책과 조선인의 정체성 통제〉, 《17차 항일역사문제학술회의논문집》, 국사편찬위원회, 2017.

35) 松田利彦, 〈日本統治下の朝鮮における警察機構の改編〉, 《史林》, 1991, 74·75쪽; 李炯植, 〈文化統治期における朝鮮總督府官僚の統治構想〉, 《史學雜誌》, 2005.

36) 松村松盛, 〈民衆教化の運動〉, 《朝鮮》, 1922. 12, 26쪽. 당시 일제 및 조선총독부 관료들이 구상한 '문화정치'의 다면적 요소에 대해서는 Michael D. Shin, *Korean National Identity Under Japanese Colonial Rule－Y Gwang Su and the March First Movement of 1919*, Routledge, 2018 참조.

37) 《社會科學大辭典》, 改造社, 1931, 484·485쪽.

일본보다 식민지 조선에서 더욱 강조되었고, 사회문제가 확산될수록, 조선총독부의 행정적 장악력이 확장될수록 더욱 확대되었다.[38]

식민지적 사회교화를 목적으로 일제가 착안한 문화규율에는 역사가 포함되었다. 3·1운동 이후 제2차 교육령 시기(1922~1938) 보통학교 역사 교육에 조선사 교육이 도입된 것이다. 당시 일본 총리 하라 다카시(原敬)는 "조선인에게 조선의 역사를 교육함으로써 '과거의 조선인'이기보다는 '새로운 일본 국민'으로 사는 것이 조선인의 행복, 향상 발전을 도모하는 길"이라는 관념을 심어주는 효과적인 방법으로 삼도록 지시했다.[39] 이는 일제강점 초기와 같이 학교교육에서 조선사 교육을 배제함으로써 쓸데없는 반발을 야기하기보다는 적극적으로 조선 민중의 의식을 개량하기 위해 일본사와 함께 조선사 교육을 활용할 것을 제시한 것이다.[40] 즉, 일제강점 이전 조선 사회는 낙후되어 조선 민중을 도탄에 빠트렸으나, 그러한 고통에서 벗어나게 해준 일제의 선정(善政)을 고마워하는 역사를 가르치자는 것이었다.[41] 이것은 역사를 통해 조선의 낙후성에 대한 이미지를 유통시키는 문화규율이자 문화통제였다.

이와 병행해 조선총독부는 역사를 통한 문화규율·문화통제를 위해 본격적으로 조선 역사 편찬을 추진했다. 사이토 마코토 총독은 조선 관습문화에 대한 조사 확충을 시달하는 한편,[42] 조선사편찬사업을 지

---

38) 조경희, 〈1920년대 식민지 조선 사회사업의 성격과 그 한계-'방빈(防貧)'의 좌절에서 노동사업으로〉, 《역사와 담론》 80, 2016; 예지숙, 〈조선총독부 사회사업정책의 전개와 성격(1910~1936년)〉, 서울대학교 박사학위논문, 2017.

39) 原敬, 〈朝鮮統治私見〉, 《齋藤實文書》 13, 60~93쪽.

40) 제2차 교육령 시기 일본사와 조선사를 이원적으로 교육한 보통학교의 역사 교육에 대해서는 權五鉉, 〈朝鮮總督府による普通學校歷史敎育の成立過程と構造-二元的歷史敎育期中心に〉, 廣島大學修士論文, 1996 참조.

41) 守屋榮夫, 《朝鮮の開發と精神的强化の必要》, 朝鮮總督府, 1924.

시했다. '조선사편찬위원회 규정'(1922년 12월 총독부훈령 제64호)과 '조선사편수회 관제'(1925년 6월 6일, 칙령 제218호)를 공표해 독립된 기구를 통한 조선사 연구와 편찬이 본격적으로 추진되었다. 1910년대 일제는 박은식의 《한국통사》 같은 책들이 대중의 인식을 현혹하는 '해독'이 크다 해 통사로서 《조선반도사》 편찬을 계획했으나 성과를 보지는 못했다.[43] 3·1운동 이후 '공정한 학술적 입장'을 표방하며 1922년 12월 조선사편찬위원회를 설립하고 관권을 동원해 역사 편찬을 추진했는데, 그 결과가 1938년 5월에 35권으로 발간된 《조선사》이다.[44] 《조선사》는 메이지유신 이후 일본이 천황제 국가의 정통성을 확립하기 위해 추진했던 편년체 사료집 편찬과 유사한 방식으로 편찬되었다. 즉, 지방의 사료 수집을 바탕으로 하고 지방의 역사적 독자성을 인정하면서도 그 근거를 중앙에서 보증하는 방식으로 진행되었다.[45] 《조선사》 간행에 이러한 방식을 도입한 것은 '내지연장주의' 아래에서 장차 지방자치 실시라는 장기적인 전망을 하며 조선을 제국 일본의 지방으로 포섭하려는 구상이었다. 《조선사》 편찬은 일본의 역사편찬사업을 주도했던 구로이타 가쓰미(黑板勝美)의 지휘하에 이루어졌으며, 이나바 이와키치(稻葉岩吉), 나카무라 히데다카(中村榮孝), 스에마쓰 야스카즈(末松保和), 신석호(申奭鎬), 다보하시 기요시(田保橋潔), 스도 요시유키(周藤吉之) 등 제국대학 출신이 담당했다.[46] 《조선사》는 방대한 자료를 활용했는데, 가장 많은 분량을 차지하는 것은 조선시

---

42) 朝鮮總督府, 《朝鮮に於ける新施政》, 1922, 88쪽.

43) 朝鮮總督府 朝鮮史編修會, 《朝鮮史編修會事業槪要》, 1938, 15쪽.

44) 정상우, 〈조선총독부의 《조선사》 편찬 사업〉, 서울대학교 박사학위논문, 2011.

45) 이성시, 〈구로이타 가쓰미(黑板勝美)를 통해 본 식민지와 역사학〉, 《한국문화》 23, 1999; 송완범, 〈식민지 조선의 구로이타 가쓰미와 수사(修史)사업의 실상과 허상〉, 《동북아역사논총》 26, 2009.

대였다. 특히 일제강점 이전 조선의 정치적 분쟁, 국제관계에서의 취약성 등을 다루는 데 치중했다. 그것은 결국 조선사의 특징을 '정체(停滯)'로 꼽고, 그 원인으로 '사대', '중국 문화의 조선 정복', '가족주의' 같은 것들을 들어 조선의 역사상을 낙후한 것으로 표상하고자 한 의도를 담아냈다.[47]

3·1운동 이후 조선사의 정체성·낙후성을 강조하는 역사 편찬과 함께 다른 한편에서는 일본과 조선의 조상이 같다는 '일선동조론(日鮮同祖論)'의 유통이 확대되었다. 1910년을 전후해 이론적으로 구체화되었던 일선동조론은 3·1운동 이후 그 대표 주자였던 기다 사다키치(喜田貞吉)가 〈일한양민족동원론(日韓兩民族同源論)〉[48]을 발표해 고고학적 유물, 문헌, 언어, 신화, 풍습 등 다방면에서 같은 조상임을 논하고, 나아가 한국인과 일본인뿐만 아니라 만주, 몽골의 여러 민족도 포함해 같은 조상임을 강조하기까지 했다.[49] 일선동조론의 강화는 3·1운동 이후 일본이 인종적·문화적 동질성에 기초한 '일선불가분론(日鮮不可分論)'이나 백인의 동점에 대항하는 양 민족의 '공존공영론', '숙명적 공동체론'을 강조하는 정치 선전의 의도를 반영했다. 일본의 고대 신화를 중심으로 한국사를 보는 일선동조론에 대해 조선인은 물론 일본인 측에서도 비판이 적지 않았으나,[50] 총독부에서는 일선동조

---

46) 정상우, 앞의 논문.

47) 위의 논문.

48) 《民族と歷史》 6-1, 1921. 7.

49) 하타다 다카시(旗田巍) 지음, 이기동 옮김, 《일본인의 한국관》, 일조각, 1983, 40쪽.

50) 특히 전통적인 실증사학을 표방한 도쿄제대(東京帝大)의 시라토리 구라키치(白鳥庫吉), 쓰다 소키치(津田左右吉), 야나이 와타리(箭內亙), 이케우치 히로시(池內宏), 이나바 이와키치(稻葉岩吉) 등이 그러했다. 타율성론(他律性論), 만선사관(滿鮮史觀)의 입장을 취한 이들 계열은 1920년대 이후 조선사편수회의 연구를 주도함으로써 《조선사》 서술에서는 일선동조론이 큰 힘을 발휘하지 못했으나, 현실적으로 총독부의 문화정책에서는 일선동조적 동화주의를 조선인에게 선전했다.

론이 '일방적인 주입에 의한 고식적 수단'[51]이 아니라는 것을 과학적으로 입증하고 선전하기 위한 물적 증거를 확보하는 데 주력했다. 그리하여 '일본과 조선 민족 동원동종(同源同種)에 관한 조사', '양 민족의 과거 임나일본부(任那日本府)의 유물 발굴 작업'[52] 등을 본격적으로 추진하고 《일한동원사(日韓同源史)》 간행을 준비했다. 《일한동원사》 간행을 위해 ① 일본과 조선이 친밀한 관계임을 증명할 수 있는 신화·전설 및 전승이나 사실, ② 과거 일본과 조선 사이에 이주를 하거나 왕래했던 인물 및 사적, ③ 일본에 있는 조선인 귀화촌의 사적, ④ 언어·문자·미술·공예·풍속·습관·종교·법제·유적·유물 등을 통해 본 일본과 조선의 관계 등을 조사했다.[53] 이 작업은 1924년 조선사편수회의 사업으로 통합되었다.

한편, 조선의 풍속, 토속신앙, 단군을 일본의 신사(神社)체계로 포섭하려는 문화기획도 추진되었다.[54] 1920년대 총독부는 "풍속, 관습은 민족성의 반영"[55]이라 하며 풍속 및 사회·문화 조사에서 조선의 민간신앙을 부각시켰다. 그리고 그것을 일본 신사제도의 틀 안에서 해석·활용하고자 했다. 1920년대 풍속 및 사회·문화 조사의 중심인물이었던 무라야마 지준(村山智順)은 《조선인의 사상과 성격(朝鮮人の

---

51) 阿部薰, 〈朝鮮問題に關する將來の一考察〉, 《朝鮮統治に關する學說》, 1926, 40쪽.
52) 1921년 조선총독부 학무국 내에 고적조사과(古蹟調查課)를 두고 '임나(任那) 지방'에 대한 발굴 작업에 박차를 가해 1921년부터 1926년까지 금관총(金冠塚), 금령총(金鈴塚), 식리총(飾履塚), 서봉총(瑞鳳塚) 등의 고분 발굴에 주력했다.
53) 朝鮮總督府中樞院, 《朝鮮舊慣制度調查事業概要》, 1938, 160·161쪽.
54) 메이지유신 이후 근대 천황제 국가의 지도이념인 국가신도체제로 재편된 신사는 일본 국내뿐 아니라 일본의 정치권력이 침략하는 해외에는 예외 없이 설치되어 일본 국내 최고 신사인 이세신궁(伊勢神宮)을 정점으로 각 지역별 토속신앙을 교화한다는 종교적 지배체제를 강화했다(千葉正士, 〈東亞支配イデオロギーとしての神社政策〉, 《仁井田博士追悼論文集》 第3卷, 1970, 303쪽).
55) 朝鮮總督府, 《朝鮮の習俗》, 1925, 1쪽.

思想と性格)》에서 1910년대 조선총독부 촉탁으로 일했던 인류학자 도리이 류조(鳥居龍藏)[56]의 글을 인용하며 "일한 민족이 본래 같은 뿌리에서 나온 것이 아닌가. 고대에 무(巫)의 풍속, 관습을 연구하면 우리 고사기(古事記) 및 풍속기에 표현된 것과 유사하며 무속과 우리 일본의 신교(神敎)와의 그것이 대체로 상호우열이 없다"[57]고 했다. 일본은 메이지 시기 민간신앙인 신교를 국가신도체계로 재편하며 메이지 시기 종교적 천황제를 만든 바 있다. 이러한 문화규율을 식민지 조선에도 적용하고자 한 것이다. 그리하여 1925년 10월 관폐대사(官弊大社)인 '조선신궁'을 창건하고 진좌제(鎭座祭)를 거행할 때 일부 신도가(神道家)들 사이에서 조선신궁의 제신으로 '조선의 시조인 단군'을 봉제하자는 의견이 제기되기도 했다. 이것은 실현되지는 않았지만, 〈3·1독립선언서〉에서 '반만년 역사의 권위'를 언급할 정도로 독립의 시원이 되었던 단군을 일본의 고신도체제로 포섭해 식민문화로 규율하려는 의도를 담고 있었다.[58] 사실 1910~1920년대 당시 단군은 저항·독립의 상징만이 아니라 일본 유학생들 사이에서 근대적 실력양성과 문화 각성의 표상이기도 했다.[59] 그뿐만 아니라 《동아일보》나 잡지 《동광(東光)》 등에는 '단군영정 현상모집'[60]과 단군에 대한 현상 퀴즈가

---

56) 도리이 류조(鳥居龍藏)는 한반도의 선사유적을 발굴하는 한편, 조선의 고유신앙인 무속(巫俗)에 주목하고 그것을 일본의 신도(神道)와 연결시켜 설명했다. 이러한 그의 논지는 최남선, 아키바 다카시(秋葉隆), 아카마쓰 지조(赤松智城), 무라야마 지준(村山智順)에게 영향을 주었다고 한다(최석영, 《일제의 동화이데올로기 창출》, 서경문화사, 1997, 191~193쪽).

57) 村山智順, 《朝鮮人の思想と性格》, 朝鮮總督府, 1927, 189쪽.

58) 김대호, 〈1910~20년대 조선총독부의 조선신궁(朝鮮神宮) 건립과 운영〉, 서울대학교 국사학과 대학원 석사학위논문, 2003; 靑野正明, 〈朝鮮總督府の神社政策〉, 《朝鮮學報》 160, 1996; 山口公一, 〈戰時期朝鮮總督府の神社政策〉, 《朝鮮史硏究會論文集》 36, 1998. 또한 일본 국내의 지식층 사이에서도 단군을 부각시켜 단군조선과 '대일본주의(大日本主義)'를 연결시키려는 시도가 있었다(조동걸, 〈식민사학의 성립 과정과 근대사 서술〉, 《역사교육논집》 13·14, 1990).

59) 이지원, 〈1910년대 신지식층의 국수관(國粹觀)과 국수보존운동(國粹保存運動)〉, 《역사교육》 82, 2002.

실릴 정도로[61] 식민지 조선인의 문화에서 대중적인 소재가 되었다. 요컨대 3·1운동 이후 일제는 '내지연장주의'의 제국주의 문화정책을 도입하면서 대중적으로 조선의 '옛것'을 식민지 지배규율로 활용하는 역사문화를 본격적으로 생산·유통시키기 시작했다.

2) 문화주의 민족 표상의 역사문화

3·1운동 이후 일제의 식민지 지배규율의 역사문화가 유통되는 가운데, 조선인 지식인들 사이에서도 조선 문화를 대중적으로 생산·유통하려는 시도가 고양되었다. 이것은 '문화주의'라는 시대사조와 맞물려 진행되었다. 1920년대에는 제1차 세계대전 이후 전쟁을 야기한 '문명'에 대한 반성으로 '문화'가 대안으로 제기되었는데, 조선의 지식인들 사이에서도 '문명개화'보다 '문화'라는 용어가 일반화되었다.[62] 천도교계의 이돈화는 "갑오(1894년) 이래 갑진(1904년)까지는 개화기, 개화기 이래 제1차 세계대전 종전까지는 문명기, 제1차 세계대전의 종말 이후로는 문화기"라고 해, 물질을 위주로 했던 문명적 발전기에서 1919년 이후 정신을 위주로 한 '문화기'가 도래했다고 파악했다. 이때 문화는 '자연'의 상대어로, '인공을 가하여 가치를 생성한 것이며 정치·경제·사회적인 측면을 모두 포괄하는, 문명보다도 심원한 기초를 갖는 것'이라는 의미로 여겨졌다. 그리고 문화를 발현하는 단위로서 '민족'이 강조되었다.

---

60) 《동아일보》는 창간과 동시에 '단군영정 현상모집(檀君影幀懸賞募集)'을 했다. 《동아일보》, 1920년 4월 11일자.

61) 수양동우회 기관지 《동광(東光)》에서 단군에 대한 현상 퀴즈를 냈다(《동광》 7, 1926. 11, 108쪽; 《동광》 8, 1926. 12, 48쪽). 이때 1등 1명에게는 상금 10원, 2등 1명에게는 상금 5원이었다. 당시 《동광》의 정가가 30전이었던 것을 감안할 때 파격적인 상금이었다.

62) 이지원, 앞의 책(2007), 170~176쪽.

민족성과 문화에 대하여는 기민족(其民族)의 자유에 방임치 아니하면 불가하다. 기이유(其理由)를 말하면 문화의 가치는 기민족의 생활에 적부적(適不適)과 합불합(合不合)에 의하여 결정되는 자이며, 추상적이나 객관적으로 결정할 수 없는 소이(所以)라.[63]

즉, 각 민족의 독자성에 근거한 자유로운 문화가치가 강조되었다. 문화가치는 문화주의에서 강조하는 가치로서, 문화주의는 자각하는 주체의 문화 정체성 발휘를 정당화하고 촉발시켰다. 각 민족의 정신적 자각과 인공적 노력의 귀결로 이루어진 언어, 풍속, 역사 등 자기완결적인 고유문화를 중시한 것이다.[64] 1920년대 천도교계의 적극적인 문화운동은 이러한 문화주의에 기반했다.[65] '문화주의'를 사시(社是)로 내걸었던 《동아일보》는 "닭의 품에서 부화되어도 오리는 오리요, 개 젖에 길러도 범은 필경 범일 것을. 그런다고 조선인이 일본인이 될 것 아닌데 쓸데없이 조선인 노릇 못하게 하는 협작질"[66]을 한다고 하면서 '일본심(日本心)적 조선인 만들기'를 비판했다. 문화주의 사조 아래 과거의 문화가치를 계발해 '문화적 실력'을 갖추자는 논의들이 개진되었다. 그것은 '전통'을 현재적 관점에서 자각·복원해 개인의 인격적 진보와 유기체적인 민족의식, 문화 정체성을 만들자는 것

---

63) 〈조선인의 교육 용어를 일본어로 강제함을 폐지하라(중)〉, 《동아일보》, 1920년 4월 12일자.

64) 이지원, 앞의 책(2007), 제3장 제2절; 허수, 《이돈화 연구》, 역사비평사, 2010 참조. 다이쇼 데모크라시 시기 일본에서 발전하고 한국에 수용된 문화주의 사조는 기본적으로 문명에 대한 문화의 비판이라는 철학적 전제 위에 성립한 것이었다. 문화를 창조하고 향유할 수 있는 인격의 형성과 사회유기체적인 문화가치를 중시했다.

65) 박달성, 〈동서문화사상(東西文化史上)에 현(現)하는 고금(古今)의 사상(思想)을 일별(一瞥)하고〉, 《개벽(開闢)》 1921. 3; 조규태, 《천도교의 문화운동론과 문화운동》, 국학자료원, 2006; 허수, 앞의 책.

66) 〈조선심(朝鮮心) 조선어(朝鮮語)〉, 《동아일보》, 1926년 2월 6일자.

이었다.

　이러한 논의들은 조선의 고유문화=민족문화라는 구도에서 고유한 옛것을 탐구하고 그 문화가치를 드러내는 지적 활동을 촉구했다. 그러한 상황에서 민족의 문화가치를 역사적으로 증명하는 '민족문화의 역사화' 작업이 등장했다. 그것은 역사 연구에서 민족사를 '문화사'로 파악하려는 시도로 나타났다. 종래의 역사가 일반적으로 정치사를 중심으로 다루었다면 1920년대부터 예술, 풍속, 학술 등 일반 인문의 진보를 중심으로 역사를 서술하는 '문화사'가 등장한 것이다.[67] 안확의 《조선문학사》(1922), 《조선문명사》(1923), 최남선의 〈조선역사 통속강화개제〉(1922), 〈불함문화론(不咸文化論)〉(1925) 등은 이러한 문화사를 선도했다. 1910년대 일본 유학 시절부터 비교문명사의 관점에서 조선의 국수(國粹)를 문화적으로 파악했던 안확[68]은 《조선문학사》에서 조선의 역사를 정신사 또는 사상적 관점에서 파악하고자 했다. 그에 따르면 문학사는 "문학의 기원, 변천, 발달을 질서적으로 기재한 것"으로, "일 국민의 심적 현상의 변천, 발달을 추구하는 것"이었다.[69] 또한 그는 《조선문명사》에서 "문명의 요체로서 생활사의 근본을 심화하야 정치사를 건설"[70]하기 위해 사회조직·경제·문화 및 지리상의 제 문제를 포함한 조선 정치사의 서술을 '문명사'라는 제목으로 체계화한다고 했다.[71]

---

67)　이지원, 앞의 책(2007), 204쪽; 백두산인(白頭山人), 〈문화주의와 인격상평등(人格上平等)〉, 《개벽》, 1920. 12, 11쪽.

68)　안확, 〈조선어의 가치〉, 《학지광(學之光)》 4, 1915. 2; 안확, 〈조선의 미술〉, 《학지광》 5, 1915. 5; 안확, 〈조선의 문학〉, 《학지광》 6, 1915. 7.

69)　《조선문학사》, 2쪽〔《자산안확국학논저집(自山安廓國學論著集)》 2, 여강출판사, 1994, 12쪽〕.

70)　《조선문명사》, 3쪽(위의 책, 271쪽).

71)　《조선문명사》 표지에는 '一名 朝鮮政治史'라는 부제가 달려 있다.

최남선은 〈조선역사통속강화개제〉에서 "우주의 생명은 민족이라는 기관을 통해 문화라는 형식을 취한다"라며 문화가치를 자각하고 발현하는 민족이 '문화민족'이 된다는 것을 강조했다.[72] 문화가치를 역사적으로 증명하는 것은 민족 경쟁의 문화적 실력을 발휘해 '문화민족'이 되는 것인 동시에 문화적 경쟁에서 이기는 방법이라고 했다. 이러한 문화주의 기획은 정치적으로는 불리해도 문화적으로는 강자가 될 것을 고무했다.[73]

그리고 일제에 의한 조선 문화 수집 및 연구에 대응해 조선인의 손으로 조선의 문화가치를 탐구하자는 '조선학'이 제창되었다.[74] 최남선은 '애급학(埃及學, Egyptology)이 이집트인 이외의 손에 건설되고 인도의 고문화 연구가 인도인 이외의 힘으로 경영되는 것이 이집트인과 인도인의 짓밟힌 지위와 흙칠된 체면을 드러낸 것'이라 비유하며, "조선인의 입장에서 조선을 위하여 조선학의 연구 및 건설"[75]을 하자고 주장했다. 그는 '조선학'은 전승한 문화의 계통과 특질, 영향을 밝히기 위해 석기·패총·고분·종교·신화·전설·조선어·불함문화 등을 포괄해야 하며, 인류학·인종학·토속학·종교학·언어학 같은 서구의 선진적인 학문 방법론도 적극 수용해야 한다고 강조했다.[76]

문화의 주체로서 민족을 부각하고, 문화를 통해 정체성을 드러내는 역사문화는 문화사에서 분야별·주제별 서술로도 시도되었다. 이

---

72) 〈조선역사통속강화개제〉, 1922(고려대 아세아문제연구소 편, 《육당최남선전집(六堂崔南善全集)》 2, 현암사, 1976(이하 《육당최남선전집》 2'), 410쪽).

73) 〈조선인의 흉중(胸中)〉, 《동아일보》, 1922년 8월 16일자; 권덕규, 〈조선 생각을 차즐대〉, 《개벽》, 1924. 3.

74) 〈조선역사통속강화개제〉, 《육당최남선전집》 2, 416쪽.

75) 〈조선의 원시상(原始相) 하(下)〉, 《동아일보》, 1927년 3월 25일자.

76) 〈조선역사통속강화개제〉, 《육당최남선전집》 2, 411쪽.

능화의 《조선여속고(朝鮮女俗考)》(1927), 《조선해어화사(朝鮮解語花史)》(1927), 《조선무속고(朝鮮巫俗考)》(1928), 장지연의 《조선유교연원(朝鮮儒敎淵源)》(1922) 등이 그것이다. 그리고 1920년대 국내에서 간행된 통사체제에서도 '문화사'라는 항목이 도입되고 있었다. 장도빈, 황의돈, 권덕규, 최남선 등에 의해 활발하게 간행된 조선사 통사에서는[77] 이전의 역사 서술과 달리 각 시대별로 '문화면'을 별도 항목으로 설정했다. 이때 문화면의 대표적인 내용은 고려의 인쇄문화, 도자기, 훈민정음 등이었다. 훈민정음은 '조선의 자랑'으로 표상되기도 했다. 1920년대 천도교계 개벽사에서 발행하던 여러 잡지에서는 '조선의 자랑특집'을 다루었다. 1925년 7월호 《개벽》과 1928년 5월호 《별건곤》에 '조선의 자랑'을 싣고, 1929년에는 아동용으로 편집해 《어린이》에도 실었다.[78] 1928년 《별건곤》에 '조선의 자랑'을 망라해 실었는데, 그 항목이 90여 개에 이르렀다. 항목 대부분은 타 국가·타 민족과 문화적 경계 짓기, 역사·문화적 정체성을 드러내는 것으로 구성되었다. 그 가운데 조선 역사문화의 자랑으로 꼽은 것을 발췌하면 〈표 1〉과 같다.

한편, 문화주의 역사문화에서 단군은 조선의 문화가치, 민족의식의 출발점으로 부각되었다. 최남선은 1925년 '조선을 통하여 본 동방문화의 연원과 단군을 계기로 한 인류 문화의 일부면(一部面)'이라는 부제를 단 〈불함문화론〉을 발표해 대단군 민족주의의 논지를 본격적으로 주장하기 시작했다.[79] 그는 1926~1930년 사이에 단군 관련 글

---

77) 1920년대 등장한 통사의 역사 서술에 대해서는 박걸순, 〈1920년대 한국사 통사의 구성과 성격〉, 《우강(于江)권태원교수정년기념논총》, 1994; 조동걸, 《한국 민족주의의 성립과 독립운동사 연구》, 지식산업사, 1998, 178~196쪽 참조.

78) 개벽사의 '조선의 자랑' 기획을 다룬 연구로는 이경돈, 〈1920년대 민족의식의 전환과 미디어의 역할〉, 《사림》 23, 2005; 이에나가 유코(家永祐子), 《개벽》과 《별건곤》을 통해 본 한국인의 한국 자랑〉, 《인문과학연구》(강원대) 33, 2012; 차혜영, 〈식민지 근대 부르주아의 표상의 정치학, 개벽사 《별건곤》의 '조선의 자랑'호 연구〉, 《동아시아문화연구》 58, 2014 등이 있다.

기획 제목	내용	필자
조선 역사에 가장 광휘 있는 페-지	고구려 영양왕 시대, 고구려의 무위, 훈민정음, 세종 성대의 문화, 박연암의 사상(삭제), 단군과 그 연구(삭제)	문일평, 김도태, 이병기, 이윤재, 강매, 최남선
조선 시조 단군 연구		최남선
국제적으로 알려진 조선 인물		수춘학인(壽春學人)
학술 자랑	조선심 찾은 조선 문학, 가치 있는 과문시부	문일평, 리광종
발명 자랑	문자 중의 패왕 한글, 활자의 발명	신명균, 이윤재
종교 자랑	천도교와 조선, 불교와 조선 문화	김기전, 이능화
미술 자랑	조선의 미술 자랑, 도자기, 조선의 화가, 과거의 조선 미술, 대원각사비	홍순혁, 최진순, 고희동, 어덕, 고고생
음악 자랑	조선의 아악, 조선 옛 음악의 내용과 인물	안확, 풍류랑
조선의 전설 자랑, 민요 자랑, 화초·동물 자랑, 고려인삼 자랑		손진태, 홍사용, 김동혁, 삼신산인
온돌 예찬, 조선 여자복 예찬, 조선 김치 예찬, 조선 요리 자랑		손진태, 류광열, 류춘섭, 안순환

표 1. 《별건곤》의 '조선 역사문화의 자랑' 항목

들을 집중적으로 발표했다. 그는 이 시기에 《동아일보》 객원으로 활동했을 뿐 아니라 1928년 조선사편수회 편수위원이 되어 단군 관련 글들을 발표했는데,[80] 1926년 2월 11일과 12일에 발표된 〈단군 부인(否認)의 망(妄)〉에 이어 3월 3일부터 7월 25일까지 77회에 걸쳐 〈단군

79) 《朝鮮及朝鮮民族》, 朝鮮思想通信社, 1925; 류시현, 《최남선연구》, 역사비평사, 2011.

80) 이 시기에 발표한 글들은 다음과 같다. 〈단군 부인(否認)의 망(妄)〉, 《동아일보》, 1926년 2월 11·12일자; 〈단군론(檀君論)〉, 《동아일보》, 1926년 3월 3일자~7월 25일자; 〈살만교차기(薩滿教箚記)〉, 《계명(啓明)》 19, 1927; 〈단군신전(壇君新典)의 고의(古意)〉, 《동아일보》, 1928년 1월 1일자~2월 28일자; 〈단군급기연구(壇君及其研究)〉, 《별건곤》, 1928. 5; 〈단군과 삼황오제〉, 《동아일보》, 1928년 9월 1일자~12월 16일자; 〈민속학상(民俗學上)으로 보는 단군왕검〉, 《육당최남선전집》 2, 342쪽; 〈단군소고(壇君小考)〉, 《조선》, 1930. 11.

론-조선을 중심으로 한 동방 문화 연원 연구〉를 《동아일보》에 발표
했다. 이때 단군은 조선 민족 문명사의 중심으로서 민족적 문화가치
의 창시자이며 구현자이자 민족적 동질성과 단합의 상징으로 강조되
었다. 즉, 단군은 조선 민족이 인식해야 할 조선의 국토와 문화와 생
활의 창조자이며 건설자이자 조선심(朝鮮心)의 궁극적 표상으로 설정
되었다.[81] 수양동우회 기관지 《동광》 1926년 11월호에서는 개천절 기
념으로 단군 영정사진을 전면에 싣고 개천절에 대한 소개 및 단군 숭
배를 특집으로 다루었다.[82] 〈조선 고대사 연구 일단(一端)〉이라는 제
목의 특집하에 최남선, 권덕규, 장도빈, 황의돈, 안확, 김도태, 이윤재
등이 개천절의 의의 및 단군 선양의 글을 게재하고 '단일민족 의식'
을 강조했다.[83]

  그러나 문화주의 역사문화는 문화가치와 민족을 강조하되 정치적
으로 독립된 국가의 민족과 문화를 전제하지는 않았다. 정치적 독립
이 없더라도 문화적 특징을 갖는 단위로서 민족을 강조한 것이다.[84]
즉, 그들이 강조한 '민족'은 독립된 국민국가의 민족=국민(nation)이
아니라, 인류학이나 민족심리학(Folk Psychology, Volkerpsychologie)에서 다
루는 군중으로서의 민족(folk, ethnic)에 초점을 맞추었다. 당시 인류
학은 '민족학'이라고도 불렸고, '민족'은 종족이라는 뜻의 프랑스어

---

81) 〈단군계의 표성(表誠) 상(上)-조선심(朝鮮心)을 구현하라〉, 《동아일보》, 1926년 12월 9일자.

82) 〈10월 3일 기념 페-지〉, 《동광》 7, 1926. 11, 86~106쪽.

83) 각각의 필자와 글 제목은 다음과 같다. 최남선(〈상ㅅ달과 개천절의 종교적 의의〉), 권덕규
(〈조선에서 배태한 지나(支那)의 문화〉), 장도빈(〈단군사료(檀君史料) 일소발견(一小發見)
과 여(余)의 희열(喜悅)〉), 황의돈(〈단군고증(檀君考證)에 대한 신기록의 발견〉), 안자산(〈고
조선민족의 이대별(二大別)〉), 정일우(〈한겨레의 피줄〉), 김도태(〈십월 삼일을 당하여 단군을
추모함〉), 이윤재(〈개천절의 추감(追感)〉).

84) 권덕규, 〈조선생각을 차즐대〉, 《개벽》, 1924. 3, 34쪽. 한편, 이광수는 일찍이 문화는 정치의 종
속적 산물이 아니며 어떤 민족의 가치를 논할 때에는 정치사적인 위치로 논하기보다 문화사
적인 것으로 논할 것을 주장한 바 있다. 이광수, 〈우리의 이상(理想)〉, 《학지광》 14, 1917. 11.

'tribu'의 번역어로 이해되기도 했다.[85] 즉, '민족'은 유전적 유형을 기조로 하는 단순한 부족·인종의 의미를 전제로 점차 '동일 문화를 갖는 군중의 총체'라는 의미로 사용되었다.[86] 그것은 식민지체제에서 제국주의 영역권 내의 토착 원주민이라는 인류학적 민족이었지, 식민지체제에 저항해 독립된 민족/국민국가(state-nation)를 수립하는 주체로서의 민족은 아니었다. 문화주의를 사시로 내세운 《동아일보》는 창간사에서 자신들의 민족운동에 대해 국민국가 지향의 민족운동이 아닌 인류학적 개념인 민족(folk, ethnic)운동이라고 제한해 설명했다.

> 조선의 민족운동이라 하얏스니 이는 국가학적 개념의 '국민'의 운동
> 을 의미하는 것이 아니라 역사학적 혹은 인류학적 개념인 '민족'의 운동
> 을 의미함이니…….[87]

인종적 문화 정체성은 식민지 제국의 지역문화라는 정체성을 인정하는 것으로서, 일본제국주의 '다민족 국가체제'의 문화기획과 대립하지 않았다. 그리고 그것은 정치적으로 제국 일본 내에서 자치를 지지하는 민족정체성이기도 했다. 3·1운동 이후 1922년 이광수의 〈민족개조론〉이 발표되어 인종적 민족성의 개조가 거론되는 가운데, 일제에 동화는 반대하지만 식민지로부터 독립이 아닌 제국 일본의 역내에서 자치를 지향하는 현상이 나타나고 있었다.[88] 최남선이 자신의 단군 연구 절정기였던 1928년 12월에 조선총독부의 조선사편수회 위

---

85) 나카에 초민(中江兆民)·노무라 야스유키(野村泰亨)가 편찬한 《佛和字彙》에서 처음 'tribu'를 '민족'이라 번역했다고 한다(納武津, 《民族性の硏究》, 日本評論社, 1920, 1쪽).

86) 위의 책, 2쪽.

87) 〈세계 개조의 벽두(劈頭)를 당하야 조선의 민족운동을 논하노라(3)〉, 《동아일보》, 1920년 4월 6일자.

원이 된 것은[88] 문화주의 민족정체성이 갖는 정치적 도달점을 보여주었다. 문화주의 민족 표상의 역사문화는 동화와 자치 사이에서 정체성의 경계를 넘나들 수 있는 가능성이 있었다.[90]

3) 민중적 민족 표상의 역사문화

3·1운동 이후 민족정체성을 확립하고 보급하는 데 일제의 동화주의는 물론 조선인의 문화주의를 비판하며 민족 내의 민중을 주체로 내세우는 역사문화도 등장했다. 그것은 시대의 흐름과 변화를 목도한 지성들의 사상적 지평 확대와 함께, 사회주의나 무정부주의를 수용하면서 식민지하 민중에 대한 계급적 시선을 담고 있었다. 여기서는 신채호, 안재홍, 홍명희 등을 중심으로 살펴보자.

신채호는 1908년 "역사는 애국심의 근원"[91]이라 하며 단군국조의식을 발전시킨 국사의 중요성을 강조한 바 있다.[92] 그는 1910년대 중국에서 무장투쟁과 무정부주의 사상을 접하면서 동아시아 약소민족의 역사의식과 정체성에 대한 인식을 진전시켰다. 그는 3·1운동 이후 일제의 동화주의 문화정책과 문화주의 문화의식이 독립의식을 약화

---

88) 이지원, 〈20세기 전반기 조선 자치론의 문화적 정체성-민족 표상의 경계 읽기〉, 《정체성의 경계를 넘어》, 경인문화사, 2012.

89) 최남선은 1925년 8월부터 1928년 10월까지 동아일보사 촉탁기자로 활동했고, 1928년 12월에 조선사편수회 편수위원이 되었다. 이때가 그의 단군 연구의 절정기였는데, 특히 《동아일보》에 발표한 글들이 대중적인 반향을 불러일으켰다.

90) 이 점은 적극적으로 '민족'을 내세웠던 최남선이나 이광수 등의 황국신민화로의 정체성 이동에서 확인된다. 단군 선양과 조선학을 주창했던 최남선이 일제의 심전개발정책(心田開發政策)에 편승해 단군을 비롯한 조선의 고유신앙을 일본의 고신도로 등치시키고, 1930년대 전반까지 민족의 고유성과 영원성을 열광적으로 주장했던 이광수가 '조선 문화의 진로는 조선인 전체를 일본화하고 일본의 문화를 앙양하는 것'이라고 한 논리는 제국 일본의 지역(local)으로 조선의 정체성을 이동한 것이었다.

91) 신채호, 〈허다고인지죄악심판(許多古人之罪惡審判)〉, 《대한매일신보》, 1908년 8월 8일자.

92) 신채호, 〈역사와 애국심의 관계〉, 《대한협회회보》 3, 1908. 4.

시킬 수 있다는 점을 비판하며, 민족 속에 민중을 중심으로 하는 독립된 국민국가의 문화 정체성 만들기를 환기시켰다. 1921년에는 베이징에서 발행한 잡지 《천고(天鼓)》를 통해 19세기 이래 서양의 "국수(國粹)=nationalism"은 침략전쟁의 무기였으나, 제1차 세계대전 이후의 상황에서 조선의 경우는 약소민족의 민족주의를 강화하기 위해 독립국가를 지향하는 국수문화를 보존·발휘할 것을 강조했다. 즉, 나폴레옹 전쟁 이후 유럽에서 국수주의가 유행해 각국이 서로 국수를 과시하다가 마침내 제1차 세계대전이 일어나 국수는 곧 군국주의·침략주의의 별명이 되었지만, 우리의 경우는 유럽과 여건이 다르다는 것이다. 제1차 세계대전 이후 "국수=nationalism을 배척하는 유럽의 새로운 사조를 좇아서 조선인이 '나'와 옛것을 아는 것을 배척하는 것은 마치 가마솥의 고기 한 점도 맛보지 못하고 억지로 남의 흉내를 내어 복통을 호소하는 것과 같다"고 했다. 따라서 '나'를 알기 위해 국어와 국학, 국고(國故)를 일깨우는 것은 독립을 지향하는 식민지 민족의 정체성을 확립하는 데 여전히 중요한 일이라고 주장했다.[93]

이때 국어와 국학의 주체는 민족 가운데 민중이 중심이 되어야 한다고 강조했다.

노예적 문화사상을 파괴하자 함이다. 왜? 전해 내려오는 문화사상의 종교, 윤리, 문학, 미술, 풍속, 습관 그 어느 무엇이 강자가 제조하여 강

93) 신채호, 〈고고편(考古篇)(사론)〉, 《천고》 창간호, 1921. 1 《개정판 단재신채호전집》 별집, 266·267쪽). "法帝拿破倫 敗於滑鐵盧 歐洲之大戰以結 而國粹之說 橫流各國 其爲烈 迄於百年而未已 德皇威廉 遁藏荷蘭 世界之大戰以終 而國粹之論 反被摧格 幾乎無俯而合之者 …… 輓近 磨拳恋睡者 皆以國粹相詩 …… 然卽國粹者 卽軍國侵略之別名也 由是而國交裂 由是而大戰作 由是殺死人累千萬 由是損棄財物 至累億萬 殘男半道 髮婦萬國 全歐嗷嗷 氣象愁慘 未始非國粹 卽 nationalism 一語 階之厲也."

자를 옹호하던 것이 아니더냐? 일반 민중을 노예화하던 마취제가 아니더냐? 소수 계급은 강자가 되고 다수 민중은 도리어 약자가 되어 불의의 압제를 반항치 못함은 전혀 노예적 문화사상의 속박을 받은 까닭이니, 만일 민중적 문화를 제창하여 그 속박의 철쇄를 끊지 아니하면 일반 민중은 권리사상이 박약하며 자유 향상의 흥미를 결핍하여 노예의 운명 속에 윤회할 뿐이라.

신채호는 1923년 〈조선혁명선언〉에서 새롭게 건설해야 할 문화와 관련해 '옛것'이 다 국학이 되는 것이 아니라, 강자 옹호의 종교, 윤리, 문학, 미술, 풍속 등은 버릴 것을 강조했다. 불의의 압제에 반항하지 못하는 것은 노예적 문화사상에 세뇌되었기 때문이니, 일제의 속박에서 벗어나기 위해서는 강자의 문화가 아닌 "민중적 문화"를 수립해야 한다는 것이다. 즉, '옛것' 가운데 버릴 것은 버리고, 민중적 문화로서 '옛것'을 새롭게 창출하자는 것이었다. 일본을 구축(驅逐)하는 것을 목적으로 할 것, 지배자의 문화규율에 길들여지는 노예적 문화를 없애는 것이 곧 3·1운동 이후 식민지 조선에서 필요한 '국수=nationalism'이었고, 독립국가를 지향하는 민중적 문화였던 것이다. 이러한 인식에서 그는 아나키스트로서 무장투쟁단체 활동을 하는 가운데, 1920년대 역사 연구를 본격적으로 시작했다. 1924년 1월 《동아일보》에 〈조선 고대의 문자와 시가의 변천〉을 게재했고, 1924년 10월부터 1925년 3월까지 〈상고사 이두문 명사 해석법〉, 〈삼국사기 중 동서 양자 상환고증〉, 〈삼국지 동이열전 교정〉, 〈평양패수고〉, 〈전후삼한고〉, 〈조선역사상 일천 년래 제일대사건〉 등의 글을 발표했다. 홍명희는 이 글들을 모아 1930년 6월에 《조선사연구초(朝鮮史研究草)》로 출간했다. 그리고 《조선상고사》로 알려진 〈조선사〉를 당시 안재홍이

사장으로 있던《조선일보》에 1931년 6월부터 103회에 걸쳐 연재했다. 1928년에 쓴 소설 〈용과 용의 대격전〉, 〈꿈하늘〉 등에서는 자유·평등·폭력·혁명 등의 단어들을 거침없이 사용했다.

3·1운동 이후 일제의 식민지 문화지배를 반대하고 독립과 저항의 정체성을 갖는 문화는 민족문제에 대한 계급적 인식을 촉진했다. 제국주의의 자본적 확대와 지배체제가 더욱 강고해지는 상황에서 민족문제에 대한 계급적 현실 인식과 저항의 기획에 의해 일제의 동화주의에 대한 비판은 더욱 철저해질 수 있었다. 이 점은 안재홍에게서도 확인된다. 그는 일제가 3·1운동 이후 식민지 문화규율을 만들기 위해 조선사를 통치의 목적에 맞게 조작하고 교육하는 것을 비판하면서 억압당한 자들은 피맺힌 과거를 돌아볼수록 더욱 치열한 '해방의 충동'을 일으키므로 일제의《조선사》간행은 무용한 일이라고 했다.

> 과거의 참담한 역사를 알면 알아볼수록 무한한 반항의 의욕이 돋아지는 것이다. 누가 가로되 그들로 하여금 자기의 역사를 알면 영원히 원치 않는 멍에를 메이고 억압의 자물쇠 속에서 웃고 있게 되리라고 할 자이냐. 조선사를 운위하는 그들의 소견은 허망하다 할 것이다.[94]

민족의 현실 과제를 일차적으로 해방과 독립이라는 정치적 목적으로 설정하는 한 문화는 그러한 관점에서 기획되는 것이었다. 안재홍은 1920년대 중반《조선일보》와 좌우합작단체인 신간회에서 활동하면서 국사, 국어의 보존과 함께 민족경제의 보존을 강조했는데,[95] 이것은 민족의 문화 정체성이 경제적 자립과 연계되어 있음을 인식한

---

94) 〈조선사 문제〉,《조선일보》, 1926년 8월 8일자.

것이었다. 그는 농민적 입장의 경제 인식과 중소자본·토산 장려를 중심으로 민족경제론을 제기했는데,[96] 식민지하의 열악한 농민·노동자로 전락한 대중의 현실을 바탕으로 민족을 인식하고 있었다. 그는 제1차 세계대전 이후 국민적 예속 상태에 있는 터키, 이집트, 모로코, 인도, 중국, 몽골 같은 동방 약소민족들의 민족운동에 주목했다.[97] 그리고 제1차 세계대전 이후 자본주의적 제국주의 진영의 재편을 "반동화"라 하고,[98] 그 반동화는 대내적으로는 무산자계급의 단결 저지와 공산당에 대한 탄압으로, 대외적으로는 약소민족 억압이나 군비 확장 등으로 집약될 것이라고 보았다.[99] 이러한 시대 변화에 대한 인식과 강대국과 약소국의 역사로 대립하는 근대 이후 역사의 속성을 통찰하며, 계급문제와 민족문제가 병존하는 민족의 정체성을 구상한 것이다.

3·1운동 이후 지식인들의 민족문제에 대한 계급적 인식 고양은 문화주의 비판과 민중적 문화 만들기로 연계되었다. 문화주의에 대한 비판은 그 고답성과 관념론적 기반, 부르주아적 성격에 대한 비판으로 제기되고 있었다. 신채호는 당시 조선의 지식인들이 문화주의를 내세우며 '문화운동'을 하는 것은 '강도의 비위에 거스르지 아니할 정도에서 문화 발전을 거론하는 것이기 때문에, 그 문화 발전은 도리

95) 〈조선인과 국어 문제〉, 《조선일보》, 1925년 5월 28·29일자; 〈조선사 문제〉, 《조선일보》, 1926년 8월 8일자; 〈자립정신의 제일보(第一步)〉, 《조선일보》, 1926년 11월 4일자; 〈조선인의 처지에서〉, 《조선일보》, 1932년 12월 2일자.

96) 이지원, 〈일제하 안재홍의 현실 인식과 민족해방운동론〉, 《역사와 현실》 6, 1991.

97) 〈살기(殺氣)에 싸인 문화정치〉, 《조선일보》, 1924년 5월 22일자; 〈백열(白熱) 그러나 엄숙한 반동(反動)의 최중의 신일년〉, 《조선일보》, 1926년 1월 1일자.

98) 〈반동선상의 세계와 밋 그 추세〉, 《개벽》, 1925. 1; 〈동방 제 민족의 각성〉, 《조선일보》, 1925년 6월 28일자.

99) 〈반동선상의 세계와 밋 그 추세〉, 《개벽》, 1925. 1.

어 조선의 불행'이라고 했다. 그리고 사회주의 사상을 수용한 지식인
들은, 문화주의나 지배권력이 말하는 '민족문화'는 민족 내 지배계급
의 이익과 관련해 민족적 공동 사상과 감정을 축조할 필요성 때문에
'창작'하고 '선전'한 것이 허다하다고 지적했다.[100] 그리고 문화주의,
관념주의를 부르주아 문화라고 비판하며 이에 대립하는 평민문화의
건설, 민중문예의 연구 등을 주장하기도 했다.[101] 이는 1920년대 사상
적·문화적으로 진행된 프롤레타리아 문화 건설의 흐름과 일맥상통
했다.[102]

홍명희는 민족으로서 민중적 문화 정체성 만들기는 사회적 모순을
은폐하는 관념적·몰시대적·복고적 문화가 아니라 식민지 현실 인식
에 입각한 문화라는 점을 강조했다.

> 우리 사회는 분열의 사회요 원만한 사회가 아니며, 모순의 사회요 통
> 일한 사회가 아니다. 이러한 사회에서 나오는 예술은 이러한 사회의 특
> 질을 포함치 아니치 못한다. 묻노라 누가 말하기를 예술은 사회적 모순
> 을 초월한다고 하더냐? 《거북전》은 봉건적 충의를 장려하고 《춘향전》은
> 동양적 정렬을 고조하였다. 미미한 조선의 소설가도 양반계급의 이익을
> 대변하기 위하여 성심만은 충분하였다. 막연히 사회적 모순을 엄폐하고
> 사회적 모순을 한각(閑却)하느니보다는 차라리 내 견지를 명백함이 대
> 담치 않을까?[103]

100) 오야마 이쿠오(大山郁夫), 〈민족과 계급〉, 《개벽》, 1925. 1, 48·49; 하세가와 뇨제칸(長谷川如
是閑), 〈민족감정의 심리와 그 사회적 의의〉, 《개벽》, 1925. 3～5; 신상우, 〈춘원(春園)의 민족
개조론을 독(讀)하고 그 일단(一端)을 논함〉, 《신생활》 6, 1922. 6; 신일용, 〈춘원의 민족개조
론을 평함〉, 《신생활》 7, 1922. 7; 김제관, 〈사회문제와 중심사상〉, 《신생활》 7, 1922. 7.

101) 〈편집을 마치고〉, 《신생활》 1, 1922. 3, 71쪽.

102) 김현준, 〈문화적 생활과 철학〉, 《신생활》 6, 1922. 6; 신일용, 〈자본주의와 철학사상〉, 《신생활》
8, 1922. 8.

그는 이처럼 봉건적 충의나 동양적 정열을 고조하는《거북전》이나 《춘향전》류의 문화는 양반계급의 이익을 대변하고 사회적 모순을 은폐하기 때문에 식민지 대중의 문화로는 적절치 않다고 지적했다. 그는 실재하는 사회를 떠난 정신 활동은 불가능하며 문화는 시대의식을 반영해야 한다고 강조했다. 그가 당시 조선의 현실에 맞는 시대의식으로 파악한 것은 '사회변혁', '계급 타파', '대항', '해방' 등이었다.[104] 1926년 간행한《학창산화(學窓散話)》에서 그는 우리말의 어원과 생활사에 대해 소개했고,[105] 신간회 활동을 활발히 하던 시기에는 소설《임꺽정》을 집필해 민중의 지도자인 임꺽정을 통해 민중적인 조선의 정조를 살리고자 했다.《임꺽정》은 민중 관점의 "소설 형식의 역사", "민중적 역사"였다.[106] 식민지 대중의 삶에서 사회적·계급적 갈등의 현실 인식을 전제로 지배계급이 아닌 민중의 관점에서 사실주의에 입각한 역사의 대중화를 시도했던 것이다.

이러한 민중적 역사문화는 고립적인 민족, 배타적 민족이 아니라 변화하는 세계 속의 조선, 조선인의 정체성을 강조했다. 1921년 신채호의 '국수=nationalism'은 제1차 세계대전 이후 세계 정세 속에서 제국주의 침략국의 'nationalism'과 다른 식민지 민족의 입장으로서, 독립이 여전히 과제가 되는 세계사에 대한 통찰 속에서 나온 것이었다.

---

103) 〈창간사〉,《신소설(新小說)》창간호, 1929. 12(임형택·강영주 편,《벽초 홍명희와 임꺽정의 연구자료》, 사계절, 1996, 73·74쪽).

104) 〈신흥문예의 운동〉,《문예운동(文藝運動)》창간호, 1926. 1(임형택·강영주 편, 위의 자료집, 69~72쪽).

105) 《학창산화(學窓散話)》는 그가《동아일보》취체역 주필 겸 편집국장으로 있던 시절(1924. 5~ 1925. 4)인 1924년 10월《동아일보》에 게재되었던 학예 기사들을 조선도서주식회사에서 간행한 것이다.

106) 〈벽초 홍명희 선생을 둘러싼 문학담의(文學談議)〉,《대조(大潮)》창간호, 1926. 1(임형택·강영주 편, 앞의 자료집, 191쪽).

사회과학도 출신으로 세계 정세와 근대정치사에 대한 통찰과 안목을 갖고 있던 안재홍도 세계화 사회를 건설하는 주체인 민족의 정체성이 지닌 세계성을 설명했다. 그는 '조선말과 글'을 선양하는 것에 대해 세계화 시대에 민족과 국가의 경계와 인류애의 장벽은 타파하지만 보편화 및 세계화 경향 속에 문화적 정체성의 보존은 필요하다는 점을 강조했다.

> 방금 인류는 보편화의 도정에 있고 만국은 세계화의 경향이 신속하다. 민족과 국가의 계선은 고집함을 요치 않는다. 인류애에 부질없는 장벽은 타파됨을 요한다. 그러나 조선 땅에서 조선 마음의 결정인 조선말의 생명을 담은, 세계의 모든 문자에 관절(冠絶)한 조선글을 예찬하고 옹호하고 고조하지 아니할 수 없다.[107]

안재홍은 1930년대에 '민족으로부터 세계로, 세계로부터 민족으로'라는 '민세주의'를 주장하며 '조선학운동'을 제기했는데, 민족의 문화 정체성을 세계적 보편성의 관점으로 보는 인식은 1920년대에 형성되고 있었다. 이러한 인식은 이후 신민족주의 역사학의 수립으로 연계되었다.[108]

3·1운동 이후 신채호, 안재홍, 홍명희가 관심을 갖고 대중화했던 역사문화에서 민족의 정체성은 '문화가치를 발현한 유구한 민족'을 강조하는 복고적이고 몰시대적인 것으로 설정되지 않았다. 그들은 동화주의와 문화주의를 비판하며 민족 구성원으로서 민중을 주체로

---

107) 〈자립정신의 제일보-의미심장한 가갸날〉, 《조선일보》, 1926년 12월 4일자.
108) 이지원, 〈안재홍〉, 조동걸·한영우·박찬승 엮음, 《한국의 역사가와 역사학》 하, 창비, 1994.

놓는 민중적 문화와 역사를 강조했다. 그들이 대중에게 민족의 옛것
과 역사를 강조하며 문화 정체성을 표상한 소재에는 일제의 동화주
의 문화규율이나 최남선 등의 문화주의 역사문화와 중복되는 것도
있었다. 그러나 그것에 대한 문화기획과 작동의 목표는 달랐다. 그들
은 1920년대 이후 옥고를 치르며 그들이 표상한 민족의 독립국가를
위한 길에 있었고, 일제의 다민족 국가체제의 문화규율에 포섭되어
제국주의 침략전쟁에 협력하는 친일의 길을 걷지 않았다. 그들이 대
중에게 옛것과 역사를 강조했지만 민중적 관점을 전제로 '독립'에 방
점을 찍었기에 그들이 생산·유통시킨 역사문화는 문화주의 역사문
화와는 다른 정체성을 지향했다. 그들의 문화기획과 실천 활동을 연
계해볼 때, 동화주의·문화주의를 비판하며 민중적 관점을 견지한 역
사문화는 일제 지배에 협력하지 않는 정치문화와 민족정체성을 지향
했다고 하겠다.

다양한 '민족' 표상을 읽는 역사문화를 위해

문화는 그것을 소비하는 사회 구성원들이 살고 있는 정치·경제·사
회적인 여러 현상과 긴장관계를 맺고 있다. 그런 만큼 문화는 한 사
회의 제약성 속에 놓이게 되지만, 동시에 그것을 변혁시키는 원천적
인 힘이 되곤 한다. 따라서 문화는 가치중립적인 현상이 아니라 가
치지향성을 갖는다. 역사문화는 더욱 그러하다. 특히 민족사·국사
(National History)는 근대 국민·민족정체성을 만드는 과정에서 형성된
것이기 때문이다. 그래서 근대국가에는 민족의 감수성과 자기다움을
드러내는 '옛것'을 호명하고, 국민·민족으로서 공유하는 역사를 인식

하고 소비하는 역사문화가 형성되었다. 19세기 말 이래 한국사의 흐름을 국민·민족이 주인이 되는 근대 독립국가를 만들어가는 과정이라고 볼 때, 그것은 문화적으로 근대 국민·민족정체성을 만드는 과정이기도 했다. 3·1운동의 동력에는 당시 대중의 자기다움의 정체성을 과거의 역사를 통해 인식하고 재현하는 역사문화가 있었다. 그것은 일제강점 이전 형성된 민족의식의 역사문화 위에 일제 식민지배 10년 동안 일본과 차별되는 정체성을 느끼고 인식한 결과였다. 3·1운동은 조선인들이 식민지 동화주의를 극복하고, 중단되었던 근대민족으로서의 정체성 만들기를 지속해야 하는 문화적 과제를 실천하는 중요한 변곡점이 되었다.

그러나 3·1운동 이후 '민족'은 다양한 실행 주체들의 기획에 의해 대중의 역사문화로 확산되었다. 일제 식민당국은 '문화정치'라는 이름으로 3·1운동 이후 조선인 대중의 정체성을 규율하는 문화기획을 본격적으로 추진했고, 식민지 지식인들 또한 '문화운동', '문화주의'의 이름으로 대중을 대상으로 한 문화기획을 추진하기 시작했다. 또한 조선인들 가운데 '문화주의'와는 다른 시각에서 민중적 주체와 독립국가 지향의 문화 정체성을 만들려는 문화기획도 등장했다. 이 다양한 주체들은 모두 조선의 '옛것'을 호명하며 조선의 정체성을 문화적으로 설명하고 활용했다. 사회교화를 위한 일제의 교화서나 식민지 역사책에서, 역사의 문화화와 문화의 역사화를 시도한 조선의 문화사에서, 이순신이나 임꺽정처럼 대중적인 역사소설에서 역사는 다양하게 소비되었다. 그렇게 대중화된 역사는 조선인들의 역사문화를 하나의 정체성이 아닌 다양한 정체성으로 상상하고 소비하게 만들었다. '옛것'을 호명하는 정치적 기획에 따라 담론 구성이 다양한 역사문화가 등장했다. '민족', '전통', '조선'이라는 기표는 같아도 기획 주체에 따라, 또 누가 문화 헤게모니를 주도하느냐에 따라 맥락이 다른 정체성의 문화가 생산·유통되었다.[109]

식민지하에서 '민족'의 정체성은 다양한 주체들이 생산·유통한 역사문화 속에서 대중화되었고, 그때 표상된 기표들은 오늘날에도 여전히 사용되고 있다. 과연 21세기 우리가 유통하고 있는 '민족'적인 것들은 어떠한 정체성을 표상하고 있는가? 정체성은 사회·문화적으로 어떠한 범주를 만들어내어 차별성을 부여하고 다양한 재현과 이미지, 의미가 교차하는 가운데 생산·유통된다. 우리가 민족적이라고 하는 것들, 고유하고 유구하다고 하는 것들이 민족을 불변의 고정된 것으로 보고 복고의 감성을 자극하며 이 시대 우리의 정체성을 박제화하고 있지는 않은가? 그 해답을 찾기 위해 우리는 100년 전 3·1운동 시기 수많은 사람이 외친 '민족'과 그 이후 생산·유통된 '민족' 표상의 역사문화들을 추적하며, '민족'이라는 기표를 다양하게 읽는 열린 문화의 힘을 길러야 할 것이다.

---

109) 이지원, 〈'민족문화'의 기표와 기의, 문화 헤게모니〉, 《한국사, 한 걸음 더》, 푸른역사, 2018.

3·1운동, 죽음과 희생의 민족서사

김정인

죽음과 희생을 기리는 법

3·1운동에 대한 찬양은 3·1운동으로 희생된 이들에 대한 숭배이기도 하다. 3·1운동은 많은 희생자를 낳았다. 조선총독부에 따르면, 1919년 3월 1일부터 6월 1일까지 사망자 수는 405명[1]이다. 또 다른 기록들을 살펴보더라도, 식민통치자로서 조선총독부의 희생자 기록의 최대치는 600여 명 정도이다. 반면, 1919년 대한민국임시정부(이하 '임시정부') 임시사료편찬회가 편찬한 《한일관계사료집》, 박은식이 1920년에 출간한 《한국독립운동지혈사》에서는 희생자 수를 각각 6,821명, 7,509명으로 파악했다.[2] 조선총독부 측 통계의 10배를 훌쩍

---

1) 姜德相 編, 〈朝鮮騷擾事件 死傷數 件 報告(1919. 9. 29)〉, 《現代史資料(26): 朝鮮(二) 三·一運動(二)》, みすず書房, 1967, 321~327쪽(김승태, 〈3·1운동과 일본군의 한인 학살〉, 《제노사이드와 한국 근대》, 충남대학교 충청문화연구소, 2009, 128~131쪽에서 재인용).

2) 국사편찬위원회, 《대한민국임시정부자료집: 한일관계사료집》 7, 2005, 741쪽; 박은식, 《한국독립운동지혈사》, 소명출판, 2008, 198쪽.

넘는 수치다. 이 간극이 어디에서 연유한 것인지는 반드시 짚어야 할 문제이다. 조선총독부의 통계대로만 보아도 3개월여에 걸쳐 일어난 만세시위에서 수백 명이 죽음에 이르렀다면, 엄청난 희생을 치른 것이 분명하다. 그만큼 경찰과 헌병, 나아가 군대까지 동원한 강도 높은 탄압을 자행했던 것이다.

3·1운동으로 수만의 사람이 검거되고, 수천의 사람들이 죽거나 다쳤다. 3·1운동을 기억하고 기념할 때 이 사실은 매우 중요하다. 3·1운동에서 죽음과 희생은 독립운동의 정당성을 뒷받침하는 근간이다. 이와 같은 3·1운동에서 죽음과 희생의 서사는 상징적인 사건과 인물을 통해 완성된다. 바로 제암리 학살사건과 유관순이 그러하다. 제암리 학살사건은 사건 직후 서양인들에 의해 우연히 발견되어 세계에 3·1운동을 알리는 역할을 했다. 국내외 한국인에게는 일본의 집단학살에 대한 공분을 불러일으켰다. 유관순은 해방 직후부터 3·1운동의 저항과 희생을 상징하는 아이콘으로 부상하면서 3·1운동은 물론 독립운동을 대표하는 열사로 추앙받았다. 그리고 오늘날 제암리 학살사건과 유관순의 죽음은 민족의 희생을 상징하는 민족서사로 자리를 잡았다. 하지만 제암리 학살과 유관순의 죽음에 대한 민족서사가 어떻게 형성되었는지에 대해서는 이제껏 분석되지 않았다.

한국인 모두가 제암리 학살사건을 기억하고 유관순의 희생을 추앙하는 흐름은 언제 어떻게 형성된 것일까? 이를 새삼 되짚는 것은 특정한 사건과 인물이 민족서사를 대표하면서 그것에 대한 반응이 반일의 집단정서로만 귀결되는 현실을 환기하기 위해서이다. 사실상 해방 이후 지금까지 일본의 무자비한 폭력의 결과가 수많은 한국인의 죽음과 희생을 낳았다는 인과성만이 강조되어왔다. 3·1운동 100주년을 맞아, 이제는 3·1운동의 희생자들을 한국인이라는 집합주체가 아니라, 한 개인의 삶, 한 사람의 죽음과 희생이라는 시선으로 바라보며 오늘날 나의 삶과 죽음의 문제를 성찰하는 공감의 역사를 모색할 때다. 제암리 학살사건의 희생자들과 유관순의 죽음 역시 개인화·인간화의 관점으로 접근하면서 '지금 여기' 나와의 보편적 공감지대를 넓힌다면, 기념관과 열사라는 외형적인 기억과 기념을 넘어 심리적 동일시(psychological identification)[3]에 근거한 현재적·내면적 기억과 기념의 재구성이 가능해질 것이다.

이 글에서는 1919년과 오늘을 잇고자 3·1운동에서의 죽음과 희생을 개인화·인간화하고, 이를 기반으로 기억과 기념의 현재화·내면화의 단계로 나아가기에 앞서 지난 100년간 제암리 학살사건과 유관순의 죽음이라는 민족적 희생 서사가 형성되어온 과정을 되짚어보고자 한다.

1. 집단학살에 대한 기념과 기억

1) 서양인에 의한 제암리 학살사건 발견과 전파

3·1운동 과정에서 단일 만세시위로 가장 많은 희생자가 발생한 곳은 평안남도 맹산이었다. 1919년 3월 10일 헌병과 경찰들이 시위대를 헌병분견소 안으로 밀어 넣고 총격을 가해 54명이 희생되었다.[4] 이에 비해 1919년 4월 15일 경기도 수원군 향남면 제암리에서 일어난 학살은 3·1운동 당시 일본 군대가 자행한 집단학살을 상징하는 대

---

3)   제프리 C. 알렉산더 지음, 박선웅 옮김, 《문화사회학》, 한울아카데미, 2007, 71쪽.

4)   조선주차군사령관, 〈조선 소요사건의 사상수 건 보고(1919. 9. 29)〉, 《조선 소요사건 관계 서류》.

10장 3·1운동, 죽음과 희생의 민족서사   325

표적인 사건이다. 1919년 3월 31일 발안리 장터에서 만세시위가 일어났다. 사흘 후인 4월 3일에는 수원군 장안면 수촌리와 우정면 화수리에서 만세시위를 벌인 시위대가 면사무소를 습격했다.[5] 이에 대한 군인들의 보복은 가혹했다. 일본 육군 보병 79연대 소속 군인들은 수촌리와 화수리에서 방화를 하고 200명이 넘는 사람을 검거했다. 보복은 여기서 그치지 않았다. 아리타 도시오(有田俊夫) 중위가 지휘하는 군인들이 4월 13일 발안리에 나타나 3월 31일 만세시위 관련자를 체포했다. 이틀 후인 4월 15일에는 제암리에 들어와 15세 이상의 남성들을 제암교회에 모이도록 했다. 교회를 포위한 군인들은 창문을 통해 사격을 한 뒤 교회에 불을 질렀다. 이날 학살로 희생된 사람은 지금까지 알려진 바로 모두 29명이었다. 제암교회 안에서 19명, 밖에서 4명이 희생되었으며, 군인들이 다시 건넛 마을인 팔탄면 고주리로 가서 주민 6명을 총살했다. 그중 기독교인은 12명, 천도교인은 17명이었다고 한다.[6] 하지만 제암리 학살사건에 관한 진상 조사가 일제 시기는 물론이고 해방 이후에도 제대로 이루어지지 않아 정확한 희생자 수를 확정하기는 어렵다.

이 끔찍한 학살 현장은 다음 날 이 마을을 지나던 커티스(R. S. Curtice) 미국영사 일행에 의해 우연히 발견되었다. 1919년 3월 1일 이후 만세시위가 이어지면서 한국 땅에 거주하던 서양인들은 군인과 경찰의 비인도적 탄압에 대해 듣고 보았다. 그들은 본국 정부와 선교회에 그 참상을 알리기 위해 보고서를 작성했다. 그리고 본국 정부가 일본 정

---

5)　이덕주·김형석, 〈3·1운동과 제암리 사건〉, 《한국기독교와 역사》 7, 1997, 48쪽.

6)　희생자 수와 관련해 현재는 29명이 통설이나, 여러 이견이 존재하므로 확정하기는 아직 곤란하다(위의 글, 65쪽; 박환, 〈경기도 수원·화성의 3·1운동 관련 학살 유적과 평화적 활용 방안〉, 《근현대 전쟁 유적 그리고 평화》, 동북아역사재단, 2011, 164~169쪽).

부에 항의할 것을 요구했다. 그러자 각국 정부는 서울에 주재한 영사관들을 통해 실태 파악에 나섰다.

서울 주재 미국총영사인 버그홀츠(L. A. Bergholz)는 커티스 영사에게 마을은 소실되고 주민은 학살되었다는 소문과 관련한 수원 지방 일대를 조사할 것을 지시했다. 노블(W. A. Noble)을 비롯한 선교사들도 이러한 소문에 대한 진상 확인과 대책을 요구한 바 있었다.[7] 1919년 4월 16일 커티스는 미북장로회 선교사 언더우드(H. H. Underwood), AP통신 서울 특파원 테일러(A. W. Taylor), 그리고 테일러의 운전기사인 중국인 임 씨와 함께 조사에 나섰다. 언더우드는 동행인들을 자신의 차에 태우고 직접 운전했다. 한국어 통역도 그의 몫이었다.

커티스 영사 일행은 수원군 향남면 발안리 장터를 눈앞에 둔 곳에서 잠시 멈춰 점심을 먹었다. 그러다 저 멀리 발안리 장터에서 1킬로미터쯤 떨어진 나지막한 언덕 뒤에서 연기가 피어오르는 것을 발견했다. 언더우드가 가까운 민가들을 방문해 탐문했다. 주민들은 곳곳에서 일본군의 학살이 있어 장터는 물론 집에서 멀리 떨어진 밭에도 안 간다고 털어놓았다. 또한 눈앞의 연기는 전날인 4월 15일 오후부터 향남면 제암리에서 나고 있다고 알려주었다. 이렇게 커티스 영사 일행은 끔찍한 제암리 학살 현장을 우연히 발견했던 것이다.

제암리를 찾아가 학살 현장을 살핀 커티스 영사는 4월 21일 버그홀츠 총영사에게 보고서를 제출했다. 4월 23일 버그홀츠 총영사는 미국 국무장관에게 〈일본군이 교회 안에서 한국인 37명 학살〉이라는 제목의 보고서를 제출했다. 5월 12일에는 이를 수정·보완한 〈제암리에서의 일본군에 의한 한국인 37명 학살과 촌락 파괴〉라는 제목의 보

---

7)   김승태, 〈제암리 교회 사건과 서구인들의 반응〉, 《한국기독교와 역사》7, 1997, 105쪽.

고서로 제출했다.[8] 버그홀츠는 여기서 제암리 학살사건을 식민지배에 저항하는 민중에 대한 학살사건으로 규정했다.[9]

4월 16일 커티스 영사 일행이 제암리 학살사건 현장을 다녀오면서 그 참상이 알려지자 영국과 프랑스영사관에서도 관심을 보였다. 영국영사관에서는 4월 18일에 현장 조사를 다녀와 곧바로 조선총독부에 문제를 제기했다. 다음 날일 4월 19일에는 로이즈(W. M. Royds) 영사가 직접 캐나다 출신 선교사 하디(R. A. Hardie)와 게일(J. S. Gale), 일본 도쿄에서 발행되는 영자 신문《저팬 애드버타이저(The Japan Advertiser)》의 특파원, 이 지역의 감리교 감독인 노블, 케이블(E. M. Cable), 빌링스(B. W. Billings), 베크(S. A. Beck), 스미스(F. H. Smith) 등과 함께 학살 현장을 방문하고 주일 영국대사관에 보고했다. 이 보고를 받은 주일 영국대사 그린 경(Sir C. Greene)은 5월 5일자로 영국 외무성에 제암리 학살사건에 대해 보고했다. 주일 영국대리공사 얼스턴(B. Alston)은 일본 외무차관인 시데하라 기주로(幣原喜重郎)를 찾아가 학살행위를 중지하라고 요구했다. 프랑스영사관에서도 주서울 부영사 갈루아(M. E. Gallois)가 1919년 5월 20일 일본에 있는 주일 프랑스대사 바스트(Bapst)와 프랑스 외무장관 피숑(Pichon)에게 영국과 미국영사관의 보고서와 영자 신문의 보도를 토대로 제암리 학살사건에 대해 보고했다.[10]

선교사들은 본국에 있는 선교본부에 보고서를 제출하는 한편, 익명으로 영자 신문에 사건의 진상을 알리는 데 힘썼다. 버그홀츠와 같은 외교관과 달리 선교사들은 제암리 학살사건에 대해 교회라는 공

---

8)   위의 글, 101·102쪽.
9)   신효승, 〈일제의 '제암리 학살사건'과 미국 선교사 기록의 형성 과정〉,《학림》31, 2018, 198쪽.
10) 김승태, 앞의 글(1997), 102·103쪽.

간에서 기독교인을 포함해 일어난 학살이라는 점을 강조했다. 1919
년 3월 1일 서울의 만세시위부터 사진에 담았던 선교사 스코필드(F.
W. Schofield)는 4월 17일에 제암리 학살사건 소식을 듣고 다음 날인 4
월 18일에 제암리로 찾아가 학살 현장을 사진으로 촬영하고 〈제암리
의 대학살 보고서〉를 남겼다. 한편, 수촌리 학살에 관해서도 〈수촌리
학살사건 보고서〉를 남겼다. 그는 이 보고서들을 비밀리에 선교본부
에 보내고 영자 신문에 익명으로 기고했다. 이는 중국 상하이에서 발
행되던 《상하이 가제트(The Shanghai Gazette)》 5월 27일자에 〈수원 제암
리 대학살〉과 〈수촌리의 연소〉라는 제목의 기사로 실렸다.[11]

　제암리 학살사건을 처음으로 보도한 영자 신문은 일본 고베에서
발행되던 《저팬 크로니클(The Japan Chronicle)》로, 4월 20일자에 실린
〈수원 대학살〉이라는 제목의 간략한 기사였다. 이 신문은 4월 29일자
에도 〈쇼킹한 만행, 한 기독교 예배당에서 대학살〉이라는 기사를 내
보냈다. 5월 3일자에서는 〈팔탄면 대학살 보고〉라는 제목으로 언더우
드의 주민 면담 보고서를 상세히 인용해 보도했다. 영국영사와 함께
제암리 현장을 방문했던 《저팬 애드버타이저》 특파원은 4월 24일자
로 소식을 전했다. 서양 언론으로는 《뉴욕타임스(The New York Times)》
가 처음으로 서울발 AP통신을 인용해 제암리 학살사건을 보도했다.

　일본군 한국인 학살, 일본 총독부 기독교인 살해 및 교회 방화 보도
　진상 조사 중
　서울. 4월 23일(AP) 조선총독은 일본군이 서울 동남방 45마일의 촌락

---

11)　김승태, 〈《저팬 애드버타이저(The Japan Advertiser)》의 3·1운동 관련 보도〉, 《한국독립운동사연
　　구》 54, 2016, 166·167쪽; 프랭크 윌리엄 스코필드 지음, 이항·김재현 엮음, 《기록과 기억을 통
　　해 본 프랭크 스코필드》, 호랑이스코필드기념사업회·한국고등신학연구원, 2016, 120~128쪽.

에서 남성 기독교인을 교회에 모이게 한 후 총살하고 대검으로 찔러 무참히 죽였다는 비난을 받고 있어 진상을 조사 중이다. 또한 일본군은 만행 후 그 마을의 교회와 그 밖의 건물들을 불태워 없앴다고도 한다.[12]

3·1운동을 처음 알린 서양 언론도 《뉴욕타임스》였다. 1919년 3월 13일자에 12일자로 베이징에서 보내온 기사를 실었다. '만세운동이 전국적으로 진행되고 있었고, 이는 예상 밖의 일로, 일본 관헌은 돌발적 사태에 당황했으나 곧 강경하게 진압하기 시작했으며, 많은 사람이 고문당하고 있다'는 소식을 알렸다.[13]

그런데 서양의 각국 정부는 제암리 학살사건으로 일본과 결코 마찰을 일으키지 않았다. 제1차 세계대전을 마무리 짓기 위해 1919년 1월부터 6월까지 파리강화회의가 열렸다. 서양 열강과 일본이 함께한 이 협상 테이블에서 제암리 학살사건을 비롯해 3·1운동 탄압 과정에서 드러난 잔학상은 일본 대표를 압박하기에 충분했다. 하지만 그런 일은 일어나지 않았다.

이처럼 제암리 학살사건은 서양인에 의해 발견되어 세계에 알려졌다. 세계는 제암리 학살사건을 통해 3·1운동을 접했다.[14] 한국에 거주하는 서양 외교관들과 선교사들은 무엇보다 일본이 저지른 야만행위로서 제암리 학살사건을 바라봤고 세계에 알렸다. 하지만 그들은 제암리 학살사건에서 어떤 개인들이 희생되었는지에 대해서는 관심이 없었다.

---

12) 김승태, 앞의 글(1997), 11쪽에서 재인용.
13) 독립운동사편찬위원회 편, 《독립운동사 제3권: 삼일운동사(하)》, 1971, 806쪽.
14) 박환, 앞의 글, 163·164쪽.

2) 독립운동, 반일 프레임으로 학살을 보다

타자만이 제암리 학살사건의 희생자에 무관심한 것은 아니었다. 독립운동 과정에서 제암리 학살사건은 일본의 잔혹상을 폭로하는 강력한 무기였지만 어떤 개인이 희생되었는지에 대해서는 아무도 주목하지 않았다. 희생자 모두 '몇 명'이라는 집합명사로만 표기되었다. 그나마 일제 시기에 희생자의 이름이 딱 한 번 공개되었다. 천도교 기관지 《천도교회월보》 1926년 11월호에 실린 〈천도교 수원교구 약사〉에서 "동년(1919년-인용자) 4월 15일에 본구(수원교구-인용자) 관내 향남면 제암리 전교사 안종환 외 김흥렬, 김기훈, 김기영, 안경순, 김성렬, 홍순진, 안종린, 김기세, 안응순, 안상용, 안정옥, 안종정, 안종화, 김세열, 안자순, 안호순 제씨는 그곳, 즉 야소교당에서 무고히 교(敎)의 혐의로 소살(燒殺)을 당하고 곳곳마다 심한 고초에 있었다"[15] 라며 고주리에서 희생된 6명과 제암리에서 희생된 11명의 명단을 밝혔다. 특이할 만한 것은 이 문장에는 '누가 죽였는가'라는 가해의 주체가 누락되어 있다는 사실이다. 국내에서는 제암리 학살사건을 정면으로 다루는 것이 불가능했던 것이다.

제암리 학살사건을 기억하고 기념하는 몫은 국외에서 활동하는 독립운동가들에 맡겨졌다. 대한민국임시정부(이하 '임시정부')는 1919년 8월에 내놓은 《한일관계사료집》에서 '제암리 학살사건'이라는 항목을 두어 사건 정황과 이에 대한 일본 측의 거짓 변명을 다뤘다.[16] 박은식은 이듬해에 내놓은 《한국독립운동지혈사》에서 《한일관계사료집》에 등장하는 일본의 거짓 변명을 빼고 당시에 있었던 몇 가지 학

---

15) 〈천도교 수원교구 약사〉, 《천도교회월보》, 1926년 11월호, 30쪽.

16) 국사편찬위원회 편, 앞의 책, 570~573쪽.

살 사례를 덧붙여 '수원 제암리의 학살'이라는 항목을 썼다. 첫머리는 다음과 같이 시작한다.

> 왜놈들이 우리나라 전역에서 학살을 자행하지 않은 곳이 없다. 우리 민족은 만겁을 두고 잊지 않고 기억할 것이다. 수원 지방의 참극은 더욱 차마 말할 수 없다.[17]

그리고 제암교회에서 일어난 비극을 설명한 데 이어 "홍 모라는 사람은 상처를 입은 채 창문을 넘어 달아나다가 왜병에 의해 사살되었다. 강 모의 처가 그 시체를 이불로 싸서 담 아래 숨겨놓았는데 왜병이 이를 칼로 베고 덮은 이불에 불을 질러 태워버렸다. 불을 끄려고 왔던 홍씨 부인도 바로 사살되었으며 어린아이 두 명도 죽임을 당했다"[18]라며 끔찍한 학살을 소개하고 있다. 가해자이자 학살자로서 일본의 탄압에 초점을 맞춘 서술이었다.

임시정부는 서양인에 의해 세계에 알려진 제암리 학살사건을 국제 외교무대에서 쟁점화해 일본의 만행을 폭로함으로써 독립운동의 정당성을 입증하고자 했다. 임시정부를 대표해 1919년에 유럽에 파견되었던 조소앙은 1920년 4월 영국 하원에서 '1919년 3월에 일본군이 한국 수원 제암리에서 무고한 30여 명을 학살한 일에 대해 한국 주재 영국영사로부터 어떠한 보고를 받았으며, 어떠한 태도를 취했는지'에 대해 물었지만, 영국 외무차관은 일본 정부가 징계를 했다는 말만 전할 뿐 제대로 답변하지 못했다.[19] 1921년 열린 워싱턴회의에 제출

---

17) 박은식, 앞의 책, 230쪽.
18) 위의 책, 230·231쪽.

된 임시정부의 독립청원서에는 '학살과 잔해(殘害)'라는 제목을 단 항목이 포함되어 있었다. 여기서는 제암리 학살사건을 포함해 일본의 학살을 비판했다.

1919년 3월로부터 동년 8월 말까지의 반년간 통계는 공연히 증명된 것으로만 살해된 자가 7천8백 인이요, 상해된 자가 4만 6천여 인이라. 할인(割引) 잘하는 일본인은 160여 처 폭동에 13만 8천 인 난민(亂民) 중에 우연히 사상자가 750인이라 보고하다. 수원 제암리의 한 마을 30여인을 기독교당에 유집(誘集)하고 전부 소살한 일은 학살한 실례 중 하나이며, 일본 관민이 합력하여 혹 죽창으로 자살(刺殺)하여 내장을 기현(旗顯)하며 혹 철구로 타살하여 시체를 예거(曳去)하는 등 참극학극(慘極虐極)한 야만행위를 보여주다. 이와 같이 학살된 자는 자주력을 가진 장정뿐 아니라 저항력이 없는 부인과 어린이가 많으니라.[20]

워싱턴회의가 끝난 직후에는 미국의 한인 자치단체 대한인국민회(大韓人國民會)의 기관지《신한민보》가 제암리 학살사건과 같은 만행을 저지르는 일본을 '원수'라고 쓴 논설을 게재했다.

독립운동 중에 우리의 사상 수는 상세히 조사하지 못하여 그 실수를 알지 못하나 그러나 믿을 만한 경성 통신원의 보고에 의하면 3월 1일부터 4월 1일까지 1개월 동안에 시위운동 중에 왜병과 왜경의 총검에 맞아 즉사한 자 3,850명이요, 중상하였다가 며칠 후에 죽은 자 4,600여 명

19) 〈한국 사정과 브리튼 정부〉,《신한민보》, 1920년 6월 1일자: 〈구주로부터 귀한 조소앙 씨의 담〉,《독립신문》, 1922년 2월 20일자.
20) 〈태평양회의에 제출한 대한민국의 요구(4)〉,《독립신문》, 1922년 3월 31일자.

이요, 옥중에 들어갔다가 어떻게 되었는지 알 수 없는 자가 수십 명이요, 체포되어 감옥에 들어간 자 수십만 명이라 하니 그 나머지는 가히 미루어 알겠도다. 이 밖에 수원 제암리의 학살사건과 정주·맹산·강서 등지의 참살을 입으로 차마 말하지 못하겠으며 손으로 차마 쓰지 못하겠으며 어느 의인의 기록한 바에 의하면 천 명이 회집하였으면 7, 8백 명이 사상이 난다 하며 어떤 작은 촌락에서는 한 주일 동안에 참살당한 자가 107인이며 감옥이 파괴된 것이 15처라 하니 천지가 없어질지언정 이 원수를 어찌 잊으며 일월이 변할지언정 이 원한을 어찌 씻으리오.[21]

이와 같이 일본의 학살을 폭로하고 비판하면서 일본 식민통치의 부당함을 주장할 때, 제암리 학살사건은 늘 소환되는 기억이었다. 흥미로운 건, 아시아태평양전쟁 발발 이후 미국 하와이에서 발행되던 《국민보》가 제암리 학살사건을 중일전쟁에서 일본군의 학살, 독일 히틀러의 유대인 학살에 비유하며 아시아태평양전쟁에서 승전해 원수를 갚자는 주장을 펼친 점이다.

왜병이 중국 남방에서 퇴진할 시에 그 동리에 청년, 유아 2만 1천 명을 총살하였다 하며, 히틀러에게 정복당한 국가 백성은 항거하다가 전 촌락이 전멸을 당하였다. 한국 수원 제암리 역시 만세 당시에 전멸을 당하였다. 우리 부모를 살육하고 아내와 여자를 강간 도륙한 것을 우리가 목도하였다. 원동의 왜적이 앙금할 날이 언제나 올까 하고 32년 동안 붉은 정신 빈주먹으로 원수를 대항해왔다.[22]

---

21) 〈독립운동대역사〉,《신한민보》, 1922년 3월 2일자.
22) 〈승전부세〉,《국민보》, 1942년 9월 16일자.

즉, 제암리 학살사건을 침략국의 학살과 동렬에 놓으며 아시아태평양전쟁이 우리의 입장에서 반드시 승리를 쟁취해야 할 정의의 전쟁임을 강조하고 있다. 그것이 '원수'를 갚고 독립하는 길이라는 것이다.

3) 해방 이후 제암리 학살사건의 기념 과정

앞서 살펴보았듯이 일제 시기부터 제암리 학살사건이 '일본이라는 원수가 저지른 만행'이라는 프레임은 확고히 뿌리내리고 있었다. 이미 잘 알려진 제암리 학살사건은 해방 직후 첫 번째 역사 교과서로서 진단학회가 펴낸《국사교본》에 실렸다.

> 일본은 군대로써 이를 누르려 할 새 여러 곳에서 민중과 충돌하여 다수한 사상자를 내었거니와 더욱이 수원군 향남면에서는 일병의 방화와 발포로 잔인을 극한 학살이 있었다.[23]

그런데 제암리 학살사건은 오늘날과 같은 민족서사의 자리에 오르기까지 여러 번의 부침을 겪었다. 먼저, 해방이 되자마자 제암리 학살사건을 기념하기 위한 움직임이 수원 지방의 좌익세력을 중심으로 일어났다. 이들은 3·1운동제암동희생자건비위원회(이하 '건비위원회')를 결성하고 제암리 학살사건을 기리는 기념비 건립을 추진했다. 마침내 1946년 4월 16일 민주주의민족전선 수원위원회를 비롯한 사회단체 대표 및 유가족 500여 명이 제암리에 모여 '3·1독립운동기념비' 제막 행사를 치렀다. 기념비 뒷면에는 월북시인 박세영이 짓고 서예

---

23) 진단학회 편,《국사교본》, 군정청문교부, 1946, 172쪽.

가 이주홍이 쓴 다음과 같은 추모시가 새겨졌다.[24]

　　비바람 지나간 지 스물여섯 해 / 두렁바위 들꽃엔 이슬이 방울방울
　　불에 타고 총칼에 쓰러진 / 임들의 한 맺힌 넋이드뇨.
　　조국을 찾으려던 장한 그 뜻 / 이제 겨레의 산 힘 되었기에
　　왜놈은 망하고 인민의 나라 섰으매 / 거친 밤 촉새 되어 울던 노래 그
　　치라.[25]

　그런데 이 기념비를 수원의 좌익세력이 주도해 세웠다는 이유로
1950년대에 국군이 철거하려 했다. 그러자 향남면 면서기가 추모시
의 '인민'을 '한민'으로 바꿔 철거를 모면했다고 한다.[26]
　제암리 학살사건에 대한 기념사업은 1950년대 말 순국기념관을 짓
는 운동으로 재기되었다. 1958년 한국과 일본은 재일 교포의 북송 문
제로 충돌했고 급기야 이승만 정부는 1959년 대일통상을 중단하는
강경조치를 취했다.[27] 한일관계의 갈등이 반일정서를 자극하면서 다
시 제암리 학살사건이 주목을 받게 된 것이었다. 향남면3·1운동순국
기념관건립위원회가 조직되어 1959년 4월 22일에 제암교회가 불탄
현장에 '삼일운동순국기념탑'과 '29인 선열기념비'를 건립했다.[28] '삼
일운동순국기념탑' 글자는 이승만 대통령이 직접 썼다. 이제 '순국'
과 '선열'이라는 개념으로 제암리 학살사건을 기억하고 기념하는 시

24)　〈삼일운동제암동사건기념비 건립〉,《광주민보》, 1946년 5월 4일자.
25)　박환, 앞의 글, 184쪽.
26)　위의 글, 183·184쪽.
27)　신재준, 〈1959년 이승만 정부의 대일통상중단조치와 미국〉,《역사비평》 115, 2016, 373쪽.
28)　박환, 앞의 글, 184·185쪽.

대가 온 것이다.

1965년 6월 한일협정이 체결되어 일본과의 관계가 정상화되자 제암리 학살사건이 다시 세간의 이목을 끌었다. 일본인들이 제암리에 속죄의 마음으로 다시 교회를 짓겠다는 운동을 벌였기 때문이다. 국교 재개로 왕래가 가능해지면서 오야마 레이지(尾山令仁) 목사 등 일본기독교해외선교회 관계자들이 1965년 10월 제암리 학살사건 현장을 찾았다. 그리고 이를 계기로 일본 기독교인들이 제암교회방화상해사건속죄위원회(이하 '속죄위원회')를 결성하고 제암교회 신축 기금 모금운동을 전개했다. 제암교회는 1919년 4월 15일에 불탄 후 그해 7월에 자리를 옮겨 새로 지었다가 1938년에 기와집으로 다시 개축되었다. 속죄위원회는 이 교회를 새로 짓겠다며 3년 동안 1,000만 원을 모았다. 하지만 유족들이 반대했다. 일본인에 의해 부모형제가 학살당한 교회를 일본인의 돈으로 다시 지을 수는 없다는 이유였다. 그보다는 일본 정부가 나서서 제암리 학살사건에 대해 사죄할 것을 요구했다. 속죄위원회는 유족의 반대에도 불구하고 1968년부터 설립에 필요한 요건을 갖추고 이듬해 4월 15일 기공식을 개최했다. 이후 속죄위원회와 유족 간의 대화와 공사가 중단되었다가 재개되는 일이 반복된 끝에 1970년 제암교회와 유족회관이 완공되었다.[29]

이후 제암리 학살사건이 또 한 번 주목받게 된 것은 1982년 일본 교과서 왜곡 문제가 불거졌을 때였다. 종교계가 나서서 제암리 학살사건 등을 거론하며 '일본이 속죄는커녕 2세에게 과거를 미화하는 교육으로 아시아의 평화를 위협한다'고 비판하는 가운데,[30] 전두환 정부는 제암리 학살사건 현장을 정비해 국민교육도장을 만든다는 계획을

---

29) 〈일본은 정식 사과하라〉, 《조선일보》, 1968년 3월 2일자; 〈제암리 속죄교회 재건 좌절〉, 《조선일보》, 1969년 9월 9일자; 〈속죄의 교회 봉헌〉, 《조선일보》, 1970년 9월 23일자.

발표했다. 1억 원을 들여 1983년까지 제암교회 뒷동산에 순국지사합묘를 만들고 기념비도 새로 세운다는 계획이었다. 정부는 먼저 제암리 학살사건을 겪은 전동례, 최응식 등 마을 노인들의 증언을 토대로 1982년 9월 초부터 발안공동묘지 인근에서 유해 발굴 작업에 들어갔다.[31] 발굴 현장에서는 유해와 총탄을 비롯해 1전짜리 일본 동전, 호주머니칼, 도장통, 조끼 단추, 마고자 단추, 램프걸이, 못, 숯, 맥주병 조각 등이 발굴되었다.[32] 유해 발굴지에는 '제암리순국선열유해발굴터'라고 쓴 표석이 세워졌고, 9월 29일 안장식이 거행되었다. 발굴된 유골은 제암교회 뒤편의 묘지에 안장되었으며, 제암교회 일대는 사적 299호로 지정되었다. 기념관도 건립하고 '3·1운동순국기념탑'도 다시 세웠다. 이로써 제암리는 '민족 수난의 역사를 증언하는 현장'[33] 이 되었다.

그런데 이때까지도 제암리 학살사건은 기념의 대상일 뿐이었다. 기념의 전제조건에 해당하는 진상 조사는 이루어지지 않고 있었다. 가해자인 일본의 만행을 고발하는 데 초점을 맞춘 기념만이 반복되었다. 이 무렵 화성군 출신의 교사이자 천도교인인 김선진이 10여 년 동안 제암리와 그 일대에서 증언을 채록하고 관계 문헌을 조사해 밝혀낸, 제암리 학살사건의 진상을 담은 《일제의 학살 만행을 고발한다》라는 역저를 내놓았다. 그는 "일본군의 학살 진상 및 이 지방의 3·1운동을 살펴봄으로써 비명에 가신 선열의 넋을 위로하고 다시는 이

---

30) 〈일본 교과서 왜곡 종교계도 규탄, 제암리 교회서 학살된 29명, 누구의 만행인가〉, 《조선일보》, 1982년 7월 30일자.

31) 〈제암리 학살 현장을 민족 수난 교육터로〉, 《조선일보》, 1982년 9월 22일자.

32) 〈일제 흉탄 박힌 유해 발굴, 63년 만에 제암리 학살 참상 드러나〉, 《조선일보》, 1982년 9월 25일자; 〈제암리 발굴 … 29일 위령제〉, 《조선일보》, 1982년 9월 26일자.

33) 〈민족 수난 교육장으로 변모〉, 《조선일보》, 1984년 3월 1일자.

땅에 이러한 비극이 되풀이되지 않기를 바라는 마음"[34]에서 책을 출간했다고 밝혔다. 이처럼 제암리 학살사건의 진상 규명이 늦어지면서 무엇보다 안타까운 것은 희생자 수를 정확하게 파악하기 어려워졌다는 사실이다. 지금까지도 희생자 수에 대해서 최소 22명부터 최대 37명까지 다양한 견해가 존재한다.[35]

한편, 국가적 기념사업이 시작되기 직전에 처음으로 생존자에 주목한 구술집이 나왔다. 제암리 학살사건이 일어난 지 62년 만인 1981년의 일이었다. 제암리 학살사건 현장에서 남편을 잃은 전동례 할머니(83세)는 "생각만 해두 분하구 원통해서 일본 사람들 용서하고 싶지" 않다며 자신의 삶에 대해 "그렇게 저렇게 살아온 게 하루 이틀 살아온 것 같"다고 회고했다.[36] 학살사건을 기억하고 기념하는 의례는 생존자들의 기억을 통해 학살과 그로 인한 희생의 의미를 되짚는 일부터 시작되어야 한다. 하지만 제암리 학살사건의 경우 그와 같은 접근이 반세기를 훌쩍 넘어 생존자가 거의 남지 않은 상황에서야 이루어졌다. 생존자에 대한 오랜 침묵이었다.

2. 거룩한 죽음, 열사의 탄생

1) 민족 통합의 아이콘으로서 유관순의 발견

유관순의 죽음은 3·1운동에서 희생된 이들의 가치를 극대화하는 상징성을 갖고 있다. 유관순의 저항과 희생이라는 민족서사의 형성

---

34) 김선진, 《일제의 학살 만행을 고발한다》, 미래문화사, 1983, 11쪽.
35) 이계형, 〈경기도 화성 지역 3·1운동의 연구 동향과 과제〉, 《한국학논총》 50, 2018, 497·498쪽.
36) 전동례 구술, 김원석 편집, 《두렁바위에 흐르는 눈물》, 뿌리깊은나무, 1981, 11·13쪽.

은 해방 직후부터 시작되었다. 일제 시기에 유관순의 이름을 기록한 사료로는 지금까지 경성복심법원과 고등법원의 판결문이 알려져 있다. 이에 따르면, 공주지방법원에서 1심 재판을 받은 유관순은 항소했다. 경성복심법원은 1919년 6월 30일에 원심을 기각하고 유관순에게 징역 3년형을 선고했다.[37] 유관순은 즉시 고등법원에 상고했으나, 1919년 9월 11일 고등법원은 이를 기각했다.[38]

그런데 조선총독부가 생산한 또 다른 공문서에도 유관순이 등장한다. 1919년 7월 9일에 충남도장관인 구와바라 하치시(桑原八司)가 조선총독부에 민심의 동향을 조사해 보고한 문서가 그것이다.

천안군 동면 용두리 유관순 일가는 소요죄 및 보안법 위반으로 처분되어 일가가 거의 전멸하는 비참한 지경에 빠졌다.[39]

이러한 문장으로 시작해 유관순의 할아버지인 유윤기가 6월 16일 사망한 후 집안에서 장례의식을 기독교식으로 할 것인지 아니면 전통식으로 할 것인지를 놓고 갈등했다는 사실을 적고 있다. 유관순 본인은 물론 오빠인 유우석이 구속되고 부모님은 시위 현장에서 죽음을 맞았던 비극적 사연이 민심에 미칠 영향을 우려해 당국이 유관순 일가를 예의주시했음을 알 수 있다.

한편, 유관순이란 이름은 없지만 그녀로 추정되는 인물이 등장하는 신문 기사가 있다. 1919년 9월 2일자《신한민보》는 〈천안 시위운

---

37) 경성복심법원,〈조인원 외 10명 판결문〉, 1919년 6월 30일.

38) 고등법원,〈조인원 외 10명 판결문〉, 1919년 9월 11일.

39) 〈忠南騷秘 第441號 朝鮮總督府內秘補 1370-지방 민심의 경향에 관한 건(1919. 7. 9)〉,《대정 8년 소요사건에 관한 도장관 보고철》7-7.

동의 후문〉이라는 기사를 실어 병천 시위에서 30여 명의 희생자가 발생했다고 전하며, 특히 독립기를 든 기수와 김구응과 그의 모친이 칼에 찔려 죽임을 당하는 장면을 자세히 묘사했다.[40] 그리고 이어 〈한 이화여학생의 체포-소녀의 양친은 원수에게 피살〉이라는 제목의 기사를 게재했다.

> 서울 이화학당 학생 ○○○ 여사는 자기의 양친이 오랑캐 왜적에게
> 피살을 당하여 분기의 맘을 단단히 먹고 각처로 돌아다니며 독립운동을
> 계속하다가 왜적의 사냥개에게 발각되어 중상을 입고 왜적의 손에 붙들
> 려 감옥에 피수하였더라.[41]

이 기사에는 인물과 지역을 특정하는 문구는 없지만, 여기서의 '이화학당 학생'은 유관순일 가능성이 높다.

조선총독부가 남긴 기록과 해외에서 발행된 신문 기사에 등장했던 유관순이 일본 식민지배에 대한 저항과 희생을 상징하는 인물로 주목받은 것은 해방 직후인 1946년 가을이었다. 유관순이 3·1운동의 상징 인물로 부상하게 된 출발점에 대해서는 두 가지 견해가 있다. 우선, 유관순을 가르친 이화학당 교사 출신인 박인덕이 유관순을 세상에 알렸다는 주장이 있다. 박인덕은 3·1운동 당시 체포되어 서대문형무소에서 옆방에 갇힌 유관순으로부터 병천 시위에 앞장선 일과 끝까지 목숨 바쳐 싸우겠다는 이야기를 듣고 유관순을 세상에 알려야겠다고 마음먹었다고 한다. 그리고 1946년 가을 이화여자중학교 교

---

40) 〈천안 시위운동의 후문〉, 《신한민보》, 1919년 9월 2일자.
41) 〈한 이화여학생의 체포〉, 《신한민보》, 1919년 9월 2일자.

장인 신봉선에게 이 사실을 말했다는 것이다.[42]

한편, 이 무렵 문교부 편수국에서 국어 교과서를 만들던 박창해와 전영택이 유관순을 발굴했다는 주장도 있다. 박창해의 회고에 따르면, 1946년에 둘은 외국 교과서를 놓고 이야기를 나누다가 프랑스의 잔 다르크 같은 애국적인 여성을 발굴해 교과서에 소개하기로 결정했다. 박창해는 3·1운동 때 이화학당 여학생들이 큰 활약을 했다고 알고 있었으므로 이화학당의 후신인 이화여중의 신봉조 교장을 찾아갔다. 그런데 이화학당 학생으로서 만세시위에 참여한 경험이 있는 서명학 교감은 200여 명 참가자 중에 누구를 내세워야 할지 모르겠다는 반응을 보였다. 그때 마침 한글학회에서 파견되어 편수관으로 일하던 유제한이 집안에 만세시위를 주동하다가 옥살이를 한 이화학당 학생이 있다고 알려주었다. 이때 유관순의 사연을 들은 전영택이 교과서에 그녀의 죽음과 희생에 대해 넣기로 결정했다는 것이다.[43]

유관순의 발견과 관련해 두 가지 견해가 있지만, 둘 다 동시에 일어난 일일 수 있다. 전자의 사실에 대해서는 "처녀의 사실이 작년 10월경 처음으로 일부 식자 간에 알려진 후 유 처녀의 모교인 이화여자중학교를 위시한 유지들이 앞서 유관순기념사업회를 발기하고"[44]라는 기사를 통해 확인할 수 있다. 후자의 사실에 대해서는 전영택이 쓴

---

42) 〈학생들의 희생을 줄여라〉, 여성동아편집부 편, 《기미년 햇불 든 여인들—아아 삼월》(《여성동아》 1971년 3월호 별책부록), 동아일보사, 1971, 169·170쪽; 정상우, 〈3·1운동의 표상 '유관순'의 발굴〉, 《역사와 현실》 74, 2009, 245~248쪽; 박인덕은 1954년에 미국에서 영어로 쓴 자서전인 《September Monkey》에서 감옥에서 유관순을 만난 이야기를 썼다(박인덕 지음, 최연화 외 옮김, 《구월원숭이》, 인덕대학, 2007, 73·74쪽).

43) 박창해, 〈나의 '국어 편수사' 시절〉, 《편수의 뒤안길》 8, 대한교과서주식회사, 2007, 60~62쪽; 유제한은 유관순의 조카로, 해방 이후 한글학회에서 《우리말큰사전》을 펴냈으며, 한글 전용을 주장했던 한글학자다.

44) 〈억만 인의 감읍, 불멸의 역사 한 페이지, 후광찬연한 순국소녀 유관순〉, 《조선일보》, 1947년 11월 27일자.

《순국처녀 유관순전》의 서문에서 유제한의 초고를 바탕으로 썼다는 기록을 통해 확인할 수 있다.

3·1운동에서 유관순의 저항과 죽음은 1947년 3월 1일을 하루 앞둔 2월 28일자 《경향신문》을 통해 세상에 알려졌다. 소설가이자 언론인인 박계주가 '이화여자고등여학교 학생으로서 고향에서 만세시위를 이끌었으며 옥중 독립만세 투쟁을 벌이다가 고문으로 옥사했다'는 요지로 쓴 〈순국의 처녀〉가 실린 것이다.[45] 박계주는 글 말미에 유관순의 오빠 유우석에게 연락을 부탁하는 문구를 덧붙였다. 마침내 유우석과 연락이 닿았고, 일주일 뒤인 3월 7일자 《경향신문》에는 병석에 누워 있던 유우석의 부인 조화벽과의 인터뷰가 실렸다. 이에 따르면 유우석은 당시 독립노동당 당무부장으로 활동하고 있었다.[46]

1947년 하반기에는 유관순의 희생을 기리는 기념사업회가 발족했다. 모교 출신임을 적극 내세우고자 하는 신봉조와 서명학이 앞장섰다. 먼저 8월에는 정인보, 최현배, 설의식, 장지영 등 저명한 지식인들이 유관순기념사업회 발기위원으로 나섰다. 9월 1일에는 조병옥과 오천석을 명예회장으로, 이시영·오세창·조소앙·이청천을 고문으로 하는 유관순기념사업회가 창립되었다. 그 취지는 다음과 같았다.

"일본은 망한다. 절대로 절대로 망하고야 만다." …… 피문은 한마디를 남기고 눈을 감은 우리의 유관순. 그렇게 순국한 지 삼십 년 오늘에 일본은 자지러지고 조국은 일어섰다. 무수한 선열의 무덤 위에 조국은 일어섰다. 일어선 조국은 이제 그때를 생각하고 그날을 생각하고 그리

---

45) 박계주, 〈순국의 처녀〉, 《경향신문》, 1947년 2월 28일자.
46) 〈조선의 잔 다르크 유 양, 오빠도 현재 건국에 활약〉, 《경향신문》, 1947년 3월 7일자.

고 우리의 그날을 생각하면서 이렇게 모였다. 이렇게 모여서 마음에 새기며 느끼고 다시금 느끼어 그리운 정성을 남기고자 보람 있는 기념사업을 마련하는 것이다.[47]

11월 말에는 유관순기념사업회 사무소를 유관순의 고향인 병천면에서 서울로 이전하고 조직을 개편했다. 명예회장은 조병옥, 회장은 오천석, 고문은 서재필·이승만·김구·오세창·이시영·김규식, 위원은 정인보·최현배·장지영 등이 맡았다.[48] 우파와 중도파를 아우르는 인맥이 유관순기념사업회에 관계했음을 알 수 있다. 해방된 지 2년, 1947년까지 안창호, 유관순, 이준, 이렇게 3인을 기리는 기념사업회가 각각 결성되었다. 1947년 4월에 도산안창호선생기념사업회, 9월에 유관순기념사업회, 11월에 일성이준선생기념사업회가 발족했다.

유관순기념사업회의 첫 번째 결실은 기념비 건립이었다. 1947년 11월 27일 충청남도 천안군 병천면 아우내에서 유관순 기념비 건립 제막식이 열렸다. 제막식에서는 서울에서 내려온 이화여자중학교 학생들이 봉도가를 불렀고, 설의식이 추념사를 낭독했다. 김구와 이시영이 보낸 추모사가 대리 낭독되었다. 유족 대표 연설은 병천 시위에서 활약한 조인원의 아들로 당시 경무부장으로 있던 조병옥이 맡았다. 제막식에 모인 사람은 1만여 명에 달했다.[49] 그날 저녁 병천국민학교에서는 이화여자중학교 학생들이 '순국처녀 유관순의 밤' 행사를 개최했다.[50] 신문 대부분이 이날의 제막식에 큰 관심을 보이며 기

---

47) 〈유관순 추념사〉,《영화시대》, 1948년 2월호, 47쪽.
48) 이화90년사편찬위원회,《이화90년사》, 이화여자고등학교, 1975, 111·112쪽.
49) 〈유관순 외 21의사〉,《조선일보》, 1947년 11월 29일자;〈유관순 양 외 21의사, 기념비 제막 위령제〉,《독립신문》, 1947년 11월 29일자.

사, 논설, 추모시 등을 내보냈다.[51]

　1948년 3월 1일의 주인공은 단연 유관순이었다. 이 무렵에 전영택이 쓴 전기문《순국처녀 유관순전》이 출간되고, 윤봉춘이 감독하고 이구영이 각색한 영화〈유관순〉이 개봉되었다. 월간 잡지《영화시대》는 '유관순'을 특집으로 다뤘다. 연극〈순국처녀 유관순 혈투기〉도 무대에 올랐다. 이 연극은 신문에 다음과 같은 광고를 냈다.

　　조건 각색, 민당 연출, 김운선 장치, 임빈 조명
　　기미년에 피로 물들였던 독립운동을 기억하시는가!
　　16세의 처녀로 나라를 찾겠다고 일어난 유관순의 혈투기 의분과 감
　　격의 혈루 편
　　극단 황금좌, 3월 3일부터 수도극장[52]

　《영화시대》는〈편집 후기〉에서 '조국의 소녀의 위대한 존재'를 알리기 위해 유관순을 특집으로 다뤘다고 밝혔다.

　　우리가 프랑스의 잔 다르크는 잘 알고 있지만, 기미년 3월 독립을 위
　　해서 나이 16세의 소녀의 몸으로서 한 손에는 봉화를 높이 들고 또 한
　　손에는 태극기를 휘저으면서 조선독립만세를 힘차게 불렀었고 그리고

---

50) 〈유관순의 밤, 극영화도 촬영 중〉,《조선일보》, 1947년 11월 29일자.

51) 〈우리의 순국소녀, 유관순 기념비, 제막식 성황리 거행〉,《민중일보》, 1947년 11월 28일자; 〈유혈(遺血)은 길이 남아 조선의 딸 유관순을 기념〉,《한성일보》, 1947년 11월 27일자; 〈조선독립에 몸을 바친 자유군 선봉 유관순 처녀 기념비 건립〉,《한성일보》, 1947년 11월 27일자; 〈왜적 총검에 사라진 고 유관순 양의 기념비 제막〉,《현대일보》, 1947년 11월 27일자; 〈시, 모윤숙, 영원히 빛나라 조선의 딸 유관순〉,《부인신보》, 1947년 11월 28일자; 〈억만 인의 감읍, 불멸의 역사 한 페이지, 후광찬연한 순국소녀 유관순〉,《조선일보》, 1947년 11월 27일.

52) 〈광고〉,《평화일보》, 1948년 3월 5일자.

최후로 옥중에서도 역시 독립만세를 부르다가 결국엔 무서운 왜적의 손에 가석하게도 전신을 여섯 토막으로 잘리어서 운명을 희사한 유관순 양을 아는 사람이 그 누구인가? 전 세계 방방곡곡 뒤지고 찾아봐도 전무후무의 찬연한 역사를 가진 조국의 소녀의 위대한 존재를 우리는 반드시 알아야만 될 것이다.[53]

영화 〈유관순〉의 제작자인 방의석의 제작 동기 역시 이와 같았다. 그는 1947년 2월 28일과 3월 7일자 《경향신문》에 실린 유관순 관련 기사를 보고 병천을 다녀온 뒤 영화 제작을 결심했다고 한다. 잔 다르크는 알아도 유관순을 모르는 수치스러운 현실이 영화 제작에 나서게 했다는 것이다. 영화 제작은 언론의 관심 속에 진행되었는데, 특히 병천에서의 현지 촬영에는 유관순과 함께 만세를 불렀던 중장년의 이웃들이 당시 들었던 태극기를 갖고 나와 함께 촬영했다고 한다.[54]

해방 직후 누구도 3·1운동이 전 민족적 항쟁이라는 점에 이의를 제기하지 않았다. 하지만 3월 1일을 전 민족적으로 기념하지는 못했다. 1946년과 1947년 3월 1일에는 좌우익이 각각 따로 기념식을 열었을 뿐 아니라 유혈충돌로 인해 사망자가 발생하기도 했다.[55] 긴장 속에 1948년 3월 1일을 맞은 대중문화계에서는 유관순의 저항과 죽음을 소환해 3·1운동을 기억하고 기념하고자 했다. 즉, 유관순을 통해 일제 시기의 고난과 전 민족적인 희생의 의미를 되짚어보고자 했다.

유관순은 여성인 데다 10대 학생에 불과했다. 부모님은 만세시위 현장에서 죽음을 맞았고, 자신도 투옥되어 고문에 희생되었다.[56] 이

---

53) 〈편집 후기〉, 《영화시대》, 1948년 2월호, 145쪽.
54) 장근도, 〈유관순전 병천 로케 감상기〉, 《영화시대》, 1948년 2월호, 52·53쪽.
55) 임종명, 〈설립 초기 대한민국의 3·1운동 전용·전유〉, 《역사문제연구》 22-2, 2009, 231쪽.

와 같은 유관순의 삶은 식민지배로 인해 고통 속에 살았던 민족의 삶과 동일시되었다. 남북 분단의 갈림길에 선 1948년 봄, 유관순에 관한 전기를 읽고 영화를 보고 연극을 감상하면서 염원한 것은 영화 〈유관순〉의 제작자의 말대로, "다 같이 반성하고 참회해서 선열과 애국지사의 뜻을 받들어 삼팔선을 우리의 손으로 부수고 쓸데없는 고집을 버리고서 한데 뭉치자"[57]는 것이었다. 그것이 세상이 유관순에 주목하고 기념사업에 큰 관심을 기울인 이유였다. 그렇게 해방 직후 민족적 고난을 대표하는 희생자로서 발견된 유관순은 분단의 갈림길에서 민족 통합을 상징하는 아이콘으로 추앙받았다.

2) 유관순, 순국처녀에서 열사로

앞에서도 언급했지만, 유관순은 발견 순간부터 한국의 잔 다르크로 불렸다. 잔 다르크는 프랑스 백년전쟁의 영웅으로 널리 알려져 인기를 누렸다. 일본에서는 19세기 후반에 소개되었고, 1875년부터 초등학교 교과서에 등장했다. 20세기 들어오면서 잔 다르크는 다른 나라의 침략이나 지배를 겪고 있는 나라에서 주목을 받았다.[58] 한국에는 대한제국기인 1907년 장지연이 쓴 전기소설 《애국부인전》을 통해 소개되었다.[59] 여기에 등장하는 잔 다르크는 여성으로서 국가를 위해 모든 것을 다 바친 구국의 영웅이었다. 바로 그 구국의 여성상을 유관순에게서 발견한 것이다. 그렇게 유관순은 한국의 잔 다르크, 즉 순

---

56) 정종현, 〈유관순 표상의 창출과 전승〉, 박헌호·류준필 편집, 《1919년 3월 1일에 묻다》, 성균관대학교출판부, 2009, 737쪽.

57) 방의석, 〈유관순전을 제작하면서〉, 《영화시대》, 1948년 2월호, 50쪽.

58) 김춘식, 〈유관순과 잔 다르크 비교 연구〉, 《유관순연구》 8, 2006, 35·36쪽.

59) 장지연 지음, 이재선 역주, 《애국부인전》, 한국일보사, 1975, 9쪽.

국처녀로 상징되었다.

유관순은 앞서 살펴보았지만 박계주에 의해 처음 소개될 때부터 순국처녀로 명명되었다. 1948년 초에 나온 중학교 1학년용 국어 교과서에 실린 유관순 일대기의 제목도 '순국의 처녀'였다. 이 글의 지은이도 박계주였다. 글의 형식과 내용은《경향신문》에 실렸던 글에서 오류로 밝혀진 부문을 수정한 것 외에는 크게 다르지 않았다.

> 오를레앙의 소녀 잔 다르크와 같이 밤을 밝혀 하느님에게 기도를 올렸다. "모든 사람은 오늘도 나서지 않습니다. 저로 하여금 조국을 위해 나서게 해주시옵소서. 조국을 위해 피 흘릴 수 있고 목숨을 바칠 수 있는 영광을 입게 해주시옵소서."[60]

유관순의 순국, 즉 죽음에 대해서는 "매일 밤 아홉 시만 되면 일으키는 만세 소동! 이에 대한 왜놈들의 복수는 관순의 육체를 여섯 토막에 꺾어서 석유 궤짝에 담아놓은 것이었다"라고 서술해 일본의 만행을 강조했다.[61] 그런데 윤봉춘이 감독한 영화 〈유관순〉은 유관순의 죽음을 더욱 참혹하게 재현했다. "관순은 드디어 자궁 파열과 동시에 잔인무도한 처형으로 말미암아 절명되었다"[62]라고 쓴 대본처럼 유관순이 성고문을 받아 사망한 것으로 설정했다. 또한 유관순의 시체를 일곱 토막이 난 것으로 그렸다.

1948년 3월 1일에 맞춰 발간된 전영택의 《순국처녀 유관순전》은 신봉조, 박계주를 비롯해 안정용, 박현석, 최흥국, 홍순의, 김규택 등

---

60) 임명순, 〈유관순 열사의 아이콘〉,《유관순연구》22, 2017, 70쪽.

61) 김기창, 〈교과서에 수록된 유관순 전기문〉,《유관순연구》17, 2012, 10쪽에서 재인용.

62) 윤봉춘 원작, 이구영 각색,《유관순》, 커뮤니케이션북스, 2005, 48·49쪽.

이 유가족의 협조를 얻어 유관순전기간행회를 조직하고 '당국의 후원하'에 집필이 이루어졌다.[63] 전영택은 서문에서 유관순을 해방 후에 비로소 발견했으며 젊은 여성들과 여학생들에게 그녀를 알리고 싶어 전기를 쓴다고 밝혔다. 이를 통해 '관순의 빛나는 생애를 아는 데까지 전하여 건국정신을 힘 있게 일으키고자' 했다.[64] 전영택이 건국정신을 언급했다면, 유관순기념사업회장으로서 서문을 쓴 오천석은 순국정신을 강조했다.

우리가 기미년 독립운동 당시에 십육 세 소녀 유관순이 깨끗하고도 굳센 애국정신을 가지고 용감스럽게 싸우다가 마침내 생명을 바쳐서 나라를 위해 순(殉-인용자)한 사실을 가졌다는 것은 진실로 세계에 대한 우리의 자랑거리다.[65]

전영택은 제1장 제목을 '조선의 잔 다르크'라 붙이고 이렇게 끝맺었다.

관순은 어린 몸이 살아서 한 일보다도, 차라리 죽기를 무서워하지 않고 싸우다가 마침내 그 천사와 같이 깨끗한 생명을 바쳐 죽음으로 거의 거의 죽어가는 조선의 애국적 생명을 소생케 하여 오늘의 해방과 광복이 오게 한 조선의 잔 다르크다.[66]

---

63) 〈유관순 전기 간행〉, 《조선일보》, 1948년 2월 4일자; 〈유관순 전기 발간 준비도 진척〉, 《한성일보》, 1948년 2월 5일자.

64) 전영택, 《유관순전》, 늘봄, 2015(수선사, 1948판 《순국처녀 유관순전》 복간), 11·12쪽.

65) 위의 책, 9쪽.

66) 위의 책, 19쪽.

마지막 장인 '순국처녀의 최후'에서는 유관순이 고문에 의해 죽음에 이른 것으로 그리고,[67] 그녀를 '현대의 잔 다르크'로 명명하며 마무리했다.

> 조선의 혼으로 세계의 자랑거리인 현대의 잔 다르크 유관순의 시체는 왜 경찰의 감시하에 몇 동무가 뒤를 따르는 쓸쓸한 행상으로 이태원 공동묘지에 안장하였다. …… 관순의 시체는 장사하였으나 관순의 거룩한 정신은 이화의 많은 딸들의 피에 흐르고, 삼천만 동포의 피 속에 흘러서 영원히 빛나리로다.[68]

유관순에게 씌워진 잔 다르크라는 이미지는 오래도록 힘을 발휘했다. 1954년 정광익은 잔 다르크와 유관순의 일대기를 엮은《잔 다르크와 유관순》을 출간했다. 유관순에 관한 서술은 제1장의 제목을 '조선의 잔 다르크'에서 '우리의 잔 다르크'로 바꾼 것 외에는 전영택의 《순국처녀 유관순전》과 똑같았다.

그런데 1960년대부터는 유관순을 다루는 전기나 소설 중에 일본의 만행에 초점을 맞추지 않고 그녀의 삶에 주목하는 작품이 등장했다. 소설가 박화성은 1960년 1월부터 9월까지 유관순을 주인공으로 하는 장편소설 〈타오르는 별〉을《세계일보》에 연재했다. 유제한의 소장 자료와 증언, 전영택의 전기에 덧붙여 직접 병천을 답사하고 유관순의 친척과 이웃, 선생과 친구들을 만나서 들은 이야기를 바탕으로 쓴 이 소설은 유관순의 삶 자체에 초점을 맞췄다. 그럼에도 박화성은 '작가

---

67) 위의 책, 82쪽.
68) 위의 책, 84·85쪽.

의 말'에서 '서럽고 짧은 유관순의 생애'를 다룬 "이 소설이 요새 점점 풀어져가는 애국심과 젊은이들의 사기에, 야심에 경종이 된다면 나의 사명은 이루는 것이다"라며 교훈적 효과를 기대했다.[69] 잔 다르크라 표현하지는 않았지만, 여전히 유관순을 잔 다르크로 바라보는 시각이 강고함을 알 수 있다. 1971년에는 정요섭이 〈한국의 잔 다르크〉라는 제목의 유관순 전기를 썼다. 그녀의 희생에 대해 다음과 같이 찬양했다.

이제 그녀는 세상을 떠났으나 조국의 독립을 위해서 거룩한 희생과 사랑을 바친 가장 뛰어난 애국자요 강철의 투사이며 독립만세의 화신이며 3·1운동을 상징하는 정화이기도 하다.[70]

이상에서 살펴본 것처럼, 일제 시기를 살아야 했기에 드러나지 않았던 유관순의 저항과 희생의 역사가 해방과 함께 만천하에 드러났다. 이와 같이 해방이 가져다준 극적인 발견과 함께 그녀를 사지로 몰아넣은 일본의 만행에 모두가 분노했다. 당시 반일정서는 남궁월이 《영화시대》에 연재한 〈순국소녀 유관순전〉의 머리글에 잘 나타나 있다.

신성한 단군의 천자만손 우리 삼천만 겨레는 독사와 같은 무서운 강도인 왜적 일본의 식민지 노예 정치 밑에서 36년이라는 오랜 세월이 흘러가는 그동안을 두고 뼈저린 압박과 피맺힌 착취를 받아온 천추만대

69) 서정자 편저,《박화성문학전집》9, 푸른사상, 2004, 24쪽.
70) 정요섭, 〈한국의 잔 다르크〉, 여성동아편집부 편, 앞의 책, 72·73쪽.

영원불멸의 혈한사(血恨史)를 진정한 조선 사람이라면 뜨거운 눈물이 없이는 회고할 수 없을 것이다.[71]

해방 직후의 반일정서는 윤석중이 1946년에 쓴 동시 〈사라진 일본기〉의 "일본기를 보면 일본말이 생각난다. / 일본기를 보면 전쟁이 생각난다. / 일본기를 보면 거짓말이 생각난다"에 드러나는 것처럼 강렬했다. 그래서 유관순이 성고문으로 죽었다든가, 그녀의 시체가 훼손되었다는 등의 극단적인 서사가 진상과 무관하게 널리 유포될 수 있었다.

유관순의 저항과 희생에 반일정서를 투영하던 사회 분위기는 시간이 흐르면서 좀 더 역사적 사실에 다가가고 유관순의 희생이 지닌 민족사적 의미를 짚는 방향으로 변화해갔다. 또한, 유관순을 순국처녀라 호명하는 문화도 1980년대를 거치면서 사라졌다. 순국소녀라는 표현도 쓰지 않게 되었다. 이제 유관순은 순국처녀도 잔 다르크도 아닌 '열사'로 불린다. 그렇다면 언제부터 열사로 불렸을까? 일제 시기에도 임시정부를 비롯해 독립운동 진영에서 '혁명열사', '애국열사', '순국열사' 등이 흔히 쓰였다. '애국열사', '순국열사'라는 용어는 미군정이 1946년 2월 21일에 3월 1일을 경축일로 지정한다는 발표와 함께 내놓은 '경축일 공포에 관한 건'에도 등장했다.

이날은 대한독립의 대의에 순사하신 애국열사를 기념하기 위하여 봉정된 것이다. 이날에는 대한 민족의 꽃 같은 영광을 누릴 자유와 민권의 신대한을 창조하신 순국열사 제위를 전조와 같이 전 대한 민중은 감사

---

71)   남궁월, 〈순국처녀 유관순전(제1회)〉, 《영화시대》, 1948년 2월호, 40쪽.

의 뜻을 표해야 할 것이다.[72]

해방 직후 유관순을 제일 먼저 열사로 추앙한 것은 창작 판소리 〈열사가〉였다. 해방을 전후해 박동실이 만들었다고 하는 〈열사가〉에는 〈이준 열사가〉, 〈안중근 열사가〉, 〈윤봉길 열사가〉, 〈유관순 열사가〉 등 4개의 판소리가 포함되었다. 〈열사가〉 가사집을 보면, 〈유관순 열사가〉는 9쪽에 이를 정도로 이준(4쪽), 안중근(2쪽), 윤봉길(4쪽)에 비해 매우 상세하게 유관순의 생애를 읊었다.[73]

유관순을 열사로 호명하는 문화는 1960년대를 거치면서 확산되었다. 1959년 유관순의 오빠 유우석을 인터뷰한 기사의 제목은 〈열사의 후예들〉이었다.[74] 1966년 유관순 추도식을 주최한 단체는 소설가 박화성이 회장을 맡고 있던 유관순열사선양회였다.[75] 1986년 10월에는 이영섭, 태완선, 전예용, 송지영, 이병주 등 각계 인사 50인이 발기위원으로 참여한 유관순열사기념사업회가 창립했다. 1947년에 발족한 유관순기념사업회가 1960년대 중반 이후 별다른 활동 없이 해체되었다가 재발족한 셈이었다.[76]

그런데 1995년에 민족사바로찾기국민회의에서 내놓은 《의사와 열사들》에 따르면, 의사는 "성공 불성공 간에 어떠한 형태로든지 무력으로써 의거를 행한 이"를 가리킨다. 반면에 "비록 의거를 행하지는 않았다 할지라도 그 열렬한 뜻을 굽히지 않고 스스로 자기 생명을 던

---

72) 〈경축일 공포에 관한 건〉, 《미군정청 관보》, 1946년 2월 21일자.

73) 〈열사가〉, 《판소리학회지》 3, 1992, 361~369쪽.

74) 〈열사의 후예들(3) 유관순 양의 오빠 우석 씨〉, 《동아일보》, 1959년 11월 25일자.

75) 〈유관순 열사 46주기〉, 《경향신문》, 1966년 10월 12일자.

76) 〈유관순열사기념사업회 재발족〉, 《조선일보》, 1986년 10월 8일자.

짐에까지 이른 이"가 열사이다.[77] 무력 의거의 실행 여부를 의사와 열사의 구분 기준으로 삼은 것이다. 이 기준에 따르면 유관순은 열사에 해당한다. 얼마 후 《조선일보》는 '유관순 의사'라는 표현이 들어간 기사를 내보냈는데, 독자로부터 문제 제기를 받았다. 국가보훈처에 문의한 결과, '의사와 열사는 모두 나라를 위해 지조를 지켜 목숨을 바친 사람을 뜻하지만 편의상 무기를 들고 싸우다 죽은 사람을 의사로 분류한다'는 통보를 받고 유관순 열사로 바로잡는 일이 있었다. 이렇게 '유관순 열사'라는 호명이 '순국처녀 유관순'을 대체해 자리를 잡아갔다.[78]

지금 유관순의 죽음과 희생은 남/녀 구별 짓기에 따라 순국처녀 혹은 순국소녀로 형상화하던 시절을 지나 열사로 호명하며 추앙받고 있다. 유관순의 죽음을 일본의 만행을 폭로하는 방편으로 삼았던 문화도 서서히 사라져갔다. 그리고 이제는 유관순을 독립운동가가 아니라 흔들리는 주체성을 가진 주인공으로 그린 소설이 등장하는 시대가 되고 있다. 2012년에 손승휘가 발표한 소설 《한련화》는 유관순을 어려운 현실을 극복하며 살아내는 여성으로 그려냈다. 유관순을 과거의 영웅에서 오늘의 인간이자 개인으로 소환해 현재화하고 내면화하는 것, 그것이 그녀의 죽음과 희생에 공감하는 '불멸'의 기념이고 추앙이라 할 수 있다.

---

77) 김윤환 외, 《독립운동총서 5: 의사와 열사들》, 민문고, 1995, 4·5쪽.
78) 〈바로잡습니다〉, 《조선일보》, 1998년 8월 25일자.

소거된 기억, 개인의 죽음과 희생

이상에서 제암리 학살사건과 유관순의 죽음이 민족의 희생으로 기억되고 기념되는 과정을 살펴보았다. 이를 통해 과거사를 성찰하는데 기념에 앞선 절차라 할 수 있는 기억의 문제가 소홀히 다루어졌다는 점을 확인할 수 있었다. 제암리 학살사건의 희생자 수는 아직 정확히 알지 못하고 있으며, 유관순의 사망 날짜가 1920년 9월 28일이라는 사실이 밝혀진 지도 그리 오래되지 않았다. 사실과 진상의 규명보다 민족적 죽음과 희생으로부터 반일정서를 확인하고자 했던 문화가 오래도록 지속되었기 때문이다. 하지만 기억에 기반한 기념이 아니라, 기념사업이 앞서고 기억 구성이 뒤따랐던 현실을 비판만 할 수는 없다. 어쩌면 그것이 식민지배를 받은 경험을 가진 한국인들이 피지배의 역사를 청산하는 나름의 방식이었을 수 있기 때문이다.

아쉬운 점이 있다면 그 과정에서 개인의 죽음과 희생에 대한 기억이 사실상 소거되고 희생자들이 수치로만 기억되었다는 사실이다. 3·1운동의 희생자에게는 모두 이름이 있고 삶이 있었다. 지금 우리는 그들 한 사람 한 사람의 이름을 기억하지 않는다. 그/그녀의 갑작스러운 죽음이 남겨진 자들에게 어떤 의미였는지 살피지 않는다. 100년 전의 일임에도 우리는 3·1운동이라는 집합기억 속에 그들을 숫자로 기억하고 그 숫자의 정확성을 따질 뿐이었다. 또한 학살 현장에서 살아남은 생존자에 대해서는 관심조차 없었다. 민족 전체가 식민지배의 폭압을 견뎌낸 생존자라고 생각했기 때문일 것이다. 그렇게 일제 시기는 물론 해방 이후를 살았을 많은 생존자가 침묵의 세월을 보내다가 세상을 떠났다. 특정 사건과 특정 인물의 죽음과 희생으로 민족서사가 형성되면서 수많은 개인의 서사가 묻혀버린 점은 못내 안타깝다.

머리말 박종린

한남대학교 역사교육과 부교수. 한국 근현대 사회주의 사상사 연구에 주력하고 있으며, 반자
본주의 사상과 한국 근현대 학술사 등으로 연구의 폭을 확장하고 있다. 저서로《사회주의와
맑스주의 원전 번역》이 있고, 공저로《한국 근현대 인문학의 제도화: 1910~1959》,《미래를 여
는 한국의 역사 5》,《한국 근현대 정치와 일본 1》,《반전으로 본 동아시아: 사상·운동·문화적
실천》,《역사 속의 미래 사회주의》등이 있다.

1장 김영범

대구대학교 사회학과 교수. 민중사와 독립운동, 집합기억, 국가폭력과 제노사이드 문제 등에
관한 실증적·이론적 연구를 해왔다. 저서로《한국 근대민족운동과 의열단》,《혁명과 의열: 한
국독립운동의 내면》,《민중의 귀환, 기억의 호출》,《의열단·민족혁명당·조선의용대의 영혼,
윤세주》,《동아시아 근대의 폭력 Ⅱ》(공저)등이 있다.

2장·9장 이지원

대림대학교 인문사회계열 교수. 한국 근현대 사상과 문화에 관해 연구를 하고 있다. 저서로
《한국 근대 문화사상사 연구》,《세계 속의 한국의 역사와 문화》,《미래세대의 동아시아 읽기》
등이 있고, 공저로《3·1민족해방운동연구》,《일제하 지식인의 파시즘체제 인식과 대응》,《식민
지 근대의 뜨거운 만화경》,《일제강점 지배사의 재조명》,《한민족독립운동사 9》등이 있다.

3장 허수

서울대학교 국사학과 교수. 주요 연구 분야는 한국 근대사상사와 개념사이며, 민중 개념사와
의미 네트워크 분석에 관심이 있다. 주요 논저로 〈네트워크 분석을 통해 본 1980년대 '민중'−
《동아일보》의 용례를 중심으로〉,《이돈화 연구》등이 있다.

4장 미쓰이 다카시(三ツ井崇)

도쿄대학교 대학원 총합문화연구과 준교수. 한국 근현대 교육과 문화사를 연구했고, 식민지
시기 조선에서의 문화와 내셔널리즘, 일본 지식인의 조선 인식, 언어·문화의 사회사에 관심
이 있다. 주요 논저로 〈'일선동조론(日鮮同祖論)'의 학문적 기반에 관한 시론: 한국병합 전후
를 중심으로〉, 〈조선총독부 시국대책조사회(1938년) 회의를 통해 본 '내선일체(內鮮一體)' 문
제: 제1분과회를 중심으로〉,《식민지 조선의 언어 지배구조: 조선어 규범화 문제를 중심으로》
등이 있다.

5장 소현숙

한양대 비교역사문화연구소 연구교수. 한국 근현대 가족사, 사회사, 여성사, 마이너리티 역사 전공. 최근에는 식민지 시기 여성독립운동사를 젠더사의 관점에서 새롭게 읽어내는 데 관심이 있다. 주요 논저로 〈Collaboration au féminin en Corée〉, 〈식민지 시기 '불량소년' 담론의 형성〉, 〈'만들어진 전통'으로서의 동성동본금혼제와 식민정치〉, 〈식민지 조선에서 '불구자' 개념의 형성과 그 성격〉, 〈전쟁고아들이 겪은 전후: 1950년대 전쟁고아 실태와 사회적 대책〉, 《이혼법정에 선 식민지 조선 여성들》, 《일상사로 보는 한국 근현대사》(공저), 《식민지 공공성》(공저), 《日韓民衆史硏究の最前線》(공저) 등이 있다.

6장 류시현

광주교육대학교 사회과교육과 교수. 한국 근현대사와 관련된 문화사와 사상사에 관한 연구를 진행해왔으며, '한국적인 것'의 학문과 사상의 계보가 어떻게 구성되었는지 그리고 근대사상의 수용과 관련해서 번역에 대해 공부하고 있다. 저서로 《최남선 연구》, 《동경삼재》, 《한국 근대 역사학의 성립과 발전》 등이 있다.

7장 이하나

연세대학교 미디어아트연구소 전문연구원. 한국 근현대 사회문화사를 연구하고 있으며, 연세대학교에서 한국 근현대사를 비롯한 대중문화사, 영상문화기획 등을 가르치고 있다. 주요 논저로 〈국가와 영화〉, 〈'대한민국', 재건의 시대〉, 《반공의 시대》(공저), 《감성사회》(공저), 《한국현대생활문화사(1950년대)》(공저), 《한반도 개념의 분단사》(공저), 《Korean Screen Cultures》(공저) 등이 있다.

8장 이숙화

한국외국어대학교 강사. 〈대종교의 민족운동〉으로 박사학위를 받았으며, 근대 민족주의 시각에서 단군의 문제를 연구하고 있다. 주요 논문으로 〈대한군정서의 성립과 독립군단 통합운동〉, 〈1920년대 대종교 세력과 북만주 지역 독립운동〉 등이 있다.

10장 김정인

춘천교육대학교 사회과교육과 교수. 민주주의의 시각에서 한국 근현대사를 재구성하는 연구를 하고 있다. 저서로 《민주주의를 향한 역사》, 《독립을 꿈꾸는 민주주의》, 《오늘과 마주한 3·1운동》, 《대학과 권력》, 《역사전쟁, 과거를 해석하는 싸움》 등이 있다.

3·1운동 100주년 총서

3·1운동 100년
5 사상과 문화

한국역사연구회 3·1운동100주년기획위원회 엮음

1판 1쇄 발행일 2019년 3월 1일

발행인 | 김학원
편집주간 | 김민기 황서현
기획 | 문성환 박상경 임은선 김보희 최윤영 전두현 최인영 정민애 이문경 임재희 이효온
디자인 | 김태형 유주현 구현석 박인규 한예슬
마케팅 | 김창규 김한밀 윤민영 김규빈 김수아 송희진
제작 | 이정수
저자·독자서비스 | 조다영 윤경희 이현주 이령은(humanist@humanistbooks.com)
조판 | 이희수 com.
용지 | 화인페이퍼
인쇄·제본 | 영신사

발행처 | (주)휴머니스트 출판그룹
출판등록 | 제313-2007-000007호(2007년 1월 5일)
주소 | (03991) 서울시 마포구 동교로23길 76(연남동)
전화 | 02-335-4422 팩스 | 02-334-3427
홈페이지 | www.humanistbooks.com

ⓒ 한국역사연구회 3·1운동100주년기획위원회, 2019

ISBN 979-11-6080-210-8 94910
ISBN 979-11-6080-205-4 (세트)

* 이 도서의 국립중앙도서관 출판예정도서목록(CIP)은 서지정보유통지원시스템 홈페이지(http://seoji.nl.go.
  kr)와 국가자료공동목록시스템(http://www.nl.go.kr/kolisnet)에서 이용하실 수 있습니다.(CIP제어번호:
  CIP2019002669)

만든 사람들

편집주간 | 황서현
기획 | 최인영(iy2001@humanistbooks.com)
편집 | 엄귀영 이영란 김수영
디자인 | 김태형